북유럽 신화

옮긴이 **서미석**

서울대학교 스페인어과를 졸업하고, 현재 전문번역가로 활동하고 있다. 『그리스 로마 신화』
(에디스 해밀턴), 핀란드의 신화적 영웅들『칼레발라』(엘리아스 뢴로트), 『아서 왕과 원탁의
기사들』(토머스 불핀치), 『러시아 민화집』(알렉산드르 아파나셰프), 『아이반호』(월터 스콧),
『북유럽 신화』 등 인문학과 신화, 역사 분야의 다양한 책들을 번역하였다.

현대지성 클래식 5

북유럽신화-바이킹의 신들

1판 1쇄 발행 1997년 7월 15일
2판 1쇄 발행 2016년 2월 5일
2판 5쇄 발행 2023년 7월 27일

발행인 박명곤   **CEO** 박지성   **CFO** 김영은
기획편집 채대광, 김준원, 박일귀, 이승미, 이은빈, 강민형, 이지은, 성도원
디자인 구경표, 구혜민, 임지선
마케팅 임우열, 김은지, 이호, 최고은
펴낸곳 (주)현대지성
출판등록 제406-2014-000124호
전화 070-7791-2136   **팩스** 0303-3444-2136
주소 서울시 강서구 마곡중앙6로 40, 장흥빌딩 10층
홈페이지 www.hdjisung.com   **이메일** main@hdjisung.com
제작처 영신사

© 현대지성 2016

"Inspiring Contents"
현대지성은 여러분의 의견 하나하나를 소중히 받고 있습니다.
원고 투고, 오탈자 제보, 제휴 제안은 main@hdjisung.com으로 보내 주세요.

현대지성 클래식 5

바이킹의 신들

북유럽 신화

NORSE MYTHS:GODS OF THE VIKINGS

케빈 크로슬리-홀런드 | 서미석 옮김

현대
지성

목 차 Contents

서론

북유럽 신화

기왕 세상 밖으로 발을 내디딘 사람에게는 약한 마음보다는
겁 없는 편이 낫지. 이 생에서의 내 시간과 죽음의 순간은
이미 오래 전부터 운명으로 예정되어 있을 테니 말이야.

— 스키르니르의 중매 여행 중에서

우리 인간들은 흔히 알량한 상식에 안주하며 사소한
것에도 놀라는데, 그럴 때는 필히 알 수 없는 공포에
사로잡힐 수밖에 없게 된다.

— 윌리엄 셰익스피어

현재의 우리에게 다른 어떤 신화보다도 스칸디나비아의
신화가 가장 흥미롭게 생각된다. 그 첫째 이유로
이것이 가장 최근의 신화라는 사실을 들 수 있다.
스칸디나비아 신화는 11세기까지도 스칸디나비아 지역
사람들이 믿고 있었으며 그 당시 고대 노르웨이인들은
여전히 오딘을 숭배하고 있었다. 또한 이것이 우리
조상들의 신앙이었다는 점에서 흥미롭다. 그 조상의
피가 아직도 우리 몸 속에 흐르고 있으니 의심할 여지 없이
우리는 많은 점에서 그들을 닮았다.

— 토머스 칼라일

— 서론 —

북유럽 세계

793년 앵글로 색슨 연대기(Anglo-Saxon Chronicle)에 나타난 북유럽 인들의 극적인 등장은 다음과 같다.

이 해에 노섬브리아(Northumbria)에 매우 무시무시한 전조가 나타나 많은 사람들을 두려움에 떨게 만들었다. 거대한 회오리바람이 불고 섬 광과 같은 번개가 번쩍이는가 하면 하늘에서는 불타는 용이 날아가는 것이 보였다. 그러한 조짐들을 뒤이어 곧 대기근(大饑饉)이 들었고, 같 은 해 바로 얼마 후인 6월 8일에는 이교도들이 린디스판(Lindisfarne)에 있는 하느님의 교회를 파괴하고 약탈과 학살을 일삼았다.

이 이교도들이 바로 바이킹(Vikings)으로서, 그들은 온 그리스도교 영토를 충격에 휩싸이게 만들며 린디스판에 있던 커다란 수도원을 파괴함으로써 서 방 세계에 그들의 실체를 드러냈다. 그 이후 거의 3백년 동안 유럽과 이남의 세계에서 바이킹은 가장 흥미롭고 영향력 있는 세력이 되었다. 어느 곳을 가든지 바이킹은 자신들의 오래된 신들을 숭배하는 믿음을 고수했고, 현재 우리에게까지 전해내려 오는 신화들의 초기 원형을 만들어 낸 사람들은 바로 바이킹의 시인들이었다.

바이킹이라는 말은 '뱃사람(bay-man)' 혹은 '전사(fighting man)', '식민자(settling man)' 등의 의미이며, 총괄적으로는 덴마크 인, 노르웨이 인, 스웨덴 인을 지칭하며 '바이킹 시대'는 고대 북유럽 인들이 남쪽과 동쪽, 서쪽의 세 갈래로 세력을 확장시킨 780년에서 1070년 사이를 일컫는다. 그들이 이렇게 팽창한데는 두 가지 중요한 요인이 있었다. 스칸디나비아(Scandinavia) 반도에 인구가 급격히 불어나자 그들의 장자상속법 체제에서는 차남 이하의 아들들을 자신의 운은 스스로 개척하도록 해외로 내보내지 않을 수 없었던 것이다.

그리고 늘어난 교역로(예를 들면, 프리슬란트 사람들과의 교역이 발전하게 된 것이나, 라인(Rhine) 강을 점점 자주 이용하게 된 것)는 바이킹 상인들이나 해적들의 관심을 끌었을 것이다. 그러나 모험적이고 공격적이며 죽음을 전혀 두려워하지 않는 바이킹의 자연스러운 기질이 다른 민족을 침입하고 교역하고 정복하고 식민지화하는 충동을 부채질한 것이 분명하다고 혹자는 생각할지 모른다.

바이킹의 모험심이 성공할 수 있었던 가장 중요한 요인은 해상력이었다. 그들은 뛰어난 항해기술과 최고의 배를 갖추고 있었다. 그들이 보유하고 있던 배는 신대륙 정복 이전의 유럽에서 가장 실용적으로, 기술적으로 이루어 낸 업적 가운데 하나였다. 뱃머리와 후미 양끝은 날렵하게 올린, 평평한 뱃바닥에 쇠 대못으로 겹치는 널빤지 부분을 연결한 후 단단한 벽돌로 만든 배는 완성된 선의 흐름이 매끄럽게 아름다울 뿐 아니라 거친 물살에도 저항을 받지 않고 잘 나갈 수 있었다. 전투선의 경우에는 윗 부분이 완전히 덮인 갑판에 양쪽으로 앉은 열다섯 명 내지 열여섯 명의 노잡이들이 젓는 힘과, 네

모난 돛의 힘으로 배가 움직였다. 뱃머리에는 흔히 용의 머리 같은 조각상이 정교하게 조각되어 있었고 전사들의 다채로운 방패들은 배 난간에 일렬로 걸려 있었다.

남쪽으로 항해하면서 바이킹은 곳곳을 급습해, 스코틀랜드와 아일랜드(Ireland)를 비롯해 잉글랜드의 반을 식민지로 만들었는데 잉글랜드에서는 불운하게도 세계 역사상 가장 뛰어난 인물 가운데 한 사람이며, 영국인들이 유일하게 대제(Great)라는 칭호를 붙인 웨섹스의 앨프레드 대제(Alfred of Wessex)와 마주쳤다. 바이킹들은 계속 퍼져, 프리슬란트(Friesland)와 남쪽으로는 루아르(Loire) 강에 걸쳐 프랑스에 정착했다. 그들은 리스본(Lisbon)과 카디스(Cadiz)와 세빌(Seville)을 공격하여 점령했고 얼마동안 카마르그(Camargue)에서 병사를 징집하여 동쪽으로 이동하면서 이탈리아 북쪽에 자신들의 흔적을 남겨놓았고 피사(Pisa)를 함락시켰다. 그리고 전에 노르망디(Normandy)에 정착했던 일부 바이킹들은 시칠리아(Sicily)로 압박해 들어갔다. 그래서 아직도 시칠리아에는 북유럽 인들의 특징인 흰 피부와 붉은 빛을 띤 금발 머리를 지닌 남자와 여자들이 많이 눈에 띈다.

발트 해(Baltic Sea)로부터 동쪽으로 향하면서 바이킹들은 볼크호프(Volkhov) 강에서 노브고로트(Novgorod)에 이르기까지 배로 항해했다. 노브고로트부터는 드니에페르(Dnieper) 발원지까지 배를 소나무 굴림대에 놓아 육로로 옮겼다. 그래서 그들은 키예프(Kiev), 흑해(Black Sea)를 지나 콘스탄티노플(Constantinople)까지 나아갔는데, 그곳에서는 황제의 친위대가 전부 바이킹으로 구성될 정도였다. 다른 일부는 노브고로트에서 볼가(Volga) 강을 거쳐 남쪽으로는 카스피 해(Caspian Sea)까지 나아갔다.

그 당시 바이킹 상인들이 바그다드(Baghdad)에 들어갈 때 귄 존스(Gwyn Jones)의 말을 빌리면 '검은 담비, 다람쥐, 흰 담비, 검고 흰 여우, 담비, 비버,

화살과 검, 밀랍, 자작나무 껍질, 물고기 이빨과 물고기 석회, 호박, 꿀, 염소 가죽과 말 가죽, 매, 도토리, 개암나무 열매, 소, 슬라브 노예들'을 가지고 갔다고 한다. 일기를 남겼던 아랍의 외교관 이븐 파들란(Ibn Fadlan)은 자신이 922년 볼가 강에서 만난 바이킹들에 대해 다음과 같이 묘사했다:

나는 루스(Rus) 인들이 교역 임무를 띠고 아툴(Atul)〔볼가〕강에 닻을 내렸을 때 그들을 처음으로 보았는 데 그렇게 완벽한 체격을 갖춘 사람들은 처음 보았다. 그들은 키가 대추야자만큼이나 크고 불그스레한 피부색을 띠고 있었다. 그들은 외투나 망토를 걸치지 않는 대신, 몸의 반은 덮고 한 손은 밖으로 나오는 케이프(어깨 망토)를 두르고 다녔다 …… 여인들은 가슴에 쇠나 은, 동, 금 등으로 만들어진 그릇을 달고 다녔는 데 크기와 재료는 남편이 소유한 재산에 따라 달랐다.

이븐 파들란이 언급했던 '루스(Rus)' 혹은 '스웨덴 바이킹(Swedish Vikings)'에서 러시아(Russia)라는 이름이 유래하게 된 것이다.

서쪽으로 항해한 바이킹(주로 서 노르웨이인들)은 9세기 말에서 10세기 초에 아이슬란드(Iceland)를 식민지로 만들었다. 바이킹이 어느 곳에 정착할 것인지 결정했던 방법에 대해서는 뒤에 언급할 것이다. 아이슬란드에서 바이킹들은 발견될 당시에는 단지 '그린(Green)'이라는 이름으로 알려졌던 서쪽의 그린란드(Greenland)로 나아갔고, 에릭 더 레드(Eric the Red)는 다른 사람들이 자신을 따르도록 유도하기 위하여 브라타흐리드(Brattahlid)에 식민지를 건설했다. 그곳에서 그들은 대담하게 더 서쪽으로 항해해 나갔다.

레이프 에릭손(Leif Ericsson)이 지금의 뉴잉글랜드(New England)와 뉴펀들랜드(Newfoundland)에 도착하여 '그곳에 자라고 있는 야생 밀과 포도나무 들판'을 발견한 사실과, 그의 발견으로 더 많은 탐험과 단기간의 식민지화가 가속화된 사실은 가볍게 생각할 문제가 아니다. 빈랜드 사가(Vinland Saga)와 뉴펀들랜드의 란세오 초원(L'Anse aux Meadow)에서 명백히 드러나듯이 고고학적 발견으로 서기 1000년쯤 그곳에 북유럽 인들이 실제로 정착했던 사실을 결정적으로 입증하게 되었다. 이 사건은 콜럼버스가 포르투갈에서 출항하여 아메리카 신대륙을 발견하기 5세기 전의 일이다.

고대 북유럽 인들은 두목과 그를 따르는 과격한 무리의 면모를 자랑했으므로 그들의 참모습이 가려져 잘못 이해되기 십상이다. 그러나 사실은 그들 다수가 평화롭게 살며 사냥을 하거나 낚시를 하는데 대부분의 시간을 보냈고 무엇보다도 농경에 힘썼다. 스칸디나비아 반도와 그들이 정착했던 곳에서, 그들의 사회는 귀족(earls)이나 전사(warriors), 농민(peasants), 농노(serfs)의 세 계급으로 나뉘어진 명확한 사회구조에 기반을 두고 있었다. 5장의 '리그의 노래(The Song of Rig)'는 헤임달(Heimdal)이 인간 종족을 어떻게 창조하게 되었는지 이야기하고 있는데, 이것은 그들의 생활양식을 조명하는데 많은 정보를 제공해준다.

에다(Edda) 시(詩) 리그스툴라(Rigsthula)가 나타내는 바에 따르면, 농노들은 힘겹게 살았다. 그들은 육체 노동자로 자유라고는 전혀 없었다. 신화에 나타난 트랄(Thrall)과 그의 아내 티르(Thir)와 아홉 자녀들은 아마 악취가 나는 방한 칸짜리 오두막에서 모두 살았을 것이다. 가옥은 목재와 이엉과 진흙이 주재료였고 그나마도 자신들이 소유한 가축들, 아마도 양이나 염소, 돼지, 혹은 고양이나 개 등과 같이 살아야 했을 것이다. 공동체에서 가장 불운한 구성원이었던 이들의 목숨을 지켜주는 수호신은 전혀 없었다.

그러나 고대 북유럽 인들의 대다수는 의심할 여지 없이 토르(Thor)가 수호신이었던 농민 계급에 속했다. 그들은 자작농이었고 자유민이었다. 고고학적 자료들에 의하면, 바이킹 시대 말기 무렵에 그들은 적어도 한 채나 두 채의 가옥에 살았다. 두 채의 마주 보는 기다란 본체가 있었고 한 개나 두 개의 헛간이 달려 있어 중앙에는 안뜰을 두고 삼면이나 사면으로 둘러싸는 구조였다.

리그스툴라에 나타난 농민들의 주요한 먹거리는 사가(Saga : 중세 아이슬란드 문학의 한 장르. 넓게는 글의 성격이나 목적에 상관없이 산문으로 씌어진 모든 이야기나 역사이야기를 가리키는 말이며, 좁은 뜻으로는 저자가 과거의 일들을 상상력을 이용하여 재구성하기 위해 특정한 미적 원칙에 따라 주제를 조합하여 만들어내는 전설과 역사소설을 가리킨다 ― 역주)에 언급되어 있는 시구와 고고학적 발견으로 자세히 알아낼 수 있게 되었다. 요하네스 브론스테드(Johannes Bronsted)는 이에 대해 이렇게 설명하고 있다.

바이킹들이 매일 먹었던 양식은 호밀로 만든 통밀 빵과, 귀리나 보리로 쑨 죽, 생선(특히 청어), 양, 새끼 양, 염소, 말, 황소, 송아지, 돼지 등의 육류와 치즈, 버터, 크림 등을 먹었고, 술로는 맥주, 벌꿀 술, 부유층에서는 포도주를 마셨다고 보는 견해가 옳다. 고래고기와 바다표범 고기, 북극곰 고기는 노르웨이와 아이슬란드에서는 특히 중요한 음식이었다. 고기를 굽기보다는 국물을 우려내 먹는 쪽을 선호했던 것 같다 …… 다양한 육류 고기로 끓인 수프는 자주 먹는 친근한 요리였을 것이다. 바이킹들은 또한 고기나 생선을 건조시키는 방법도 이미 실용화했다. 바이킹들이 먹는 음식 중 새고기 역시 특별한 음식이었다. 가장 흔히 먹던 야채는 양배추와 양파였고, 사과나 딸기류, 개암나무 열매도 풍부했다. 꿀도 많이 쓰였는데, 대개는 달콤하게 발효시킨 벌꿀 술의 주원료로 쓰였다 …… 바다로부터는 멀리 떨어졌지만 숲이 많은 지역에서는 많은 바이킹들이 고라니, 사슴, 멧돼지, 곰 등을 사냥하여 연명했다. 집에서 기르는 토끼나, 거위, 닭 등도 식탁에 자주 오르는 인기 있는 음식이었으며 먼 북쪽에서는 순록이나 들소도 잡아먹었다.

겨울 동안에 먹을 음식은 얼음이나, 치즈 만들 때 엉긴 젖을 거르고 난 물인 유장과, 천연 염전이나 다시마 등의 대형 갈조에서 빼낸 소금 등으로 보존했다.

리그스툴라는 오딘(Odin)이 수호신인 귀족 계급, 즉 귀족들과 전사들의 세련된 생활상과 다양한 활동, 근사한 저택에 대해 자세하게 묘사하고 있다. 그들은 무엇보다도 소유한 재산에 의해 다른 계급과 차별되는데 소유한 재산은 대대로 장남에게 상속되는 가신들, 보물, 배, 부동산 등으로 나타낸다. 사회 체계의 다른 하층 계급의 사람들과 마찬가지로 전사들 역시 대체적으로 헌신적이고 책임감 있는 가장(家長)으로서 긴 겨울 시간은 관례적으로 집에서 보냈다.

신화에 나타난 모습 중 발할라(Valhalla)에서 연회를 즐기는 장면은 의심할여지 없이 전사들의 저택에서 축제를 즐기는 시간을 반영한 것이다. 그러나이들 전사들은 여름만 되면 탐험과 교역이나 해적질에 열정적인 선원들을 모집하여 원정에 나섰고 고대 북유럽 음송 시인들의 찬양을 받았다. 모든 것이입으로 전해지는 구전 문화에서 전통의 전승자로서 시인들이 말할 수 없이 중요하다는 점은 이후에 논의하겠다.

게르만족이 처음으로 유럽과, 북으로는 스칸디나비아까지 이주해갔을 때타키투스(Tacitus)에 의하면 그들은 귀족신분 중에서 용기가 뛰어난 자를 지도자로 뽑았다고 한다. 신성한 혈통을 주장하는 사람은 세력 다툼을 벌였는데, 18장의 '힌들라의 시(Hyndla's Poem)'에서 여신 프레이야(Freyja)가 자신의 인간

왼쪽은 발할라 궁, 오른쪽은 뱀 요르문간드이다.

애인인 오타르(Ottar)의 혈통을 입증하는 것을 도와주는 것이 바로 이런 종류의 권력다툼이었다. 그것은 오로지 군주제가 더욱 강력한 권력과 중요성을 얻고 세습제가 되었을 때 나타난 현상이었다(그러나 아이슬란드에서는 처음부터 왕권을 완전히 몰아내고 수장들의 연합체로 통치했다). 12장의 '그림니르의 비가(The Lay of Grimnir)'는 이처럼 더욱 규율 잡힌 전통을 잘 나타내고 있다.

사가에서와 마찬가지로 신화에서도 일견 훑어보면, 대부분의 고대 북유럽 인들은 외따로 떨어져 자연에 맞서는 힘겨운 삶을 살았다. '도둑 맞은 이둔(Idun)과 청춘의 황금 사과'나, '우트가르드(Utgard)로 여행한 토르'나, '오테르(Otter)의 배상금'에서 보듯이 한 농가에서 다른 농가까지 가려면 하루를 꼬박 달려가야 할 만큼 멀리 떨어져 있었다. 나그네들은 신화에서 자주 등장하는 사슴, 수달, 멧돼지, 늑대나 적어도 다람쥐, 독수리, 까마귀 등의 새나 짐승보다는 다른 사람과 마주치기가 쉽지 않았을 것이다. 길의 상태도 대체적으로 험난했다. 고원을 넘어야 하는가 하면, 빙하에 둘러싸이기도 하고, 황무지를 횡단하기도 해야 했다. 산에서 장시간의 극심한 눈보라를 만나거나 황무지에서는 황사 폭풍을 만날 가능성도 있었으므로 그럴 경우 여행은 더욱 위험해졌다. 더구나 일 년의 반 동안은 매일 낮이 겨우 몇 시간만 지속되는 열악한 상황이었다.

그처럼 격리된 환경은 가족의 중요성을 부각시켰다. 가족은 모든 것을 스스로 헤쳐나가야 했고 어려운 시기에는 가족 구성원들끼리 서로 의지해야만 했다. 만일 가족 구성원 가운데 한 사람이 모욕을 당하거나, 부당한 대우를 당하거나 부상당하거나 살해당했을 경우, 해친 범인은 사가에도 아주 생생하게 묘사되어 있듯이 결코 피해자의 가족에게서 똑같은 복수를 당하는 것으로부터 벗어날 수 없었다. 타키투스는 1세기에 게르만 부족에 대해서도 아주 유사한 법칙이 있다고 서술했다.

사람들은 아버지나 친척의 우의뿐 아니라 불화까지도 그대로 이어 받는다. 그러나 반목이 화해되지 않은 상태로 그냥 방치된 것은 아니다. 심지어 살인까지도 많은 수의 소나 양을 주고 속죄할 수도 있었고 온 가족이 그 사죄를 받아들였다. 그리고 개인적인 반목은 자유와 비교 했을 때 특히 더 위험한 것이었으므로 그렇게 하는 것이 공동체의 이익 을 위해서도 유리했다.

그러나 만일, 서로 분쟁이 벌어진 가족간에 스스로 싸움을 해결하지 못할 경우에는 그 사건을 재판관에게 가져갔다. 유죄 여부를 결정하기 위해서 시 련을 견딘 사람을 무죄 처리하는 시죄법(是罪法)을 쓰기도 했고 처벌은 벌금형 을 비롯하여, 범죄가 중대한 경우에는 사회적으로 추방하거나 죽음을 선고 했다.

타키투스가 그들의 우정에 관해 언급한 것 역시 적절하다. 사리판단이 분 명했던 고대 북유럽 인 가족들은 자신의 이익을 위하여 집안끼리의 우정을 발전시켰는데 그 이유는 서로에게 충실한 여러 가족이 모인 집단이 작은 집 단보다 여러 가지 면에서 유리한 점이 많았기 때문이다. 그리고 가족 내에서 도 특별한 관계가 존재했었는데 외삼촌은 특히 자신의 외조카의 복리에 책임 이 있었다. 이러한 결속력에 대해서는 차후에 더 논의하겠으며 신화에서 오 딘이 신주를 되찾아오는 것을 가능하게 했던 아홉 개의 마법의 노래를 볼토 르(Bolthor)의 아들, 즉 자신의 외삼촌에게서 배우게 된 이유는 이러한 가족내 의 특이한 결속력으로 설명이 가능할 것이다.

가족 내에서, 그리고 법의 견지에서 보더라도 남자와 여자는 서로 대등한 권리를 가졌으며, 자신을 둘러싼 남자들보다도 더욱 단호하게 거침없이 말 하는 여인은 사가에 자주 등장하는 두드러진 인물이다. 여인들은 또한 예언자나 무녀로서도 탁월한 능력을 발휘하여 숨겨진 지식을 알아내기 위하여 자신의 영혼을 신령에게 보내 사회적인 안녕이나 결혼생활의 성공 여부에 대한 답을 알아내 조언을 구하러 온 지역사회의 구성원들에게 알려 주었다. 2장에서 보듯이 무녀로서의 역할을 했던 프레이야가 신들의 궁전마다 돌아다니며 에시르(Aesir) 신들에게 마법을 가르쳐 주는 것은 이러한 관습을 분명히 반영하고 있는 것이다.

이처럼 미신적이고 가족 지향적인 생활은 25장의 '로드파프니르의 비가(The Lay of Loddfafnir)'와 하바말(Havamal, 신[오딘을 뜻함]의 말) 전체의 배경이 되었다. 올바른 행동에 대한 경구와 충고를 이처럼 위대하게 요약해 놓은 것을 보면 고대 북유럽 인들의 일상생활의 상식적이고도 진실한(때로는 익살맞기도 하지만) 면모를 볼 수 있고 이러한 모습은 광포하게 날뛰는 바이킹들의 무모한 모습과는 전혀 다르다. 그들은 생명 자체를 존중했으며 단순한 것을 경멸하고 우정을 소중히 여기며 찬양했다. 배반을 경계하고 중용을 실천했으며 비굴하지 않을 정도로 타인에게 공손했으며 죽어서도 길이 남을 명예와 훌륭한 명성을 얻으려고 노력했다. 이러한 것들이 바로 하바말의 중요한 주제였다.

하바말에는 이러한 소절이 있다. "소도 죽고 동족들도 죽고 나도 죽을 테지만 내가 알고 있는, 결코 죽지 않는 유일한 것이 있는데 그것은 바로 우리가 죽은 뒤에도 남게 될 명성이다." 비록 제한적이기는 했지만 명예에 대한 강한 욕망은 고대 북유럽 인들에게는 절대적으로 중요한 것이었다. 사후의 영원에 대한 믿음이 없는 상황에서 명예에 대한 집착만이 불멸에 대한 그들의 유일한 희망이었던 것이다. 운명이란 신과 인간의 운명을 결정하는 여신들, 노른(Norns)에 의해 이미 예정된 것이기 때문에 바이킹들은 아무도 자신의 운명을 바꿀 수는 없지만 그럼에도 불구하고 어떻게 인생을 살아가는가 하는 것은 전적으로 자신에게 달렸다고 생각했다. 이러한 정서는 "스키르니르의 중매 여행(Skirnir's Journey)'에서 스키르니르가 완벽하게 표현하고 있다. "기왕 세상 밖으로 발을 내디딘 사람에게는 약한 마음보다는 겁 없는 편이 낫지. 이 생에서의 내 시간과 죽음의 순간은 이미 오래 전부터 운명으로 예정되어 있을 테니 말이야."

쉽게 격분하는 사람은 결코 명예나 칭찬을 얻을 수 없었으므로 명예를 추구하는 사람은 삶이 분명히 고단하거나 죽음을 결코 피할 수 없다는 데 대해 불평하지 않았다. 오히려, 그들은 그것을 참아내는데 그치지 않고 한술 더 떠 가볍게 여기기조차 했다. 신화의 구성에서 빈정대는 어투가 나타나는 것은 그들의 이러한 사고방식으로 설명이 가능한데, 예를 들면 7장에서 티르(Tyr)가 늑대 펜리르(Fenrir)를 묶기 위해 자신의 한 쪽 손을 희생했을 때 신들이 보여준 반응이 그렇다.

남자와 여자들은 서로 고난을 함께 나누리라 기대했고 뛰어난 사람들은 고난을 딛고 일어서 용맹하고 충성을 다하며 관대하다는 명예로 자신을 드높이기 위하여 오히려 고난을 이용하려고 노력했다.

고대 북유럽 인들에게 기본적으로 내재했던 이러한 숙명론은 신화에 그대로 반영되어 있다. 어떤 전사들의 죽은 영혼을 발할라로 데려갈 것인지 결정하는 것은 인간의 권한이 아니라 오딘과 발키리(Valkyrie)들의 권한이었다. 로키(Loki)가 강제로 안드바리(Andvari)에게서 빼앗았던 금은 안드바리의 저주도 함께 옮긴다. 오딘은 자신의 아들 발더(Balder)가 죽을 운명이라는 사실과 그것을 피하기 위해 아무것도 할 수 없다는 사실을 알고 있다. 그리고 '모든 힘의 파괴'인 라그나로크(Ragnarok) 자체도 절대로 피할 수 없는 사건인 것이다. 언젠가는 모든 생명체가 불과 홍수로 파괴될 그 날이 오게끔 되어 있는 것이다.

그러나 엘리스 데이비드슨(H. R. Ellis Davidson)은 현명한 말 몇 마디로 이렇게 표현하고 있다.

이처럼 운명에 대해 분명히 자각하고 있었음에도 불구하고, 혹은 그 이유 때문인지는 몰라도, 신화 속에 그려진 사람들의 자질은 상당히 귀족적이다. 신들은 위험 속으로 뛰어드는 영웅적인 인물들을 사람들이 과장되게 써놓은 것이지만 동시에 개인적 삶은 가치관과 강한 충성심을 깊이 의식하며 상당히 밀착된 소집단을 구성하고 있었다. 그들은 이러한 가치관들을 포기하느니 차라리 자신들의 목숨을 포기했을 테지만 삶이란 살 만한 가치가 충분히 있었으므로 목숨을 위해서 가능한 한 열심히 싸우기도 했을 것이다. 사람들은 자신들이 섬기는 신들이 자신들을 위험이나 재앙으로부터 자유롭게 해줄 수 없다는 것을 알고 있었으며 그런 것을 요구하지도 않았다. 신화에는 인생의 무정함이나 불공정함에 대해 신랄한 감정이 전혀 드러나 있지 않으며 오히려 인생의 굴레에 그대로 따르는 영웅적인 정신을 엿볼 수 있다. 인류는 어차피 고단하게 살 운명을 지니고 태어나는 것이지만 용기와 모험심과 인생의 여러 가지 이적들은 감사해야 할 일들이며 삶이 우리에게 허용된 동안은 즐겨야 할 것들이다. 세상을 있는 그대로 의연하게 맞설 수 있도록 해주는 것, 어려운 상황에서도 인간들을 지탱해 주는 행운, 죽음 이후에도 유일하게 살아남는 영예를 획득하는 기회 등이 바로 신들이 내려준 위대한 선물인 것이다.

신화를 읽으면서 우리는 고대 북유럽 인들의 정신과 자신감, 끝이 없는 호기심, 극단적인 용맹성, 배타적인 충성심, 관용과 극기심이 어떤 것이었는지 알 수 있다. 우리는 또한 그들이 거만하고 동정심이 부족했다는 것과, 로키라는 인물에서 광범위하게 볼 수 있듯이 배반적이지는 않지만 교활했다는 점과 냉혹하고 잔인했다는 사실도 탐지해낼 수가 있다.

우주론

매우 정교하고 복잡한 구조로 되어 있는 고대 북유럽 인들의 우주론은 창조의 그 순간부터 시작된다. 북쪽에 있는 니플하임(Niflheim)의 얼음과 남쪽에 있는 무스펠하임(Muspellheim)의 불이 기능가가프(Ginnungagap)라는 거대한 틈새에서 만나고 그 융합체에서 생명이 생겨나게 된다. 최초에 존재했던 두 존재는 서리 거인 이미르(Ymir)와 암소 아우둠라(Audumla)였다. 암소가 얼음을 핥아 인간이 생겨났고 그 최초 인간의 세 손자가 바로 신들인 오딘, 빌리(Vili), 베(Ve)다. 신화에서 첫 장이 나타내고 있듯이 이 세 형제들은 거인 이미르를 죽여 그 몸으로 아홉 세계를 창조한다.

고대 북유럽 인들은 우주를 각각의 수평면 사이에 공간이 존재하며, 하나의 수평면 위에 다른 수평면이 놓인 형태의 세 개의 중추적인 구조로 형상화시켰다. 가장 높은 수평면에는 에시르 신들 혹은 전사 신들의 영역인 아스가르드(Asgard)가 있다. 아스가르드는 신들과 여신들의 궁전이 각각 있으며 3장에서 보듯이 거인 석공이 내기를 걸고 지어준 단단한 성곽이 둘러싸고 있는 안에 존재하고 있다. 이 곳은 또한 모든 에인헤르자르(Einherjar)들이 거주하고 있는 거대한 궁전, 발할라가 있는 곳이기도 하다. 에인헤르자르는 매일 낮에는 전투를 벌이고 밤에는 여흥을 즐기며 신들과 인간들과 거인들과 괴물간에 펼쳐지는 최후의 결전인 라그나로크를 기다리는 죽은 전사들의 영혼이다. 또한 이 곳은 모든 것이 소멸하는 전쟁 라그나로크가 펼쳐질, 사방으

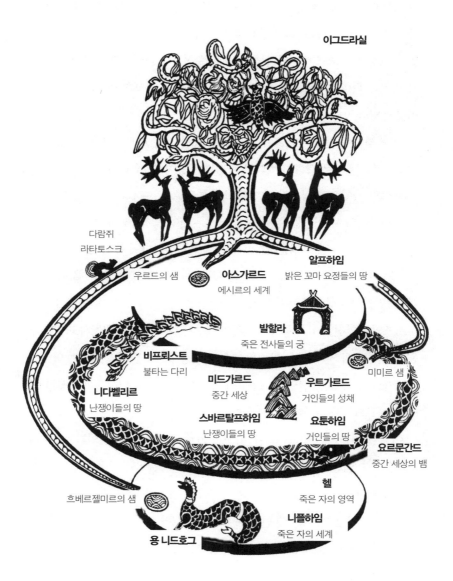

이그드라실

다람쥐
라타토스크

알프하임
밝은 꼬마 요정들의 땅

우르드의 샘   아스가르드
에시르의 세계

발할라
죽은 전사들의 궁

비프뢰스트
불타는 다리

미미르 샘

니다벨리르
난쟁이들의 땅

미드가르드
중간 세상

우트가르드
거인들의 성채

스바르탈프하임
난쟁이들의 땅

요툰하임
거인들의 땅

요르문간드
중간 세상의 뱀

흐베르젤미르의 샘

헬
죽은 자의 영역

니플하임
죽은 자의 세계

용 니드호그

로 1450리나 뻗쳐있는 비그리드(Vigrid)라는 광활한 평원이 있는 곳이기도 하다. 그러나 이 최고의 영역에는 에시르 신들만 살고 있는 것은 아니다. 이 곳에는 또한 바니르(Vanir) 혹은 풍요의 신들이 살고 있는 바나하임(Vanaheim)도 있다. 2장에서 보면 바니르 신들은 에시르 신들과 다투다가 나중에는 하나로 합치게 된다. 그리고 밝은 꼬마 요정들의 땅인 알프하임(Alfheim)도 역시 이곳에 있다.

두 번째 수평면은 인간들이 살고 있는 중간 세상 미드가르드(Midgard)다. 미드가르드는 매우 광활한 바다로 둘러싸여 있어서, 우리의 중요한 출전인 13세기의 아이슬란드 사람 스노리 스툴루손(Snorri Sturluson)의 표현을 빌리면, "대부분의 사람들에게는 바다를 건너는 것이 불가능하게 여겨졌다." 무시무시한 세상의 뱀 요르문간드(Jormungand)는 이 바다에 누워 있다. 요르문간드는 어찌나 긴지 미드가르드를 한 바퀴 휘감고 자신의 꼬리 끝을 물고 있다. 거인들의 세상인 요툰하임 역시 앞에 나온 지도에서 보는 바와 같이 미드가르드의 해안선을 따라 동쪽의 산악지역 혹은 바다 건너에 위치하고 있는데 원전이 이 점과 일치하지 않는다. 거인들의 성채는 바깥 세상이라는 의미의 우트가르드(Utgard)로 불린다. 이 곳이 바로 토르와 그의 일행들이 사악한 거인 왕 우트가르드 로키에게 속아넘어간 곳이다(16장).

이 수평면에는 또한 난쟁이들이 미드가르드 북쪽에 살고 있다. 그들은 어두운 집이라는 뜻의 니다벨리르(Nidavellir)인 동굴이나 구혈(歐穴)에 살고 있는 반면에 그 곳의 지하에는 검은 꼬마 요정들의 땅인 스바르탈프하임(Svartalfheim)이 있다. 그런데 난쟁이들과 검은 꼬마 요정들 사이에 확실한 차이점은 발견할 수 없고 둘은 서로 동일 종족으로 보인다.

아스가르드와 미드가르드는 떨고 있는 길이라는 의미의 비프뢰스트(Bifrost)라고 불리는 불타는 무지개 다리로 연결되어 있다. 산문 에다(Prose

Edda)의 일부분인 '길파기닝(Gylfaginning, 길피의 속임수)'에서 스노리 스툴루손은 이렇게 적었다. "당신은 그것을 보게되더라도 아마 무지개라고 할 것이오. 그것은 세 개의 색채로 이루어졌으며 다른 어떤 구조물보다도 더욱 정교하고 뛰어난 기술로 만들어졌다오." 에다 시, 바프트루드니스말(Vafthrudnismal)을 보면 절대로 얼지 않는 이빙 (Iving) 강이 신들의 세상인 아스가르드와 거인들의 세상인 요툰하임(Jotunheim)의 경계를 이루고 있다는 사실을 알 수 있다.

게다가 많은 신화에서 보면 신들과 거인들은 미드가르드를 통과하지 않고 아스가르드에서 요툰하임으로 직접 육로로 여행하는 사실이 자주 나타난다. 어떻게 그런 일이 가능했을까? 이런 상황은 우리가 아스가르드의 수평면을 미드가르드로 기울여 한쪽 끝이 실제로 서로 접촉하게 하지 않고서는 물리적으로는 불가능한 일인 것이다! 이런 종류의 문제는 각 세상들이 다른 세상과 연결되어 위치하는 것을 정확히 정의하려고 노력하는 과정에서 논리의 한계를 드러낸다. 단순히 우주의 구조는 기본적으로 세 개의 중심 축으로 이루어졌으며 북유럽 인들이 좀 정확하지 않았으며, 정확한 지형에는 별로 관심이 없었다고 생각하는 것이 가장 좋을 듯 싶다.

세 번째 수평면에는 미드가르드에서 북쪽으로, 그리고 지하로 9일을 달려가야만 도착하는 죽은 자들의 세상인 니플하임이 있었다. 니플하임은 몹시 추운 곳이며 영원히 밤만 지속되는 곳이었다. 그 곳의 성채는 우뚝 솟은 방벽과 아무도 근접할 수 없는 문이 있는 헬(Hel)이었고, 같은 이름을 지닌, 반은 희고 반은 검은 끔찍한 괴물 여인이 다스리고 있었다. 스노리 스툴루손이 아주 상세히 묘사해 놓은 괴물 헬의 모습은 7장과 그 외 여러 곳에 나와 있다. 북유럽 인들은 헬의 세상과 니플하임을 구분해 놓은 것 같다. 바프트루드니스말에 보면, 사악한 사람들은 헬을 통과하여 니플헬(Niflhel)이나 니플하임(안개에 둘러싸인 헬)에서 다시 죽는 것 같다.

그래서 아홉 세상이란, 아스가르드, 바나하임, 알프하임과 미드가르드, 요툰하임, 니다벨리르, 스바르탈프하임, 헬과 니플하임을 지칭한다. 만일 헬과 니플하임을 하나의 세상으로 묶는다면 아홉번째 세상은 불의 나라인 무스펠하임이 될 수도 있었을 것이다. 이 지역은 우주의 세 중심 축에서는 차지하고 있는 자리가 없으므로 스노리 스툴루손이 했던 말을 인용하는 수밖에 없을 것 같다.

> 그러나, 처음으로 존재한 세상은 남반구를 차지하고 있는 무스펠(Muspell)이었다. 대기는 밝고 더웠으며 그 지역은 불길이 거세게 타오르고 있었으므로 원래 그 곳에서 나거나 속하지 않은 존재는 그 불길을 견딜 수가 없었다. 그 땅의 끝까지 뻗치고 앉아서 그 곳을 지키고 있던 존재는 주르트(Surt)라고 불렸다. 그는 불타는 칼을 갖고 있으며 세상의 종말에 나타나 신들을 유린하여 정복하고 온 세상을 불로 집어삼킬 것이었다.

라그나로크에 주르트는 무스펠의 아들들을 데리고 간다. 스노리는 그들이 "자신들만으로도 거대한 무리, 그것도 매우 빛나는 하나를 형성할 것"이라고 말하고 있지만 다른 곳에서는 무스펠하임의 이 맹렬한 거주자에 대해 언급된 바가 없다.

세 개의 수평면과 아홉 세상의 축은 거대한 물푸레나무 이그드라실(Yggdrasill)이다. 어디서 생겨났는지 기원도 알 수 없고 라그나로크에서도 살아남는 이 거대한 나무는 몹시도 광대해서 스노리가 표현한 대로, "그 가지는 온 세상에 다 뻗쳐 있고 하늘까지 닿아 있다." 이그드라실은 뿌리가 세 개 있다. 뿌리 하나는 아스가르드 아래로 파고 들어갔다. 운명의 세 여신인 노른이 지키고 있으며 신들이 모여 매일 회의를 여는 장소인 우르드(Urd, 운명) 샘이 바로 이그드라실 뿌리 아래에 있다. 두 번째 뿌리는 요툰하임으로 파고 들어갔다. 이 뿌리 아래에는 미미르의 샘(Mimir's Well)이 있으며 이 샘의 물은 지혜의 원천이다. 오딘은 그 지혜의 물을 마시기 위해 한 쪽 눈을 희생했으며 신들의 파수꾼 헤임달은 라그나로크에서 필요해질 때를 대비하여 자신의 나팔을 그 곳에 놓아두었다고 전해진다. 세 번째 뿌리는 니플하임으로 속으로 파고 들어갔다. 이 뿌리 아래에는 흐베르젤미르(Hvergelmir) 샘이 있다. 이 샘은 열한 개 강의 발원지며, 근처에는 용 니드호그(Nidhogg)와 이름 없는 다른 뱀들이 이그드라실의 뿌리를 갉아먹고 있다.

대개 수호 나무로 알려진 이그드라실은 자신 안에 살고 있는 동물들에게 영양분을 제공하면서도 동물들의 공격에 괴로워하기도 한다. 용 니드호그는 뿌리를 갉아먹는 반면에 사슴이나 염소들은 가지 위로 뛰어올라 새로 나온 순을 찢어먹는다. 그리고 다람쥐 한 마리가 줄기 위 아래로 오르내리며 뿌리에 있는 니드호그로부터 가장 높은 가지에 앉아 있으며 눈 사이에는 매가 앉아 있는 독수리에게 욕을 전해준다. 게다가 나무에서는 아주 달콤한 이슬이 떨어져 벌들이 꿀을 만드는데 사용한다.

이그드라실은 오로지 동물들만 먹여 살리는 것은 아니다. 에다 시, 스비프다그스말(Svipdagsmal)(23장)에 나온 한 소절을 보면 이그드라실의 열매를 요리해 먹으면 순산할 수 있다고 언급되어 있다. 그리고 라그나로크가 임박해서는 아그드라실이 떨게 될 것이며, 그 안으로 숨어 들어간 한 남자와 한 여자, 리프(Lif)와 리프트라시르(Lifthrasir)는 뒤이어 일어나는 대학살과 홍수를 견디고 살아남을 것이다. 그들은 시간의 한 주기의 끝에 홀로 서서 또 다른 시간과 인간의 세상을 여는 시초가 될 것이다.

그러나 모든 생물들을 돌보고 그들이 계속 살아갈 수 있게 해주면서도 그

운명의 노르네인 우르드, 베르단디, 스쿨드 자매가 아스가르드로 뻗은 이그드라실의 뿌리 곁에 앉아 있다.
Ludwig Burger, 1882년

생물들에게 고통받는 이그드라실은 교대로 세 노르네 여신인 우르드(운명),
스쿨드(Skuld, 존재), 베르단디(Verdandi, 필연)에 의해 지탱된다. 그러므로 어떤
점에서 인간의 생명뿐 아니라 인간의 수호자의 생명까지도 그들 운명의 여
신의 손에 달렸다고 볼 수 있다. 이 점에 대해 스노리 스툴루손은 이렇게 적
었다.

> 또한 우르드 샘가에 사는 노르네 여신들은 매일 샘에서 물과, 샘 주
> 위에 있는 진흙을 함께 가져와 가지가 말라죽거나 썩지 않도록 이그드
> 라실에 뿌린다고 한다.

수많은 신화들을 보면, 세계의 중심에 나무나 기둥, 혹은 산이 있다. 좀
더 구체적으로 말하면, 우리가 북유럽 신화에서 볼 수 있는, 세 개의 우주 지
역을 하나의 나무로 연결하는 상징은 인도의 베다나 중국의 신화에서도 역시
나타난다. 엘리스 데이비드슨은 이그드라실에 대해 이렇게 썼다.

> 이그드라실이 신과 인간과 거인과 죽은 자 사이의 연결고리를 형성
> 하는 것은 하늘까지 뻗어 있는 사다리와 저승 세계로 내려가는 사다리
> 의 종류로 형상화된 것이었다. 이처럼 서로 다른 세상을 연결하는 길의
> 개념은 샤머니즘적인 종교의 신앙에서 흔히 나타나는 개념이다.

이그드라실을 샤머니즘적 행로로 이용하는 것이 4장의 주제이며, 여기서
오딘은 죽은 자들의 지혜를 배우기 위해 옆구리에 창을 찌른 채 아흐레 동안
이그드라실 나무에 자발적으로 매달려 있었다. 그리고, 다람쥐 라타토스크
(Ratatosk)가 독수리와 뱀 사이에 욕을 옮기는 것은 독수리가 상징하는 하늘과

뱀이 상징하는 지옥의 두 부분을 융화시키는 것으로 볼 수 있다.

아홉 세상은 이그드라실이라는 나무에 의해서 전부 둘러싸여 있다(그래서 이그드라실은 신화학자들에게는 세계수(世界樹)로 알려져 있는 보편성의 상징이 되었다). 오딘은 아홉 밤 동안 나무에 매달려 있었다. 북유럽 신화에서 아홉이라는 숫자는 계속해서 반복되어 나타난다. 오딘은 신주를 찾을 수 있도록 해주었던 아홉 개의 마법의 노래를 거인으로부터 배웠다. 헤임달은 어머니가 아홉 명이었다. 오딘의 아들인 헤르모드(Hermod)는 발더를 저승에서 데려오기 위하여 아흐레 동안 여행했다. 웁살라(Uppsala) 신전에서 거행되던 성대한 종교의식은 매 9년마다 9일 동안 계속되며 아홉 명의 인간과 모든 종류의 짐승을 아홉 마리씩 제물로 바쳐야 했다. 9라는 숫자가 북유럽 신화에서 왜 가장 중요한 숫자인지는 아직 만족할 만하게 해명되지 않았지만 어떤 특정 숫자에 주술적인 특질이 있다고 믿는 것은 비단 스칸디나비아에만 국한된 일은 아니었다.

프레이저(J. G. Frazer)는 『황금 가지(The Golden Bough)』에서 웨일스(Wales), 리투아니아(Lithuania), 시암(Siam), 멘타와이 제도(Mentawai chain)에 있는 니아스(Nias) 섬 등과 같이 멀리 떨어져 있는 여러 나라에서 행해지는 아홉이라는 숫자와 관련된 의식(儀式)에 대해서 기록해 놓았다. 물론 9는 한 자리 수의 끝이며 아마도 이런 이유 때문에 많은 신화 속에서 죽음과 부활을 상징하게 되었는지 모른다. 그러므로 9는 또한 전체를 상징하기도 한다.

이 단원에서는 오로지 북유럽 신화의 우주에서 가장 두드러진 특징들만을 다루었는데 그 특징은 신화에 나타나는 세상이 최종적으로 형상화되고 기록된, 화산 활동이 일어나며 때로는 적대적이기까지 한 아이슬란드의 실제 모습을 띠고 있는 것이 분명하다. 각 장은 이러한 우주의 모습을 더욱 상세하게 묘사하고 있다. 특히 1장, 12장, 15장, 27장, 32장에 보면 잘 나타나 있다. 모든 것, 심지어 눈썹조차도 세상을 창조하는데 쓰려고 거인 이미르의 몸뚱이를 나누는 방식, 하늘의 네 귀퉁이를 잡고 있는 네 명의 난쟁이, 태양과 달을 쫓는 늑대들, 하늘에 올려져 별로 변한 거인의 눈동자, 이런 것들과 다른 자세한 내용들이 신화 안에서 설화적인 요소가 되고 있다. 그럼 이제는 북유럽 신화에 등장하는 신들에 대해 알아보자.

신들

13세기에 아이슬란드에서 작품을 썼던 스노리 스툴루손은 오딘과 그의 아내 프리가(Frigga)를 제외시킨 채, "신성한 주요 신은 열두 명이었다 …… 열세 명인 여신들도 역시 신성했으며 권력 면에서도 남자 신들에게 전혀 뒤지지 않았다"고 표현했다. 이 단원에서는 네 명의 주요 신인 오딘, 토르, 프레이르(Freyr), 프레이야를 자세히 소개하고 그 외의 다른 신들의 중요한 특징들을 지적하겠다. 그 외의 인물들에 대해서는 적당한 때에 다시 논의하기로 하겠다.

오딘은 자주 모든 이의 아버지라고 불린다. 이것은 그가 많은 신들의 실질적인 아버지이며 자신의 두 형제와 함께 최초의 남자와 여자를 창조했을 뿐아니라 그가 신들 중에서 최고신이라는 것을 의미한다. 이 점에 대해 스노리 스툴루손은 매우 명쾌하다.

오딘은 모든 신 중에서 가장 연장자이며 최고이다. 다른 신이 아무리 강력하다고 해도 오딘이 모든 것을 다스리며 모든 신들은 자식이 아버지를 대하듯이 그를 섬긴다 …… 그는 영원히 살며, 자신의 모든 왕국 위에 군림하며, 작든 크든 모든 것을 통치한다. 천상과 땅과 하늘을 창조했으며 그 안에 살고 있는 모든 것들 역시 그가 창조했다.

기원전의 게르만이 지배하는 유럽은 가족과 가족간에, 부족과 부족간에, 나라와 나라간에 분쟁이 끊이질 않았다. 문화는 모름지기 자신이 필요로 하는 신을 찾게 마련이므로 북유럽 세계도 자신의 여러 특징 가운데 하나인 폭력을 정당화시켜 줄 신이 필요했다. 오딘은 초기 게르만의 전쟁 신인 보단(Wodan)과 티와즈(Tiwaz)의 성격을 그대로 이어받아 무엇보다도 전투의 신으로 나타나게 된 것 같다. 무섭고 오만하며 변덕이 심한 오딘은 승리를 고취시키고 패배를 결정한다. 그의 궁전 발할라에서 오딘은 발키리들에 의해 선택되어 그 곳까지 오게 된 죽은 전사들에게 여흥을 베푼다. 전사들은 라그나로크에 오딘과 함께 싸울 사람들이다. 그리고 오딘은 인간과 동물을 속죄하는 제물로 바치기를 요구한다.

오딘은 전투에서 이기도록 영웅에게 영감을 불어넣는 한편, 시인에게도 시를 짓도록 영감을 불어넣어 준다. 그래서 전쟁의 신 오딘은 신들을 위한 시(詩)의 술을 얻으러 요툰하임으로 여행을 한다(6장). 그리고 그가 에다의 시에서 그렇게 탁월하게 묘사된 것은 아마도 그가 시를 쓰는 시인들의 수호신이었기 때문이 아닐까!

오딘은 전쟁의 신일 뿐 아니라 시의 신이기도 하다. 또한 그는 선지자로도 활약한다. 자신의 영혼을 멀리 내보내기도 하고 때로는 발이 여덟인 자신의 준마 슬라이프니르(Sleipnir)를 타고 달리기도 하고, 때로는 다른 형상으로 변신하기도 하여 세상을 돌아다니며 여행한다. 주술사처럼 오딘은 죽은 자들로부터 지혜를 얻어낼 수도 있었다. 에다 시(詩) 뷜루스파(Voluspa, 여자 예언자의 예언)와 물푸레나무 이그드라실에 자발적으로 자신을 바치는 장면에서(4장) 우리는 그를 죽은 자의 신으로도 볼 수 있다.

오딘은 용모가 무섭다. 그는 애꾸눈이며 자신의 신분이 금세 노출되는 것을 피하려고 챙이 넓은 모자를 쓰고 다닌다. 그리고 항상 푸른 색 외투를 걸치고 마법의 창 궁니르(Gungnir)를 가지고 다닌다. 그의 어깨에는 두 까마귀 후긴(Huginn, 생각)과 무닌(Muninn, 기억)이 앉아 있다. 두 새는 전쟁을 상징하면서도 지혜를 찾아 날아가기도 한다. 그리고 자신의 궁전인 발라스칼프(Valaskjalf)에 있는 용상 흐리드스칼프(Hlidskjalf)로부터 아홉 세상에서 벌어지는 모든 일을 다 내려다볼 수 있다. 그는 두려운 신이다. 아마 공경은 받을 수 있겠지만 사랑 받는 신은 아니다.

오딘과 대지의 아들인 토르는 신들 중에서 서열이 두 번째이며, 에다의 시나, 스노리 스툴루손과 사가 작가들에 의해 표현된 모습과 그의 이름을 구현한 수많은 지명으로 보건대, 가장 존경받고 사랑받는 신이었다. 오딘은 폭력과 전쟁을 나타내는데 비해, 토르는 질서를 나타낸다. 토르는 자신의 쇠망치 묠니르(Mjolnir)로 거인들이 바닷가 그들의 영토에 머무르도록 억제하며, 세상의 뱀 요르문간드를 잡아올릴 정도로 완력도 대단했다. 인간들은 법과 안정을 위하여 그에게 빈다.

오딘은 왕, 전사, 시인 등 귀족들을 옹호했다. 그러나 토르는 인구의 대다수를 차지하던 자작농을 옹호했다(22장). 그의 외모로 드러나는 이미지도 이런 역할에 잘 어울린다. 토르는 체구가 무척 크고 붉은 수염에, 식욕이 엄청났으며 곧잘 이성을 잃고 화를 내면서도 금세 다시 가라앉고, 머리가 기민하지는 못하지만 매우 강건하며 믿음직스럽다. 에다 시인들은(그들을 본따 스노리 스툴루손 역시) 오딘의 중요성을 과장했을지 모른다. 11세기 브레멘(Bremen)의 역사가 아담(Adam)에 의하면 토르가 북유럽 신들 중에서 가장 위대했으며, 웁살라 같은 거대한 신전에서도 그의 신상이 오딘과 프레이르(Freyr) 사이, 가장 중심에 위치하고 있었다고 한다.

천지 창조로부터 시작해 아홉 세상의 파멸로 끝나는 하나의 완전한 줄거리를 구성하는 이 신화집에서 2장은 전사 신들인 에시르 신들과 농경 신들인 바니르 신들 사이에 일어난 전쟁에 대해 이야기하고 있다. 신들 사이의 이런 투쟁은 두 개의 종파가 인간의 마음을 사로잡으려고 서로 투쟁하던 시기의 기억을 구현한 것으로 보인다. 한 종교가 다른 종교를 대체하게 될 때 이런 투쟁은 늘 나타나기 마련이며 결국에는 하나로 융합되고 만다. 그래서 토르는 농경과 관련된 성격을 띠고 있으며 그러한 성격을 자신의 것으로 만들었다. 예를 들면, 쇠망치 묠니르(Mjolnir)는 단순히 공격을 하기 위한 도구만이 아니고 농경을 위한 수단이기도 하다. 마찬가지로 토르는 천둥(그의 마차가 구를 때 바퀴에서 나는 소리)과 번개(그의 머리에 박힌 숫돌 조각)를 일으키며, 브레멘의 아담의 말을 빌리면, '바람과 소나기와 좋은 날씨와 대지에서 나는 과일'을 통제할 수 있는 능력이 있었다.

　　그러나 농경신 중에서 가장 중요한 신은 풍요의 신 프레이르였다. 프레이르는 서기 1세기 덴마크에서 숭배되었다고 타키투스가 언급한 대지의 어머니 네르투스(Nerthus)를 이어받은 것으로 보인다(성이 여성에서 남성으로 바뀌긴 했지만). 그리고 스노리 스툴루손도 이렇게 적고 있다. "프레이르는 매우 유명한 신이다. 그는 언제 태양이 빛나고 비가 올 것인지, 그에 따라 대지에 언제 결실이 맺힐지 결정한다. 그는 선한 신이므로 평화와 풍요를 기원한다. 또한 그는 인간에게 복을 가져다준다."

　　웁살라에 있는 프레이르의 신상에는 거대한 남근이 달려 있다. 이런 점으로 보아 프레이르는 단지 대지의 풍요뿐 아니라 인간의 번식을 위하여 기원한 대상이기도 했다. 프레이르의 제일 중요한 재산인 배, 스키드블라드니르(Skidbladnir)와 수퇘지 굴린부르스티(Gullinbursti)는 둘 다 고대에는 풍요의 상징이었고 그와 직접적으로 관련된, 현존하는 유일한 신화 하나(11장)는 그가 상징하고 있는 모든 것을 찬양하고 있다.

프레이르의 아버지는 뇨르드(Njord)고, 그의 여동생은 프레이야다. 그리고 세 사람은 모두 에시르 신들과 바니르 신들이 휴전 협정의 일환으로 서로 지도자를 교환했을 때 아스가르드로 온 것이다(2장). 바니르 신 중에서 상급신인 뇨르드는 바다와 바람을 다스렸고 배와 뱃사람을 보호했다. 그의 궁전은 노아툰(Noatun) 혹은 조선소라고 부른다. 뇨르드는 서리 거인족 여인 스카디(Skadi)와 결혼했고, 그의 아들 프레이르는 역시 서리 거인족 여인 게르드(Gerd)와 결혼했는데, 신화에서 이 두 사건은 두 극단끼리의 결합을 상징한다.

다른 주요 신에 대해서는 혼란스러울 정도로 많은 이론들이 분분하지만, 헤임달 역시 아마도 바니르 신족 출신 가운데 한 명일 것이다. 그도 바다와 관련이 있으며 아홉 처녀(아마도 아홉 개의 파도를 상징)의 아들이었다. 스노리에 의하면, "그는 새보다도 조금 자고 밤에도 낮처럼 1200리 앞까지 훤히 내다볼 수 있었다. 그는 대지에서 풀이 자라는 소리, 양의 몸에서 털이 자라는 소리와 모든 것이 내는 소리를 다 들을 수 있었다." 그의 체력과 예리하게 발달한 감각 덕분에 헤임달은 신들의 파수꾼으로 이상적이었다. 그의 궁전 히민뵤르그(Himinbjorg, 천상의 절벽)는 무지개다리 비프뢰스트 가까이 있었고, 그는 아홉 세상 전체에 전부 울려 퍼지는 나팔 걀(Gjall)을 소유하고 있었다. 헤임달은 또한 리그스툴라 산문 서문에 인간 종족을 창시한 신으로 나와 있다(5장). 그런데 형제들과 함께 실제로 최초의 남자와 여자를 창조했던 오딘이 아니고 왜 헤임달이 거기에 등장하게 되었는지 명확하게 밝혀줄 그의 혈통에 대해서는 충분히 알 수가 없다.

또 다른 주요 신 티르는 비록 한 출처(17장)에서는 그를 거인 히미르(Hymir)의 아들로 나타내고 있지만 사실은 오딘의 아들이었다. 오딘처럼 그도 초기 게르만의 전쟁의 신들의 특징을 많이 물려받았다. 그는 에시르 신 중에서 가장 용감했으며 오직 그만이 늑대 펜리르를 묶기 위하여 자신의 한 손을 희생시킬 각오가 되어 있었다. 그로써 신들은 라그나로크까지는 평화롭게 지낼 수 있었다.

라그나로크는 발더의 죽음으로 재촉되었는데 발더는 오딘과 프리가의 아들로 상냥하고 모든 이들로부터 사랑받는 신이었으나 자신의 맹인 동생 호드(Hod)가 사악한 로키의 인도를 받아 던진 겨우살이의 가지 끝에 찔려 죽었다. 스노리 스툴루손의 독특한 표현을 빌리면 다음과 같다.

> 그에 대해서는 오직 좋은 말밖에 없다. 그는 신들 중에서 가장 훌륭했으며 모든 이들이 그를 칭송했다. 그는 매우 희고 밝은 얼굴을 지니고 있어 그에게서는 광채가 났으며 발더의 이마에 비유될 수 있는 꽃은 오직 하나였다. 그것은 모든 꽃 중에서도 가장 흰 꽃이었다. 그러니 그의 육체가 얼마나 아름다웠고 그의 머리칼이 얼마나 밝게 빛났는지 짐작할 수 있을 것이다. 그는 또한 신들 중에서 가장 현명했으며 언사는 부드러웠고 가장 자비로웠다. 그러나 일단 선언한 판결에 대해서는 결코 다시 번복될 수 없다는 것이 그의 특징이기도 했다.

12명의 주요신 가운데 나머지 신들은 누구도 현존하는 신화에 중요하게 형상화되어 있는 신이 없다. 발더와 난나(Nanna)의 아들인 포르세티(Forseti)는 정의의 신이었고, 오딘의 아들인 브라기(Bragi)는 시와 웅변의 신이었다. 울(Ull)은 특히 궁술과 스키와 관련이 있었으며 사람들이 결투할 때에 비는 신이었다. 오딘과 그의 정부 린드(Rind)에게서 난 발리(Vali)는, 자기도 모르는 사이에 살인을 저지른 호드를 죽임으로써 발더의 원수를 갚고, 오딘과 거인족 여인 그리드(Grid)에게서 난 비다르(Vidar)는 오딘이 죽은 후 오딘의 원수를 갚는다. 발리와 비다르 두 신은 라그나로크에서도 살아남는다.

12명의 주요 신과는 별도로 아스가르드에 살고 있던 다른 세 남신도 언급해야 될 것 같다. 호니르(Honir)(2장, 8장, 26장) 역시 에시르 신족과 바니르 신족 사이의 지도자 교환으로 아스가르드에 왔다. 그의 가장 두드러진 특징은 우유부단한 점으로 나타나며 어떤 경우에는 오딘이나 로키와 함께 어울린다. 라그나로크 이후에는 신들 중 최고신으로 그가 오딘을 계승할 것처럼 보인다.

둘째로, 오딘의 아들인 헤르모드는 한 가지 중요한 특징이 있다. 그의 이름이 내포하고 있는 뜻은 어떤 경우에도 흔들리지 않는 확고부동이며, 자신의 죽은 형 발더를 되찾아오기 위해 저승으로 내려간 것도 바로 헤르모드였다.

그리고 마지막으로, 로키라는 인물이 있다. 두 거인의 아들이면서도 오딘과는 의형제간인 로키는 신들과 거인들 사이의 애매하고 불확실한 관계를 나타내고 있다. 그는 매우 역동적이고 무슨 짓을 할지 예측할 수 없는 성격이며, 바로 그 때문에 많은 신화에서 촉매 역할을 하고 있으며 전체 신화를 통틀어 가장 재미있는 인물이다. 자극적이고 불안정하며 여러 가지 결점을 지닌 로키라는 인물이 없었다면 고정된 질서체계 속에 변화도 없었거니와 급작스런 흥분도, 라그나로크도 없었을 것이다.

스노리 스툴루손은 로키를 이렇게 표현하고 있다:

로키는 준수하고 얼굴도 잘 생겼지만 매우 사악한 성격이며 기분도 몹시 변덕스럽다. 그는 교활한 꾀로 모든 사람들을 능가하며 항상 사람들을 속여먹는다. 그는 끊임없이 에시르 신들을 커다란 위험에 빠뜨리지만 자신의 교활함으로 신들을 다시 위험에서 빠져 나오도록 도와준다.

스노리의 이 표현은 초기 신화에 나타난 로키의 성격을 아주 적절하게 설명해 주고 있다. 그는 프레이야를 위험에 빠지게 만드는 거인과의 내기에 책임이 있지만(3장) 오딘과의 공통적인 특질인 자유자재로 성과 형태를 변신할 수 있는 능력으로 프레이야와 신들을 다시 구해준다. 지프(Sif)의 머리카락을 자른 것은 사악하기보다는 장난에 가까웠지만 그래도 어쨌든 결국에는 지프의 잘린 머리를 근사하게 다시 복원시켜 놓는다(10장). 그리고 비록 이둔을 속여서 젊음의 황금 사과를 신들이 잃어버리게 만들지만(8장) 나중에는 다시 찾아온다.

로키라는 인물이 어디에서 왔는가 하는 문제는 특별히 복잡하지만 그는 유럽이나 다른 신화에서 나오는 많은 인물에 비유되어 왔다. 그러나 그가 고대 북유럽의 시인들에 의해 새롭게 창조된 인물이 아니라 고대부터 있어온 인물이며, 인도 유럽의 보편적인 신의 전형에서 유래한 존재라는 주장이 정설로 받아들여지고 있다. 로키의 성격에 나타난 이런 변덕스럽고 배반을 일삼는 특징을 언급하면서 데이비드슨은 또한 그를 미국 인디언 신화에 나오는 꾀보에 효과적으로 비유하고 있다:

꾀보는 탐욕스럽고 이기적이며 배신을 일삼는다. 그는 동물의 형체로 잘 둔갑하며 우스꽝스럽고 때로는 역겨운 상황에 잘 나타나지만 인류에게 햇빛이나 불과 같은 이익을 가져다주는 문화적 영웅의 한 종류로 간주될 수도 있다. 심지어 때로는 창조자로 비쳐지기도 한다. 그는 여성이나 남성의 모습으로 언제든지 자유롭게 변신이 가능하며 아이를 낳을 수도 있다. 그는 정말로 약간은 희극적인 주술사이며 신과 영웅의 중간 정도 존재이지만 어릿광대 같은 어조를 매우 강하게 쏟아내어 신도 영웅도 아닌 매우 이질적인 존재로 비쳐지기도 한다.

　　그러나 점차 시간이 흐름에 따라 장난기 많은 로키는 점점 잔인한 약탈자로 변해 신들에게 적의를 드러낸다. 그는 발더를 죽인 겨우살이 가지를 표적으로 안내했을 뿐 아니라 발더가 저승에서 되돌아오는 것마저 방해했다. 아에기르 신의 연회에서 신들에게 퍼부은 비난은(30장) 매우 악독하고 난폭했다. 심지어 족쇄에 채워졌을 때에도 그는 여전히 파괴의 대리자로, 지진을 일으키는 존재가 되었다. 그리고 라그나로크가 시작되어 족쇄에서 풀려났을 때 로키는 자신의 색을 분명히 드러낸다. 그는 자신의 무시무시한 세 자식, 뱀 요르문간드와 늑대 펜리르와 반은 살고 반은 죽은 헬 못지 않게 사악하며(7장), 거인들과 괴물들을 이끌고 신들과 영웅들에 맞서 전투를 벌인다.

　　그런데 신화에는 여신들에 대해서는 별로 많이 나타나 있지 않다. 그리고 스노리 스툴루손은 여신들도 남신들과 동등하다고 단언했으므로 우리는 그저 여신들에 대한 이야기가 남신들에 비해 훨씬 적은 이유는 이야기들이 많이 소실되었기 때문이라고 추측할 뿐이다. 프레이야는 매우 세련되고 당당한 인물로 살아남은 유일한 주요 여신이다. 아버지 뇨르드, 오빠 프레이르와 함께 프레이야는 바니르 신들이 에시르 신들과 지도자를 교환했을 때 바니르 신을 대표하여 에시르 신들에게 간 것이다. 프레이야의 남편은 오드(Od)(때로 오딘과 동일시되기도 한다)라고 불렸고 프레이야는 어떤 이유에서 자신을 떠나간 이 베일에 가린 인물 때문에 눈물 흘리는 모습이 자주 나타난다. 프레이야는 그리스도교 이전의 스칸디나비아인들에게 사랑의 여신으로 생각되었으며 신화에서는 성적으로 매혹적이고 자유로운 애정행각을 벌이는 모습으로 그려져 있다.

　　그것을 뒷받침해주는 두 장면이 등장하는데, 거인들은 그녀를 소유하기를 갈망한다. 프레이야는 천상의 아름다운 목걸이를 손에 넣는 대가로 네 난쟁이에게 자신의 몸을 팔았는데(13장) 이는 그녀의 풍요로움을 가장 인상적으로 상징하는 것이다. 그리고 거인족 여인 힌들라는 프레이야가 인간 애인 오타르(18장)를 타고 발정난 암염소처럼 밤에 뛰어다니는 것을 호되게 책망했다.

프레이야는 또한 전쟁과도 관련이 있다. 그녀는 두 마리의 고양이가 이끄는 마차를 타고 전장으로 달려가며, 에다 시(詩) 그림니스말(Grimnismal)에서는 그녀가 죽은 전사들을 오딘과 나누어 가지는 것으로 나타나 있다. 그래서 죽은 전사들 반은 오딘의 궁전인 발할라로, 나머지 반은 폴크방(Folkvang, 사람들의 들판)에 있는 그녀의 궁전 세스룸니르(Sessrumnir)로 간다는 것이다. 13장 끝부분에는 프레이야의 이러한 호전적인 모습이 드러나 있으며, 17장에서 프레이야의 애인인 오타르의 별명이 '싸움용 수퇘지'를 의미하는 힐디스비니(Hildisvini)라는 것도 주목할 만한 일이다.

전쟁과 죽음은 서로 떼려야 뗄 수 없는 불가분의 관계에 있으므로 오딘처럼 프레이야 역시 죽은 자들의 세계와 관련이 있다. 그녀는 마법과 요술의 정부(2장)였으며, 자신의 영혼을 새의 형태로 변형시켜 저승 세계로 날아가 운명에 대한 지식과 예언을 가지고 돌아올 수 있는 매 가죽을 소유하고 있었다고 전해진다. 그러나 비록 그리스도교 이전의 스칸디나비아에서 샤머니즘적인 수많은 풍습을 그 당시의 출전에서 인용할 수 있다고 하더라도 현존하는 신화 중에 프레이야를 예언자로 나타내는 것은 하나도 없다.

그 외의 다른 12 주요 신 가운데, 게프욘(Gefion) 역시 바니르 신족에 속할 것으로 생각되며 스웨덴의 왕 길피(Gylfi)를 속여먹은 이야기는(21장) 그녀가 일반적으로 농업과, 그 중에서도 특히 쟁기질과 깊은 관련이 있다는 것을 나타낸다. 에이르(Eir)는 치유의 여신이었고 쇼픈(Sjofn)과 로픈(Lofn)은 결혼이 금지되거나 저주받은 사람들에게 사랑의 열정을 불러일으킨 반면에 바르(Var)는 결혼의 맹세를 듣고 결혼 생활을 충실히 하지 않고 타락하는 사람들을 징벌했다. 보르(Vor)는 그 앞에서는 아무것도 숨길 수 없는 여신이었으며, 주의깊은 신(Syn)은 재판에서 피고인들의 여신이었다. 스노트라(Snotra)는 현명하고 상냥했으며 자제심의 진가를 알고 있었다. 사가(Saga)는 오로지 오딘과 자신의 저택 소크바베크(Sokkvabekk)에서 매일 함께 술을 마신 것으로 유명했으며, 린(Lin), 풀라(Fulla), 그나(Gna)는 오딘의 아내 프리가의 시중을 드는 하녀라는 것 외에 자세한 사항은 나와 있지 않다.

우리가 오딘과 함께 인간의 운명을 알고 있었던 프리가(Frigga)에 대해 좀 더 자세히 알지 못하는 것이 유감스럽다. 프레이르처럼 프리가 역시 대지의 어머니라는 이미지에 그 기원이 있음에 틀림없다. 그녀는 대지의 여신 표르긴(Fjorgyn)의 딸이었으며 일하는 여성들의 기원의 대상이었다. 그리고 아들 발더를 잃었을 때 통곡하는 모습에서 그녀의 모성애적 기질이 분명히 나타난다. 데이비드슨은 프레이야와 프리가 사이의 적절한 관계에 대해서 다음과 같이 설명했다:

아스가르드의 두 중요한 여신은 실제로 똑같은 신성의 두 가지 면모를 암시하고 있는데, 이는 근동 지역(Near East)에서 풍요를 상징하는 여신이 어머니와 연인의 이중의 모습을 띠고 있는 것과 유사하다. 때로는 두 역할이 한 명의 여신의 인격 속에 결합되어 나타나기도 하지만, 서로 다른 이름으로 각각 다른 면모가 드러나는 경우가 더 흔하다. 심지어는 시리아(Syria)의 아쉐라(Asherah), 아스타르테(Astarte), 아나트(Anat)나, 그리스(Greece)의 헤라(Hera), 아프로디테(Aphrodite), 아르테미스(Artemis)의 경우처럼 아예 삼인조 여신으로 인정하는 것도 가능하다. 여기에 나타난 여성의 세 가지 주요한 면모는 아내이자 어머니, 연인이자 정부, 순결하고 아름다운 처녀의 모습이다. 북유럽 신화에서 프리가는 첫 번째인 아내이자 어머니의 이미지로, 프레이야는 연인이자 정부의 이미지로 생각할 수 있는 반면에, 희미하게 나타난 여자 사냥꾼 스카디의 이미지는 세 번째 모습인 순결하고 아름다운 처녀의 이미지로 볼 수 있을 것이다.

우리는 신화에서 주요한 여신들보다는 아스가르드에 살고 있는 보통 여신들에 대해 더 많은 것을 알 수 있다. 브라기의 아내 이둔은 청춘의 황금 사과를 간직하고 있으며, 그녀가 로키에게 속아서 아스가르드를 떠나 거인 티아지(Thiazi)에게 납치당한 과정을 서술하고 있는 이야기는 가장 자주 등장하는 것 중의 하나이다(8장). 이둔과 마찬가지로, 토르의 아내인 지프 역시 풍요를 상징하는 여신임에 틀림없다. 그녀는 비길 데 없이 아름다운 금발 머리칼을 갖고 있었고 그 머리칼을 잃어버리게 된 것이 10장의 서두 부분이다.

난나는 발더의 성실한 아내였다. 화장배 링호른에 죽은 채 누워 있는 남편의 모습을 보자 가슴이 터져 버려 그녀는 남편과 함께 화장되어, 결국 저승까지 동반하게 된다. 그리고 지긴 역시 남편인 로키에게 더할 수 없이 헌신적이었다. 로키가 신들에게 붙들려 동굴에 묶였을 때 지긴(Sigyn)은 독사의 이에서 떨어져 내리는 독이 남편의 얼굴에 떨어지지 않도록 그릇을 받쳐들고 남편의 곁을 지킨다.

신들과 여신들은 특별한 신념들을 상징하며 많은 신들이 매우 독특한 성격을 띠고 있다. 반면에 거인들과 난쟁이들은 별개의 부류로 나타난다. 어느 한 거인과 다른 거인 사이에는 거의 별다른 특성이 없으며 난쟁이들도 마찬가지다. 거인들은 대개는 우주의 질서를 뒤엎으려고 물리적인 힘과 책략과 마법을 쓰는 혼돈의 힘을 상징한다. 둘 다 토르에게 당한, 퉁명스럽고 난폭한 가이로트(Geirrod)와 흐룽그니르(Hrungnir)로부터 토르를 자신의 저택에서 몰아낸 교활하고 사악한 우트가르드의 로키(Utgard-Loki)까지 거인들은 다이 범주에 넣을 수 있다.

그러나 신과 거인 사이의 차이가 그렇게 명확하게 드러나는 것은 아니다. 악한 기질을 지닌 신이 있는가 하면, 선한 기질을 지닌 거인도 있기 때문이다. 그리고 신들과 거인들은 서로 싸우기도 하지만, 우정을 형성하기도 하고 애정관계로 발전하기도 한다. 그래서 아마도 신들과 거인들을 서로 상극인 존재로 보기보다는 하나의 인물 속에 내재하는 상반된 면모로 보는 것이 더 합리적일 것이다. 전쟁을 하다가 화해를 시도하고, 다시 전쟁을 벌이고, 그러다 결국엔 서로 파멸하고 마는 인간의 이중적 성격으로 볼 수 있을 것이다.

한편, 추하고 보기 흉한 난쟁이들은 탐욕을 나타낸다. 그들은 자신들에게 이익이 되지 않는 일은 절대로 하지 않는다. 뛰어난 대장장이요, 마법사이며 금세 악의를 드러내는 그들은 예쁜 여인과 권력을 탐하며 무엇보다도 황금을 탐낸다. 밝은 꼬마 요정들, 검은 꼬마 요정들과 니플하임에 사는 난쟁이들이 때때로 신화에 언급되고 있지만 그들을 주체적으로 언급한 부분은 없다. 인간과 관련된 5개의 장(5장, 12장, 20장, 21장, 25장)에 대해서는 나중에 더 말하겠다. 중요한 인물과 지명, 특이한 사물을 설명해 놓은 용어집(Glossary)은 제일 뒤쪽에 보면 나올 것이다.

출전

　인도 유럽 문화에 그 기원을 둔 이 놀라운 신화의 많은 부분은 기원전 10세기부터 그리스도 탄생 사이에 게르만이 지배하고 있던 유럽에서 형성되었다. 그러나 그 신화의 일부를 종교적인 상징으로 형상화시킨 청동기 시대의 암반 조각 유적을 보면, 그 당시 신화에 내재하던 어떤 요소들은 이후 천 년 동안 스칸디나비아에 널리 퍼져 있었다는 것을 알 수 있다. 그러나 고대 게르만족의 종교적 신앙에 대한 기록들은 서기 1세기에 씌어진 타키투스의 『게르마니아』에서 비로소 나타나게 되었고, 지금 다루고 있는 북유럽 신화의 중요한 출전들은 그보다 훨씬 이후인 그리스도교가 지배하는 13세기 아이슬란드의 것들인데 그때는 이미 고대 종교의 모든 신앙들을 사람들이 믿지 않게 되어버린 후였다. 북유럽 신화를 연구하는데 가장 필수적이고 문학적으로도 중요한 것으로는 여섯 개의 원전이 있다(어떤 것은 단행본이고, 어떤 것은 선집이다).

　1643년에 아이슬란드에 있는 스칼홀트(Skalholt)의 주교는 코덱스 레기우스(Codex Regius)라는 필사본을 발견했는데, 지금 추정하기로는 아마 1270년 경에 씌어진 것으로 보이며, 29개의 신화적이고 영웅적인 시들로 구성되어 있다. 원작자가 누구인지에 대한 혼란 때문에 그 작품은 쇠문드의 에다(Saemund's Edda, 'Edda'라는 용어는 시나 운문을 의미했던 고대 노르웨이어에서 유래된 것으로 생각된다)라고 불리게 되었다.

　유형이 같은 다른 몇 편의 시들도 그 후에 발견되었는데 아르나마그나에안 코덱스(Arnamagnaean Codex)에 실린 유명한 여섯 편 중에서 다섯 편은 코덱스 레기우스에도 나온 것이었으나 나머지 한 편인 발드르스 드라우마르(Baldrs Draumar, 발더의 꿈)는 아니었다. 이 시들을 포괄적으로 지칭하는 이름으로 구 에다(Elder Edda) 혹은 시 에다(Poetic Edda)라는 용어를 쓰게 되었으며, 총 서른

네 편의 시가 동일한 소재와 형식으로 묶여 있다. 그 시들은 고대 신들을 믿었던 시인들이 쓴 것처럼 보이는데, 각 신화에서 독특한 소재를 따와 지어진 시도 많고, 시인이 자신의 명의로 훌륭하게 쓴 작품도 많다.

게다가 구 에다 중에는 뵐루스파(Voluspa, 여자 예언자의 예언)에 실린 시가 한 편 있는데, 이 시는 게르만 세계에서 가장 문학적으로 뛰어난 작품 가운데 하나라는데 모든 사람의 의견이 일치했다. 이 시에는 어떻게 해서 세상이 창조되었는지, 어떻게 해서 황금 시대에서 투쟁의 시대로 옮아가게 되었는지, 깨끗하고 새롭게 시작되는 새 시간의 주기가 오기 전에 모든 것이 어떻게 멸망하게 되었는지 매우 역동적이고 감동적으로 묘사하고 있다.

비록 그 시들의 다수가 10세기 경에 씌어졌다 해도 구 에다는 실제로는, 각기 다른 시대에 다른 장소에서 씌어진 별개의 시들을 모아놓은 시선집(詩選集)이었다. 이런 이유 때문에 그들이 다시 각색하여 들려주고 있는 신화에서 많은 모순과 시기적으로 순서가 맞지 않는 점이 발견된다. 물론 그 신화 전체를 다시 각색하는데 있어 신화에 '올바른' 순서나 번역이 있는 것은 아니므로 (그리스도교 이전의 유럽의 게르만족은 다른 어느 민족보다도 종교적 신념들이 하나로 통합되어 있지 않았다) 나는 단지 이런 종류의 난관을 최소로 줄일 수 있는, 심리적으로 만족할 만한 결론을 찾으려고 시도해 왔다.

신원이 알려진 시인들이 자신들의 동시대를 찬양한 찬가와, 비가인 고대 북유럽 음송시들은 신화의 또 다른 중요한 시적 원천이다. 음절주음(syllabics)과 두운법(alliteration), 내적 리듬과 공명(consonance)을 포함하고 있는 이 시들의 복잡한 형태는 현대 감각에 맞는 시로 번역하려고 아무리 대담하게 시도해도 그 노력을 수포로 만들어 버리지만, 그 시들 안에 풍부하게 들어 있는 암시적인 세부사항은 매우 귀중한 것들이다.

아주 적은 소수만 알려져 있긴 하지만 '방패 시들(shield poems)'은 일부 왕이

나 지방 수장에게 헌정된 방패의 네 귀퉁이에 그려진 신화적인 장면들을 설명해 주고 있다. 말하자면 시는 부수적인 선물이었던 것이다. 이 시들이 바로 많은 신화의 중요한 원전이긴 하지만, 북유럽 음송시들을 잘 설명해 주는 것은 그 시인들이 쓴 시어의 일부분을 이루고 있는 무수한 케닝(kenning, 완곡대칭법)이나 간결한 은유라고 할 수 있다. 많은 케닝이 신화에 뿌리를 두고 있는데, 당시 시를 듣는 청중들에게는 그 신화가 분명히 낯익은 소재였을 것이다.

그래서 예를 들면, 금에 대한 네 개의 케닝으로는 '프레이야의 눈물', '지프의 머리칼', '오테르의 배상금', '아에기르(Aegir) 신의 불'을 들 수 있다. 그 이유는 이 책을 읽는 독자들도 곧 알게 될 테지만, 프레이야는 황금 눈물을 흘리고, 여신 지프의 머리카락이 로키에 의해 잘렸을 때 황금으로 섬세하게 짠 다발로 다시 원상복구됐고, 세 사람의 신이 오테르를 죽인 배상금으로 그의 가죽을 금으로 덮었으며, 바다의 신 아에기르의 저택은 불처럼 빛나는 황금에 의해서만 오로지 밝힐 수 있기 때문이다. 그래서 많은 케닝은 현재까지 살아남아 전해지는 신화들을 뒷받침해 주며 현존하지 못하고 중간에 유실되어 버린 신화들을 조금씩 엿볼 수 있게 해줌으로써 우리를 애타게 만든다.

아이슬란드가 배출한 가장 뛰어난 문학가는 스노리 스툴루손(1179-1241)이다. 중요한 정치 지도자였으며 지주(地主)였던 그는 동시에 위대한 시인이요, 사가 작가였으며, 역사가요 비평가였다. 그의 시 가운데는 하콘(Hakon) 왕과 스쿨리(Skuli) 공작을 찬양하는 음송시 하타탈(Hattatal)이 있으며, 사가 중에는 매우 찬란하게 빛나는 에길의 사가(Egil's Saga)가 있는 반면에, 하임스크링라(Heimskringla, 이 세계의 궤도)는 전체 노르웨이 역사를 전설적인 기원으로부터 자신의 동시대에 이르기까지 총괄적으로 개관해 놓은 것이다. 그러나 스노리의 북유럽 신화에 대한 연구 중 단연 중요하다고 할 수 있는 것은 산문 에다(Prose Edda)다.

18세기 『산문 에다』 필사본 표지

아이슬란드는 서기 1000년에 민주적으로 그리스도교를 받아들였고 그와 함께 부수적으로 새로운 유럽 문학 양식을 접하게 되자 고대 음송시 기교를 사용하고 케닝에 정통하던 전통이 점차 허물어져갔다. 이에 대한 반동으로 스노리는 시인들이 아리스토텔레스(Aristotlels)의 『시학(Poetics)』에 필적할 만한 북유럽 본래의 음송시 형식으로 시를 짓도록 권장하는 안내서를 썼다. 1220년에 씌어진 산문 에다에서는 시적 용어의 규칙을 다루고 있고, 그가 다루지 않았더라면 지금 우리에게 전해질 수조차 없었던 음송시들을 폭넓게 언급하고 있다. 또한 그가 구 에다에 있는 거의 모든 시에 정통하다는 사실을 보여주고 있으며, 고대 음송시에 나와 있는 케닝 뒤에 숨어 있는 많은 신화들을 다시 풀어서 전부 이야기해 주고 있다. 특히, '길파기닝(Gylfaginning)' 한 단원은 개작한 신화만을 독점적으로 다루고 있다.

이 작품에서 스노리는 그리스도교도이며 고대신화 애호가의 입장에서 글을 썼으므로 우리는 그의 작품을 평가하고 이용하는데 있어 그 점을 염두에 두어야만 한다. 13세기에 아이슬란드에서 활동한 스노리 스툴루손이 고대의 종교에 대해 완전히 믿을 만한 확실하고 직접적인 견해를 제공한다고 생각하는 것은 잘못된 것일 수도 있다. 그러나 그가 다루었던 소재가 그를 열광시키고 때로는 즐겁게 해주거나 잘못 이끌었을 수도 있지만 무엇보다도 그 소재는 바로 그 안에 존재하고 있던 시인이자 이야기꾼의 기질에 불을 지폈다. 아홉 세상이 엮어내는 극적인 사건과, 상호작용에 푹 빠져 그는 기존의 원전에서 소재를 따오고 자신의 상상력을 보태, 이전과 이후에 나온 많은 신화들을 훨씬 능가하는 길파기닝에 최고의 매혹적인 예술 작품을 창조해놓았다.

1215년 쯤, 스노리 스툴루손이 하임스크링라를 완성하기 정확히 20년 전에, 그람마티쿠스(Grammaticus)라는 별명으로 불리던 삭소(Saxo)라는 한 덴마크 인이 데인 족의 라틴 역사인 게스타 다노룸(Gesta Danorum, 덴마크인의 행적) 열

여섯 권 짜리 전집을 완성했다. 스노리의 하임스크링라처럼 이 작품도 선사 시대부터 시작되고 있으며 1권부터 9권까지는 신화와 전설, 종교, 관습이 한데 뒤섞여 있다. 삭소 그람마티쿠스는 스노리가 기록했던 많은 신화들의 다양한 변형본을 알았고 이용했지만, 그가 신화에 접근한 태도는 스노리와는 현저하게 다르다. 스노리는 결코 신들에 대해서 훈계하는 법 없이 신들이 자신들의 행동으로 스스로 위엄있게 서거나 추락하도록 내버려 두었다. 그러나 삭소는 달랐다. 투르빌 페트르(E. O. G. Turville-Petre)가 삭소에 대해 쓴 것을 인용해 보았다:

중세의 아이슬란드 인들과 마찬가지로 삭소에게 있어서도 신이란 존재는 정말 신이 아니라 고대의 약삭빠른 인간에 불과했다. 그들은 뛰어난 책략으로 초기의 거인들을 정복했다. 그리고는 자신들이 신인 것처럼 사람들을 현혹시켰다. 그러나 삭소는 다른 아이슬란드 인들이 했던 것보다 신들을 더욱 희극화 했다. 삭소는 아이슬란드 작가들과는 비교도 되지 않을 정도로 신들과 그들이 나타내는 모든 것을 신랄하게 경멸했다. 물론 스노리도 때로는 신들에게 슬쩍 농담을 던지긴 했지만 그것은 유쾌한 농담일 뿐이었다. 그러나 삭소의 마음속에서는 그런 종류의 농담은 전혀 찾아볼 수가 없었다.

그럼에도 불구하고, 스노리 스툴루손이 아이슬란드의 전통을 잘 나타낸 것처럼 삭소의 게스타 다노룸은 여전히 덴마크와 북서 유럽의 전통에 대한 주요한 출처가 된다.

700여편 이상이나 되는 위대한 아이슬란드 사가(Saga)는 유럽 문학에 있어 가장 놀라운 작품이며 가장 뛰어난 작품들 가운데 하나라고 할 수 있다. 신원

이 알려진 작가와 신원 미상의 작가들에 의해 13세기에 씌어졌으므로 역사적
이어서 왕이나 성스러운 주교들의 삶과 행적 등을 중심으로 쓴 작품도 있고,
뵐숭(Volsung) 가의 시구르드(Sigurd)와 같은 전설적인 영웅들을 찬양한 작품도
있고, 고대 북유럽 인들의 탐험과 원정에 대한 지칠 줄 모르는 욕망에 대해 묘
사한 작품도 있다. 그리고 아마도 가장 위대한 작품은 서기 1000년 경, 아이
슬란드의 영웅 시대에 각 개인과 가문간의 삶과 충성심, 고난, 다툼을 그린,
생기 있고 얼음처럼 빛나는 가족 사가(family saga)일 것이다.

  사가들은 필연적으로 주인공들의 종교적 신앙이나 의향을 반영하므로 우
리는 그것을 통하여 그리스도교 이전의 신앙과 관습에 대하여 많은 정보를
얻을 수가 있다. 다행히도 그리스도교 이전의 신앙과 관습은 아이슬란드에
그리스도교가 지배하던 시기에도 잘 보존된 것 같다. 예를 들면, 에이르비갸
사가(Eirbyggja Saga)에 보면, 한 토롤프(Thorolf)가 아이슬란드로 이주하기로 결
심한다. 어디에 상륙할 것인가를 결정하기 위하여

    토롤프는 신전의 높은 자리에서 떼어온 기둥들을 배 밖으로 던져버
  렸는데 그 기둥 중 하나에는 토르의 신상이 새겨져 있었다. 그리고 토
  롤프는 자신이 던진 기둥들을 토르가 해안으로 보낸 곳인, 아이슬란드
  의 어느 지점에 정착하겠다고 선포했다.

  토롤프는 그렇게 했고 그 당시 사가는 토르에게 바쳐진 신전 건축물과 신
전 사제의 기능, 신전의 이용과 그 주위에 대하여 상세히 서술하고 있다.

    토롤프는 토르가 새겨진 기둥이 해안에 닿았던, 곳이 있는 지점에
  모든 조신들을 모이게 했고 바로 그 곳이 토롤프가 지방 의회를 시작한

곳이었다. 그 장소는 매우 신성하게 여겨져 어떤 누구도 피나 배설물로 그 곳을 더럽히는 것을 용납하지 않았다. 그리고 누군가를 처치하는 은밀한 목적을 위해서는 자신들이 드리트스케르(Dritsker, 더러운 암초)라고 부르던, 바다에 있는 특별한 바위를 이용했다.

마지막으로 다룰 것은 실제 역사가와 그들의 역사다. 위에서 언급했듯이 타키투스는 로마 제국 내에서 게르만 부족의 종교에 대해 기술한 최초의 역사가였다. 10세기에는 아랍 외교관인 이븐 파들란이 러시아에서 행해지는, 배를 태우는 장례식에 대해 끔찍하게 기술한 것을 포함하여 고대 북유럽 인들과 오랫동안 접촉하면서 그들에 대한 것을 상세한 기록으로 남겨놓았다. 11세기에는 브레멘의 아담이 스웨덴의 이교도에 대해 일관적으로 기술했으며 웁살라의 오딘, 토르, 프레이르에게 바쳐진 이교도의 신전의 장엄한 모습을 매우 생생하고도 자세하게 남겨 놓았다. 13세기의 란드나마보크(Landnamabok, 정착 서적)는 아이슬란드 사람들을 하나하나 자세히 고찰해 놓은 것인데 사제의 기능, 신에게 바치는 제물, 맹세의 선약 등에 관련된 아이슬란드의 법을 포함하여 종교의 역사에 대해 많은 것이 담겨있다. 이런 출처들과 다른 많은 역사적 출처들, 비록 인용하진 않았지만 결코 중요성에서 뒤지지 않는 일부 출처들로 우리들은 그리스도교 이전의 스칸디나비아 반도의 생활상을 구성해 볼 수 있게 되었다.

우리가 얻은 주요한 출전들은 우리와, 신화를 진실로 받아들였던 사람 사이에 어중간하게 끼여 있는 형상이다. 문학적인 기교로 여과한 것, 단편적인 필사본 원고들, 종교적 신앙이 갈등을 빚는 데서 생겨나는 경멸감 등은 우리가 당시의 모습을 그리는데 방해가 된다. 아무리 많이 안다하더라도 여전히 모르는 부분이 훨씬 더 많으며 우리는 반딧불을 이용하여 어둠 속을 더듬거리며 찾아가는 사람과 같다고 할 수 있을 것이다.

신화의 문학적 구조

신화의 대다수가 매우 격렬하고 극적인 이야기들이다. 또한 파노라마처럼 천천히 전개되는 에피소드들로 이루어져 있다.

최초에 오딘과 그의 형제들은 세상과 그 안에 사는 존재들을 창조했고 그 이후에는 평화의 시대가 잇따랐다. 스노리 스툴루손은 이 시기를 황금 시대로 간주했는데 비유적으로는 그 시기가 순수하고 때묻지 않았기 때문이고, 글자 그대로는 신들의 저택과 신전과 모든 도구와 생활 용구들이 금으로 만들어졌기 때문이다.

이 황금 시대는 세상에서 일어난 최초의 전쟁인 에시르 신족과 바니르 신족 사이의 전쟁으로 끝이 난다. 전쟁을 벌인 양측 신들은 어느 쪽도 일방적으로 우세하지 못하다는 것이 분명해지자 휴전을 제의하고 서로 지도자를 교환한다. 그러나 3장에서 보듯이 에시르 신들과 바니르 신들이 함께 사는 법을 터득하게 되자, 신화에 자주 등장하는 대립의 모티프가 곧 나타난다. 그것은 바로 신들과 거인들의 대립과 로키가 그 사이에서 동요하는 것이다.

석공으로 변장한 한 거인이 아스가르드를 찾아간다. 그는 신들을 속여 프레이야와 해와 달을 걸고 내기를 하지만 로키의 책략에 지고 만다. 그리고 에시르 신들과 바니르 신들의 전쟁 동안 산산이 부서졌던 성채의 방벽이 내기에 대한 대가로 복구된다.

그 후로 신들과 거인들이 서로 반목하며 다투는 세상을 개관하는 많은 신화들이 잇따라 나온다. 때로는 로키의 양다리 걸치는 관계 때문에 처음에는 상황이 매우 불리하지만 압력을 못이긴 로키가 상황을 다시 바로잡기 때문에 결국엔 신들이 반드시 이기게 되어 있다. 오딘은 거인들의 세상인 요툰하임으로 시(詩)의 신주(神酒)를 찾으러 떠난다. 뒤이어 로키는 이둔과 청춘의 사과를 되찾아오기 위해 역시 요툰하임에 발을 들여놓는다. 그리고 유쾌하게 법석을 떨고 광대처럼 차리고서 토르와 로키는 토르의 잃어버린 쇠망치를 찾아오기 위해 신부와 하녀로 분장하고 함께 요툰하임으로 간다. 이 세 신화에서 신들은 모두 자신의 목적을 달성하고 거인들은 신들에게 죽는다.

그러나 이 시기동안 신들도 역시 상실을 겪었다. 현인 크바시르(Kvasir)가 두 난쟁이에게 살해당하여 그의 피가 시의 신주의 주재료가 되었던 것이다. 그리고 늑대 펜리르를 묶기 위해 오딘의 아들 티르는 한 손을 희생해야만 했다. 그리고 스노리 스툴루손이 훌륭하게 묘사했듯이, 신화 중에서 가장 길고 가장 사악한 악당이 등장하는 장에서, 토르는 마법을 쓰는 우트가르드 로키의 저택을 방문하는 과정에서 말할 수 없이 체면을 구기는 수모를 겪었다. 우리는 여기서 환영(幻影)이 비단 신들만 쓰는 수단이 아니라 거인들도 자유자재로 구사했다는 것을 알 수 있다.

이 대립의 모티프와 병행해서 나타나는 것이 바로 사랑과 우정의 모티프다. 뇨르드와 프레이르 두 남신은 거인족 여인과 결혼했고, 오딘과 토르는 수많은 거인족 여인 정부를 두었다. 오딘의 정부인 거인족 여인 그리드는 토르에게 자신의 철장갑, 힘의 허리띠, 곤봉을 빌려주어 토르가 거인 가이로트와 그의 두 딸을 처치할 수 있게 해주었다. 이미 언급했듯이 신들과 거인들 사이의 갈등은 더욱 비극적인데 그 이유는 그들이 많은 점에서 서로 닮았기 때문이고, 어떤 점에서 보면 양측 다 필연적으로 지고 마는 내전을 벌이고 있기 때문이다.

서로 다른 세상에 살고 있는 이성에 대해 성적으로 끌린다는 주제는 신화 전체에 걸쳐서 일관적으로 등장한다. 네 난쟁이는 나흘 밤 동안 여신 프레이야의 몸을 목걸이로 사고, 복잡하고 열정적인 한 신화에서는 인간 스비프다그(Svipdag)가 한 발은 아스가르드에 한 발은 요툰하임에 걸친 인물, 멘글라드

(Menglad)를 찾아 결국 사랑을 얻는다. 오딘은 자신의 애정편력을 성급하게 자랑하지만 빌링(Billing)의 딸인 인간 소녀에게 거절당하는 쓴맛을 본다. 그리고 난쟁이 알비스(Alvis)는 토르의 딸 트루드(Thrud)를 자신의 신부로 달라고 찾아갔다가 결국엔 해가 떠서 돌로 변해 버리고 만다.

초기 부분의 많은 신화에서는 장난기와 정겨운 익살적 요소들이 나타난다. 그러나 시간이 흐르면서 거창한 싸움을 벌이고, 무엇인가를 훔쳤다가 다시 되찾아오고, 예상치 않은 사랑이 결실을 맺는 과정이 나오다 토르가 거인 가이로트를 찾아가는 장면이(24장) 등장한다. 여기서 거인들은 다시 한 번 토르를 죽이고 신들을 몰아내려고 하지만, 여기서 또한 명백한 사실은 신들에게 가장 큰 위협이 되는 존재는 거인들이 아니라 바로 자신들의 일원인 로키라는 점이다.

스노리 스툴루손이 얘기한 것처럼 가장 유명한 신화에서 가장 비극적인 이야기는 분명히, 아름답고 순수한 신 발더가 겨우살이 가지 끝에 찔려 죽은 것과, 그를 위해 울기를 거절한 냉소적인 거인족 여인 토크(Thokk)의 방해로 저승에서 되돌아오지 못한 것이다. 그 겨우살이 가지가 발더에게 박히도록 안내한 것도 로키의 손이었으며 거인족 여인 토크도 로키가 변신한 것이었다. 바로 이 순간부터 세상은 종말을 향해 치닫기 시작한다. 로키는 신들과 여신들을 향해 입에 담을 수 없는 통렬한 모욕을 퍼붓는다. 그 결과 그는 쫓기다 결국에는 잡혀 족쇄에 묶인다. 그러나 악의 힘을 오랫동안 억압할 수는 없었다. 오딘은 미래를 읽는 방법을 이미 배웠다. 그래서 라그나로크에 모든 신들과 거인들과 인간들과 난쟁이들과 모든 생명체가 전쟁을 벌여 결국엔 모두 멸망하게 될 운명이라는 것을 알고 있다.

그러나 이 가장 숙명적인 신화의 최후의 암흑에 한줄기 빛이 비쳐든다. 오딘은 라그나로크 이후에 시간과 생명의 새로운 순환이 시작될 것이라는 것도 역시 알고 있었다. 발더와 다른 몇몇 신들과 두 인간이 살아남아 세상에 새로운 후손들을 퍼뜨리기 위해 각각 아스가르드와 미드가르드로 돌아온다. 종말은 그렇게 새로운 시작을 잉태하고 있는 것이다.

각각 그 형태는 매우 다른 많은 신화들이 이처럼 다채롭고 때로는 아슬아슬한 이야기들이다. 그리고 각 신화들이 발전되어 가는 중간 중간에 마치 오페라에서의 아리아처럼 휴식부분이 있다. 이 휴식부분의 기능은 신화적인 지식을 드러내 주는 것이다. 이 부분은 읽으려면 상당한 부담을 느끼게 되는 부분이다. 비록 이 지식들이 이야기처럼 기본 골격은 갖추고 있지만 극히 최소한의 언어로 수많은 이름과 사건을 응축해 놓아 사실상 장황한 감이 없지 않다.

이 신화 중 세 편은 오딘이 끝없이 지혜를 찾아 결국은 손에 넣는 과정을 그리고 있다. '지혜를 얻으려 자신을 바친 오딘'에서는, 오딘이 이그드라실에게 기꺼이 자신의 몸을 제물로 바치고, 자신의 말대로 아홉 개의 마법의 노래와 열여덟 개의 매우 강력한 주문을 알게 된다. 우리는 그 마법과 주문이 어떤 효력을 지녔는지 알 수 있다. '바프트루드니르의 비가'에서 오딘은 거인에게 맞서서 자신의 지식을 겨루고, '그림니르의 비가'에서는 어린 소년 왕자 아그나르(Agnar)에게 신화적인 우주의 구조와 그 안에 살고 있는 존재에 대해 지나칠 정도로 많은 사실을 알려준다. 이 두 편의 신화는 스노리 스툴루손에 의해 널리 이용되었으며 신화의 우주론, 주요 등장인물, 그 외의 다른 구성요소들에 대한 많은 정보를 제공해 주는 비길 데 없이 훌륭한 출전인 것이다.

서로 주고받는 욕설로 이루어진 두 편의 시 역시 신들에 대해 귀중한 많은 세부 사항을 알려준다. '하르바르드의 노래'에서 뱃사공으로 변장한 오딘과 집에 가고 싶어하는 토르는 깊은 강을 사이에 두고 서로 상대방에게 심한 조롱을 일삼는다. 그리고 '로키의 악담'에서는 로키가 중상 모략적인 폭로와 근거 없는 모욕으로 신들을 차례로 헐뜯는다.

　다섯 편의 신화는 인간들의 세상인 미드가르드의 전통에 대해서 특별히 언급하고 있다. '리그의 노래'는 고대 노르웨이의 사회적 구조에 대해 서술하고 있고, '로드파프니르의 비가'에서는 사회적 행동에 대한 수많은 규범을 적어놓고 있고, '알비스의 비가'에서는 신과 난쟁이의 입을 빌려 시인들을 위한 비망록처럼 많은 동의어들을 효과적으로 열거해 놓았다. '길피와 게프욘 (Gylfi and Gefion)'은 스웨덴과 덴마크가 어떻게 해서 현재의 지형을 갖추게 되었는지 설명하고 있고, '힌들라의 시'에서는 북유럽 인들에게 알려진 많은 전설적인 영웅들을 모아놓았다. 이 신화들에서 특히 10세기의 북유럽 세계의 일상사와, 그 당시 신들을 믿은 사람들과, 지금까지 현존하는 시의 대부분을 쓴 시인들에 대해 더 많은 정보를 추론해 낼 수도 있다.

신화에 대한 접근

　석기 시대든, 오늘날 필리핀의 우림 지역이든 문자가 없는 문화는 왜 태양이 아침이면 나타났다가 밤이 되면 사라지는지, 바람은 왜 부는지, 천둥은 왜 치는지, 왜 어떤 사람은 현명하고 어떤 사람은 어리석은지, 왜 어떤 사람들은 시적 재능을 타고나는지, 왜 동물들은 제각기 다른 성격을 지녔는지 등등에 대해 설명하는 설득력 있는 이야기들을 만들어낸다. 이런 식으로 신화는 세상이 창조된 양상에 대해 자주 언급하며, 엄밀한 의미에서 신화란 그것을 통하여 인간이 인간 자신에게 이 지구상에 존재하게 된 기원과, 주위에서 볼 수 있는 여러 가지 경이로운 일들을 설명하려고 노력하는 극적인 이야기인 것이다. 신화는 신화적인 시기에 생겨난 종교적인 역사라고 할 수 있으며 인간을 창조한 초자연적 존재와 인간들에게 모범을 제시하는 그들의 행동을 다루고 있다.

원시인들은 신화를 곧이곧대로 받아들였고 신화에서 나타내는 이야기와 신화와 관련된 종교의식들이 신성한 힘을 부여한다고 믿었다. 부족 내에서 신화를 이야기하는 사람보다 더욱 중요한 사람은 없었다. 그는 시인이요, 사제이며 동시에 치유의 능력을 지닌 주술사였다. 예를 들어, 그는 적절한 주문만 알고 있으면 땅을 건강하고 비옥하게 하는데 필수적인 비를 내리게 할 수 있었다. 프랑스의 위대한 인류학자 미르세아 엘리아데(Mircea Eliade)는 이렇게 표현하고 있다. "신화를 안다는 것은 사물들의 기원에 관한 비밀을 배우는 것이다. 다시 말해서, 사람들은 신화를 통해 사물들이 어떻게 해서 존재하게 되었는지 알게 될 뿐 아니라 그 사물들을 어디서 찾을 것인지, 그리고 그것들이 사라졌을 경우 다시 나타나게 하려면 어떻게 해야 하는지 배우는 것이다."

다윈 이후의 사회는 신화를 문자 그대로 진실로 받아들이는데 동의하지 않는다. 이제는 지구와 지구상에 존재하는 생명체들이 알을 깨고 나왔다든가, 어떤 초자연적 존재의 손으로 빚어졌다든가, 혹은 고대 북유럽 인들이 믿었던 것처럼 서리 거인과 암소의 몸체로 만들어졌다든가 하는 사실은 더 이상 받아들일 수 없게 되었다. 아마도 시인이나 철학자, 자신의 방법론에 구애되지 않고 사물의 기원, 기능, 관계를 밝히려 부단히 노력하는 과학자, 더 나아가 설명이 가능한 사물에만 집착하지 않고 정신에도 많은 관심을 쏟는 사람이 그 옛날 신화를 만들었던 사람들의 진정한 계승자라고 할 수 있다. 그렇긴 해도 이 계승자들이 할 수 있는 일은 예전에 신화 이야기꾼들이 그랬듯이 단순하면서도 고귀한 방식으로 우리 인간들을 위해 삶의 의미를 재창조할 수 있다는 것뿐이다.

그러나 이 말이 신화들이 우리 인간들에게 아무런 의미가 없다는 뜻은 아니다. 오히려 반대로, 우리는 신화 속에서 오래 전부터 전해 내려온, 인간들의 걱정, 호기심, 열망을 인식하고 반응하게 된다. 만일 필립 시드니 경(Sir Philip Sidney)이 언급한 '어린아이들을 놀이에서, 노인들을 굴뚝 구석에서 끌어내는 재미있는 이야기'를 사회적으로 확대 적용하면 그것은 바로 신화, 전설, 민담과 관련이 있는 것이다.

그러나 운문이든 산문이든 아무리 잘 되었다고 하더라도 직접 번역한 작품들은 그것을 향유해 마땅한 청중의 마음을 폭넓게 사로잡을 정도로 북유럽 신화를 제대로 소개했다고 기대할 만한 작품이 하나도 없었다. 단편적으로 조각조각 모아진 다양한 원전들과, 그것을 또 요약한 것들 때문에, 그리고 독자들이 상당한 지식을 갖추고 있을 것이라고 섣불리 단정지어 버림으로써 제대로 된 작품이 나오는데 꽤 심각한 걸림돌이 되었다. 사정이 그렇다고는 해도 본래의 원전 중에는 독자들을 읽는 재미에 흠뻑 빠질 수 있도록 만드는 작품이 많으며 이러한 작품들을 즐기기 위해 꼭 전문적인 지식을 갖춰야 할 필요도 없다.

그래서 나는 새롭게 번역하여 신화를 다시 쓰기로 결심했고, 이 새로운 번역물이 원전에 나타난 본래의 맛과 새롭게 각색되어 나타난 생동감을 둘 다 보여줄 수 있으리라 기대한다. 에다의 시나, 스노리 스툴루손이나 관련된 다른 원전에 나오는 것 중에서 중요한 것은 하나도 빼놓지 않았지만, 넌지시 나타난 암시들을 과감하게 발전시켰고, 극적인 상황에 현실감이 들도록 살을 붙이고 등장인물들이 주고받는 대화도 조금씩 덧붙였다. 무엇보다도 산이나 평원, 강, 저택과 궁전들을 자세히 묘사해 세계수 이그드라실에 의해 하나로 통합되어 있는 아홉 세상에 대해 상세한 배경을 제공하려고 노력했다. 당시의 청중들은 당연하게 여겼을, 신화의 지리적인 배경에 대해 말이다.

신화의 무대를 지리적으로 묘사하는데 있어, 스노리 스툴루손처럼 나 역시 그림니스말, 바프트루드니스말, 뵐루스파 등에 자주 의존했고 아이슬란드를 직접 돌아보고 얻은 지식을 참고했다. 가는 곳마다 자유롭게 구사할 수 있었던, 앵글로 색슨 어에 기원을 둔 투박한 말투를 잘 써야만 한다는 것을 깨달았다. 여러 신화에서 흔히 발견할 수 있는 어투의 차이는 의도적인 것이며 다양하게 산재하는 각기 다른 원전의 어투를 반영한다. 우리는 북유럽 신화에 대한 많은 지식을 구 에다와 산문 에다에 의존하고 있다.

스노리 스툴루손이 무시했거나 그가 몰랐던 신화와, 그가 다시 개작하기는 했지만 이전의 번역본에 전체가 수록되어 있는 경우에 그러한 신화들을 포함시키기 위해 산문 에다에 적혀 있는 내용에서 잠시 벗어났을 뿐이다. 대부분의 에다 시인들은 고대 신들을 믿었으며 스노리가 비록 그리스도교도이긴 했지만 동시에 훌륭한 고대신화 채집자이며 뛰어난 이야기꾼이었으므로 이교도 신들을 배척하는 것을 잠시 보류할 수 있었던 사실이 천만다행으로 여겨진다.

비록 가끔씩 삭소 그람마티쿠스에 대해서도 언급할 테지만 고대 신들을 경멸하고 그들을 인간의 수준으로 격하시킨 그의 왜곡된 작품들을 이용할 근거는 전혀 찾지 못했다.

처음에 얼핏 보면 신화에는 낯설고 심상치 않은 이름들이 많이 나올 것이다. 그렇다고 해서 그 이름들을 무시할 수도 없을 것이다. 신들과 다른 인물들에게서 원래의 이름을 빼앗는 것은 그들 힘의 일부를 없애버리는 일이나 마찬가지이다. 그래서 나는 고대의 노르웨이 본래 이름을 그대로 쓰기로 결심했지만 또한 할 수 있는 곳에서는 이야기 구성에 맞게 번역한 이름을 싣기도 했다. 그러나 하나의 신화에만 등장하는 별로 중요하지 않은 이름들은 (예를 들면, 강 일부와, 발키리들, 그리고 오딘의 여러 이름 중 일부처럼) 때로는 음가에 맞추어 원래 이름을 쓰거나, 때로는 번역된 이름만을 쓰는 등 가끔 이 규칙에 예외를 두었다.

나로 하여금 북유럽 쪽으로 시선을 돌리고 나 자신을 북유럽 신화라는 생동감 넘치는 부빙(浮氷)의 세계에 몰입할 수 있도록 처음으로 격려해준 분은 바로 오든(W. H. Auden)이었다. 그 과정에서 그분께 깊은 감사를 드렸으며 이 북유럽 신화들이 지리적으로 또 기질적으로도 북쪽에 가까운 우리들에게조차 상대적으로 거의 알려지지 않았다는데 매우 놀랐다. 북유럽 신화들은 우리의 전통의 일부이며, 르네상스 이후로 거의 모든 예술 분야에 영감을 주는 고정적 출처가 되었던 그리스 신화들 못지 않게 잘 알아야 할 필요가 있다.

북유럽 신화에서 가장 뛰어난 신화들은 지적 수준에서도 상당하며, 기록되어 전해지는 다른 어떤 신화만큼 표현도 주목할 만하고, 전체 이야기 기둥은 단순히 부분을 합해 놓은 것보다 훨씬 웅장하다. 이 신화들은 역동적인 문화에 대해서 이야기하고 있으며, 그들은 인간의 열망과 인간이 쉽게 풀지 못하는 여러 가지 신비한 일들을 이야기하고 있다. 자 그럼, 이제 신화의 세계로 직접 들어가 보자.

─ 북유럽 신화 ─

듣고자 하는 자에게는 큰 소리로 알려주거라!

이 말을 새기는 자들은 번성하리니! 듣고자 하는 자에게만 들려주거라!

── 하바말

1장 천지창조

불타는 얼음, 살을 에는 듯한 불꽃. 이렇게 하여 생명이 시작됐다.

태초에 남쪽에는 무스펠이라는 지역이 있었다. 그 곳은 끊임없이 날름거리는 불꽃으로 깜박거렸다. 불꽃은 타오르며 밝게 빛났다. 그 안에서 태어난 존재를 제외하고는 아무도 그 불꽃을 견딜 수 없었으니 주르트(Surt, Black)만이 있었다. 멀리까지 뻗어 있는 무스펠의 온 지역 위에 군림한 주르트는 이글거리는 불칼을 휘두르며 언젠가 자신이 드높이 솟아올라 신들을 유린하고 온 세상을 불로 집어삼킬 종말을 이미 기다리고 있는 중이었다.

북쪽에는 니플하임이라는 지역이 있었다. 그 곳은 얼음으로 가득 찼고 광활한 눈더미로 덮여 있었다. 니플하임의 한가운데에는 흐베르젤미르라는 샘이 있었는데, 그 샘은 열한 개의 지류로 흐르는 엘리바가르(Elivagar) 강의 원천이었다. 열한 개 지류는, 서늘한 스볼(Svol), 반항적인 군트라(Gunnthra), 표름 (Fjorm), 부글부글 끓어오르는 핌불툴(Fimbulthul), 무시무시한 슬리드(Slid), 활 기차게 흐르는 흐리드(Hrid), 슬리그(Slyg), 일그(Ylg), 드넓은 비드(Vid), 번개 처럼 빠르게 질주하는 레입트(Leipt), 얼어붙는 콜(Gjoll)이었다.

불타는 무스펠과 얼음으로 가득찬 니플하임, 이 두 지역 사이에는 거대 한 틈이 존재하고 있었으니 바로 기눙가가프였다. 흐베르젤미르에서 솟아오 른 열한 개의 강은 이 틈새로 흘러 들어갔다. 강물 속에 있던 부글부글 끓어 오르는 독액(毒液)이 점차 농밀해지더니 화산재처럼 얼어붙자 강물은 얼음으 로 변했다. 독액은 또한 이슬도 내뿜었다. 이슬은 끝없이 음산한 늪지인 기 눙가가프로 떨어져 내리자 서리로 변했다. 그래서 기눙가가프의 북쪽 지역 은 두터운 얼음 층과 하얀 서리에 둘러싸여 사나운 바람만이 몰아치는 황량 한 벌판이 되었다.

북쪽은 모든 것이 얼어붙었고, 남쪽은 모든 것을 녹이며 타올랐지만 기눙 가가프의 한가운데는 여름날 아침의 싱그러운 대기처럼 온화했다. 바로 그 곳에서 무스펠에서 떠내려온 따뜻한 숨결이 니플하임에서 내려온 서리를 만 났다. 따뜻한 숨결이 서리를 어루만지며 솔솔 불어오자 얼음이 녹아 물방울 이 똑똑 흘러내리기 시작했다. 이 흘러내린 물방울에서 생명체가 생겨나 거 인의 형체를 이루었으니 그 거인이 바로 이미르였다.

이미르는 서리가 녹아 내린 물방울에서 생겨났으므로 서리 거인이었으며 천성적으로 사악했다. 이미르는 잠자는 동안 땀을 흘리기 시작했다. 이미르 의 왼쪽 겨드랑이에서 흘러나온 땀에서 한 남자와 한 여자가 자랐고, 이미르 의 한쪽 다리에서 다른 다리의 자식이 태어났다. 이미르는 모든 서리 거인의 조상이었으므로 사람들은 이미르를 아우르젤미르(Aurgelmir)라고도 불렀다.

기눙가가프에 있던 얼음이 좀 더 녹아 흘러내린 물은 아우둠라라는 암소의 형태로 변했다. 서리 거인 이미르는 아우둠라의 네 갈래 젖꼭지에서 흘러내린 젖을 먹었고, 아우둠라는 얼음을 먹었다. 아우둠라가 소금기 있는 얼음 덩어리를 핥자 첫날 저녁에는 얼음에서 한 남자의 머리카락이 돋아 나왔다. 아우둠라가 조금 더 핥자 둘째 날 저녁에는 남자의 머리가 온전히 생겨났고, 셋째 날 저녁에는 완전한 형태를 갖춘 인간이 태어났다. 그의 이름은 부리(Buri)였다.

부리는 키가 크고 강인했으며 잘 생겼다. 얼마 후 부리는 보르(Bor)라는 아들을 얻었고, 보르는 서리 거인 중의 하나인 볼토르의 딸, 베스틀라(Bestla)와 결혼했다. 베스틀라는 세 아들을 낳았는데 첫째가 오딘, 둘째가 빌리, 셋째가 베였다.

구불구불한 모래사장, 바다의 차가운 물결, 굽이치는 풀밭이 생겨나기 전, 태초에는 이것이 전부였다. 땅도 하늘도 없었고 오로지 무스펠과 니플하임이 있었고 그 사이에 기눙가가프가 존재했을 뿐이었다.

보르의 세 아들들은 이미르와, 점점 불어나며 제멋대로 날뛰는 난폭한 서리 거인들을 싫어했다. 그리고 점차 시간이 흐를수록 그들의 미움은 점점 커져 불타는 증오심으로 변했다. 마침내 보르의 세 아들들은 이미르를 기습하여 죽여버렸다. 이미르의 상처는 마치 샘과 같았다. 이미르의 상처에서 솟아오른 붉은 선혈은 폭포처럼 흘러내려 순식간에 온 세상을 다 뒤덮어 베르젤미르(Bergelmir) 부부만 제외하고 모든 서리 거인들을 익사시켰다. 베르젤미르 부부는 속이 빈 나무 줄기로 만든 배를 타고 피의 바다 위로 표류했다.

오딘과 빌리와 베는 죽은 이미르의 시체를 끌어올려 어깨에 메고는 기눙가가프의 한가운데로 가져갔다. 바로 그 곳에서 오딘 형제들은 이미르의 시체로 세상을 만들었다. 그들은 이미르의 살점을 떼어내 땅을 만들었고 손상되지 않은 뼈로 산을 만들었다. 그리고 이미르의 이빨과 턱과 흩어진 뼛조각

암소 아우둠라가 얼음 덩어리를 핥자 부리가 나왔고, 그에게서 오딘이 나왔다.
18세기 아이슬란드 필사본.

들로는 바위와 옥석과 돌멩이를 만들었다.

또한 굽이쳐 흘러내리는 피로는 바다와 땅으로 둘러막힌 호수를 만들었다. 대지를 다 만들고 나자 대지 주위를 둥그렇게 둘러싸는, 포효하는 바다를 만들어놓았다. 바다는 너무 광활해서 모든 인간들은 감히 바다를 건너려는 꿈조차 꿀 수 없게 되었다.

대지와 바다를 만드는 일이 끝나자 오딘 형제는 이미르의 두개골을 들어올려 하늘을 만들고 하늘의 네 귀퉁이는 대지의 끝에 닿도록 했다. 그리고 동, 서, 남, 북의 네 귀퉁이 아래에는 난쟁이들을 두었다. 오딘과 빌리와 베는 무스펠에서 잡아온 불꽃과 깜부기불을 태양과 달과 별이라고 불렀다. 그들은 태양과 달과 별을 기능가가프로 높이 올려놓아 위로는 하늘과, 아래로는 땅을 밝히게 했다. 이런 식으로 그들은 별들에게 각각 적당한 자리를 잡아주었다. 하늘에 고정되어 있는 별도 있었고 지정된 항로를 따라 자유롭게 움직이는 별들도 있었다.

땅은 둥글었고 깊은 바다의 둥그런 테두리 안에 들어 있었다. 오딘 형제들은 해변을 따라 땅의 경계를 나누고 그 곳을 서리 거인들과 바위 거인들에게 내주었다. 그 곳 요툰하임에 거인들은 자리잡고 살게 되었다. 그들 거인들은 무척 적대적이었으므로 오딘 형제들은 광활한 육지 안쪽에 거대한 방벽을 둘러쳤다. 그들은 이미르의 눈썹으로 방벽을 만들고 미드가르드(중간계, 지상의 세계)라고 불렀다. 태양이 미드가르드 땅에 있던 돌들을 따뜻하게 데웠으므로 대지는 곧 돋아나는 부추의 싹으로 푸르러졌다. 오딘 형제들은 또한 이미르의 뇌를 대기로 던져 올려 갖가지 모양의 구름으로 변하게 만들었다.

어느 날, 대지와 바다가 만나는 땅의 끝자락을 따라 걷고 있던 오딘과 빌리와 베는 뿌리가 땅 위로 삐어져 나온 죽은 나무 두 그루를 우연히 발견했다. 한 그루는 물푸레나무였고 한 그루는 누릅나무였다. 그들 삼 형제는 두 나무를 들어올려 최초의 남자 인간과 여자 인간을 만들었다. 오딘이 두 인간에게 생명의 숨결을 불어넣어 주자 빌리는 날카로운 지성과 감정을 느낄 수 있는 마음을 주었고, 베는 듣고 볼 수 있는 능력을 주었다. 남자는 아스크(Ask)라 불렀고 여자는 엠블라(Embla)라고 불렀으며, 그들이 살 곳으로는 미드가르드를 내주었다. 아스크와 엠블라, 이 두 남녀로부터 모든 가족, 종족, 인종들이 생겨난 것이다.

그런데 요툰하임에 살고 있던 거인 중 하나인 나르비(Narvi)에게는 다른 가족들처럼 검은 눈에 까만 머리에 까무잡잡한 피부를 가진 딸, 밤(Night)이 있었다. 밤은 세 번 결혼했다. 밤의 첫번째 남편은 나글파리(Naglfari)였는데 그들 사이에는 아우드(Aud)라는 아들이 태어났고, 두 번째 남편인 안나르(Annar)와의 사이에는 대지(Earth)라는 딸이 태어났다. 세 번째 남편은 오딘 형제들과 친척인 빛나는 델링(Delling)이었다. 델링과의 사이에서는 낮(Day)을 낳았는데 아버지 쪽의 혈통을 닮은 낮은 빛나는 맑은 얼굴을 지녔다.

오딘은 밤과 그녀의 아들 낮을 데려다 말이 이끄는 마차에 태워 한나절씩 세상을 돌게 했다. 밤이 먼저 길을 나섰다. 밤의 말은 서리 갈기를 지닌 흐림팍시(Hrimfaxi)였고, 낮의 말은 하늘과 땅을 환하게 밝히는 불타는 황금 갈기를 지닌 스킨팍시(Skinfaxi)였다.

미드가르드에 살던 문딜파리(Mundilfari)라는 남자에게는 두 아이가 있었는데 두 아이 다 몹시 아름다워 아들은 문(Moon)이라 부르고 딸은 선(Sun)이라 불렀다. 선은 글렌(Glen)이라는 남자와 결혼했다. 오딘 형제와 그의 후손인 에시르(Aesir) 신들은 선의 그와 같은 행동에 화가 났다. 그들은 문과 선을 납치하여 달과 태양의 마차를 이끌도록 하늘에 못박아 놓았다. 또한 오딘 형제들은 세상을 환하게 밝히기 위하여 무스펠의 불꽃으로 별자리를 만들었다.

문이 제일 앞에서 앞장섰다. 그는 달이 제 길대로 가도록 안내했고 언제 차고 이울지 결정했다. 여러분이 하늘을 올려다보면 알 수 있듯이 문은 결코 혼자 여행하지 않는다. 문은 미드가르드에서 빌(Bil)과 휴키(Hjuki)라는 두 아이를 차례로 잡아왔다. 두 아이는 비르기르(Byrgir) 샘에서 길은 물을 장대 시물(Simul)에 걸친 물병 소에그(Soeg)에 담아 나르고 있었는데 그 순간 문이 별안간 그들을 내리 덮쳐 데리고 가버린 것이었다.

선이 그 뒤를 따랐다. 선의 말 한 마리는 매우 일찍 일어났기 때문에 아르박(Arvak)이라고 불렸고 다른 한 마리는 힘이 매우 강했으므로 알스비드(Alsvid)라고 불렸다. 에시르 신들은 선의 말을 서늘하게 유지시키기 위해 어깨뼈 아래에 차가운 금속으로 만든 풀무를 꽂아 넣었다. 태양은 늘 몹시 서두르는 것처럼 보이는데 그 이유는 늑대 스쾰(Skoll)에게 쫓기고 있기 때문이다. 스쾰은 항상 으르렁거리며 태양을 덥석 물기라도 할 것처럼 뒤쫓고 있는데 나중에는 결국 태양을 잡고 만다. 태양 앞에서 달리는 늑대 하티(Hati)는 달을 쫓고 있는데 결국에는 달도 하티에게 잡히고 만다. 스쾰과 하티, 이 두 마리 늑대는 미드가르드의 동쪽에 있는 철의 숲(Iron Wood)에 살고 있는 나이든 여자 거인의 두 아들이다.

보르의 아들들인 오딘, 빌리, 베가 최초의 남자와 여자를 창조하고 밤과 낮이 있게 하고 하늘에는 달과 태양을 만든 후 그들은 이미르의 살점 속에서 들끓며 땅 위로 꿈틀꿈틀 기어다니던 구더기를 기억해냈다. 그들은 구더기에게도 지혜를 주고 사람의 모습으로 만들었지만 언덕과 산 아래에 있는 바위투성이의 동굴과 땅굴에서 살도록 했다. 사람처럼 생긴 이 구더기들은 난쟁이라고 불렸다. 모드소그니르(Modsognir)가 그들의 우두머리였고 두린(Durin)이 오른팔이었다.

이렇게 해서 바다로 둘러싸이고 하늘로 뒤덮인 대지가 만들어졌고 그 안에는 인간과 거인과 난쟁이가 살게 된 것이다. 그리고 나서야 보르의 아들들은 자신들의 왕국인 아스가르드를 건설했다. 쉽사리 넘볼 수 없는 철통 같은 성채 아스가르드는 푸른 평원으로 뒤덮인 평화로운 곳이며 미드가르드 위로 우뚝 솟아올라 환하게 빛나는 궁전이었다. 불타는 무지개다리인 비프뢰스트가 아스가르드와 미드가르드 두 세계를 연결해주고 있었다. 세 가지 색으로 이루어진 비프뢰스트는 대단한 솜씨와 요술로 지어졌기 때문에 매우 견고했다.

인간의 수호자인 에시르 신들은 비프뢰스트를 건너가 아스가르드에 정착했다. 그들 가운데 신들의 아버지인 오딘이 제일 나이가 많고 위대했다. 그리고 신성한 열두 신과 열두 여신이 있었고 수많은 보통 에시르 신들이 있었다. 지금까지 말한 바로 이것들이 기억되었든 망각되었든 이 세상에 존재하는 모든 것의 시작이었다.

이 모든 창조가 진행되는 동안에 세상의 모든 부분 아래에는 가장 크고 위대한 나무인 물푸레나무 이그드라실이 존재하고 있었다. 이그드라실은 모든 대지 위로 솟아올랐으며 세 갈래 뿌리는 각각 아스가르드와 요툰하임과 니플하임으로 깊이 파고 들어갔고, 그 뿌리 아래에는 각기 샘이 있었다. 매와 독수리들은 이그드라실 가지에 와서 앉았고 다람쥐들은 나무를 오르락내리락 타고 다녔다. 사슴들은 뛰어 놀며 잎새를 뜯어먹었고 용도 이그드라실을 먹어치웠다. 이슬에 촉촉하게 젖어있던 이그드라실은 자기 자신에게 생명을 주었으며 아직 태어나지 않은 존재에게까지 생명의 숨결을 불어넣어 주었다. 바람이 그 주위를 휘감아 돌 때면 이그드라실은 낮은 소리로 노래하거나 웅얼거렸다. 그렇게 이그드라실은 과거부터 존재했고 현재도 존재하며 앞으로도 그 자리에 영원히 존재하고 있을 것이다.

2장 에시르 신족과 바니르 신족의 전쟁

　오딘은 마녀 굴베이그(Gullveig)가 찾아왔을 때 다정하게 환영하지 않았다. 그의 궁전에서 굴베이그가 황금에 대한 탐욕스러운 마음을 드러내며 말하는 동안 최고신 오딘과 에시르 신들은 혐오감을 드러내며 듣고 있었다. 화가 난 그들은 마녀 굴베이그가 없어진다면 세상이 좀 더 좋아질 것으로 생각해 굴베이그를 잡아 고문했다. 굴베이그는 창으로 온 몸을 난자 당했다.

　에시르 신들은 구멍 투성이의 굴베이그를 홀 한가운데에서 타오르고 있던 불 속으로 집어던졌고 굴베이그는 불에 타 죽었다. 그러나 놀랍게도 잠시 후 굴베이그는 불꽃 속에서 온전한 몸으로 다시 태어나 걸어나오는 것이었다. 에시르 신들은 세 번이나 굴베이그를 불타는 화염 속으로 집어던졌지만 그때마다 굴베이그는 멀쩡하게 다시 살아났다.

용상에 앉아 있는 오딘. 그의 눈을 피해갈 수 있는 것은 아무것도 없었다. Ludwig Pietsch, 1865년

그 후로 어느 곳에 가든지 굴베이그는 항상 다른 이름을 얻었다. 굴베이그를 두려워하던 에시르 신들과 그들의 하인들은 굴베이그를 불타는 존재라는 의미로 헤이드(Heid)라고 불렀다. 굴베이그는 예언자였으며 나무 막대기에 요술을 걸었다. 또한 황홀경에 빠져 마법을 걸었다. 굴베이그는 바로 사악한 마법의 여왕이었으며 모든 사악한 여인들의 기쁨이었다.

바니르 신들은 에시르 신들이 굴베이그를 어떻게 맞이했는지 듣자 에시르 신들이 굴베이그의 황금에 대한 탐욕에 넘어간 것이라고 분개했다. 그들은 보복을 맹세하며 전쟁 준비를 시작했다. 그러나 높은 용상, 발라스칼프에 앉아 세상의 모든 것을 내려다보고 있는 오딘의 눈을 피해갈 수 있는 것은 아무것도 없었다. 그리하여 에시르 신들도 역시 날카롭게 창을 갈고 방패를 닦는 등 전쟁 준비를 했다.

순식간에 에시르 신들은 적진을 향해 달려갔고 오딘은 바니르 무리 한 가운데로 자신의 창을 던졌다. 그것이 바로 세상에서 벌어진 태초의 전쟁의 시작이었다. 처음에는 바니르 신쪽이 우세했다. 그들은 마법을 써서 아스가르드의 거대한 방벽을 산산조각 내 버렸다. 그러나 에시르 신족도 그에 맞서 맹렬히 싸워 바니르 신족의 세계인 바나하임(Vanaheim)에 똑같은 손상을 입혔다. 전투는 오랫동안 혼전을 거듭했고 전쟁이 길어질수록 어느 쪽도 쉽사리 이기지 못하리라는 사실이 분명해졌다.

그러자 양쪽 신들은 모두 전쟁에 지치기 시작했다. 전쟁의 혼란보다는 휴전과 대화가 더 좋은 해결방법으로 생각되었다. 그래서 에시르 신과 바니르 신의 지도자들은 평화협정의 조건을 의논하기 위해 만났다. 그들은 전쟁의 발단에 대해 다투었고 전쟁을 일으킨 데 대한 책임 소재가 에시르 신들에게만 있는 것인지, 양쪽이 다 조공을 바칠 것인가 하는 문제로 의견이 분분했다. 결국 협상의 결과는 에시르 신과 바니르 신 양쪽은 모두 평화롭게 공존하며 그 증거로 서로의 지도자들을 맞바꾸기로 동의했다.

그래서 바니르 신족의 두 지도자인 뇨르드와 그의 아들 프레이르는 아스가르드로 향했다. 한편 뇨르드의 딸인 프레이야와 바니르 신족에서 가장 뛰어난 현자인 크바시르도 함께 따라갔다. 에시르 신들은 그들을 반갑게 맞아들였지만 뇨르드가 친 여동생과 결혼하여 프레이르와 프레이야를 얻은 사실에 대해서는 쉽사리 용납하지 않았다. 에시르 신들은 뇨르드와 프레이르를 제사를 주관하는 최고의 성직자로 임명하고 프레이야를 여사제로 임명했다. 프레이야는 얼마 지나지 않아 바나하임에서 잘 알려져 있고 흔히 사용되던 요술을 에시르 신들에게 가르쳐주었다.

한편 에시르 신들 편에서는 다리가 긴 호니르(Honir)와 현자 미미르를 바나하임에서 살도록 보냈다. 호니르는 체격이 좋고 준수하며 신격을 갖춘 인물이었다. 에시르 신들은 호니르가 전쟁시나 평화시나 누구나 부러워할 지도자가 될 것이라고 생각했다. 한편 크바시르와 마찬가지로 미미르도 둘째가라면 서러워할 정도로 뛰어난 지식과 지혜를 갖추고 있었다.

바니르 신들도 호니르와 미미르를 환영하며 받아들였다. 바니르 신들은 즉시 호니르를 자신들의 지도자로 임명했고 미미르는 그의 오른팔이 되어 항상 통찰력 있는 조언을 아끼지 않았다. 호니르가 미미르와 함께 하면 실패하는 적이 없는 그야말로 환상적인 짝이었다. 그러나 호니르가 미미르와 떨어져 있으면 사정은 달라졌다. 궁중회의나 회합에 미미르 없이 홀로 참석하여 신들이 자신의 의견을 물어오면 호니르의 대답은 항상 똑같았다. "글쎄, 다른 사람들이 알아서 결정하게 합시다."

그러자 점차 바니르 신들은 에시르 신들이 자신들을 속였다고 의심하는 마음이 커졌고 급기야는 자신들이 지도자를 교환하는 데서 커다란 손해를 보았다고 생각하게 되었다. 잠시 후 그들의 의심은 노골적인 분노로 바뀌어 공공연히 복수를 다짐했다. 바니르 신들은 현자 미미르를 잡아 땅바닥에 쓰러뜨린 후 그의 머리를 베어버렸다. 그리고 사신을 시켜 자신들에게 친절하게도 호니르와 미미르를 보내준 자들인 오딘과 에시르 신들에게 미미르의 머리를 돌려보냈다.

한편 미미르의 머리를 받아든 오딘은 조심스럽게 요람에 누인 후 영원히 썩지 않도록 허브를 발라 잘 보존했다. 그런 다음 오딘은 주문을 외워 미미르의 머리가 말할 수 있는 능력을 되찾을 수 있도록 했다. 그리하여 다른 사람들은 알지 못하는 수많은 진리들도 포함하여 미미르의 모든 지혜는 곧 오딘의 지혜가 되었다.

3장 아스가르드 성벽의 재건

평화로운 황금 시대 이후 오랜 시간이 흘렀지만 아직도 세상은 시간의 주기에서 아주 초창기에 불과했다. 에시르 신족과 바니르 신족 사이의 전쟁 이후 많은 시간이 지났지만 바니르 신들이 요술로 허물어뜨렸던 아스가르드 성벽은 아직도 돌무더기로 쓸쓸히 방치된 채 독수리와 까마귀들의 소굴이 되어가고 있었다.

사악한 자들로부터 아스가르드가 온전하려면 성벽을 다시 세워야 한다고 신들은 걱정했지만 정작 그 험난한 일을 자신이 맡겠다고 나서는 신은 하나도 없었다. 사정은 그렇게 나아질 것도 없이 시간만 흘러갔다. 그러던 어느 날 말을 탄 한 남자가 혼자서 떨리는 무지개 다리 비프뢰스트를 건너오다 아스가르드의 수문장인 헤임달의 저지를 받았다.

"신들한테 제안할 것이 있어 찾아왔습니다."

"무엇인지 나한테 말해보거라." 헤임달이 친절하게 대꾸했다. 이미 400
리 전방에서 남자가 다가올 때부터 호기심 있게 지켜보던 헤임달은 황금 이
를 드러내며 씩 웃었다.

"아니요, 모든 신들이 모인 앞에서 말할 겁니다. 아마 여신들도 매우 흥미
로워할 겁니다." 남자는 안장에 앉은 채로 말했다.

헤임달은 조금 전보다는 덜 우호적인 표정으로 웃고는 이다 평원(Plain of
Ida)을 가로질러 글라드스하임(Gladsheim)으로 남자를 안내했다.

그리하여 모든 신들과 여신들은 남자의 말을 듣기 위해 글라드스하임에
모였다. 남자는 말을 묶어놓고는 빛나는 지붕 아래, 홀의 한가운데로 나아갔
다. 남자는 곧 오딘과 각자 권좌에 앉아 있는 열두 주신(主神)을 비롯하여 신들
과 여신들의 무리에 둘러싸였다.

오딘의 눈이 찌를 듯이 날카롭게 남자를 주시했다. "우리는 모두 헤임달
의 요구로 이 곳에 모였노라. 그래 네가 우리에게 하려는 말이 대체 무엇이
더냐?"

"제가 말씀드리려는 것은 다름이 아니고 당신들에게 아스가르드 성벽을
다시 지어 주겠다는 것입니다."

모든 신들과 여신들은 남자가 겉으로 보이는 것 외에 뭔가 꿍꿍이속이 있
다는 것을 알아채고 약간의 동요가 일었다.

"성벽은 전보다도 훨씬 견고하고 높을 것입니다. 매우 높고 견고하여 그
어느 누구도 쓰러뜨릴 수 없는 그야말로 난공불락의 성벽이 될 겁니다. 제아
무리 바위 거인들과 서리 거인들이 미드가르드로 침입해 들어온다 해도 이 곳
아스가르드만은 안전할 거예요."

"그렇지만," 오딘은 구체적인 조건이 뒤따르리라는 것을 알았다.

"공사기간으로는 열여덟 달의 시간이 필요합니다. 제가 일을 시작한 날로부터 열여덟 달이 필요하다고요."

"그건 좀 힘들 것 같은데." 매사에 조심스러운 오딘이 대답했다.

"최소한 그 정도의 시간은 주셔야 해요."

"그렇다면 그에 대한 대가로 네가 원하는 것은 무엇이냐?"

"지금 막 그 말을 하려고 했죠. 대가로 프레이야를 아내로 주십시오."

꼿꼿하게 앉아 있던 아름다운 여신 프레이야가 움직일 때마다 황금 목걸이와 황금 브로우치와 견장과 옷에 있던 금실이 빛을 발하며 반짝였다. 오딘 외에는 어떤 신도 똑바로 쳐다볼 수 없는, 여신 중에서도 가장 아름다운 프레이야는 프리가(Frigga), 난나(Nanna), 에이르(Eir), 지프(Sif)보다도 훨씬 아름다웠다. 프레이야가 그렇게 몸을 세우고 똑바로 앉아 있는 동안, 주위에 있던 분개한 신들은 고함치고 팔을 휘두르며 남자를 조롱하고 내쫓으려 했다.

"말도 안 되는 요구를 하고 있구나. 더 이상 말할 가치조차 없다."

그러나 남자는 한술 더 떴다. "해와 달도 주십시오. 프레이야와 해와 달. 이것이 제가 대가로 원하는 요구조건입니다."

그런데 왁자지껄한 소음 속에서 로키(Loki)의 음성이 들려왔다. "한번 생각해 볼 가치는 있지 않겠어요? 그렇게 일언지하에 거절하지 말고 한 번 의논이나 해 보자고요."

그러자 거인 파르바우티(Farbauti)의 아들이며 신들 중에서 제일 교활하기로 유명한 로키에게로 신들과 여신들의 시선이 일제히 쏠렸다. 신들과 여신들은 꾀 많은 로키의 미궁과도 같은 머릿속으로 무슨 생각이 지나고 있는지 궁금했다.

"이 제안을 곰곰이 검토해 보자고요. 저 남자가 한 말을 제대로 따져봐야 하지 않겠어요?"

그래서 신들은 남자더러 글라드스하임 밖으로 잠시 나가 있으라고 이르고 머리를 맞대고 의논을 하기 시작했다. 한편 신들이 남자를 당장 내쫓는 대신 그 제안을 진지하게 논의하려는 것을 지켜본 프레이야는 황금 눈물을 뚝뚝 흘리며 울기 시작했다.

로키가 먼저 말을 꺼냈다. "그렇게 조급하게 서두를 필요 없어요. 이 제안을 우리에게 유리한 쪽으로 바꿀 수 있어요. 저 자에게 공사 기간을 여섯 달로 하자고 제안하면 ……"

"그건 무리야, 저 사람은 죽었다 깨어나도 그 시간 안에는 해내지 못할걸." 헤임달이 이의를 제기했다.

"그래 맞아, 그건 불가능해." 여러 신들이 헤임달의 의견에 동조했다.

"그래, 맞아요, 바로 그거예요." 로키가 맞장구를 쳤다.

그 모습을 지켜본 오딘은 빙그레 웃었다.

"그렇게 제안한다고 해서 우리가 잃을게 뭐가 있습니까? 만일 저 자가 하지 않겠다고 해도 우리는 잃을 것이 아무것도 없어요. 만일 저 자가 하겠다고 동의해도 그는 결코 성공하지 못할 것이 뻔하고요." 로키는 잠시 말을 멈추고 옆구리를 두드리며 눈을 굴렸다. "그렇게 되면 우리는 힘 하나 안 들이고 공짜로 성벽의 반을 올리게 되는 거죠."

신들과 여신들은 로키의 충고를 받아들이는 것이 약간 꺼림칙하기는 했지만 로키의 제안에 뭐라고 꼬투리 잡을 만한 흠을 찾아낼 수 없었다. 심지어 몇몇 신들은 왜 자신이 그 생각을 해내지 못했는지 안타까워 할 정도였다.

남자가 글라드스하임으로 다시 들어오자 오딘이 자신들의 조건을 말했다. "공사기간은 여섯 달이네. 자네가 그 안에 성벽을 세우면 프레이야를 아내로 삼고 해와 달도 가져가게나. 다시 말하지만 기간은 여섯 달이라야 하네."

남자는 도저히 불가능하다며 고개를 절레절레 흔들었지만 오딘은 뜻을 굽히지 않았다. "내일은 겨울이 시작되는 첫날이네. 자네는 또한 아무의 도움도 받지 않고 혼자 공사를 하는 조건에 동의해야 하네. 만일 여름이 시작된 첫날까지 성벽의 아주 작은 일부라도 마무리하지 못하는 날엔 아무런 대가도 받을 수 없을 걸세. 우리의 조건은 이러하니 다른 대안은 없네. 받아들이든가 포기하든가 둘 중에 하나를 택하게."

"그건 도저히 불가능한 억지 조건입니다. 당신들도 잘 알고 있지 않습니까?" 남자는 잠시 말을 멈추고 프레이야를 바라보았다. "하지만 제가 원하는 것은, 제가 원하는 것은……" 남자는 다시 프레이야를 응시했다. "그렇다면 최소한 제 말 스바딜파리(Svadilfari)라도 부릴 수 있게 해주세요."

"우리 제안 외에 다른 조건은 받아들일 수 없다."

"저도 더 이상은 양보할 수 없습니다."

그러자 로키가 끼어들어 항변했다. "오딘, 너무 뻣뻣하게 굴 필요 없잖아요."

"허락할 수 없다." 오딘은 확고했다.

"저 남자가 말을 쓴다고 해서 잘못될 것이 뭐가 있어요? 그까짓 말 좀 쓴다고 해서 결과가 달라지기라도 한답니까? 만일 우리가 그것마저 거절한다면 거래는 없는 거고 그럼 우리는 성벽을 하나도 올리지 못하게 된단 말이에요." 로키가 소리쳤다.

결국 로키의 주장이 설득력을 얻었다. 남자는 다음날 아침부터 당장 공사를 시작하되 말을 쓸 수 있는 것으로 양자간에 합의가 이루어졌다. 오딘은 협의 결과를 많은 증인들이 보는 앞에서 맹세했고, 남자는 성벽 공사를 하는 동안 자신이 안전하게 작업을 할 수 있도록 보장해 달라고 요구했다. 그 당시 거인 괴물들과 싸우느라고 멀리 동쪽으로 나가 있던 토르가 돌아왔을 때 이미 신들이 합의한 내용에 대해서 왈가왈부할까봐 두려웠던 것이다.

로키 신. 18세기 아이슬란드 필사본.

해를 이끄는 말, 아르박과 알스비드가 아침 일찍 일어나 하늘을 횡단하는 하루 동안의 여정을 시작한지 얼마 안 되어 남자도 일에 착수했다. 달이 떠올랐을 무렵에 남자는 달빛을 받으며 스바딜파리를 이끌고 광활한 초원을 내려가 작은 덤불 숲을 지나, 삐죽이 삐져 나와 깎이고 비틀어진 언덕으로 갔다. 그 곳에는 시간이 존재하는 한 영원히 군건하게 버티고 있을 것처럼 보이는 단단한 바위 덩어리와 옥석들로 가득했다. 남자는 헐겁게 엮은 그물을 말 뒤에 묶어 길게 펼쳐 놓았다. 그런 다음 거대한 석판들을 들어올려 그물 위로 쏟아 넣었다. 남자는 숨을 헐떡이며 안간힘을 썼다. 대단한 힘이었다. 오직 신들 중에서도 토르만이 그에게 필적할 수 있을 만큼 엄청난 힘이었다. 잠시 후 남자는 스바딜파리 뒤에 엄청난 양의 암석을 쌓아올렸다. 그리고 무쇠 뿔처럼 단단한 손으로 가벼운 종잇장이라도 접는 것처럼 그물의 끝을 모으며 큰 소리를 질렀다.

그러자 스바딜파리는 당장에 고개를 숙였다. 스바딜파리는 땅에 발굽을 박아 넣으며 뒤의 암석 더미를 끌고 가기 시작했다. 어마어마한 힘을 짜내어 스바딜파리는 뒤의 돌무더기 전체를 질질 끌고 초지의 경사로 올라갔다. 동이 틀 무렵엔 남자와 말은 서늘한 바람을 맞으며 아스가르드의 무너진 옛 성벽 옆에다 끌고 온 암석더미를 쌓아올려 놓았다.

한편 자신들의 궁전 홀에서 분주히 움직이다 스바딜파리가 엄청난 양의 암석을 쌓아올려 놓은 것을 보고 깜짝 놀란 신들은 술렁였다. 스바딜파리가 나무 그늘에서 쉬고 있는 동안 석공이 돌을 부수고 모양을 가다듬어 성벽 위에 착착 쌓는 것을 신들은 지켜보았다. 석공의 힘이 무척 대단했으므로 신들은 그가 아마도 변장한 거인일 것으로 생각했다. 그러나 그 순간 신들은 아직 부서진 채로 남아 있는 광활한 성벽 주위를 보았다. 신들은 어떤 경우에도 자신들이 내기에서 이길 것이라고 서로 안심시켰다.

한 겨울이 닥쳐왔다. 아스가르드 밖에서는 바람을 일으키는 독수리 흐라에스벨그(Hraesvelg)가 날개를 퍼드덕거리자 매서운 바람이 휘몰아쳤다. 땅은 퍼붓는 폭풍우에 흠뻑 젖었으며 우박이 내리쳤고 한설(寒雪)이 온 세상을 감쌌다.

거인 석공과 그의 말은 추위에 이를 부드득 갈면서 성벽 쌓는 일을 계속해나갔다. 밤이면 밤마다 스바딜파리는 채석장으로부터 덤불 숲까지 기다란 고랑을 파며 돌을 날라 왔다. 낮이면 석공이 스바딜파리가 날라 온 돌로 성벽을 쌓았다. 이제 낮이 점점 길어졌으므로 석공에게는 그만큼 일할 시간이 늘어난 것이었고 신들에게는 시간이 점점 짧아진 셈이었다.

여름이 시작되려면 사흘이 남은 무렵이 되자 석공은 다듬은 돌들을 잘 쌓아올려 성벽을 거의 완성했다. 견고하게 우뚝 솟은 성벽은 어떤 존재도 다가오지 못하게 탄탄하게 지어졌다. 출입구만 지으면 드디어 모든 공사가 끝나는 것이었다. 신들과 여신들은 나방이 불꽃에 다가가듯 성벽에서 잠시도 눈을 뗄 수가 없었다. 그들은 성벽을 골백번도 더 쳐다보았다. 이제 석공과 맺은 거래 외에 다른 얘기는 일체 입에 올리지도 않았다.

사태가 그렇게 돌아가자 오딘은 글라드스하임에서 회의를 소집했다. 높다란 홀은 근심으로 가득 찬 얼굴들과 안달하는 대화로 채워졌다. 프레이야는 흘러내리는 눈물을 주체할 수가 없어 곧 그녀 주위는 모두 황금 눈물로 뒤범벅이 되었다.

오딘이 창을 들고 모인 신들을 향해 소리를 질렀다. "이 거래에서 빠져나갈 방법을 찾아야 한다구! 이 거래를 승인하자고 제안한 사람이 누구였지? 어째서 이런 위험한 상황을 초래하게 되었느냐 말이다! 프레이야가 저 야만스러운 거인에게 시집가야 한다니 말이다. 하늘은 해와 달을 빼앗겨 버리고 우리는 빛과 온기를 잃고 손으로 더듬거리며 다녀야 한단 말이냐?"

처음엔 몇몇 신이 그러다 이내 모든 신이 로키를 바라보았고 오딘은 홀을 성큼성큼 가로질러 로키에게 다가갔다. 오딘은 간교한 로키의 어깨를 움켜쥐었다.

"그걸 제가 어떻게 알겠어요? 우리 모두 동의한 것이잖아요." 로키도 항변했다.

오딘이 움켜잡은 손에 더욱 힘을 주었고 로키는 겁에 질려 움츠렸다.

"우리 모두 좋다고 합의했잖아요!" 로키는 고함을 쳤다.

"어떤 녀석이 석공에게 말을 써도 좋다고 허락해 주자고 했었지? 네 녀석 때문에 골치 아프게 되었으니 네 녀석이 알아서 하라구."

오딘의 말에 모든 신들이 이구동성으로 소리쳤다.

"네 머리로 쥐어짤 수 있는 생각은 다 동원해 보라구, 로키. 계획을 잘 짜 보란 말이야. 석공에게 대가를 지불하지 않게 하던가, 아니면 네 목숨을 내 놓던가. 둘 중에 알아서 하라구." 오딘이 살과 근육을 으스러질 듯이 찍어누르자 교활하면서도 변신의 능수인 로키는 기어코 한쪽 무릎을 꿇고 말았다. "네 놈 몸을 하나씩 하나씩 으스러뜨려 줄 테다."

로키는 오딘과 다른 신들이 모두 진심이라는 것을 알았다. "알았어요, 알았다구. 내가 어떠한 희생을 치르더라도 절대 석공이 대가를 가져가지 못하도록 알아서 할게요."

그 날 밤 석공은 경쾌한 발걸음으로 스바딜파리를 데리고 채석장으로 향하고 있었다. 신들뿐 아니라 석공 자신이 보아도 약속한 시간 내에 성벽을 완성하여 자신은 커다란 횡재를 하게 될 반면, 신들은 잃어버린 손실을 두고 가슴아파할 것이 분명해 보였다. 기분이 좋아진 남자는 콧노래를 흥얼거렸고 희미한 덤불 숲에 둥지를 틀고 있던 작은 새들은 그가 하는 노랫소리를 들었다. 그러나 그 소리를 들은 것은 새들뿐만이 아니었다.

젊은 암말 한 마리 역시 두 귀를 쫑긋 세우고 주의깊게 듣고 있었다. 스바딜파리와 석공이 가까이 다가온 바로 그 순간, 암말은 갑자기 덤불 속에서 뛰쳐나왔다. 달빛 아래에서 뒷발을 허공으로 쳐드는 암말의 옆구리는 금방이라도 터질 듯이 팽팽하게 부풀어 있었다.

암말은 스바딜파리에게 껑충거리며 다가갔다. 암말은 스바딜파리 주위를 맴돌며 꼬리를 휘저었고 스바딜파리는 석공이 끌고 가던 긴 고삐를 강하게 잡아당기기 시작했다.

암말은 유혹하는 듯이 낮게 울더니 다시 덤불을 향해 나아갔다. 스바딜파리는 암말 뒤를 쫓기 시작했고 그 바람에 고삐는 끊어지고 말았다. 스바딜파리는 암말을 뒤쫓아 덤불 속으로 뛰어들어갔고 그 뒤를 석공이 고함치고 욕설을 퍼부으며 달려갔다.

암말로 변신한 로키가 스바딜파리를 유혹하고 있다. Dorothy Hardy, 1909년

밤새 내내 두 말은 깡충깡충 뛰어다니며 희롱했고 밤새 내내 격분한 석공은 희미한 빛 속에서 나무의 뿌리와 그루터기 사이를 헤집고 다니고 갖은 욕설을 다 퍼부으며 말들의 그림자를 뒤쫓았다. 동쪽에서 희뿌연한 먼동이 틀 무렵에야 스바딜파리는 주인에게 돌아왔다.

그래서 그 날 밤에는 채석장에서 단 한 개의 돌도 날라오지 못했고 석공은 전날 가져왔던 얼마 남지 않은 돌로 공사를 마무리해야 했다. 그러나 그 돌로는 출입구의 한 쪽을 짓기에도 충분하지 않았으므로 석공은 곧 자신이 시간 안에 일을 끝마칠 수 없다는 것을 깨달았다.

그러자 석공의 몸 속에서 분노가 폭발하기 시작했다. 이제 그는 변장했던 모습을 깨고 자신을 지켜보고 있는 신들 앞에서 몹시 격노한, 거대하고 야만적인 바위 거인의 모습으로 돌아왔다.

이제 석공이 실제로는 거인이었다는 것을 똑똑히 알았으므로 두 번 생각할 것도 없이 신들은 석공의 안전을 보장하겠다던 자신들의 맹세를 깨고 토르를 부르러 보냈다.

"이런 사기꾼들 같으니라구! 이 간사한 놈들아! 천한 계집들 같으니라구!"
바위 거인은 고래고래 고함을 쳤다.

그것이 석공의 마지막 말이었다. 즉각 토르가 석공의 대가를 지불했지만 그것은 해와 달이 아니었다. 토르가 쇠망치 묠니르로 내려치자 단 한 번에 거인의 두개골은 산산조각이 나 버렸고 거인은 그 자리에서 죽어 니플하임의 끝없는 암흑 속으로 사라졌다.

그후로 몇 달이 지나자 아스가르드에 다시 로키가 모습을 드러냈다. 로키가 다시 돌아와 비프뢰스트를 느릿느릿 건너 히민뵤르그를 지나며 헤임달에게 휘파람을 불 때 로키는 망아지를 한 마리 밧줄에 매어 끌고 가고 있었다.

이 말은 특이하게도 다리가 여덟이었고 회색이었다. 로키는 이 말을 슬라이프니르라고 불렀다.

슬라이프니르를 보자 오딘은 몹시 감탄했다.

"맘에 들면 가지세요. 내가 그 놈을 끌고 오긴 했지만 이젠 그 놈이 당신을 태우고 다니겠군요. 그 녀석이 황금색 기쁨, 빛나는 질주, 당찬 은색 갈기, 번뜩이는 깊은 발굽, 황금 갈기, 빛처럼 빠른 발(전부 뛰어난 준마들의 이름 — 역주)을 모두 능가하리라는 것을 이제 곧 알게 될 거예요. 그 녀석은 요툰하임에 있는 그 어떤 말들보다도 훨씬 뛰어나 아무도 그 녀석을 당할 말이 없을 거예요."

오딘은 로키에게 진심으로 감사하며 그가 아스가르드로 돌아온 것을 환영했다.

로키가 몇 마디 덧붙였다. "이 말만 타면 당신은 원하는 곳은 어디든지 갈 수 있을 거예요. 이 말은 바다 위로도 달릴 수 있고 하늘로 날아오를 수도 있어요. 이 녀석 말고 어떤 말이 당신을 태우고 저 아래 저승으로 이르는 긴 길을 따라 내려갔다가 다시 이 곳 아스가르드로 되돌아올 수 있겠어요?"

오딘은 로키에게 다시 한 번 감사하고 깊은 생각에 잠겨 그를 응시했다.

4장 지혜를 얻으려 자신을 바친 오딘

　세상의 모든 중심 축은 이그드라실이었다. 그 물푸레나무는 하늘 높이 뻗어 올라 모든 신들과 인간들과 거인들과 난쟁이들 위로 가지를 드리우고 있었다. 이그드라실은 모든 피조물들의 안식처였다. 이그드라실의 뿌리 중 하나는 니플하임 속으로 깊이 파고 들어갔고 그 뿌리 아래서는 가마솥의 물처럼 흐베르젤미르 샘이 부글거리며 소용돌이치고 있었다. 그 샘 아래에서는 용 니드호그가 죽은 시체들을 산산이 찢어발기고 있었다. 입에 물고 있던 음식 사이로 니드호그는 다람쥐 라타토스크를 가장 깊은 땅 속 심연에서 이그드라실의 가지를 타고 하늘 높은 곳으로 오르도록 내보낸다. 그러면 라타토스크는 이마에는 매를 앉힌 채 가장 높은 가지 끝에 앉아 있는 독수리에게 욕을 전한다. 니드호그는 결코 시체로는 만족하지 않았다. 그와 그의 공범자 라타토스크는 단단한 이그드라실의 뿌리를 느슨하게 흩뜨려 영원에 종말을 가져오려고 이그드라실의 뿌리를 열심히 갉아먹었다.

또한 다른 피조물들 역시 살아 있는 나무 이그드라실을 공격하고 뜯어먹었다. 네 마리의 수사슴이 새로 나온 잎을 조금씩 뜯어먹었고, 염소들은 새로 나온 연한 가지를 잡아 당겨 떼어내었다. 껍질이 통째로 벗겨지는 거대한 나무 줄기도 있었고, 흐늘흐늘해져 썩어 가는 것도 있었다. 이그드라실은 낮게 신음하며 괴로워했다.

두 번째 뿌리는 아스가르드로 구부러져 뻗어갔다. 그 뿌리 아래로는 운명의 샘인 우르드 샘이 흐르고 있어 신들과 여신들이 재판을 열기 위해 매일 모였다. 운명을 주관하는 여신인 운명(Fate), 존재(Being), 필연(Necessity), 세 노르네 여신(Norn, 운명의 여신들)은 우르드 샘 근처에 살았다. 이 세 여신들은 탄생부터 죽음에 이르기까지 모든 인간의 운명을 결정했다. 그리고 여신들은 매일 이그드라실 가지에 물을 뿌려주어 고통받는 나무에 영양을 주었다.

이그드라실의 세 번째 뿌리는 서리 거인들이 점령하고 있던 요툰하임(거인들의 땅) 지역으로 깊이 파고 들어갔다. 그 뿌리 아래로는 현자 미미르가 지키고 있는 샘이 흐르고 있었는데 누구든 그 샘물을 맛보기만 하면 진실을 꿰뚫어 볼 수 있는 통찰력을 갖게 되는 신비한 샘이었다. 헤임달(신들의 파수꾼)은 언젠가 라그나로크(신들과 거인들의 최후의 결전)가 닥쳤을 때 살아있는 모든 피조물을 불러모으는데 쓰기 위하여 날카로운 소리를 내는 뿔나팔을 그 샘가에 놓아두었다. 그리고 오딘은 그 샘물을 한 모금 맛보기 위한 대가로 자신의 한쪽 눈을 희생해야만 했다. 오딘은 한쪽 눈과 맞바꾼 그 샘물을 마신 후 그 안에 들어 있던 모든 방대한 지식을 얻게 되었지만 그로 인해 더 많은 지혜를 갈구하게 되었다. 그래서 무시무시한 자 오딘만이 이그드라실에 가까이 다가갈 수 있었다.

신들의 파수꾼 헤임달은 라그나로크가 닥칠 때 뿔나팔을 불게 된다. 18세기 필사본.

오딘은 자신의 경험담을 털어놓았다. "나는 이그드라실에 아흐레 동안 바람을 맞으며 거꾸로 매달려 있었지. 창으로 몸을 찔린 채 내 자신 오딘에게 자신을 내어주겠다고 제의했지.

태곳적부터 존재한 이그드라실 나무의 뿌리에 대해서는 이제까지 아무도 알지 못했고 앞으로도 영원히 알 수 없을 거야.

아무도 빵 한 조각으로 나를 위로하러 다가올 수 없었고 아무도 한 잔 술로 나를 소생시킬 수 없었지. 난 내 아래 있던 세상을 굽어보았지. 난 그제서야 비로소 룬 문자(신비한 힘이 있다고 알려진 북유럽 고대문자 — 역주)를 이해할 수 있었지. 나는 룬 문자를 이해할 수 있게 되자 환희의 비명을 질렀어. 그리고 비로소 나무에서 떨어져 나올 수 있었지.

내 어머니 베스틀라의 아버지인 볼토르의 유명한 아들에게서 나는 강력한 아홉 개의 노래를 배웠지. 그리고 오도리르(Odorir) 솥에 들었던 귀중한 벌꿀 술도 마실 수 있었지.

그러자 나는 번성하기 시작했고 내 지혜도 점점 커져갔지. 나는 이제 희망하는 대로 이룰 수 있었고 드디어 결실을 보았지. 한 마디 말로 여러 지혜를 터득할 수 있었고, 한 번의 행위로 여러 업적을 쌓을 수 있었지.

내가 알고 있는 마법은 감히 왕비들이나 인간들은 죽었다 깨어나도 알 수 없는 것이지. 첫 번째 마법은 바로 도움(Help)인데 슬픔에는 위안을 주고, 고통을 덜어주며, 아픈 상처를 치유해 주기 때문이지.

두 번째 마법도 알고 있지. 누구든 고통을 치유하는 자가 되고 싶은 사람은 그것을 꼭 알아야만 하지.

세 번째 마법도 알고 있지. 만일 내가 적을 물리치기 위해 도움이 절실하게 필요하다면 나를 해치지 못하도록 적의 칼날을 무디게 하고 그의 곤봉을 부드럽게 만들어 버리는 방법을 알고 있지.

네 번째 마법도 알고 있어. 만일 누군가가 내 손과 발을 묶으려 든다면 이 대단한 마법의 힘으로 자물쇠는 단번에 퉁겨나가 내 사지는 풀려나게 되지. 그러면 나는 자유롭게 걸어나갈 수 있게 되는 거지.

다섯 번째 마법도 알고 있지. 난 과녁을 향해 날아가는 잘 조준된 화살을 눈으로 볼 수 있으며 화살이 아무리 빨리 날아간다 할지라도 그것을 잡을 수가 있지. 단지 화살에 시선을 고정시키기만 하면 될 뿐이지.

여섯 번째 마법도 알고 있어. 만일 누군가가 룬 문자가 새겨 넣은 어린 묘목의 뿌리를 내게 보내어 나를 끝장내려고 한다면 도리어 그 자신이 분(憤)에 가득 차 스스로 자멸하고 말 뿐이지.

일곱 번째 마법은 이렇지. 만일 내가 선택한 친구들의 머리 위로 지붕이 화염에 휩싸이면 그 불길이 아무리 거세다할지라도 나는 그 불을 끌 수가 있지. 난 그 마법을 알고 있거든.

여덟 번째 마법은 뭐냐하면 말이야. 아마 모든 사람들이 배워두면 좋을 거야. 만일 증오가 인간의 마음속에 깊숙이 파고들면 나는 그것을 모두 뿌리째 뽑아낼 수가 있지.

아홉 번째 마법도 알고 있어. 만일 폭풍우에 휩싸인 내 배를 구해야 할 상황이라면 나는 파고(波高)를 드높게 일으키는 바람을 가라앉히고, 바다를 잠재울 수가 있지.

열 번째 마법도 알고 있지. 만일 서까래를 타고 날아가는 마녀를 본다면 나는 마법의 노래를 불러 마녀들을 소용돌이 속으로 날려보내고, 그들이 낮의 형상으로 되돌아가지 못하거나 갈 길을 제대로 찾아갈 수 없도록 방해할 수 있지.

열한 번째 마법은 뭔가 하면, 만일 오랫동안 사랑해 온 친구들을 싸움터로 내보내야 한다면 나는 내 방패 뒤에서 노래를 부를 수가 있지. 그러면 내 사랑하는 친구들은 점차 힘이 솟아나서 전쟁터에서도 상처 하나 입지 않고, 전투가 끝난 후에도 몸 성히, 집에도 온전한 몸으로 돌아갈 수 있게 되지.

열두 번째 마법은 바로 이거야. 만일 어떤 사람이 교수형 당하여 내 머리 위에서 발꿈치를 축 늘어뜨린 채 나무에 걸려 있다면 난 그의 목에 감긴 밧줄을 자르고 룬 문자를 채색하여 그를 살려내 내게 다가와 말을 걸 수 있게 만들 수 있지.

열세 번째 마법도 알고 있지. 내가 어린아이의 머리 위로 물을 뿌려주면 그 아이는 결코 전쟁터에서 죽지 않을 뿐더러 검술 경기에서도 비틀거리거나 쓰러지지 않게 되지.

열네 번째 마법도 물론 알고 있지. 마음만 먹으면, 난 인간들에게 모든 신들과 꼬마 요정들의 이름을 하나씩 차례로 알려줄 수 있지. 제 아무리 천하의 멍청이라도 말이야!

열다섯 번째 마법도 알고 있어. 그건 바로 난쟁이 됴드로리르(Thjodroir)가 델링의 문 앞에서 노래를 부르는데, 그 노래가 신들에게는 힘을 주고, 요정들에게는 영광을 주고, 오딘에게는 지혜를 준다는 것이지.

열여섯 번째 마법도 알고 있지. 만일 한때의 불장난을 원한다면 난 하얀 팔

이그드라실에 아흐레동안 매달린 오딘은 온갖 지혜와 룬 문자를 이해할 수 있었다. F. 폰 슈타센, 1914년

을 지닌 순결한 여인의 마음을 바꾸어 그녀의 마음도 빼앗을 수가 있지.

열일곱 번째 마법도 알고 있지. 나를 좋아하던 여인에게 마법을 걸어 내가 싫어져 떠나게 할 수 있는 마법을 알고 있어.

마지막으로, 열여덟 번째 마법도 알고 있어. 하지만 처녀든 기혼녀든 내 여동생이나 나를 자신의 품에 안아 주는 여인이 아니면 그 어떤 여인에게도 말해주지 않겠어. 그러니 너 자신과 너만이 알고 있는 진실이 항상 제일 강한 것이지. 그리고 그것이 마지막 주문이지."

이것이 사람들이 세상에 존재하기 전 오딘이 한 말들이요, 그가 죽었다가 다시 부활하여 가르쳐준 지혜였다.

5장 리그의 노래

자, 들어 보라! 그 누가 풀이 자라는 소리와 양의 등에서 털이 자라는 소리를 들을 수 있겠는가?

누가 새보다도 적게 잘 수 있단 말인가?

그 누가 밤낮으로 독수리의 눈처럼 예리하게 천리도 멀리 떨어져 있는 곳에서 움직이는 것을 볼 수 있단 말인가?

바로 헤임달만이 가능했다.

그러나 해변가에 모습을 드러낸 인물이 바로 헤임달이었다는 것을 그 누가 알았겠는가? 신들의 파수꾼인 헤임달은 그의 뿔피리 걀(Gjall)을 미미르의 샘가에 안전히 놓아두고 자신의 황금갈기 종마 굴톱(Gulltop)도 마구간 문 뒤에 그대로 놔 둔 채 불타는 세 가닥 무지개 다리인 비프뢰스트를 혼자서 성큼

성큼 건너 아스가르드에서 미드가르드로 향했다.

계절은 봄이었고 씨뿌리기를 할 시기였다. 비프뢰스트를 건너 싱그러운 푸른 대지를 지난 헤임달은 곧 땅 끝에 이르렀다. 태양이 늑대를 피해 급하게 서쪽으로 달아났으므로 헤임달은 하루 종일 땅과 깊은 바다가 만나는 곳인 파도가 넘실대는 해안선을 따라 걸었다.

밤이 되자 헤임달은 다 쓰러져 가는 초가 산간에 이르렀다. 밤 공기는 무척 고요했지만 오두막은 금방이라도 무너져 내릴 것 같아서 바람을 일으키는 독수리 거인 흐라에스벨그가 날개로 살짝 건드리기만 해도 금세 허물어질 것처럼 보였다. 헤임달은 문을 두드린 후 조잡하게 만들어진 문을 열어 젖혔다. 헤임달은 문지방 위의 서까래에 부딪히지 않도록 고개를 숙여야 했으며 반들거리는 흙바닥 위에 쌓여 있는 자루 더미를 지나야 했다. 고약한 냄새가 나고 자욱한 연기로 뒤덮인 음침한 실내에 익숙해지는데는 얼마의 시간이 걸렸으며 눈이 따끔거리고 헛구역질도 나왔다. 그리고 잠시 후에야 헤임달은 식탁과 의자와 한쪽 구석에 쌓여있는 자루더미와 다 쓰러져 가는 벽에 비스듬히 서 있는 찬장이 눈에 들어왔다. 방 한가운데에 불을 사이에 놓고 얼굴을 마주한 채 쪼그리고 앉아있는 위대한 할아버지 아이(Ai)와 위대한 할머니 에다(Edda)도 보였다.

"이렇게 찾아와도 실례가 안 되겠습니까?"

"당신은 누구요?"

"저는 리그(Rig)라고 합니다."

"우리 집에 온 걸 환영해요." 에다가 대답했다.

그리하여 헤임달은 아이와 에다와 어울렸다. 헤임달은 그런 상황에서 어떻게 하는지 잘 알고 있었으므로 달콤한 말로 부부에게 알랑거렸고 이내 불가에서 제일 좋은 자리를 차지했다. 그리고 불 위에 매달려 있는 단지를 희망이 섞인 눈길로 슬금슬금 쳐다보았다.

잠시 후 에다가 자리에서 일어났다. 에다는 악취가 코를 찌르는 오두막 한쪽 구석으로 가서 무엇을 끄집어내더니 식탁 위에 빵 한 덩어리를 떨어뜨렸다. 빵은 제대로 발효가 되지 않은데다 딱딱한 껍질로 버걱거렸다. 그리고 에다는 불 위에 걸려 있던 묽은 죽 냄비를 내려 역시 식탁에 올려놓았다. 헤임달과 아이와 에다, 셋은 딱딱한 의자에 앉아 식탁에 있던 음식을 먹었다. 그러나 결코 누구도 만족할 수 있을 만큼 맛있는 식사는 아니었다.

식사를 마친 후 아이와 에다와 손님인 헤임달은 자려고 누웠다. 헤임달은 다시 듣기 좋은 말을 속삭였으므로 잠자리에서도 제일 상석을 차지했다. 아이와 에다 사이의 침대 한 중간에 자리잡은 것이었다. 헤임달은 사흘 동안 그곳에서 아이와 에다와 함께 보냈다. 그리고 자신을 따뜻하게 대접해 준 주인 부부에게 감사한 후 길을 떠났다.

매일 두 종마, 아르박과 알스비드는 천공을 가로질러 태양의 전차를 끌고 갔다. 낮은 쉽게 세상을 달릴 수 있었고 그의 종마인 스킨팍시의 빛나는 갈기 덕분에 땅과 하늘을 환히 밝힐 수 있었다. 그러나 밤은 자신이 타고 있던 종마 흐림팍시의 고삐를 꽉 조였으므로 매일 아침이면 대지의 얼굴은 흐림팍시의 재갈에서 떨어진 거품으로 이슬이 맺혀 촉촉하게 젖었다. 여름의 힘은 점차 약화되었고 그에 따라 낮의 길이도 점점 짧아졌다. 그에 따라 서리와 눈과 얼음과 휘몰아치는 바람으로 가득 찬 잔인한 겨울도 모습을 조금씩 드러내고 있었다.

헤임달이 떠난 후 아홉 달이 금세 흘러갔고 에다는 아들을 낳았다. 아기에게 물을 뿌리고 에다는 강보로 쌌다. 아기는 머리가 칠흑처럼 검었으므로 아이와 에다는 트랄(Thrall)이라고 불렀다.

트랄이 조금만 더 잘 생겼더라면 틀림없이 시종일관 사람들의 주목을 끌었을 것이다. 그러나 트랄은 날 때부터 피부는 쭈글거렸으며 손은 전부 텄고 손가락은 억셌으며 마디마디 관절이 울퉁불퉁 튀어나왔다. 한 마디로 말해 그의 얼굴은 추악했다. 등은 휘었고 발은 어울리지 않게 너무 컸다.

그러나 어쨌든 트랄은 힘이 장사였고 몇 년의 시간이 흐르자 그는 자신이 가진 힘을 요긴하게 쓰게 되었다. 하루가 시작되고 하루가 저물도록 트랄은 하루 종일 숲 속에서 나무를 모으며 땀을 흘렸다. 열심히 장작 다발을 묶어 불을 때기 위해 집으로 가져갔다.

트랄이 젊은이로 성장한 어느 날, 모든 면에서 트랄에 필적할 만한 처녀가 오두막으로 찾아왔다. 그녀는 안짱다리였으며 발뒤꿈치는 축축하고 탈색되어 있었다. 햇볕에 시꺼멓게 그을린 두 팔은 피부가 벗겨진데다 코는 권투선수처럼 납작하게 찌부러져 있었다. 그녀의 이름은 악착스럽다는 의미의 티르(Thir)였다.

제 눈에 안경이라고 트랄은 티르의 외모가 마음에 들었고 티르 역시 트랄의 용모가 마음에 들었다. 곧 두 사람은 불가에 마주 앉아 서로의 눈을 들여다보았다. 그리고 두 사람은 잠시 후 잠자리를 준비했다. 베개와 폭신폭신한 담요도 준비한 후 앉아 밤새 소곤거렸다.

그 날 밤이 트랄과 티르가 함께 잔 마지막 밤은 아니었다. 그로부터 함께 산 두 사람은 만족스러울 정도로 많은 자식을 낳았다. 그들이 낳은 아들들은 소몰이꾼인 표스니르(Fjosnir), 야비한 클루르(Klur), 고함꾼 흐라임(Hreim), 말파리 크레기(Kreggi), 첩을 거느린 케프시르(Kefsir), 술에 절은 풀니르(Fulnir), 얼간이 드럼브(Drumb), 뚱보 디그랄디(Digraldi), 게으름뱅이 드로트(Drott), 다리가 나무줄기만큼이나 두터운 레걀디(Leggjaldi), 곱추 루트(Lut), 재처럼 얼굴이 창백한 호스비르(Hosvir)였다.

이 열 명의 아들들은 골조를 떠받치고 오두막 건물을 수리했다. 그리고 오두막 주위의 땅에 거름을 전부 뿌렸다. 열 형제들은 교대로 염소를 몰고 돼지들을 모아들였다. 그리고 땔감으로 쓸 토탄(土炭)도 팠다.

트랄과 티르는 또한 딸도 잔뜩 낳았다. 멍청한 드룸바(Drumba), 땅딸막한 쿰바(Kumba), 허벅지가 돌처럼 단단한 오크빈칼퍄(Okkvinkalfa), 코가 세상에서 제일 못생긴 아린네퍄(Arinnefja), 참나무통 마개처럼 생긴 에이킨탸스나(Eikintjasna), 누더기를 걸친 토트루기퍄(Totrughypja), 다리가 학 다리처럼 길고 말라비틀어진 말라깽이 트로누베이나(Tronubeina)가 그들의 딸들이었다.

이들이 바로 아이와 에다의 후손들이었다. 그리고 이 아이들로부터 농노 종족이 생겨났다.

헤임달은 여행을 계속했다. 다음 농장으로 가는 가장 빠른 지름길을 선택한 헤임달은 빛이 점점 사위어 갈 희끄무레한 시간에 어느 집 문 앞에 도착했다. 이번에도 헤임달은 문을 두드렸고 안으로 들어갔다. 방 한가운데에는 불길이 날름거리며 타오르고 있었고 헤임달은 불가에 할아버지 아피(Afi)와 할머니 암마(Amma)가 앉아 있는 것을 보았다.

아피는 무릎 위에 기다란 나무를 올려놓고 칼로 베틀의 도투마리 형태로 깎고 있었다. 칼날과 아피의 발치에 떨어진 하얀 대팻밥이 어둠 속에서 희끄무레하게 빛나고 있었다. 아피의 머리는 잘 빗질되어 이마 위에서 곱슬곱슬하게 말려져 있었고 수염도 말끔하게 손질되어 있었다. 아피가 입고 있던 가죽 자켓과 바지 역시 머리처럼 단정했다.

암마는 물레가락에서 아마포를 풀어 실을 뽑아내고 있었다. 암마는 손을 뻗어 실을 잡아당기는 등 일에 열중해 있었다. 머리에는 머리띠를 두르고 있었고 은발 머리는 쪽을 지어 틀어 올렸다. 옷으로는 수수한 드레스를 입었으며 어깨에 숄을 두르고 근사한 버클로 여몄다.

"이렇게 불쑥 들어와 폐가 되지 않았나요?"

"댁은 뉘신데요?" 아피가 물었다.

"저는 리그라고 합니다."

"어서 오세요, 리그" 암마가 환영했다.

그래서 헤임달은 아피와 암마와 어울렸다. 헤임달은 그런 상황에서 어떻게 하는지 잘 알고 있었으므로 달콤한 말로 부부에게 알랑거렸고 이내 불가에서 제일 좋은 자리를 차지했다. 그리고 불 위에 매달려 있는 단지를 희망이 섞인 눈길로 슬금슬금 쳐다보았다. 잠시 후 암마는 하던 일을 멈추고 일어섰다. 암마는 발소리도 내지 않고 방을 가로질러 견고한 참나무 장롱으로 다가가 호밀 빵과 버터 덩어리, 나이프와 스푼 등을 꺼내어 식탁 위에 가지런히 놓았다. 그리고 문가에 있던 커다란 맥주 통에서 퍼 올린 맥주 한 주전자와, 불 위에서 끓고 있던 송아지 고기 냄비도 내려 식탁에 올려놓았다. 그리고 셋은 함께 앉아서 식사했다.

식사가 끝난 후, 아피와 암마와 헤임달은 잘 준비를 했다. 이번에도 헤임달이 듣기 좋은 말로 아첨했으므로 침대에서 제일 좋은 자리를 차지했다. 아피와 암마의 사이, 한가운데에 누운 것이었다. 헤임달은 사흘동안 아피와 암마와 함께 머무른 후 자신을 잘 대접해 준 주인 부부에게 감사하고 길을 떠났다.

매일 두 종마, 아르박과 알스비드는 천공을 가로질러 태양의 전차를 끌고 갔다. 낮은 쉽게 세상을 달릴 수 있었고 그의 종마인 스킨팍시의 빛나는 갈기 덕분에 땅과 하늘을 환히 밝힐 수 있었다. 그러나 밤은 자신이 타고 있던 종마 흐림팍시의 고삐를 꽉 조였으므로 매일 아침이면 대지의 얼굴은 흐림팍시의 재갈에서 떨어진 거품으로 이슬이 맺혀 촉촉하게 젖었다. 여름의 힘은 점차 약화되었고 그에 따라 낮의 길이도 점점 짧아졌다. 그에 따라 서리와 눈과 얼음과 휘몰아치는 바람으로 가득 찬 잔인한 겨울도 모습을 조금씩 드러내고 있었다.

헤임달이 떠나고 아홉 달이 금세 지나갔고 암마는 아들을 낳았다. 암마는 아기에게 물을 뿌리고 포대기로 쌌다. 아기의 볼은 불그스레했고 눈빛은 총명했으므로 아피와 암마는 아기의 이름을 카를(Karl)이라고 지었다. 카를은 금방 자라났으며 체격이 좋고 건장했다. 곧 카를은 막대기로 소를 모는 법을 알았고 쟁기 날을 어떻게 다는지도 알았다. 그리고 집과 헛간도 어떻게 짓는지 알았다. 기초를 파는 법, 나무 구조를 세우는 법, 뗏장을 입혀 지붕을 이는 법을 알았고 달구지도 노련하게 만들 수 있는 목수가 되었다.

이제 카를이 청년으로 장성하자 부모는 자신들뿐 아니라 아들의 마음에도 쏙 들 만한 신붓감을 찾아냈다. 바로 근처에 살고 있던 자유민의 아름다운 딸이었다. 드디어 날을 잡아 신부 측에서는 신부를 마차에 태워 카를의 농장으로 데려왔다. 신부는 염소가죽으로 된 외투를 입고 베일을 쓰고 있었고 허리춤에서는 열쇠들이 쨍그랑거렸다. 그렇게 해서 아피와 암마도 며느리를 보게 된 것이었다. 신부의 이름은 스뇌르(Snör)였다. 카를과 스뇌르는 농장을 가꾸고 자신들의 취향에 맞게 꾸몄다. 그들은 서로 반지를 교환하고 침대에는 다채로운 침대보를 씌웠다. 그 곳이 그들이 살 곳, 바로 그들의 집이 되었다.

카를과 스뇌르도 많은 아이들을 낳았다. 그들은 처음으로 태어난 장남을 사나이라는 의미로 할(Hal), 둘째 아이는 전사 드렝(Dreng)으로 불렀다. 그 외의 다른 아들들은 지주 홀드(Hold), 자유민 테그(Thegn), 모든 것에 뛰어난 장인 스미트(Smith), 체격이 건장한 브레이드(Breid), 국왕의 시종 본디(Bondi), 늘 수염을 단정하게 손질한 분딘스케기(Bundinskeggi), 농장과 헛간을 소유한 부이(Bui)와 보디(Boddi), 역시 수염을 짧게 자른 브라트스케그(Brattskegg), 제일 큰 형처럼 사내다운 세그(Segg)였다.

카를과 스뇌르는 또한 열 명의 딸을 낳았다. 장녀는 하녀인 스노트(Snot)였다. 그 외에 새색시 브루드(Brud), 날씬한 스반니(Svanni), 도도한 스바리(Svarri), 아름다운 스프라키(Sprakki), 여성스러운 플료드(Fljod), 언니 스바리만큼 도도한 스프룬드(Sprund), 현모양처 감인 비프(Vif), 수줍음을 많이 타는 페이마(Feima), 다른 여인들처럼 우아한 막내 리스틸(Ristil)이 있었다.

이 아이들이 전부 카를과 스뇌르의 아이들이었고 이들로부터 자유 농민 종족이 생겨났다.

헤임달은 여행을 계속했다. 헤임달은 근처의 저택으로 가는 가장 빠른 지름길을 골라 성큼성큼 걸어간 끝에 오후쯤에는 그 곳에 도착했다. 저택의 넓은 정문은 남쪽을 향하고 있었고 정문 기둥들 가운데 하나에는 복잡하게 무늬를 넣은 나무로 된 커다란 고리가 있었다.

헤임달은 문을 두드린 후 안으로 들어갔다. 헤임달은 홀로 이르는, 바닥은 골풀로 덮인 긴 통로를 따라 나아갔다.

헤임달은 널찍하고 우아한 방에 앉아있는 아버지 파티르(Fathir)와 어머니 모티르(Mothir)를 보았다. 두 사람은 서로의 눈을 응시하며 앉아 있었고 단지 손가락 끝으로 서로를 건드렸다.

낯선 손님이 가까이 다가와 지켜보고 있는 것도 알아차리지 못한 채 파티르는 활시위를 새로 꼬고, 화살을 날카롭게 다듬고, 느릅나무로 활을 만드느라 바빴다.

그동안 모티르는 조용히 앉아 자신의 호리호리한 팔을 주시하고 있었다. 그녀는 또한 드레스의 주름을 반듯하게 펴고 옷소매를 손목까지 끌어내렸다. 모티르의 드레스 자락은 길게 늘어졌다. 모티르는 하늘하늘하게 늘어지는 푸른 망토를 걸치고 우아한 모자를 쓰고 있었으며 가슴에는 달걀 모양의 브로치를 두 개 달고 있었다. 모티르의 피부는 창백할 정도로 희었다. 얼굴은 매우 아름다웠고 가슴은 불룩하게 솟았고 목은 방금 떨어진 흰 눈송이보다도 더 희었다.

"이렇게 들어와 실례가 되지 않았나요?"

"당신은 누구신가요?" 파티르가 물었다.

"저는 리그라고 합니다."

"어서 오세요, 리그." 모티르가 환영해 주었다.

그래서 헤임달은 파티르와 모티르와 함께 어울렸다. 어떻게 처신할 지 잘 알고 있었던 헤임달은 듣기 좋은 말로 아부했으므로 곧 불가에 가장 좋은 자리를 얻었다. 모티르는 잠시도 지체하지 않았다. 그녀는 고급 아마에 수를 놓아 만든 식탁보를 꺼내어 식탁 위에 씌웠다. 그리고 곱게 빻은 밀가루로 만든 흰 빵을 가져왔고, 치즈와 양파와 양배추가 넘치도록 가득 찬 은세공으로 만든 그릇도 꺼내왔다. 노릇노릇하게 구워진 돼지고기와 말고기와 양고기도 식탁 위에 꺼내놓았다. 고루 익힌 새고기도 있었다. 커다란 술 주전자에는 벌꿀 술이나 흑맥주 대신 고급스러운 포도주가 담겨 있었고 술잔은 순은으로 만들어진 것이었다. 셋은 함께 앉아 식사를 했다. 어두워질 때까지 즐겁게 먹고 마시며 대화를 나누었다.

식사가 끝나자 파티르와 모티르와 헤임달은 잘 준비를 했다. 이번에도 헤임달이 듣기 좋은 말로 아첨했으므로 침대에서 제일 좋은 자리를 차지했다. 파티르와 모티르의 사이, 한가운데에 누운 것이었다. 헤임달은 사흘 동안 파티르와 모티르와 함께 머무른 후 자신을 잘 대접해 준 주인 부부에게 감사하고 길을 떠났다.

매일 두 종마, 아르박과 알스비드는 천공을 가로질러 태양의 전차를 끌고 갔다. 낮은 쉽게 세상을 달릴 수 있었고 그의 종마인 스킨팍시의 빛나는 갈 기 덕분에 땅과 하늘을 환히 밝힐 수 있었다. 그러나 밤은 자신이 타고 있던 종마 흐림팍시의 고삐를 꽉 조였으므로 매일 아침이면 대지의 얼굴은 흐림 팍시의 재갈에서 떨어진 거품으로 이슬이 맺혀 촉촉하게 젖었다. 여름의 힘 은 점차 약화되었고 그에 따라 낮의 길이도 점점 짧아졌다. 그에 따라 서리 와 눈과 얼음과 휘몰아치는 바람으로 가득 찬 잔인한 겨울도 모습을 조금씩 드러내고 있었다.

헤임달이 떠난 후로 아홉 달이 금세 지나갔고 모티르는 아들을 낳았다. 부 모는 아기에게 물을 뿌리고 비단 포대기로 감쌌다. 아기의 머리는 금발이었 고 볼에는 홍조가 돌았으며 반짝이는 눈에서는 뱀처럼 냉혹한 빛이 맴돌았 다. 파티르와 모티르는 아기를 얄(Jarl)이라고 불렀다. 얄은 곧 모든 무예를 터 득했다. 방패를 쥐고 높이 치켜드는 법과 창을 휘두르는 법을 금세 익혔다. 그리고 아버지처럼 활시위를 꼬고 활을 만들어 떨리는 활도 쏘았다. 얄은 말 을 타고 달리며 사냥개도 풀어놓았다. 그리고 검술을 익히고 작은 해협 정도 는 헤엄쳐 횡단할 수 있었다.

어느 날 헤임달은 아무 예고도 없이 얄이 살던 저택 가까이 있던 가냘픈 은 빛 자작나무 숲에서 걸어나왔다. 저택 건물을 향해서 걸어 내려가던 헤임달 은 혼자 앉아 있던 얄을 발견했다.

"얄." 헤임달이 먼저 말을 걸었다.

"어서 오세요."

"네게 주려고 선물을 하나 가져왔다." 헤임달은 얄에게 갖가지 기호가 새 겨진 붉은 색 막대기 묶음을 보여주었다.

얄은 헤임달이 보여주는 것을 자세히 들여다보았지만 전에 한 번도 본 적이 없는 것이었다.

"이것들은 바로 룬 문자다. 신들의 신인 오딘이 이그드라실 나무에 매달린 동안 터득한 마법이지."

얄은 헤임달과 룬 문자를 번갈아 가며 쳐다보았다.

"너는 정신의 고통과 마음의 고통과 신체의 고통을 치유하는 주문을 알고 있느냐?"

얄은 천천히 고개를 가로 저었다.

"그럼 불을 끄는 주문은 아느냐? 바다를 잠재우는 주문은?" 그 날 하루종일 헤임달이 룬 문자의 비밀스러운 의미를 얄에게 설명해주자 얄은 매우 흥분되었고 각오가 새로워졌다. 마치 그의 일생 동안 그 순간만을 기다려온 것 같은 생각이 들었다.

"네게 해줄 말이 하나 더 있다." 주위가 어두워지자 헤임달이 말했다.

"그게 뭔데요?"

"내 아들아, 넌 바로 내 아들이니라." 헤임달은 얄을 꼭 끌어안으며 오래 전에 그가 저택을 방문하여 무슨 일이 있었는지 얘기해주었다. "너는 내 아들이니라. 나는 리그, 바로 왕이니 너 역시 왕이 될 것이니라. 이제 땅을 정복하고 오래된 고성들을 빼앗고 수많은 신하들을 통솔할 때가 왔느니라."

헤임달은 자신의 아들 얄을 뚫어져라 응시하고는 몸을 돌려 빛나는 대저택에서 나와 어둠 속으로 사라졌다.

얄은 같은 말을 두 번 되풀이해서 들을 필요조차 없었다. 그의 아버지 헤임달이 설명해 준 그 주문들은 뭐라 이름 붙일 수는 없었지만 늘 그가 느꼈던 것들이었다. 이제 얄은 확실하게 해방된 느낌이 들었고 확실한 결심이 섰다.

당장 얄은 날 때부터 살아온 부모님의 대저택을 떠났다. 얄은 말을 타고 어두운 숲 속을 지나 근접하기 힘든 매서운 바위산을 통과했다. 그리고 사람들이 접근하기 어려운 곳에 자신만의 성채를 지었다. 그리고 자신에게 충성할 신하들을 모았다.

얄은 이제 창과 방패를 휘두르고 말에 박차를 가해 달렸으며 칼을 휘둘러 수많은 사람들의 목을 벴다. 신하들을 이끌고 전쟁터에 나가 대지를 피로 물들였다. 전사들을 죽이고 그들의 땅을 빼앗았다. 머잖아 얄은 열여덟 개나 되는 성채를 소유했다. 어마어마한 부를 축적했고 신하들에게는 관대했다. 얄은 신하들에게 금으로 된 반지와 완장을 주었고 귀중한 보석들도 많이 하사했다. 그리고 호리호리하고 나는 듯이 재빠른 말들도 주었다.

얼마 후 얄은 늪지대 너머에 있는 헤르시르(Hersir) 족장의 저택으로 사신을 보냈다. 사신들은 얄을 대신하여 헤르시르의 딸인 에르나(Erna)에게 청혼했다. 에르나는 금발 머리에 기다란 손가락을 지녔으며 자신이 마음먹은 것은 꼭 이루고야 마는 처녀였다.

얄로부터 딸을 달라는 청혼을 받은 헤르시르는 기뻤다. 에르나가 결혼 준비를 마치자 사신들은 면사포를 쓴 에르나를 호위하여 얄의 성채로 데려갔다. 에르나와 얄은 매우 행복하게 살았다.

그리고 그들 부부 역시 많은 아이들을 낳았다. 첫번째로 태어난 장남은 아들이라는 의미로 부르(Bur), 차남은 자식이라는 의미로 바안(Barn)이라고 불렀다. 그리고 역시 자식인 요드(Jod), 자손인 아탈(Athal), 후계자 아르비(Arvi), 다른 아들 모그(Mog), 후손인 니드(Nid)와 니둥(Nidjung), 소년 스베인(Svein), 동족 쿤드(Kund), 고귀하게 태어난 막내 콘(Kon)이 또한 그들의 아들들이었다. 아이들은 전부 싸우는 법과 수영을 배웠다. 점차 자라면서 그들은 동물을 길들이고 둥근 방패를 만들고 화살을 만들고 창을 휘둘렀다.

그러나 막내 콘만이 유일하게 아버지에게서 고대의 신비한 마법의 의미가 담긴 룬 문자를 배웠다. 얼마 지나지 않아 콘은 칼날을 무디게 하고 바다를 잠재울 수 있었다. 그리고 새들의 말도 이해할 수 있었고 불길을 끄고 근심걱정을 가라앉힐 수 있었다. 불행한 인간의 격노한 정신과 고통받는 마음을 치유할 수 있었던 것이다. 그리고 콘은 여덟 사람과 맞먹는 힘을 지녔다.

콘과 리그(헤임달), 얄만이 룬 문자의 비밀을 공유했고 콘이 아버지보다도 더욱 지혜로웠고 아는 것이 많았다. 콘은 자신 또한 왕인 리그로 불릴 권리가 있다고 믿었으며 얼마 후 그 권리를 획득하게 된다.

어느 날 콘은 음산하고 어두침침한 숲 속을 달려가고 있었다. 콘은 가끔씩 말을 세우고 불운하게 자신과 마주친 새들에게 화살을 쏘았다. 그리고 다른 새들은 둥지에서 내려오라고 꾀어 새들이 하는 말을 들었다.

그런데 까마귀 한 마리가 콘의 머리 바로 위에 있는 가지에 앉아서 깍깍거리며 말을 걸어왔다. "콘, 당신은 왜 여기서 한가로이 새들에게 말이나 걸려고 꾀면서 시간을 낭비하고 있지요? 당신의 말을 타고 전쟁터로 달려나가 당신이 얼마나 대범한지 보여주는 것이 훨씬 좋을 텐데요."

콘은 까마귀의 충고를 주의깊이 들었다. 어둠은 콘이 서 있던 숲 속의 개간지에서 점차 밀려나 대기하고 있는 것 같았다.

"그 누가 당신 것보다 더 고귀한 성채를 가지고 있죠? 누가 당신보다도 황금과 보석과 값비싼 장식품 등 더 많은 부를 축적했죠?" 까마귀는 계속 지껄였다.

콘은 아무 대답도 못하고 주먹만 불끈 쥐었다.

"그 누가 찌를 듯이 거칠게 솟아오르는 바닷물을 헤치고 당신보다도 더 능숙하게 배를 몰 수 있죠?"

역시 콘은 아무 대답이 없었다.

"까악 깍, 까악 깍, 까악 깍," 까마귀는 울부짖으며 콘을 곁눈질로 쳐다보

았다. "사람들은 적들의 피로 자신들의 칼을 단련시키는 것이 무엇을 뜻하는
지 알고 있다구요 ……"

이 사본은 여기서 끊겨있고, '리그의 노래'는 불완전하다. 이 시는 아마도 계속해서 덴마크 왕들의 신성
한 가계(家系)를 표현하고, 한 특정한 왕을 찬양하는 듯하다.

6장 시(詩)의 신주(神酒)

　에시르 신들과 바니르 신들이 전쟁을 끝내고 평화 협정을 체결했을 때 모든 신과 여신들은 커다란 단지에 침을 뱉고 우호관계에 대한 증거로 삼았다. 그런데 에시르 신들은 단 한순간이라도 잊고 싶지 않았으므로 단지를 가져가 그 안에 든 침으로 사람을 만들었다.

　그렇게 해서 창조된 사람이 바로 크바시르였다. 기능가가프에서 얼음과 불이 처음으로 만나 세상이 생겨난 이래로 크바시르는 아홉 세상의 모든 일과 불가사의를 꿰뚫는 통찰력을 지니고 있었으므로 모든 신과 인간과 거인과 난쟁이들은 그에게 조언을 구하여 한 번도 후회한 적이 없었다. 그래서 어디를 가든지 크바시르가 도착한다는 소식이 그를 앞질러 도착해 있었다. 어느 먼 농장이나 촌락에 크바시르가 나타나기만 하면 아낙네들은 바느질과 요리를,

남정네들은 낫질과 검술을 옆으로 제쳐둔 채 몰려들었고 심지어 어린아이들까지 재잘대던 것을 멈추고 크바시르가 하는 말에 귀를 기울였다.

크바시르가 사람들로부터 그렇게 열렬하게 환영받을 수 있었던 비결은 도대체 무엇이었을까? 비결은 바로 그의 엄청난 지식과 겸허한 태도에 있었다. 그는 사람들이 묻는 사실에 대해 아주 단순한 사실로 대답했다. 그러나 "제가 어떻게 말해야 하나요?", "당신은 어떻게 생각하세요?", "어떻게 해야 하지요?" 등등 사람들이 크바시르의 의견을 묻는다고 해서 금세 즉각적으로 대답해 주는 것은 아니었다. 헐렁한 옷을 입은 채 뒤로 물러나 앉은 크바시르는 눈을 감았다 뜨기를 반복하며 친절하고 진지한 표정으로 물끄러미 바라보며 사람들이 털어놓는 문제나 괴로움을 들었다. 그는 모든 것을 넓은 각도에서 받아들이고 생각했다. 그리고 결코 참견하거나 강요하지 않고 제안했다. 오히려 사람들이 묻는 질문에 또 다른 물음으로 대답하는 경우가 많았다. 그래서 크바시르는 신과 사람, 거인, 난쟁이들이 자신들의 문제에 스스로 해답을 찾는데 단지 그의 도움을 받은 정도라고 느끼게 만들었다.

크바시르가 지혜롭다는 소문은 몹시 악랄한 난쟁이 형제 퍄라르(Fjalar)와 갈라르(Galar)의 귀에도 곧 들어갔다. 처음에는 단순히 흥미를 느끼던 정도였던 그들은 곧 크바시르를 시기했고 시기심은 점점 불타올랐다. 그들은 일단 마음에 드는 것이 있으면 직접 수중에 넣지 않고는 견딜 수가 없었기 때문이다. 난쟁이 형제는 땅 밑에 있는 자신들의 동굴에서 많은 난쟁이들이 모여 연회를 벌일 테니 크바시르에게도 와서 함께 즐기자고 초청했고 크바시르는 늘 하던 대로 초청을 받아들였다. 식탁은 울퉁불퉁한 기다란 석판이었고 바닥은 자갈 투성이였으며 똑똑 떨어지는 종유석이 벽걸이 장식이었다. 난쟁이들이 주고받는 대화는 주로 이해 손실관계를 따지거나 좀스러운 복수나 다짐하는 것이 고작이었다. 그러나 음식과, 망치로 두드려 만든 순금제품인 식기

류는 만족스러웠다.

　연회가 끝나자 퍄라르와 갈라르는 크바시르에게 개인적으로 긴히 할 말이 있다고 했다. 크바시르는 그들 난쟁이 형제를 따라 어두침침한 방으로 따라 들어갔는데 그것이 바로 실수였다. 두 난쟁이는 옷소매 속에 단도를 숨기고 있다가 크바시르가 방에 들어서자마자 단도로 그의 가슴을 깊숙이 찔렀다. 붉은 선혈이 크바시르의 가슴에서 솟구치자 퍄라르와 갈라르는 손(Son)과 보든(Bodn)이라는 두 개의 단지와 오드로리르(Odrorir)라 불리던 넓은 그릇에 크바시르의 피를 받았다. 피를 분출하던 심장의 박동도 멈추고 피가 다 빠져나가 창백해진 크바시르의 몸은 바닥에 고요히 누워 있었다. 그리고 얼마 후, 에시르 신들이 크바시르가 잘 있는지 안부를 묻는 전갈을 보내자 두 난쟁이는 아홉 왕국에서는 감히 크바시르와 지식을 겨룰 만한 사람이 없을 정도로 뛰어났으므로 크바시르는 불행하게도 자신의 방대한 지식에 짓눌려 질식사했다는 대답을 되돌려 보냈다.

　그러나 퍄라르와 갈라르는 자신들이 한 짓에 기뻐 날뛰었다. 그들은 크바시르의 피가 가득 담긴 두 단지와 그릇에 꿀을 들이부어 국자로 잘 섞이게 휘휘 저었다. 그러자 한데 섞인 피와 꿀은 이 세상 최고의 신주(神酒)가 되어 누구든 그 술을 조금만 맛보아도 시인이나 현자가 되었다. 두 난쟁이는 그것을 자기들만 독차지했다. 다른 사람은 절대 한 번도 맛볼 수 없었으며 심지어 그런 술이 있는지조차 알지 못했다.

　어느 날 난쟁이 형제는 무시무시한 거인 길링(Gilling) 부부를 대접했다. 그런데 얼마 안 있어 길링 부부와 말다툼을 벌이게 된 난쟁이들은 거인 부부에게 점점 앙심을 품었고 증오심에 몸을 떨었다. 난쟁이들은 길링에게 바다로 나가 바닷바람을 좀 쏘이지 않겠냐고 제안했다. 곧 길링과 난쟁이들은 각각 노를 잡고 미드가르드를 감싸고 있는 바다로 배를 저어 나갔다. 배가 꽤 멀리

나가자 난쟁이들은 반쯤 물에 잠겨 있는 진흙 투성이 바위에 일부러 배를 부딪쳤다. 뭔가 낌새를 눈치채고 깜짝 놀란 길링은 본능적으로 한쪽 뱃전을 꼭 잡았다. 길링의 경계가 터무니없는 것은 아니었다. 배는 곧 서서히 침몰하더니 완전히 뒤집히고 말았다. 길링은 헤엄을 칠 줄 몰랐으니 그것이 바로 그의 종말이었다! 길링이 익사하고 나자 두 난쟁이는 기분 좋게 배를 다시 똑바로 일으켜 세우고 흥겹게 노래를 부르며 집으로 되돌아갔다.

퍄라르와 갈라르는 길링의 아내에게 남편이 당한 일을 거짓으로 꾸며댔다. "우연한 사고였다우." 퍄라르가 먼저 시침을 떼고 말했다. "헤엄을 칠 줄만 알았더라도!" 갈라르도 슬프게 맞장구를 쳤다.

그 소리를 들은 길링의 아내는 난쟁이들의 동굴에 주저앉은 채 하염없이 눈물을 흘리며 울었고 난쟁이들은 자신들의 발목을 휘감아 도는 그 미지근한 눈물의 느낌이 좋지 않았다. 그러자 퍄라르가 갈라르에게 속삭였다. "어서 맷돌을 찾아서 동굴 입구로 가서 기다리고 있어." 갈라르가 일어나 밖으로 나가자 퍄라르는 길링의 아내에게 물었다. "밖에 나가 바다를 보면 좀 기분이 나아지지 않을까요? 당신 남편이 빠져 죽은 장소를 알려줄 수도 있어요." 길링의 아내가 훌쩍이며 일어나자 퍄라르는 예의바른 주인행세를 하며 조금 옆으로 떨어져 안내했다. 그러나 길링의 아내가 환한 밖으로 걸어나오자마자 기다리고 있던 갈라르가 맷돌을 그녀의 머리 위로 굴려 떨어뜨렸다. "난 시끄럽게 울부짖는 것은 딱 질색이란 말이야." 돌아서며 퍄라르가 한 마디 했다.

한편 길링 부부가 요툰하임으로 돌아오지 않자 그들의 아들 주퉁(Suttung)이 부모님을 찾아 나섰다. 주퉁은 두 난쟁이의 음험한 얼굴을 쳐다보며 그들의 장황한 변명을 듣다가 별안간 두 목덜미를 움켜잡았다.

한 손에 한 사람씩 대롱대롱 매달리게 멱살을 쥔 후 몹시 화가 난 주퉁은 성큼성큼 바다로 걸어 들어가 자신에게도 깊게 느껴지는 곳까지 이르렀다. 그리고 갑자기 주퉁은 바다 한가운데 우뚝 서있는 암초투성이의 바위에 파라르와 갈라르를 털썩 내려놓았다. 바위에는 바닷물이 끊임없이 찰싹거리고 있었다. "집까지 헤엄쳐 가기에는 너무 먼 곳이지? 암 너무 멀고 말고. 그래서 파도라도 몰아치는 날에는 ……" 파라르는 갈라르를 쳐다보았고 형제는 얼굴을 찌푸렸다. "한 가지 제안할 것이 있어요."

"기왕 일이 이렇게 되었으니 우리가 가진 최고의 보물을 드릴게요."

파라르는 그들이 가진 신주에 대해서 자세히 얘기했다. 신주가 만들어진 배경과 술이 가진 강력한 힘을 온갖 말로 입이 닳도록 열심히 설명했다. "우리 목숨을 살려 주는 대가로 그 술을 드릴게요."

"좋다." 주퉁은 그 제안에 동의했다.

주퉁은 난쟁이들을 다시 동굴로 데려갔고 두 난쟁이는 달리 선택할 길이 없었으므로 크바시르의 피로 만든 술을 주퉁에게 건네주었다. 주퉁은 한 손에는 보든을, 다른 한 손에는 손을 들고, 한 쪽 옆구리에는 오드로리르를 찬채 요툰하임을 향해 성큼성큼 돌아갔다. 그는 그 귀중한 술을 자신이 살던 흐닛뵤르그(Hnitbjorg) 산으로 곧장 가져갔다. 주퉁은 산의 심장부에 있는 바위에 방을 하나 새로 만들고 그 곳에 신주가 담긴 세 그릇을 숨겼다. 그리고 딸 군로드(Gunnlod)에게 임무를 하나 주었다. "이 술을 밤이고 낮이고 경계를 게을리하지 말고 열심히 지키거라."

난쟁이 형제들과는 달리 주퉁은 자신이 가진 보물을 자랑하고 다녔다. 그래서 얼마 지나지 않아 신들은 그 신주에 대해 알게 되었고, 어떻게 해서 그것이 사악한 주퉁의 수중에 들어가게 되었는지도 듣게 되었다. 오딘은 자신이 직접 요툰하임(거인들이 사는 곳)으로 가서 신주를 되찾아 아스가르드로 가져오기로 결심했다. 가면의 신이며 애꾸눈이며 신들 중의 신인 오딘은 거인의 모습으로 변장을 하고 스스로를 사악한 일꾼 볼베르크(Bolverk)라고 불렀다. 오딘은 아스가르드와 요툰하임을 가르는 강을 건너 잡초 한 포기조차 뿌리내릴 수 없는 회색 빛 모래로 가득 찬 사막을 성큼성큼 가로질러 갔다. 볼베르크로 변장한 오딘은 산자락에 도착했다. 눈 덮인 산길을 서둘러 지나서 마침내 좁고 푸른 골짜기로 걸어 내려갔다.

경사진 밭에서는 모험을 좋아하고 좋은 보수를 기대하며 미드가르드에서 온 아홉 명의 농노들이 일을 하고 있었다. 일꾼들은 즙이 많은 풀을 오랫동안 천천히 베었으므로 매우 지쳐 보였다.

"너희들 주인이 누구냐?" 볼베르크는 일을 완전히 멈추고 쉬던 한 일꾼에게 물었다.

"바우기(Baugi)요."

"바우기?"

"크바시르의 피로 만든 술을 지키고 있는 주통의 형제 바우기 말입니다."

"그래? 그런데 낫이 잘 안 드나? 내가 좀 갈아줄까?" 볼베르크가 상냥하게 물었다.

말을 주고받던 일꾼이 그래주면 좋겠다고 말이 떨어지기 무섭게 볼베르크는 허리춤에서 숫돌을 꺼내 낫을 날카롭게 갈기 시작했고 다른 일꾼들도 자기들 낫을 갈아주기를 기대하며 볼베르크 주위로 모여들었다. 볼베르크는 그들의 청을 외면할 수 없었고 일꾼들은 낫이 그렇게 잘 든 적은 일찍이 없었다고 한결같이 대답했다. 일꾼들은 아직 추수하지 않은 채로 앞에 드넓게 펼쳐져 있는 풀밭을 가리키며 바우기가 자신들을 너무 혹사시킨다고 불평을 늘어놓았다. 결국 이야기가 중대한 대목에 이르자 일꾼들은 볼베르크에게 그 숫돌을 살 수 없겠냐고 물어보았다.

"글쎄 그러잖아도 숫돌을 팔까 생각 중이었는데 하지만 오직 딱 한 사람에게만 팔 걸세, 오늘 밤 내가 늘 즐기던 대로 나를 즐겁게 해줄 사람이 있다면 그 사람에게 숫돌을 팔겠네."

그러자 갑자기 일꾼들은 서로 사겠다고 아우성이었다. "좋아요" "저요!" "제가 사겠어요!" "여기요!" "제게 파세요!" "제가 적임자예요!" "됐어요, 저 주세요!" "저한테 파시라니까요!"

볼베르크는 애꾸눈으로 일꾼들을 쭉 훑어보더니 음험하게 웃었다. 그리고는 갑자기 숫돌을 하늘로 높이 던졌다. 햇볕을 받아 반짝이던 숫돌은 마치 은처럼 보였다.

놀란 일꾼들은 숨을 헐떡이며 낫을 치켜든 채 달려나가 숫돌이 떨어지는 낙하지점을 먼저 포착하려고 난리였다. 그러나 숫돌은 볼베르크가 어찌나 높이 던졌던지 마치 공중에 그대로 걸려 있는 것 같았다. 일꾼들은 서로 밀치고 떼밀고 뒤로 밀리다 한데 엉겨붙었다. 결국 혼란에 빠져 한데 뒤범벅이 된 일꾼들은 낫을 휘둘러 서로의 목을 베어 버렸다. 목이 잘린 일꾼들은 자신들이 방금 전에 베어 놓았던 풀 위로 나란히 쓰러져 버렸다.

여전히 음험한 웃음을 짓고 있던 볼베르크는 땅에 떨어진 숫돌을 주워들어 허리춤에 다시 찔러 넣고는 왔던 길로 되돌아갔다.

태양은 하늘에 걸려 한가롭게 비추고 있었고 볼베르크로 변장한 신들의 신인 오딘도 마찬가지로 한가로이 걸었다. 밤이 찾아들자 산에서 다시 내려온 볼베르크는 바우기의 농장으로 향했다. 바우기를 만나 자신의 이름을 밝힌 볼베르크는 하루 종일 걸어와 무척 지쳤으므로 먹을 것과 농가 옆에 있는 커다란 헛간에서 밤을 나게 해 달라고 청했다.

그 소리를 들은 바우기는 퉁명스럽게 대꾸했다. "하필이면 제일 좋은 때를 골라 오셨구만."

그러자 볼베르크는 창백한 표정을 지으며 바우기에게 어찌된 일이냐고 물었다.

"어찌된 일이냐구? 내 일꾼들이 모두 죽어 버렸단 말이야, 알겠냐구?" 화가 난 바우기는 주먹으로 식탁을 세게 내리쳤다. 어찌나 세게 내리쳤던지 사람의 머리였다면 납작하게 찌그러질 정도였다. "아홉 놈 전부 죽었단 말이야. 그런데다 지금 이 시기에 일꾼을 어디 가서 구하겠냔 말이야!"

"그렇다면 제게 좋은 생각이 있어요, 보시다시피 전 힘이 아주 좋아요. 제가 그 아홉 명이 하던 일을 다 맡아 하겠어요."

바우기는 볼베르크를 아래위로 훑어보며 그가 허풍을 떠는 것이라고 생각하여 못 믿겠다는 웃음을 지었다. "그래 내가 동의하면 자네는 보수로 무엇을 바라는데?"

"다른 것은 없어요. 주통의 신주를 한 모금만 맛보게 해주세요."

그러자 바우기는 코방귀를 뀌며 고개를 설레설레 흔들었다.

"물론 저는 힘이 세요. 하지만 시인이 될지 누가 알아요? 시인이 제일 고상한 직업이잖아요."

"그 술은 나와는 아무 상관이 없어. 형이 그걸 자기 금고에 감추어 놓고 있는 데다 이제까지 군로드를 빼고는 아무도 그 술을 맛보지 못했는걸. 사정이 이런데 내가 어떻게 자네에게 그 술을 줄 수 있겠어?"

"어쨌든 제가 요구하는 것은 그것이 전부입니다."

바우기가 자신도 어쩔 수 없다는 듯이 어깨를 으쓱하자 볼베르크는 그만 가려고 일어섰다.

"좋아, 그렇담 형에게 말이나 한 번 해 보지." 바우기는 형을 좋아하진 않았지만 분명히 볼베르크가 약속을 지킬 만큼 힘이 세지 못할 거라고 판단했다. "이번 여름 동안 내 밑에서 일하게. 그러면 자네가 날 위해 얼마나 열심히 일해 주었나 얘기하고 신주를 한 모금만 맛보게 해 달라고 형한테 말해 주지. 하지만 그게 전부야. 형이 거절해도 어쩔 수 없어."

"당신 말을 어떻게 믿지요?"

"두고 보면 알 거 아냐."

그로부터 오랫동안 볼베르크는 바우기를 위해 일했다. 매일 아침, 해가 동쪽에서 솟아오를 때면 볼베르크는 밤새 이그드라실의 가지에서 떨어진 꿀 같은 이슬이 두툼히 맺힌 푸른 들판으로 걸어나갔다. 그리고 이미르의 두개골로 만든 하늘 아래에서 서쪽으로 내려가던 해가 지평선을 핏빛으로 붉게 물들며 넘어갈 때까지 하루 종일 일했다. 바우기는 볼베르크가 큰소리친 것이 허풍이 아니라는 것을 알고 놀랐다. 볼베르크는 거의 쉴 필요를 느끼지 않는 것 같았다. 바우기는 이제 볼베르크가 평범한 인물이 아니라고 생각했다.

드디어 여름이 끝나자 볼베르크는 바우기에게 보수를 달라고 요구했다. 두 사람은 함께 흐닛보르그로 주퉁을 찾아갔고 바우기는 형에게 볼베르크가 여름내 자신을 도와주었다며 그 대가로 신주를 조금만 맛보게 해 달라고 요청했다.

"뭐라고? 꿈 깨. 단 한 모금도 줄 수 없어!"

볼베르크는 바우기와 단 둘이 되자 따졌다. "난 당신이 형의 대답을 그대로 따르지 않을 줄 알았어요. 여름 내내 당신을 위해 일한 내 생각을 좀 하라구요."

"난 어쨌든 약속을 지켰어."

"왜 당신 형은 그 술을 혼자만 독차지해야 하죠? 바우기, 당신도 그 술을 한 모금 맛보고 싶지 않나요? 당신 형이 죽어도 그 술을 나누어 주려고 하지 않으니 우리가 몰래 훔쳐 먹읍시다."

"그건 불가능해. 그 술이 어디에 숨겨져 있는지 알기나 해?" 바우기는 형을 좀 무서워했다. 그러나 이젠 볼베르크 또한 두려웠다. 볼베르크는 허리춤에서 라티(Rati)라 불리던 송곳을 꺼내어 바우기에게 그 송곳으로 산에 구멍을 뚫어 달라고 부탁했다. "당신을 위해 열심히 일해준 내게 보답으로 최소한 이 정도는 해줄 수 있겠죠?"

바우기는 송곳을 집어들어 흐닛뵤르그 산의 깎아지른 암벽 정면에 박아 넣었고 두 손으로 자루를 꼭 잡았다. 그리고 송곳을 산 깊숙이 돌려 박으면서 어떻게 하면 그 귀찮은 일꾼을 해치울 수 있을지 궁리했다.

"됐어! 이제 속까지 다 뚫었어!" 바우기는 송곳을 빼고 이마에 흐른 땀을 닦았다.

볼베르크는 송곳으로 뚫린 어두운 구멍을 애꾸눈으로 들여다보았다. 그리고는 갑자기 숨을 깊게 들이쉬어 구멍 안으로 힘차게 불어넣었다. 그러나 갈라진 돌 부스러기 한 줌이 얼굴로 되돌아오자 볼베르크는 바우기가 산을 제대로 뚫지 않았다는 것을 알아챘다. "뭐야, 당신 지금 나를 속이려 드는 거야?"

바우기는 아무 말도 할 수 없었다. 그리고는 가능한 빨리 볼베르크를 해치우고야 말겠다고 속으로 맹세하며 산에 송곳을 더 깊이 박았다.

바우기가 송곳을 다시 빼내자 볼베르크는 구멍에 대고 한 번 더 숨을 불어넣었다. 이번에는 흙먼지가 숨을 타고 앞으로 모두 쓸려나가자 볼베르크는 바우기가 흐닛뵤르그의 한가운데에 있는 방에 제대로 구멍을 냈다는 것을 알았다. 당장 뱀으로 변한 볼베르크는 송곳이 낸 구멍을 따라 미끄러져 들어갔다.

바우기가 송곳 끝으로 뱀이 된 볼베르크를 찌르려고 덤벼들었지만 이미 뱀은 구멍 안으로 사라지고 난 후였다. 뱀으로 변한 볼베르크는 군로드와 신주가 있는 곳을 향해 구멍을 벌써 반이나 통과했다. 군로드가 신주를 지키고

볼베르크(오딘)의 요구에 바우기가 크바시르의 피로 만든 술이 있는 동굴 벽을 뚫고 있다.

18세기 아이슬란드 필사본.

있던 밀실에 도착하자 볼베르크는 애꾸눈이긴 하지만 늠름하고 잘 생긴 거인의 모습으로 다시 변하여 주퉁의 딸 앞에 섰다.

금으로 만든 의자에 앉아 있다가 볼베르크를 보자 신주를 잘 지키라는 주퉁의 경고 따위는 군로드의 머릿속에서 깨끗이 사라져 버렸다. 군로드는 볼베르크와 함께하게 된 것이 전혀 싫지 않았다. 그녀는 앉아서 볼베르크가 해주는 잡담과 노래에 귀기울이다 더 이상 참지 못하고 볼베르크를 껴안았다. 그리고 사흘 동안 두 사람은 웃으며 얘기를 나누었고 밤에는 함께 잤다. 흐닛뵤르그의 깊은 밀실에서 볼베르크로 변한 신들의 냉혹한 아버지 오딘은 자신의 마력에 취한 주퉁의 딸과 사랑을 나누었다. 이제 군로드는 열정에 사로잡혀 볼베르크가 원하는 것이라면 무엇이라도 내어줄 기세였다. 볼베르크가 크바시르의 피로 만든 신주를 세 모금만 마시게 해 달라고 요청하자 군로드는 두말없이 그의 손을 잡고 신주가 있는 곳으로 이끌었다. 그러나 말이 세 모금이지 볼베르크는 첫 모금에 오드로리르에 들어 있던 술을 모두 비웠고, 두 번째 모금에는 보든을, 세 번째 모금에는 손에 들어 있던 신주를 말끔히 해치웠다. 신들의 아버지 오딘은 입 속에 신주를 전부 털어 넣은 것이었다.

술을 모두 입 안에 넣은 오딘은 독수리로 변하여 흐닛뵤르그의 출구를 빠져 나와 아스가르드로 향했다. 독수리가 되어 날아가는 오딘을 본 주퉁은 신주를 마신 사람들만 알고 있는 마법의 주문을 외웠다. 신들과 거인들과 인간들과 난쟁이들은 어둠 속에서 두 마리의 독수리가 쫓고 쫓기며 아스가르드 왕국을 향해 날아가는 것을 지켜보았다.

한편, 이 모습을 지켜보던 에시르 신들은 단지와 커다란 통을 가져와 아스가르드에 길다랗게 둘러쳐진 성벽을 따라 안쪽에 쭉 늘어놓았다. 신들은 주퉁이 오딘에게 가까이 따라붙는 것을 초조한 마음으로 지켜보았다.

저 멀리서 흐릿하게 들리던 날갯짓 소리는 점점 크게 들려왔고 곧 귀를 때릴 듯이 심한 굉음으로 변했다. 이제 두 마리 새 사이에는 날개 한 폭 정도의 간격이 있을 뿐이었다. 방벽에 도착한 오딘 독수리는 방벽을 넘어 돌진하여 바로 아래에 놓여져 있던 단지와 통에 신주를 뱉어냈다.

주통을 피하느라 급히 서둘던 오딘은 방벽 밖에 신주를 몇 방울 흘리고 말았는데 양이 얼마 되지 않아 신들은 별로 신경 쓰지 않았다. 신들은 누군가 흘린 신주를 맛보고 싶다면 그냥 마시게 내버려 두자고 말했다. 그래서 인간에게 남겨진 그 몇 방울의 신주는 시인의 몫이 된 것이었다.

한편 바로 코앞에서 오딘을 놓친 주통은 원통한 듯 소리를 지르며 한 바퀴 빙 돌았다가 다시 또 날카로운 소리를 냈다. 완력으로 난쟁이들에게서 빼앗았던 보물을 이젠 오딘의 간사한 꾀에 빠져 잃고 말았으니 그가 할 수 있는 일이란 아무것도 없었다.

그렇다면 신들은 어떤가? 그들은 에시르 신들과 바니르 신들 사이의 우호 관계의 증인인 현자 크바시르를 잃었다. 그러나 신들의 아버지 오딘의 기지 덕분에 신들은 크바시르의 피는 되찾을 수 있었다. 그후로 오딘은 귀중한 신주를 조금씩 마셨다. 그리고 가끔 기분이 좋으면 에시르 신들 중에서 한두 신이나 미드가르드에 살고 있는 인간 중에서도 한두 사람에게 그 술을 한 모금씩 맛보게 해주었다. 그렇게 맛본 한 모금이 바로 시적(詩的) 영감(靈感)이라는 선물이 된 것이다.

7장 로키의 세 아이 / 족쇄에 묶인 펜리르

슬라이프니르의 어머니(로키가 내기에 지지 않으려고 암말로 변하여 거인 석공의 말 스바딜파리를 유혹하여 새끼 슬라이프니르를 낳은 것을 빗대어 로키를 지칭 — 역주)는 또한 무시무시한 세 아이의 아버지기도 하였다. 정숙한 아내 지긴에 만족하지 않고 로키는 가끔 요툰하임을 벗어나 동쪽으로 가서 거인족 여인인 앙그르보다(Angrboda)와 며칠씩 보내곤 하였다.

로키와 앙그르보다 사이에는 괴물처럼 흉칙한 세 아이가 태어났다. 첫 번째 아이는 늑대 펜리르(Fenrir), 둘째는 가장 큰 뱀인 요르문간드(Jormungand), 막내는 딸인 헬(Hel)이었다. 헬의 용모는 어찌나 특이했는지 수 천명의 여인들 틈에 섞여 있어도 금세 식별해 낼 수 있을 정도였다. 그녀의 얼굴과 목과 어깨, 가슴, 팔과 등은 전부 분홍빛이었지만 엉덩이 아래로는 피부 전체가 썩은 것처럼 보이는 푸르죽죽한 검은 색이었다. 음성은 늘 한결같게도 음산하고 소름끼치는 음성이었다. 거짓말의 신 로키가 거인 여인에게서 이 세 아이들을 보았다는 사실을 전해들은 신들은 바짝 긴장했다. 그 아이들을 어떻게 처리할 것인지 우르드 샘에 모여 머리를 맞대고 의논하는 신들에게 샘에서 운명을 주관하던 세 여신들이 신들의 사기를 꺾었다.

"그 아이들의 엄마가 얼마나 사악한데요." 우르드가 먼저 한 마디 했다.

"아버지는 더하죠." 베르단디가 맞장구쳤다.

"그 아이들에게서는 악(惡) 외에 달리 기대할 것이 아무것도 없어요. 그 아이들은 당신들에게 해를 끼치고 위험에 빠뜨릴 거예요. 그 아이들은 살아남아 종말을 지켜볼 거예요." 스쿨드가 찬물을 끼얹는 소리를 했다.

여신들의 충고를 들은 신들은 결국 로키의 아이들을 잡아 가두어 놓기로 결정했다. 오딘의 명령에 따라 몇 명의 신들이 밤에 요툰하임을 가로질러갔다. 파견된 신들은 앙그르보다의 거처로 뛰어들어가 그녀가 눈을 비비기도 전에 입을 틀어막고 꽁꽁 묶었다. 그런 다음 그녀의 세 아이들을 납치하여 아스가르드로 데리고 돌아갔다.

오딘은 세 아이들 중 뱀인 요르문간드를 어떻게 처리해야 할지 조금도 망설임이 없었다. 오딘은 요르문간드를 들어올려 인간들의 세상인 미드가르드를 감싸고 있는 바다로 집어던졌다. 오딘이 던진 힘에 의해 공중을 가르며 날아간 요르문간드는 바닷물의 쇠처럼 차가운 수면에 부딪힌 후 바다 속으로 가라앉았다. 그 곳 깊은 바다 속에서 살아가며 요르문간드는 자라났다. 미드가르드의 바다 아래에서 완전히 성장한 요르문간드는 어찌나 두텁고 길게 자랐는지 인간들의 세상을 한 바퀴 휘둘러 감고 자신의 꼬리를 입으로 물고 있었다.

오딘은 또한 요르문간드의 여동생인 헬을 어떻게 처리할지도 알고 있었

<로키의 세 자식>, Emil Doepler, 1905년

다. 헬을 한 번 쓱 쳐다본 오딘은 그녀 또한 아스가르드 밖으로 던져버렸다. 이번엔 세상 아래의 지하 세계인 어둡고 축축한 안개에 둘러싸인 니플하임으로 던진 것이었다. 헬은 니플하임으로 떨어지며 죽은 자들을 돌봐야 한다는 오딘의 명령을 들었다. 누구든지 자신에게 오는 사람과 어떤 음식이든지 나누어 먹어야 한다는 조건으로 아홉 세상에서 병이나 나이가 들어 죽게 된 모든 사자(死者)들을 돌봐야 한다는 것이었다.

헬은 마음을 느긋하게 먹었다. 멸망으로 떨어지는 나락인 험준한 암벽 너머에 헬은 자신의 영지를 둘러싸는 커다란 방벽을 지었다. 그 방벽 안의 두 개의 커다란 문을 지나면 그녀의 거처이자 사자들의 집인 엘류드니르(Eljudnir)가 있었다. 헬의 하인인 강글라티(Ganglati)와 하녀인 강글로트(Ganglot)는 너무도 느리게 움직여 그들이 움직이고 있는 것인지 알아채기가 힘들었다. 헬이 음식을 담아먹는 식기는 배고픔(Hunger)이었으며 음식을 잘라먹는 나이프는 기근(Famine)이었다. 헬의 침대는 환자들의 병상(Sick Bed)이었으며 침대에 늘어진 커튼은 음울한 불행(Glimmering Misfortune)이었다.

오딘은 마지막으로 남은 아이 펜리르에 대해서는 신들 자신이 직접 감시하는 것이 가장 좋을 것이라고 생각했다. 펜리르는 겉으로 보기에는 다른 늑대들과 전혀 다를 바가 없었으므로 모든 신들은 녹음과 황금빛이 교차하는 아스가르드의 벌판에 펜리르가 돌아다니도록 풀어놓아도 별다른 해가 없을 것으로 결론을 내렸다. 비록 그렇긴 했지만 신들 중에서 오딘의 아들인 티르(Tyr)만이 유일하게 혼자서 펜리르와 대적해 살과 연골과 뼈를 해체하여 잠잠하게 만들 수 있을 정도로 용감했다.

그러나 펜리르가 하루가 다르게 커가는 것을 지켜본 신들은 얼마 지나지 않아 마음을 바꾸었다. 그리고 우르드, 스쿨드, 베르단디 세 여신들이 펜리르가 언젠가는 오딘을 죽일 것이라고 새로이 경고하자 신들의 경계심은 더욱 커졌다. 신들은 펜리르를 죽여 그 사악한 피로 신성한 아스가르드를 더럽힐 수 없었으므로 일단은 펜리르를 잡아 족쇄를 채워야만 했다. 신들은 매우 강한 쇠줄을 만들어 라에딩(Laeding)이라고 불렀다. 신들 중에서 몇 명이 펜리르를 찾아가 그 쇠줄을 보여주며 물었다. "너 이 줄을 끊을 만큼 힘이 세니?"

펜리르는 라에딩을 이리저리 살펴보더니 대답했다. "이 쇠줄은 무척 단단해 보이지만 내가 더 탄탄하죠." 펜리르는 더 이상 아무 말 않고 신들이 자신의 목과 몸통, 다리를 쇠줄로 칭칭 감도록 내버려 두었다. 그 길던 줄은 펜리르의 몸에 다 감기고 신들이 끝자락을 쥘 정도로 조금만 남았다.

"다 끝났어요?" 으르렁거린 펜리르는 단단한 사지를 넓게 벌리고 숨을 깊이 들이마신 뒤 몸 속의 모든 근육에 있는 대로 힘을 주었다. 그러자 라에딩의 모든 고리들이 일시에 툭 끊어졌고 신들은 움찔하여 뒤로 물러섰다.

신들은 서둘러 또 다른 끈을 만들었다. 이번엔 라에딩보다 두 배나 질긴 드로미(Dromi)라는 끈을 만들었다. 드로미의 연결고리는 가장 커다란 배의 닻줄고리보다도 더 컸다. 사람의 힘으로는 움직일 수조차 없을 정도로 엄청났다. 신들은 다시 펜리르에게 가서 말했다. "네가 이 줄을 끊을 수만 있다면 넌 이제 온 아홉 세상을 통틀어 네 힘 때문에 유명하게 될 거야."

펜리르는 드로미를 뚫어져라 쳐다보았다. 쇠줄은 무척 단단해 보였지만 지난번 라에딩을 끊은 이후로 자신도 많이 자라 힘이 충분히 더 세어졌다고 생각했다. '명성을 얻으려면 어느 정도의 위험은 감수해야겠지.' 이번에도 펜리르는 더 이상 말없이 신들이 자신의 목과 몸통과 다리 둘레로 거대한 쇠줄을 칭칭 동여매도록 내버려 두었다.

"다 끝났어요?" 으르렁거리던 펜리르가 몸을 세차게 흔들자 온 몸을 감고 있던 쇠줄이 시끄럽게 쩔그렁거리는 소리가 났다. 몸을 굴리고 등을 구부리자 쇠줄은 곧 땅에 탕탕 부딪혔다. 펜리르는 자신의 몸이 드로미의 쇠고리처럼 단단해질 때까지 근육을 탄탄하게 조였다. 그리고는 다시 일어서서 땅바닥에 발톱이 깊숙이 박힐 정도로 사지에 단단히 힘을 주고 계속 조이자 일시에 드로미가 툭 끊어졌다. 고리마다 끊어진 쇠줄은 수백 조각으로 흩어져 사방으로 튀었다. 이 모습을 지켜본 신들은 겁에 질렸다. 그들은 펜리르에게 족쇄를 채우지 못할 것으로 걱정했다.

그러나 오딘의 생각은 달랐다. "누군가 절대로 끊어지지 않는 족쇄를 만들 수 있는 사람이 있다면 그건 바로 난쟁이들이지." 오딘은 프레이르의 전령인 스키르니르를 난쟁이들이 사는 어두운 세상 스바르탈프하임으로 보냈다. 스키르니르는 미드가르드 지하의 음산하고 축축하고 희미한 작은 동굴들을 지나갔다. 그곳을 지나가며 스키르니르는 나르(Nar), 나인(Nain), 니핑(Niping), 다인(Dain), 비푸르(Bifur), 바푸르(Bafur), 봄보르(Bombor), 노리(Nori)와 수백 명의 난쟁이들을 보았다. 난쟁이들은 하나같이 소름끼치게 생겼지만 스키르니르는 그들에게 펜리르를 묶을 족쇄를 만들어 준다면 많은 황금을 주겠다고 약속했다. 희끄무레한 어둠 속에서 난쟁이들의 눈은 개똥벌레의 유충처럼 빛났고 자신들끼리 속닥거리며 계획을 짜더니 곧 일을 시작했다. 난쟁이들은 비단 끈처럼 부드럽고 나긋나긋한 족쇄를 만들어 글라이프니르(Gleipnir)라고 불렀다.

임무를 제대로 완수하고 아스가르드로 무사히 돌아온 스키르니르에게 신들은 감사했다. 오딘은 족쇄를 만지작거리며 물었다. "한데 이건 대체 뭐로 만들었지?"

"전부 여섯 개의 물질을 섞어 만들었습니다. 고양이가 움직일 때 내는 소리, 여자의 수염, 산의 뿌리, 곰의 힘줄, 물고기의 숨, 새의 침으로 만들었죠."

그 소리를 들은 신들은 모두 놀라며 글라이프니르의 힘이 의심스러워졌다.

그러자 스키르니르가 설명해주었다. "저도 그랬지만 여러분도 의심스러운 생각이 들면 난쟁이들의 꾀가 어떤지 생각해보세요. 왜 고양이가 움직일 때 소리를 내지 않고 여자에게는 수염이 없는지 생각해 본 적이 있나요? 산에는 왜 뿌리가 없는지 확인해 볼 길은 없지만 이 세상에 존재하지 않을 것 같은 많은 물건들을 바로 난쟁이들은 가지고 있답니다."

그리하여 이제 다시 많은 신들이 세 번째로 펜리르를 찾아가게 되었다. 신들은 펜리르를 살살 꾀어 암스바르트니르(Amsvartnir) 호수 한가운데에 있는 링비(Lingvi) 섬으로 데리고 갔다.

그 곳에서 신들은 펜리르에게 비단 끈처럼 생긴 글라이프니르를 내밀었다. 끈을 펜리르에게 보여주며 이번에도 끈을 끊어 펜리르의 힘을 과시해 보라고 부추겼다.

"이게 그래도 보기보다는 좀 질기거든."

"훌륭한 시의 시구처럼 잘 짜여지긴 했지만 펜리르 너라면 아마 이번에도 끊을 수 있을 거야."

펜리르는 글라이프니르를 뚫어져라 쳐다보았다. "이 줄은 너무 약해서 내가 끊어보았자 아무 명성도 얻지 못할 거예요." 그리고 다시 글라이프니르를 살펴보았다. "아니면, 만일 어떤 마법의 힘으로 그것을 만들었다면 비록 보기엔 약해 보여도 당신들이 자신을 위해서 만들었겠죠. 그러니 이번엔 내 몸에 감게 놔 두지 않겠어요."

"이미 넌 두 번이나 단단한 쇠줄을 끊어 버리지 않았니? 그 실력에 이 정도 줄이 뭐가 겁나서 그러는 거냐?"

"그리고 혹시라도 네가 끈을 끊어 버리지 못할 경우엔 우리가 너를 다시 풀어 주면 되잖아. 그러니 우리를 믿어도 된다구."

그 말에 펜리르가 으르렁대며 이를 드러내자 신들은 펜리르를 쳐다보는 것조차 싫어졌다. "만일 당신들이 나를 묶은 후에 다시 풀어 주려면 오래 기다려야 할 걸요." 펜리르는 신들 주위를 빙 돌며 말을 이었다. "난 그 끈에 묶이고 싶지 않아요. 그렇다고 겁쟁이라는 소리를 듣고 싶지도 않구요. 그러니 나를 묶는 동안 당신들이 약속을 충실히 지키겠다는 증표로 당신들 중의 한 사람 손을 내 입 안에 넣도록 해요."

티르는 함께 있는 모든 신들을 한 명씩 차례로 쳐다보았고 모든 신들은 서로의 얼굴을 보았지만 어떻게 해야 좋을지 몰라 아무 말도 할 수 없었다. 그러자 티르가 오른손을 천천히 들어 펜리르의 입 속으로 집어넣었다.

그러자 다른 신들은 당장 글라이프니르를 펜리르의 목과 몸통, 다리에 줄이 다 감길 때까지 칭칭 동여맸다. 이제 펜리르가 힘을 쓸 차례였다. 발로 차고 어깨를 으쓱하고 몸을 뒤흔들고 비틀고 굴렀지만 펜리르가 힘을 줄수록 글라이프니르도 더 단단해졌다. 그러자 펜리르는 으르렁거리며 이빨을 꽉 악

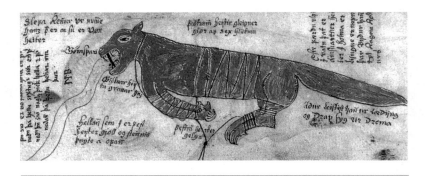

글라이프니르로 꽁꽁 묶인 펜리르. 칼이 꽂혀 있어 다물 수 없는 입에선 침이 흘러나와 강을 이루고 있다.
18세기 필사본.

물었다. 신들 중에서 제일 용감한 티르는 손을 물리는 바람에 몸을 뒤틀며 소리를 질렀다. 그처럼 큰 고통은 참을 수 있을 것 같다가도 금세 참을 수 없을 만큼 고통스러웠다. 다른 신들은 흐뭇한 웃음을 지었다. 결국 펜리르를 묶어놓을 수 있게 되었다고 생각했기 때문이었다. 신들은 모두 웃었다. 단 한 사람 티르만 빼놓고. 티르는 결국 한 쪽 손을 잃고 말았다.

신들은 글라이프니르 끝에 겔갸(Gelgja)라는 커다란 쇠사슬을 연결했다. 그리고는 쇠사슬의 끝을 골(Gjoll)이라는 커다란 옥석의 구멍에 넣었다가 빼낸 후 끝을 묶어 절대로 풀어지지 않게 해놓았다.

신들은 골을 땅 속으로 3리나 깊숙이 굴려 박아 넣었다. 그리고 티비티(Thivity)라는 거대한 바위를 찾아내서, 더욱 단단히 조이기 위해 골의 위에 올려놓았다. 펜리르는 족쇄에서 벗어나려고 몸을 뒤흔들며 요동을 쳤다. 이를 갈며 분을 삭이느라 피묻은 아가리를 커다랗게 벌렸다. 그 때 칼을 뽑아든 한 신이 칼끝을 펜리르의 입천장으로 찔러 아래턱까지 닿을 때까지 칼자루를 깊숙이 박아 넣었다.

이제 펜리르는 재갈도 물린 셈이었다. 온 몸을 묶이고 재갈까지 채워진 펜리르. 그의 울부짖음은 대단했고 턱에서는 침이 줄줄 흘러내렸다. 그렇게 흘러내린 침은 링비 섬에서 암스바르트니르 호수로 흘러 들어갔고 희망의 강(River of Expectation)이라는 의미의 본(Von)이라 불리게 되었다.

미드가르드로 떨어진 뱀 요르문간드가 바다 밑바닥에서 세상을 칭칭 감은 채 기다리게 되었듯이, 죽은 시체들과 떠도는 죽음의 연무에 휩싸여 니플하임에서 헬이 기다리게 되었듯이, 온 몸이 묶이고 재갈이 물린 채 링비 섬에 누워 펜리르 역시 최후의 결전인 라그나로크(Ragnarok)를 손꼽아 기다리게 되었다.

오딘의 아들 티르는 펜리르를 결박한 대가로 오른손을 잃는다.
John Bauer, 1911년.

8장 도둑맞은 이둔과 청춘의 황금 사과

어느 여름날 이른 아침에 오딘과 로키와 호니르는 흥겹게 어울려 인간 세상에서 자신들에게 아직 알려져 있지 않던 곳을 조사해 보려고 미드가르드를 가로질러 갔다.

사물의 윤곽이 어렴풋이 드러나는 아직 희뿌연한 새벽 어둠 속에서 세 친구는 바람만이 휘몰아치는 황량한 모래 사막을 건너갔다. 미드가르드에 살고 있는 인간들이 아직 잠에서 깨어나 움직이기 전에 세 신들은 덤불이 우거진 울퉁불퉁한 땅을 지나 뾰족뾰족하고 어둡고 메마른 바위로 가득 찬 주위를 건너 원추형 산의 정상으로 향했다.

하루 종일 얘기하며 걸어간 신들은 저녁 무렵엔, 골짜기에서 얼음이 녹아 흘러내린 물이 노란색 황금색 초록색으로 어우러진 들판을 제법 빠른 속도로 구불구불 가로지르며 흐르는 젖빛 강을 따라 올라갔다.

세 신이 먹을 것을 준비해 오지 않은 것을 슬슬 후회하기 시작할 무렵 운 좋게도 황소 떼가 나타났다. 황소 떼를 덮친 로키가 그 중에 한 마리를 잡아 죽이는 동안 오딘과 호니르는 제대로 자라지 못한 참나무 가지를 모아 불을 피웠다. 그들은 황소를 커다랗게 토막 내어 불 한가운데에 올려놓았다.

배가 주린 신들은 고기 익는 냄새에 미칠 것 같아 더 이상 기다릴 수 없었다. 고기가 어느 정도 구워졌다고 생각하자 신들은 모닥불을 헤치고 불꽃 속에서 고기 살점을 꺼내었다.

그러나 고기를 꺼내보고 놀라서 오딘이 말했다. "이런, 아직 안 익었는걸. 우리가 배가 몹시 고픈 탓에 아마 시간이 오래 지난 것으로 생각했나봐."

로키와 호니르는 불붙은 나무들을 긁어모아 고기를 불 속으로 다시 던져넣었다.

그런데 갑자기 으스스한 바람이 골짜기를 타고 불어왔다. 늑대에 쫓기던 해는 아직 서쪽 하늘 높이 걸려 있었는데도 여름날의 뜨거운 열기가 사라져버린 것이었다. 세 신은 외투로 몸을 감싸고 앉아서 고기가 마저 익기를 기다렸다.

"지금쯤이면 익었겠지? 어떻게 생각해? 내가 고기를 뒤적여볼까?" 호니르가 물었다.

"넌 요즘 왜 그렇게 매사에 자신이 없어?" 로키가 퉁명스럽게 쏘아붙이며 일어나 다시 불을 헤쳤다. "지금쯤이면 분명히 다 익었어."

그러나 불 속에서 고기를 꺼낸 오딘이 다시 말했다. "아직도 안 익었어. 이상하군. 지금쯤이면 벌써 익었어야 하는데."

"이 불이 뭔가 잘못된 모양이야." 호니르가 말했다.

로키도 고기를 보고 인상을 찌푸리며 한 마디 했다. "정말, 이게 뭐야. 처

독수리가 오딘, 로키, 호니르가 요리하는 모습을 보고 있다. 18세기 아이슬란드 필사본.

음에 넣을 때 그대로잖아.”

　“그야 다 이유가 있지.” 그때 그들 머리 위에서 어떤 음성이 들려왔다.

　그러자 세 신은 화들짝 놀라 불 위에 드리워져 있던 잎이 무성한 참나무 가지를 살폈다. 자세히 올려다보니 독수리가 한 마리 앉아 있었는데 꽤 큰 녀석이었다.

독수리는 자신을 올려다보고 있는 세 얼굴을 향해 말했다. "나도 내 양만큼 먹을 수 있게 해주면 그 황소 고기가 익게 해주지."

신들은 머리를 맞대고 의논한 끝에 결정을 보았다. 오딘이 대표로 독수리에게 대답했다. "우린 지금 배가 너무 고프니 네가 하자는 대로 하마. 우리가 달리 할 수 있는 일이란 없으니까." 대답을 들은 독수리는 크게 소리를 내더니 거대한 날개를 들어 퍼덕거리며 나무에서 잽싸게 내려와 불 위로 덮쳤다. 그리고는 단번에 황소의 양쪽 어깨 살과 양쪽 엉덩이 부분을 모두 집어 들었다. 신들을 재빨리 훑어본 독수리는 참나무 뿌리 위에 앉아 고기를 먹기 시작했다.

로키는 너무 화가 난 나머지 가지고 있던 장대를 들어 새의 몸통으로 꽂아 넣었다. 순간 중심을 잃은 독수리는 고기를 떨어뜨렸다. 새는 다시 날카로운 소리를 내며 하늘로 올라갔고 로키가 던진 장대의 한쪽 끝이 독수리의 등에 그대로 꽂혀 있었다. 그리고 놀랍게도 로키는 장대의 한쪽 끝을 손에서 떼어버리려 해도 떨어지지 않는다는 것을 깨달았다. 손을 뒤로 빼고 비틀고 소리질렀지만 소용없었다. 로키의 두 손은 장대에 완전히 붙어버린 것이었다.

독수리는 놀라운 속도로 날아갔고 매달린 로키를 괴롭히려고 일부러 지면 가까이 날았다. 꾀보 로키는 미드가르드 땅바닥 위로 질질 끌려가는 바람에 무릎과 발목이 크고 작은 돌들에 계속 부딪혔다. 발과 다리는 가시덤불에 긁혀 피가 흘렀다.

"제발 살려줘!" 참다못한 로키가 소리쳤다.

그러나 독수리는 전혀 아는 체도 하지 않고 얼음 위로 로키의 엉덩이가 닿도록 질질 끌고 날아갔다. 얼음에 휩쓸린 로키의 엉덩이는 살갗이 벗겨졌다.

독수리가 로키를 끌고 날아가다. 피터 허드, 1882년

"아, 제발 살려달라니까!" 로키는 장대를 잡고 있던 두 팔이 몸통에서 떨어져나가는 것같이 느껴졌다.

그제서야 독수리는 로키를 약간 들어올려 쉴 틈을 주고 대답했다. "내가 시키는 대로 하겠다고 맹세해야만 풀어줄 거야."

"뭐라고? 알았어, 알았다구, 뭐든지 할 테니 제발 살려줘!"

"이둔과 이둔이 가지고 있는 사과를 아스가르드에서 가져오겠다고 어서 맹세해."

로키는 두 눈을 꼭 감은 채 입술을 꽉 다물고 아무 말이 없었다. 로키는 이제서야 그 독수리가 변장한 거인이라는 것을 알아차렸다. 독수리가 다시 낮게 내려 날자 로키는 무릎 뼈와 정강이와 발목과 발가락이 바위와 암석에 험하게 부딪치는 고통을 참을 수 없었다.

"제발 살려줘! 약속할게. 맹세한다구!"

"지금부터 이레 후에 해가 중천에 걸리면 비프뢰스트를 건너 이둔을 데리고 와야 해."

"알았어, 약속할게."

갑자기 손이 자유로워진 것을 느끼자마자 로키는 돌투성이 땅바닥으로 떨어졌다. 아주 천천히 일어난 로키는 다친 곳을 살펴본 후 밀려드는 어둠 속에서 두 신이 기다리고 있는 곳으로 쩔뚝거리며 돌아갔다.

이레가 지난 후 로키는 이둔이 자신의 궁전 건너에 있는 경사진 들판을 거닐고 있는 것을 보았다. 혼자 조용히 노래부르고 있는 이둔은 걱정이라고는 없어 보였고 태양이 부드럽게 감싸고 있었다. 자신을 둘러싼 세상의 근심에 아랑곳하지 않고 사소한 말다툼, 고난, 잔인한 전쟁, 그 외의 모든 것들과 시간이 정처 없이 흘러가게 내버려 둔 채 이둔은 어린아이처럼 천진난만하게 거닐고 있었다. 황금 사과들이 든 바구니는 한쪽 팔에 걸려 있었다.

"이둔!" 로키가 갑자기 나타나 불렀다.

브라기의 아내, 이둔이 멈춰서서 돌아보았다.

"지금 막 달려왔어, 이둔. 당신은 생각도 못 할거야. 나 자신도 믿을 수가 없다니까."

"알아듣게 얘기해봐, 무슨 일인데?"

"저기 비프뢰스트 너머 깊은 숲에서 우연히 아주 특이하게 생긴 나무를 찾아냈어. 아홉 세상에서 흔히 보던 어떤 나무들하고도 다르다구. 그 나무는 숲속에 있는 빈터에 서 있었는데 은은하게 빛이 나더라고."

그 소리에 이둔의 눈은 크게 벌어졌고 로키는 계속 자기가 발견한 나무를 상세히 묘사해서 로키를 잘 믿지 않는 사람조차 그의 말이 머릿속에서 꾸며낸 얘기라는 것을 전혀 눈치 챌 수 없었다.

"이둔, 그 나무에는 황금 사과가 달렸어." 로키는 이둔의 바구니에 들어있던 사과 하나를 집게손가락으로 가리키며 말을 이었다. "여기 당신의 사과랑 똑같이 생겼어. 그리고 아마 당신 사과처럼 그 사과도 끝없는 젊음을 함유하고 있을 테지. 신들을 위해 어서 그 사과들을 따러 가자구."

이둔은 빙그레 웃으며 따라가겠다고 고개를 끄덕였다.

"당신 사과도 잊지 말고 가져가야지. 똑같은지 확인해 봐야 하잖아." 말을 마친 로키는 아스가르드를 벗어나 햇빛이 내리쬐는 들판으로 길을 안내했다. 이둔과 로키는 서둘러 헤임달의 궁전을 빠져나갔고 로키는 이둔의 손을 잡고 비프뢰스트를 건넜다. 그들의 발 아래서 불꽃이 춤을 추었지만 그들은 전혀 아무런 해도 입지 않았다.

한편 덤불 속에서 기다리고 있던 독수리는 이둔이 미드가르드에 발을 들여놓기 무섭게 갑자기 튀어나왔다. 검은 날개를 탁탁 치며 독수리는 이둔을

로키가 이둔을 꾀고 있다. John Bauer, 1911년

덮쳐 낚아채었다. 그리고는 이둔과 이둔의 황금 사과를 바다 건너 요툰하임으로 데려갔다. 그리고 로키가 의심했듯이 그 독수리는 다름아니라 티아지라는 거인이었다.

티아지는 산꼭대기에 있는 폭풍우가 몰아치는 자신의 집 트림하임(Thrymheim)에 이둔을 가두어 놓고 흡족한 듯이 바라보며 중얼거렸다. "네가 없으면, 너의 이 황금 사과가 없다면 신들은 곧 쭈글쭈글 늙어갈 테고 난 영원히 젊은 채로 있겠지."

한편 이둔이 없어지자 신들은 매우 초조해졌다. 이둔의 마법의 사과가 없다면 자신들이 점점 시들어 나이 들 것이라는 사실을 잘 알고 있었기 때문이었다. 그리고 실제로 신들은 입고 있던 의복 안에서 쪼글쪼글 주름이 들기 시작해 전보다 더 작아진 것 같았다. 피부는 뼈 위에 그냥 걸쳐놓은 것처럼 쪼글쪼글 주름이 잡히고 헐떡이며 탄력을 잃어 금세라도 뼈가 살갗을 뚫고 나올 듯이 보였다. 눈에 핏발이 선 신도 있었고 안개처럼 뿌연 신도 있었다. 손을 떠는 신이 있었는가 하면 머리카락이 다 빠진 신도 있었고 속이 뒤틀리는 신도 있었다. 관절은 모두 삐걱대며 쑤셨고 사지는 거의 쓸 수조차 없었다. 시시각각 걸음은 활력을 잃었고 몸에서는 기운이 빠져나갔다.

그러자 신들의 마음도 활기를 잃고 점차 나약해지기 시작했다. 다른 신들의 결점을 까발리는 신이 있었는가 하면 백치처럼 어슬렁거리기 시작하는 신도 있었다. 그러나 대다수의 신들은 점차 입을 다물었고 전에 늘 얘기하던 것들을 말할 기력조차 없었다. 신들은 모두 하나같이 흘러가는 시간에 집착하고 있었고 똑같이 두려워하고 있었다. 한 말을 자꾸 되풀이하거나 말을 시작해도 완전한 문장을 끝맺는 것이 힘들었다. 한여름의 태양이 아스가르드 위로 내리쬐고 있었고 솜털같이 보드라운 구름은 머리 위로 정처 없이 흐르자 신들은 늙어 가는 나이를 걱정하면서도 구름을 따라 마음이 정처 없이 떠돌았다.

오딘은 자신이라도 기력을 짜내어 신들을 소집해야 한다는 것을 알았다. 밝게 내리 쬐는 태양 아래에서 글라드스하임으로 하나 둘씩 모여드는 아스가르드의 신들의 모습은 음울하기 그지없었다. 모든 신과 여신들과 하인들이 모였지만 오로지 이둔과 로키만이 빠져 있었다.

오딘은 등이 굽고 발을 질질 끌며 우물우물거리는 신들의 모습을 지켜보았다. "우리는 어서 이둔을 찾아야만 해. 이둔과 이둔의 사과가 없다면 어떻게 될지 다들 알고 있겠지? 이대로 있으면 사태는 더욱 악화될 뿐이야. 이둔을 마지막으로 본 사람이 누구지?"

그러자 헤임달의 하인이 대답했다. "아까 이둔과 로키가 비프뢰스트를 건너가는 것을 보았어요."

그러자 글라드스하임에는 깊은 정적이 감돌았다. 이번 사고를 불러일으킨 주범이 바로 로키라는 것을 의심할 신은 아무도 없었다.

"할 일은 단 한 가지야. 로키를 잡아와야만 해." 오딘이 명령을 내렸다.

비록 지치긴 했지만 신들은 로키를 찾아 헤맸다. 모든 궁전과 부속 건물과 덤불 숲을 샅샅이 뒤지고 아스가르드를 구석구석 살폈다. 신들은 모두 자신들의 목숨이 로키를 찾아내는 일에 달렸다는 사실을 알고 있었다. 마침내 그들은 이둔의 밭에서 잠들어 있는 로키를 발견하고 로키가 저항하기 전에 붙잡아 꽁꽁 묶었다.

저항하며 발라스칼프로 끌려온 로키에게 오딘은 이둔을 아스가르드 밖으로 내보낸 데 대해 질책했다. "어서 이둔을 다시 데려와. 네가 해야할 일은 오직 하나, 이둔과 황금 사과를 되찾아 오는 일이야. 그렇지 않으면 우리 손에 죽을 줄 알아."

"내가 이둔을 아스가르드에서 데리고 나간 것은 사실이야. 그러나 그럴 수밖에 없었다구."

로키는 오딘과 호니르와 미드가르드로 나갔을 때 독수리가 자신을 어떻게 끌고 다녔는지 설명하고 그 독수리는 다름 아닌 변장한 거인 티아지였다고 실토했다. "내 목숨을 건지려면 그 협박에 따르는 수밖에 없었다구."

"그래서 꼭 그렇게 해야만 했나?" 오딘이 물었다.

그 소리를 들은 로키의 눈은 붉으락푸르락 빛났다.

"네 녀석이 독수리 농간에 놀아났으니 네 녀석 등에 피로 독수리를 그려주지."

"안돼!" 로키는 외쳤지만 오딘의 싸늘한 눈에 주눅이 들었다.

"그리고 네 갈비뼈를 쫙 펴주지."

"그러지마." 로키는 움츠러들며 대답했다.

"독수리 날개처럼 말이야." 오딘이 이를 악물며 내뱉었다.

"좋아, 알았다구. 이둔과 사과를 찾아오겠어. 프레이야가 매 가죽을 빌려준다면 당장 요툰하임으로 날아가지. 맹세한다구."

그제서야 오딘이 로키를 풀어주자 그 아름답던 프레이야는 자루처럼 쪼글쪼글해진 얼굴에 머리는 다 빠진 모습으로 로키와 함께 자신의 궁전으로 갔다. 그리고 대들보에 걸려 있던 매 가죽을 내렸다.

짓궂은 로키가 그냥 넘어갈 리 없었다. 프레이야의 아픈 곳을 찌른 것이다. "당신도 머리가 벗겨지니 그렇게 아름답지도 않구만 그래."

그 소리를 들은 프레이야는 아무 소리도 하지 않고 몸만 부르르 떨었다. 황금 눈물을 뚝뚝 흘리며 프레이야는 로키에게 매 가죽을 건네주었다.

트림하임은 깎아지른 암벽 꼭대기에 자리잡고 있어서 실제로는 거무스름한 바위에서 자라난 것처럼 보였다. 그 곳을 휘감아 불던 바람은 용케도 길을 잘 아는지 벽을 통과해 춥고 통풍이 잘 되는 방들 사이로 잘도 빠져나갔다. 이른 저녁에 로키가 그 곳에 도착해보니 운이 좋게도 거인 티아지가 집을 비우고 없을 때였다. 티아지는 때마침 낚시를 떠났는데 딸 스카디도 함께 데려간 것이었다.

로키는 연기가 자욱한 방에서 불 위에 나뭇가지를 던져 넣고 있던 이둔을 발견했다. 이둔이 자신을 바라보자 로키는 뒤집어쓰고 있던 매의 가죽을 펼치고 마법의 주문인 룬 문자를 중얼거렸다. 그러자 이둔은 호두로 변했다. 호두로 변한 이둔을 로키는 잽싸게 발톱으로 낚아채어 가능한 한 빨리 날아서 도망갔다.

로키가 빠져나가고 잠시 후에 티아지와 딸이 낚시에서 돌아왔다. 이둔이 없어진 것을 알아챈 티아지는 고함치며 들고 있던 들통을 바닥에 던져 버렸다. 그는 이둔이 누군가의 도움 없이 혼자서 트림하임을 빠져나갈 수 없다는 것을 알았다.

그러자 티아지도 다시 독수리 가죽을 뒤집어쓰고 산과 드높이 펼쳐져 있는 황무지를 날아 건너갔다. 트림하임으로부터 아스가르드까지는 먼 거리였고 독수리의 힘이 당연히 매보다 월등했다. 로키가 아스가르드로 가까이 다가갈수록 티아지도 그만큼 로키에게 가까이 다가갔다.

한편 용상 흐리드스칼프에 앉아 아홉 세상에서 일어나던 모든 일을 굽어보던 오딘의 눈을 피해갈 수 있는 것은 아무것도 없었다. 인간과 거인과 난쟁이와 요정들의 미세한 움직임도, 하늘을 나는 새나, 땅 위에서 어슬렁거리는 짐승도, 물 속에서 뛰노는 물고기도 오딘의 눈길을 피할 수는 없었다. 다른 신들은 전혀 보지 못하는 것들조차 오딘은 애꾸눈으로도 잘 보았다. 이제 오딘은 매로 변한 로키가 맹렬한 속도로 아스가르드를 향해 날아오고 있는 것과 그 뒤를 독수리 티아지가 바싹 뒤쫓고 있는 것을 보았다.

오딘은 모든 신들과 여신들과 하인들에게 비록 다들 늙고 숨이 차긴 했지만 하인들이 궁전 안에 불을 때기 위해 준비해 놓은 나무장작과 대패 밥을 아스가르드 바깥에 당장 쌓아놓으라고 명령했다. "장작과 대패 밥을 어서 방벽을 따라 쌓아올려라. 로키가 오고 있어!"

잔잔하던 여름날 대기가 아직 보이지도 않는 폭풍우가 당장이라도 쏟아질 것처럼 갑자기 윙윙거리기 시작했다. 소리가 진동하듯이 울리자 모든 신들은 매 한 마리가 급히 날아오고 독수리가 그 뒤를 바싹 뒤쫓고 있는 것을 보았다. 매로 변한 로키는 하늘 높은 공중에서 아스가르드 방벽 위로 급강하하며 뛰어들었지만 발톱 사이에는 호두를 떨어뜨리지 않은 채 꽉 쥐고 있었다. 그때를 놓치지 않고 오딘이 소리쳤다. "어서, 어서 대패 밥에 불을 붙여라!"

확 피어오른 불길은 밝은 태양 빛에 반사되어 거의 보이지 않았다. 매를 뒤쫓던 독수리 티아지는 너무나 가까이 다가와 있었기 때문에 불빛 앞에서 멈추지 못하고 불길 속으로 곧장 떨어져 날개에 불이 붙었다. 불길을 피해 아스가르드에 발을 들여놓은 티아지는 괴로워하며 바닥으로 추락했다. 아스가르드에서는 살생을 할 수 없었으므로 신들은 재빨리 성채 바깥으로 나가 그 곳에서 티아지를 죽였다.

한편 아스가르드 안으로 무사히 착륙했던 로키는 프레이야의 매 가죽을 벗어 던졌다. 자신의 주위에 둘러서 있던 늙고 백발이 성성한, 수심에 잠긴 신들을 훑어보더니 그들의 얼굴을 보고 깔보듯이 비웃었다. 그리고 티아지의 수중에서 무사히 되찾아온 호두를 손에 올려놓고 흔들며 나직이 룬 문자를 외웠다.

그러자 젊고 나긋나긋한 모습으로 변함없이 웃으며 이둔이 원래대로 나타났다. 괴로워하는 신들 사이로 돌아다니며 이둔이 사과를 나누어 주자 신들은 젊음을 되찾았다.

청춘의 사과를 나누어 주는 이둔, J. Doyle Penrose, 1890년

9장 뇨르드와 스카디의 결혼

생명이 없는 음침한 화산암 일대를 지나 푸른빛이 감도는 매서운 빙하의 틈새 건너에 폭풍우가 몰아치는 안식처, 티아지와 딸 스카디가 살던 트림하임이 있었다. 그들의 저택이 심한 바람의 압박과 우박을 견디어낸 것은 경이로운 일이었다.

그러나 티아지는 자신의 저택에 없었다. 자신의 포로였던 이둔이 도망치자 잡으러 뒤쫓아 나갔으므로 스카디는 아버지와 이둔이 돌아오기만을 기다리고 있었다. 태양이 지평선 아래로 점점 내려앉자 서쪽 하늘은 마치 불이 붙어 온통 타오르는 것만 같았다.

빙하에 반사되어 창백하게 빛나던 밤이 왔다가 어느덧 물러가고 슬슬 찾아온 새날도 또 저물 무렵이 되었건만 티아지와 이둔은 여전히 돌아오지 않았다. 그러자 스카디는 신들이 틀림없이 아버지를 숨어서 기다렸을 것이라는 불안한 생각이 들며 아버지가 걱정되었다. 비록 기다리고는 있었지만 마음속으로는 아버지를 영영 다시 보지 못할 것이라는 예감이 들었다.

스카디의 창백한 눈이 빛났다. 그녀는 점차 노여움에 사로잡혀 싸늘하게 식어갔고 분노로 냉랭하게 얼어붙었다. 그리고 아버지를 죽인 자들에 대한 복수를 맹세했다.

스카디는 트림하임의 싸늘하게 냉기가 도는 방을 이리저리 오갔다. 결국 스카디는 쇠미늘 갑옷 외투를 걸치고 투구를 쓴 후 아버지의 무기 중에서 가장 좋은 것을 골랐다. 마법의 뱀 문양이 조각된 칼, 물푸레나무 자루가 달린 창, 빛나는 황금빛 눈에 붉은 부리를 떡 벌린 사냥감 새를 그려 넣고 가죽을 둘러댄 둥그런 방패가 스카디가 고른 무기였다. 준비를 모두 갖춘 스카디는 드디어 아스가르드를 향해서 떠났다.

한편 이둔이 돌아와 자신들 무리 틈으로 걸어다니고 거인 티아지는 죽은 데다, 황금 사과로 다시 젊음을 회복했으므로 에시르 신들은 다시 아무런 근심걱정이 없어졌다. 신들은 마치 전에는 등에 따사로운 햇빛을 느끼지 못하기라도 했던 것처럼 햇빛을 강렬하게 의식했고 새가 부르는 자그마한 노랫소리에도 열심히 귀기울이고 자라나는 모든 풀잎들을 경이로운 눈빛으로 바라보게 되었다. 신들은 이제 다시 평온한 마음을 얻게 되었고 다른 신들과도 사이좋게 지냈다.

한편 스카디가 아스가르드 방벽 가까이 다가오고 있는 것을 본 헤임달이 경보를 울렸지만 신들은 아스가르드 주위가 또다시 피로 더럽혀지거나 불화가 계속되는 것을 원치 않았다. 결국 몇 명의 신들이 나서서 스카디와 화해를 시도했다. "네 아버지의 죽음에 대해 금으로 보상을 받겠느냐?"

"그까짓 금이 다 무슨 소용이 있나요? 우리 아버지가 얼마나 부유했었는지 못 들으셨나요? 할아버지 올발디(Olvaldi)가 돌아가실 때 아버지와 삼촌들 인 이디(Idi)와 강(Gang)은 엄청난 금을 물려 받았다구요. 아버지와 삼촌들은 금을 공정하게 나누려고 한 입씩 물어서 나누었죠. 그리고 아버지가 가지고 있던 재산은 이제 내 것이 되었죠. 그러니 금은 받지 않겠어요."

"그럼 무엇을 원하느냐?"

"남편이요." 대답하면서 스카디는 신들 중에서 가장 잘 생기고 예의바르 며 현명한 발더를 오랫동안 쳐다보았다. "아버지의 보상으로 흡족하진 않지 만 남편감을 내주고 내가 한바탕 웃게 만든다면 그것으로 만족하겠어요."

스카디의 요구에 회의를 연 신들은 스카디가 아버지의 죽음에 대한 보상 으로 자신들 중에서 남편 감을 선택하게 하자고 결론지었다. 그러나 한 가지 조건이 있었다. "네가 직접 고르긴 고르되, 남자들의 발을 보고 골라야 한다. 발 이외에 다른 부분은 볼 수 없다."

어느 정도 자신이 있던 스카디가 굳이 마다하지 않자 오딘은 스카디가 선 택을 할 수 있도록 모든 남자 신들을 일렬로 서게 했다. 다른 부분은 제외하 고 오직 남자 신들의 발만 볼 수 있게 된 스카디는 당연히 가장 잘 생긴 발의 임자가 신들 중에서 제일 준수한 발더일 것으로 생각하여 모양이 제일 좋은 발을 골랐다.

"탁월한 선택이야!" 오딘이 놀리듯 말했다.

재빨리 눈을 든 스카디는 다정한 눈길로 자신이 선택한 남자를 바라보았 지만 마주선 눈동자는 발더의 것이 아니라 뱃사람들과 해산물의 신인 뇨르드 였다. 그의 피부는 비바람에 단련되어 있었고 오랫동안 바다에서 보낸 사람 들이 갖는 단호한 눈빛으로 마주 보았다. 심지어 바다의 소금 내까지 났다.

자신이 고른 남자를 본 스카디는 움찔하여 뒤로 물러났다. 스카디의 싸 늘한 표정은 뇨르드의 얼굴에서 웃음을 거두어갔다. "제 생각엔, 제 생각

〈스카디의 선택〉, J. Huard, 1930년

엔……" 스카디가 더듬거리며 말문을 열었다.

"잘 생각해서 얘기해요. 당신이 지금부터 하는 말이 결혼식의 시작이라는 것을 명심하고."

"난, 난 속은 거예요." 몹시 속이 쓰린 듯 스카디가 대답했다.

그러자 조금도 동요하지 않은 채 뇨르드가 대꾸했다. "당신은 로키를 선택할 수도 있었소. 그에 비하면 운이 좋은 것 아닌가?"

"네 아버지의 죽음에 대한 공정한 보상으로 네 손으로 직접 선택한 것 아니냐? 정말로 많은 사람들이 괜찮은 결과였다고 할 것이다." 오딘이 일침을 박았다.

"아직 저를 웃기는 일이 남았잖아요."

"그야 식은 죽 먹기지."

오딘의 말에 스카디는 머리를 흔들었다. "아버지가 돌아가셨으므로 제 마음은 분노로 가득 찼고 제 감정은 피로로 다 소진되어 버렸어요. 전 아마 다신 웃지 못할 거예요."

"로키 어디 있지?" 오딘이 물었다.

그러자 평소보다는 좀 삐기는 태도가 꺾인 로키가 앞으로 걸어나왔다. 로키는 티아지가 황금 사과를 훔치는 것을 자신이 도왔을 뿐 아니라, 신들이 그 사과를 다시 되찾아오는데도 자신이 결정적인 역할을 하여 결국 티아지를 죽음으로까지 내몰게 된 사실을 스카디가 알고 있는지 궁금했다.

"어디 이 아가씨를 웃길 수 있겠느냐, 로키? 만일 누군가 할 수 있다면 너밖에 없지." 오딘이 물었다.

"저, 그게 글쎄요, ……" 로키는 마치 시골뜨기 농부가 지체 높은 사람 앞에 서 있는 것처럼 말을 더듬거렸다. "전에 있었던 일을 얘기해 보기 전엔 저도 잘 모르겠는데요. 일단 들어보시죠." 로키는 등 뒤에서 기다란 가죽끈을 하나 꺼냈다. "그러니까 그게 어찌된 일이냐 하면요, 전 시장에 염소를 데리고 가던 중이었거든요." 로키는 말을 하며 스카디를 보고 눈을 찡긋했다. "아가씨도 염소가 어떤지는 잘 알고 있겠지? 그 녀석들은 늘 고집이 세거든."

로키는 모든 신들과 스카디가 모여 있던 안마당을 비틀거리며 질러가서 가죽끈의 한쪽 끝을 염소의 수염에 묶었다. "그때 난 시장에 물건을 내다 팔러 가는 길이어서 양손에 짐이 가득 있었지. 그래서 하는 수 없이 이 염소를 묶은 끈을 내 거시기에 매었지."

"거시기요?" 무슨 뜻인지 모르겠다는 듯이 스카디가 물었다.

"이봐, 아가씨. 내 고환 말이야!" 로키는 대답을 하고는 자신의 음낭 뒤에다 끈을 고리로 만들어 묶었다. 염소가 새 풀을 뜯어먹으려고 앞으로 조금 움직이자 연결된 가죽끈이 팽팽하게 당겨졌다.

"그 날은 초여름 날이었지. 아주 초여름이었지. 쏙독새가 아직 한창 울고 있던 때였으니까. ……" 로키는 두 손을 입에다 대고 눈을 감은 채 나지막이 신비스럽게 새 우는 흉내를 냈다. "부르르르르 …… 소쩍!" 로키가 큰 소리로 새소리를 내고 있는데 갑자기 염소가 가죽끈을 휙 잡아 당겼다.

"소쩍!" 로키가 몸에 있는 대로 힘을 주어 잡아당기자 이번엔 염소가 소리를 질렀다. 그것은 마치 줄다리기 시합과도 같았다. 그러다 갑자기 염소가 로키 쪽으로 튀어오르며 완전히 끌려오자 그 반동에 로키는 스카디의 품으로 넘어지고 말았다.

그 바람에 스카디는 자신의 의지에 반하여 웃고 말았다. 그리고 잠시 웃는 동안 스카디는 로키의 모든 것을 용서해 주고 말았다.

이렇게 "염소란 놈하고 힘 겨루기를 하는데," 로키가 숨을 헐떡이며 말을 이으려는데 오딘이 잘랐다.

"로키, 이제 그만하면 됐다. 스카디를 더 기쁘게 해줄 일이 있다." 오딘이 겉옷에서 맑은 구슬 두 개를 꺼내자 스카디는 그것이 아버지의 눈동자라는 것을 금세 알아보았다.

"잘 보거라."

오딘은 외치며 눈알을 하늘로 던져 올렸다. "자, 이제 네 아버지의 두 눈은 하늘에서 빛나는 두 개의 별이 되어 이 세상이 존재하는 날까지 너와 우리들 전부를 지켜보고 있을 것이다."

이제 모든 일이 일단락 되자 뇨르드는 스카디에게 자신의 궁전인 노아툰으로 함께 가자고 했지만 스카디는 자신의 저택인 트림하임에서 신접살림을 차리고 싶다고 했다. "우리 둘 다 서로에게 완전히 양보할 것 같지 않으니 아흐레씩 각자의 집에서 번갈아가며 사는 편이 낫겠소."

그리하여 뇨르드와 스카디는 아스가르드 왕국을 떠나 요툰하임으로 먼저 향했다. 햇빛이 비칠 때는 너무 눈이 부시고 햇빛이 구름 속에 가리면 단조롭고 적막한 황무지로 변하고 마는, 눈으로 뒤덮인 바위산을 지나며 두 사람은 가파른 산비탈과 암벽을 올라갔다. 죽음 그 자체처럼 모든 것이 정지한 것 같은 얼음 세상으로 더 높이 올라갈수록 스카디는 고향에 돌아온 평안함을 맛보았다. 트림하임에서 스카디는 자신을 뇨르드에게 내주었다. 그러나 아흐레가 지나자 뇨르드는 솔직히 자신은 얼음으로 뒤덮인 산이 마음에 들지 않는다고 실토했다. "게다가 늑대들이 울부짖는 소리는 백조들이 우는 소리에 비하면 돼지 멱따는 소리지."

트림하임에서 아홉 밤을 보낸 뇨르드와 스카디는 다시 아스가르드로 돌아와 노아툰에서 아흐레를 보내게 되었다. 그리고 뇨르드가 눈 덮인 황량한 얼음산을 싫어했던 것만큼 스카디 역시 비옥하고 파도가 일렁이는 바다가 전혀 마음에 들지 않았다. "난 이 곳에서는 잠조차 제대로 잘 수 없어요. 조선소에서 들려오는 소리도 너무 시끄럽고 항구에서 배들이 드나들며 물고기를

〈뇨르드와 스카디의 결합〉, Friedrich Wilhelm Heine(1845~1921)

하역하는 소리도 요란스럽구요. 그리고 새벽녘 깊은 바다에서 나는 갈매기 울음소리도 듣기 싫어요."

결국 얼마 지나지 않아 뇨르드와 스카디는 자신들이 비록 결혼하긴 했지만 서로의 취향이 너무 많이 다르므로 떨어져 살 수밖에 없다는 결론을 내렸다. 그래서 뇨르드는 노아툰에 그대로 남고 스카디 혼자 트림하임으로 돌아갔다. 스카디는 이제 신이 나서 옆구리에 화살 통을 찬 채 스키를 타고 실컷 돌아다니며 들짐승을 사냥했다. 스키의 여신 스카디는 눈 덮인 황량한 설원을 휩쓸고 다니며 음울한 모습으로 웅크리고 있다가 가는 곳마다 상처와 죽음을 몰고 다녔다. 그러다 풍요의 신인 남편 뇨르드를 스칠 때마다 자신을 조금 내어놓음으로써 냉랭한 겨울 산이 약간씩 녹아 내리는 것이다. 그러나 그 순간도 잠시, 모든 온기는 다시 싸늘하게 얼어 버리고 만다.

10장 신들에게 바친 보물

또 무슨 꿍꿍이가 있는지 변신의 귀재 로키가 지프의 잠겨진 방으로 갖은 수를 써서 몰래 들어갔다. 혼자 음흉하게 웃으며 칼을 뽑아든 로키는 지프의 침대 곁으로 살며시 다가갔다. 토르의 아내인 지프는 세상의 모든 비애와는 아무런 상관도 없는 듯이 고르게 숨을 쉬며 깊이 잠들어 있었다. 로키는 칼을 집어들었다. 그리고 조금도 주저하지 않고 재빠른 솜씨로 지프의 빛나는 머리칼을 뭉텅 잘라내었다. 지프의 머리칼은 그녀가 움직일 때마다 흔들리는 옥수수처럼 황금빛으로 물결치며 빛나던 아름다운 머리칼이었다. 지프는 잠꼬대를 했지만 깨어나지는 않았다. 잘려나가고 남은 머리카락은 마치 그루터기처럼 머리에 붙어있었다.

로키는 잘린 지프의 머리다발을 들어올려 부드럽게 빛나는 머리칼을 바닥에 떨어뜨렸다. 그리고 바닥에 흩어진 머리칼을 보고 씩 웃더니 지프의 침실에서 몰래 빠져나갔다.

"그냥 장난 한 번 친 것 가지고 뭘 그래?" 토르에게 붙잡혀 허공에 달랑달랑 매달린 채 로키가 항변했다.

"뭐 장난이었다고?" 잠시도 붙잡은 손에 힘을 늦추지 않으며 토르가 소리쳤다.

"그래, 그냥 장난이었어." 로키가 낑낑대며 되받았다.

일어나서 머리카락이 잘린 것을 안 지프는 아침 내내 울고 또 울었다. 그녀와 토르는 그런 짓을 할 위인은 로키밖에 없다는 것을 알았다. "그래 이제 어떻게 할거야, 어떡할 거냐구?" 토르가 또 을러댔다.

"다시 머리칼을 되돌려주면 될 것 아냐? 난쟁이들의 도움을 받아 다시 머리칼을 되돌려 주겠다고 약속할게."

"안 그랬다가는," 로키를 바닥에 내던지며 토르가 윽박질렀다.

로키는 두 손을 들어올려 다친 곳은 없는지 머리를 조심스럽게 살폈다.

"안 그랬다가는 네 놈의 뼈를 가루로 만들어 줄 테다."

로키는 옷매무새를 바로잡고 머리를 다듬은 후 갑자기 토르에게 눈을 찡긋했다. 그리고는 아스가르드를 빠져나가 비프뢰스트를 건너 난쟁이들이 사는 어두운 세계로 내려갔다. 어둡거나 혹은 빛이 들어 밝게 비추는 물웅덩이를 밟지 않도록 조심하며 싸늘한 동굴들을 통과한 로키는 이발디(Ivaldi)의 아들들이 살고 있는 커다란 동굴에 도착했다.

꾀보인 로키는 두 난쟁이에게 자신이 찾아온 이유를 설명했다. 물론 지프가 어떻게 해서 머리칼을 잃게 되었는지 자세한 설명은 쏙 빼고 말이다. "오직 너희 둘만이 위대한 대장장이들이고, 오직 이발디의 두 아들인 너희만

불의 신 로키는 땅속 대장장이인 난쟁이 이발디의 두 아들로부터 황금 머리칼과 스키드블라드니르, 궁니르를 만들어냈다. A. 갈렌-칼레라, 1852년경

이 지프의 머리칼처럼 섬세한 금을 만들어 내어 마법을 걸어 그 금이 지프의 머리에서 자라게 할 수 있을 테지."

"그렇게 해주면 우리한테 뭘 줄 건데요?" 두 난쟁이가 궁금한 것은 그것이 전부였다.

"지프와 토르의 감사와 신들의 호의를 받게 되지. 그건 아주 대단히 중요한 거지. 거기다 너희가 나를 필요로 할 때면 언제든지 이 은혜를 갚아 주겠다고 맹세하지."

난쟁이들은 로키가 주는 것은 약속밖에 없다는 것을 알았지만 자신들 또한 기껏 해봐야 약간의 금과 수고를 들이면 되었으므로 그렇게 손해보는 거래가 아니라고 생각했다. 곧 일에 착수한 난쟁이들은 동굴 한 쪽 구석에 있던 용광로에 장작을 잔뜩 쌓아올렸다. 한 난쟁이는 굉음소리를 내며 용광로를 돌리는 동안 다른 난쟁이는 금을 두드려 얇고 가늘게 뽑아내기 시작했다. 그 모습을 지켜보며 놀란 로키의 눈은 어른거리는 불빛을 받아 붉은 색과 녹색으로 깜박였다.

이발디의 두 아들은 곧 길게 물결치는 섬세한 황금 가닥을 만들어 냈고 작업하는 동안 황금 가닥에 주문을 외웠다. 로키의 뻗은 팔에 걸린 황금 머리칼은 빛나는 종이 한 장처럼 작은 숨결 하나에도 살랑거리기에 충분했다.

"남은 불꽃을 그냥 버리자니 아까운데. 남은 불을 이용해 신들을 기쁘게 해줄 수도 있잖아." 난쟁이 형제 중 한 사람이 제의했다.

그래서 용광로의 열기가 식기 전에 다시 일을 시작한 두 난쟁이는 프레이르에게 줄 놀라운 배 스키드블라드니르, 오딘에게 바칠 가느다랗긴 하지만 매우 단단한 창 궁니르를 더 만들어 냈다. 두 난쟁이는 로키에게 배와 창을 주며 그 안에 든 마법의 힘을 설명해 주었다. 평상시처럼 로키의 입이 가만히 있을 리 없었다. 칭찬과 감사와 아첨과 약속으로 갖은 감언이설을 속삭인 후 선물을 받고 신들이 나타낼 반응을 생각하며 급히 되돌아나갔다.

그런데 음산한 지하 동굴을 지나며 되돌아가던 중 갑자기 좋은 생각이 하나 떠올랐다. 그래서 반갑게 빛나는 미드가르드로 곧장 가지 않고 손에는 세 개의 선물을 든 채 바위와 기둥으로 가득 찬 길다란 통로를 지나 브로크(Brokk)와 에이트리(Eitri)의 집으로 걸어 들어갔다.

로키를 맞이하려고 일어났던 난쟁이 형제는 로키 손에 들린 황금 머리다발과 배와 창을 보자 로키는 안중에도 없었다. 난쟁이 형제의 심장은 빠르게 요동쳤고 손끝은 쑤시기 시작했다. 난쟁이들이 자신의 두 손에서 보물을 낚아채 이리저리 뒤집어보도록 내버려 두며 로키는 그들의 조롱과 시기심이 점점 부풀어 가는 것을 지켜보았다.

"너희들 그렇게 훌륭한 작품 본 적 있어? 그렇게 완벽한 장인 기술 본 적 있냐구?"

"그야 물론이지." 브로크가 자신 있게 대답했다.

"그게 누군데?"

"그야 바로 나지." 에이트리가 퉁명스럽게 대답했다.

그러자 로키는 마치 방금 생각났다는 듯 천천히 물었다. "흠, 너희들이 이 것처럼 훌륭한 보물을 만들 수 있다고 생각한단 말이야?"

"그것처럼이 아니고……" 브로크가 대답했다.

"그보다 훨씬 뛰어난 것이지." 에이트리가 맞장구쳤다.

로키는 교묘하게 브로크와 에이트리를 부추겼다. "에이, 그럴 리가 없어. 내 머리를 걸겠어. 이봐, 브로크 난 너희 형제가 결코 이것처럼 훌륭한 보물을 만들어낼 수 없다는데 내 머리를 걸겠다구."

그러자 브로크와 에이트리는 로키의 도전을 받아들이고 싶어 안달이 났다. 난쟁이 형제의 머릿속에는 만일 자신들이 자랑한 대로 더 좋은 물건을 만

브로크와 에이트리 형제는 뛰어난 솜씨로 신들에게 수퇘지, 드라우프니르, 묠니르를 만들어준다.
Elmer Boyd Smith, 1902년

들어 내면 모사꾼 로키를 제거할 수 있게 될 뿐 아니라 이발디의 아들들이 만든 세 개의 보물마저도 손에 넣을 수 있다는데 생각이 미쳤다.

로키에게 술을 한 잔 가득 채워 주고는 얌전히 앉아서 기다리라고 명령한 후 에이트리와 브로크는 실내를 가로질러 가서 자신들의 대장간인 바위의 움푹 파인 아치 속으로 들어갔다. 브로크는 당장 용광로에 열심히 나무를 쌓아 올리기 시작했고 그동안 에이트리는 황금을 두들겨 길다랗게 감은 후 그것을 수백 개로 조각 냈다. 에이트리가 돼지 가죽을 불 위에 올려놓으며 브로크에게 소리쳤다. "어서 풀무에 바람을 가득 채워 넣어. 어떤 일이 있어도 내가 용광로에서 이 보물을 꺼낼 때까지는 펌프질을 멈추면 안 돼!"

그런데 에이트리가 대장간에서 나오자 곤충 한 마리가 브로크의 두터운 손에 올라앉더니 손등을 찔렀다. 브로크는 잠시 아래를 흘깃 쳐다보았지만 멈추지 않고 계속 풀무에 펌프질을 했다. 다시 대장간으로 들어온 에이트리는 용광로에서 황금 털이 달린 수퇘지 굴린부르스티를 꺼냈다.

이제 에이트리는 흠집이 간 커다란 금덩어리를 집어들어 원하는 대로 단련할 수 있도록 시뻘겋게 달구어질 때까지 황금에 열을 가했다. 금이 녹아 말랑말랑해지자 망치로 두드려 모양을 내고 다시 용광로 속으로 집어넣었다. "어서 풀무에 펌프질을 시작해. 무슨 일이 있어도 보물을 꺼낼 때까지 멈추지 마."

잠시 후 에이트리가 대장간 밖으로 나가자 또 똑같은 곤충이 돌아와 이번엔 브로크의 목에 앉았다. 그리고 전처럼 따갑게 브로크를 쏘았다. 목을 쏘인 브로크는 움찔하여 잠시 주춤했지만 하던 일을 멈추지는 않았다. 계속 펌프질을 하자 잠시 후 에이트리가 돌아와 단단한 황금으로 만든 팔찌 드라우프니르(Draupnir)를 용광로에서 꺼냈다.

에이트리는 이번에는 커다란 쇳덩어리를 등에 메고 와 용광로에 던져 넣

황금으로 만든 팔찌. 드라우프니르

었다. 그리고 전처럼 뜨겁게 달군 뒤 망치로 두드렸다. 다시 고치고 가볍게 두드리며 세심하게 모양을 가다듬는 에이트리의 등은 휘었고 땀이 비오듯 쏟아졌다. 드디어 하던 일을 끝낸 에이트리의 몸과 마음은 힘겨운 작업으로 심하게 요동쳤다. "자, 이제 다시 펌프질을 시작해. 중간에 멈추었다가는 모든 일이 허사가 될 테니 조심해."

에이트리가 피곤한 발걸음으로 대장간에서 걸어나가자 또 불청객 곤충이 주위를 살피더니 골방으로 날아들었다. 이번엔 브로크의 두 눈 사이에 내려 앉더니 두 눈꺼풀을 세게 찔렀다. 두 눈에서 피가 흘러내려 앞을 볼 수 없게 되자 브로크는 자신이 무엇을 하고 있는지 알 수 없었다. 이마에 붙어 있던 곤충을 떼어버리고 눈에서 흘러내린 피를 닦느라 브로크가 잠시동안 두 손을 풀무에서 떼자 불길이 조금 잦아들었다. 그러자 할 수 없다는 듯 곤충으로 변했던 로키는 원래 술잔이 있던 자리로 되돌아갔다.

그런데 바로 그 순간 에이트리가 급히 대장간으로 뛰어들어와 외쳤다. "도대체 무슨 일이야?" 에이트리는 용광로를 유심히 들여다보며 말을 이었다. "하마터면," 그리고 다시 불꽃을 들여다보니 에이트리의 검은 눈에 어른거리지도 못할 정도로 불꽃은 약해져 있었다. "하마터면 다 망칠 뻔했잖아." 중얼거리던 에이트리는 단단하게 잘 만들어졌지만 불꽃이 잦아드는 바람에 손잡이가 약간 짧게 만들어진 쇠망치 묠니르를 용광로에서 꺼냈다. 에이트리와 브로크는 그것을 유심히 들여다보다 서로 쳐다본 후 천천히 고개를 끄덕였다.

에이트리가 브로크에게 일렀다. "이 망치와 팔찌와 수퇘지를 가지고 신들에게 가서 이 보물들이 가진 신통력에 대해 얘기해 주거라. 로키와 함께 아스가르드로 가서 그 모사꾼 녀석의 머리를 달라고 요구해라."

브로크와 에이트리가 골방에서 걸어나오자 로키가 웃으며 기다리고 있었다. 그는 난쟁이 형제가 만든 세 개의 보물을 흘깃 쳐다보더니 물었다. "다 된 거야?"

로키와 브로크는 각자 보물들을 가지고 아스가르드의 빛나는 들판을 서서히 가로질러 갔다. 그들이 오고 있다는 소식이 먼저 앞질러 갔으므로 그들이 도착하자 모든 신들이 글라드스하임에 모여 각자 자리를 잡고 앉아 기다리고 있었다. 당장 로키는 자신이 난쟁이들의 세계에 다녀온 이야기를 하고 난쟁이들의 시기심과 탐욕을 자극해 신들을 위한 선물을 여섯 개나 가지고 돌아왔다고 자랑을 늘어놓았다.

"어디 할 수 있을 때 실컷 떠들어보시지. 이제 곧 혀가 없어질 테니."

에이트리 형제가 만든 보물과 이발디의 아들들이 만든 보물 중에서 어느 것이 더 훌륭한지 오딘과 토르와 프레이르가 심사하기로 결정이 되자 로키는 자신이 가져온 보물을 내어놓으며 설명을 시작했다.

"이 창은 오딘 당신에게 바치는 거죠. 궁니르예요. 보통 창과는 달리 절대 과녁에서 빗나가는 법이 없죠." 전투의 신이기도 한 오딘은 창을 잡고 집어들더니 궁전 안을 둘러보았다. 아무도 그의 무시무시한 눈길을 받아낼 수가 없었다. "인간 세상에 전쟁을 일으키고 싶으면 그 창을 쓸 수 있죠."

그리고 로키는 프레이르에게 돌아섰다. "이 배는 프레이르 자네 거야. 스키드블라드니르지. 자네도 알 수 있듯이 완전 중무장한 모든 신을 다 태울 수 있을 만큼 큰 배야. 돛을 세우기만 하면 순풍이 저절로 생겨나 돛을 팽팽히

접고 펼 수 있는 큰 배 스키드블라드니르, I. J. 빌리빈, 1900년

불려 배가 앞으로 나아갈 수 있게 해준다구. 하지만 배를 쓰지 않을 때는 분리할 수 있지." 로키가 재빨리 배에서 돛과 다른 장비를 해체하자 부품은 옷 한 벌 크기밖에 되지 않았다. "이렇게 접으면 지갑에 넣어서 가지고 다닐 수도 있어."

"세 번째 선물은 지프 당신에게 빚진 거지." 로키는 빛나는 황금 머리칼을 지프에게 주었다. "자, 이제 당신의 미모는 전보다 전혀 뒤지지 않을 거야."

지프는 로키에게서 머리칼을 받아들었다. 손가락으로 만지작거리며 이리저리 살펴본 지프는 황금 머리칼을 천천히 머리에 뒤집어썼다. 그러자 글라드스하임에 모여있던 신들의 입에서 탄성이 터져 나왔다. 로키 말대로 정말 황금 머리칼은 지프의 머리에 잘 어울렸다.

토르의 아내 지프.
John Charles Dollman, 1909년

이젠 브로크가 자신의 보물을 소개할 차례였다. "이 황금 팔찌는 당신에게 드리는 거예요, 오딘. 드라우프니르라고 하죠. 이 팔찌는 그냥 보기엔 평범하지만 아흐레가 지날 때마다 똑같은 무게의 팔찌가 여덟 개씩 생겨나는 신비한 물건이랍니다."

그 다음 브로크는 프레이르에게 향했다. "이 수퇘지는 당신에게 바치는 거예요. 굴린부르스티라고 하죠. 이 녀석은 땅이든 바다든 하늘이든 어디든지 갈 수 있으며 어떤 말도 따라잡을 수 없을 만큼 빨리 달리죠. 그리고 어디를 가든지 한밤중이나 땅 밑의 어두운 지하로 뛰어들더라도 항상 밝은 빛에 둘러싸여 환히 길을 밝히며 갈 수 있답니다. 그 이유는 황금으로 된 털이 어둠 속에서도 환히 빛나기 때문에 늘 자신이 불빛을 가지고 다니는 거나 마찬가지죠."

토르를 보며 브로크는 말을 이었다. "그리고 제 세 번째 선물은 토르 당신 것이랍니다. 이것은 묠니르라고 하는 망치죠. 어디에든 쓸 수 있고 당신의 온 힘을 쏟아부어 쓸 수 있답니다. 이 망치를 부러뜨릴 수 있는 것은 절대 없습니다."

폭풍의 신이기도 한 토르는 탐내듯 망치를 받아들더니 브로크의 말을 유심히 들었다. "그리고 당신이 아무리 내던져도 절대로 잃어버릴 일은 없답니다. 아무리 멀리 던져도 이 망치는 언제나 당신 손으로 되돌아올 테니까요. 그리고 망치를 숨겨야만 할 때는 작게 만들어 옷깃 속에 넣을 수도 있답니다."

브로크의 설명에 모든 신들은 놀라서 묠니르를 쳐다보며 어떤 강력한 마법의 힘이 그것을 만드는 과정에 들어갔다는 것을 눈치 챘다. 마지막으로 브로크는 덧붙였다. "단 하나 손잡이가 좀 짧다는 사소한 흠이 있긴 하지만 그야 뭐 별 것 아니죠."

오딘과 토르와 프레이르는 결론을 내리는데 오랜 시간을 들여 의논할 필요도 없었다. 모든 보물들이 다 놀랍긴 하지만 오직 망치 묠니르만이 거인들로부터 신들을 지킬 수 있었으므로 세 신은 묠니르가 가장 귀중하다는데 의견일치를 보았다.

그리고 오딘이 발표했다. "브로크, 네가 내기에서 이겼노라."

"야호! 그럼 로키의 머리는 제 것입니다." 브로크가 기뻐서 소리쳤다.

"잠깐! 이봐, 진정하라구. 내 머리는 어디에 쓰려고 그러지? 내 머리 무게

마법의 칼을 손에 든 채 황금 수태지 굴린부르스티와 함께한 풍요의 신 프레이르.

Johannes Gehrts, 1901년

에 해당하는 만큼 대신 금을 주겠네."

"그래봐야 아무 소용없어요. 당신도 이제는 끝장이라구."

글라드스하임에 모여있던 신들은 로키가 궁지에 몰리는 모습을 지켜보며 모두 웃었다.

그러자 로키가 천천히 움직이며 말했다. "좋아, 좋아…… 정 그렇다면 어디 날 잡아보시지!" 그리고는 궁전의 문을 쏜살같이 뛰쳐나가 걸음아 날 살려라 도망쳤다. 브로크가 그를 잡으려고 움직이기 시작할 쯤엔 땅이고 하늘이고 자유롭게 날 수 있는 신발을 신고 있던 로키는 이미 꽤 멀리 달아나 있었다. 신들은 한층 더 큰 소리로 웃어 제꼈다.

"제가 그렇게 좋은 선물을 주었으니 신의가 있다면 저를 도와줘야 하지 않습니까? 토르, 도와주세요!" 브로크가 따지듯이 외쳤다.

토르는 자신에게 쇠망치를 만들어준 브로크가 웃음거리가 되게 그냥 지켜보고 있을 수는 없었으므로 자리에서 벌떡 일어서 밖으로 뛰어나갔다. 신들과 브로크가 기다리자 잠시 후 토르가 로키를 잡아 질질 끌고 돌아왔다.

한편 로키는 브로크가 자신에게 다가오자 손을 들어올리며 외쳤다.

"생각보다 빠르진 않구만! 물론 자네는 내 머리에 대해 권리를 주장할 수 있지. 하지만 내 목은 아니야."

신들이 모두 동의한다는 듯 웃으며 고개를 끄덕이자 브로크는 자신이 로키의 꾀에 당했다는 것을 깨달았다.

"좋아, 그렇다면 당신의 머리는 내 것이니까 최소한 당신의 그 알랑거리는 입을 다물게는 할 수 있어. 당신의 입술을 한데 꿰매 버릴 테니까."

로키는 어깨를 으쓱하며 지껄였다. "거참, 말 한 번 되게 곱게 하는군!"

브로크는 허리춤에 감았던 끈을 풀어내고 로키의 입술을 칼로 꿰려고 했으나 뜻대로 잘 되지 않았다. 칼끝이 뾰족하긴 했지만 브로크는 로키의 입술에 피 한 방울도 낼 수 없었다.

"그렇다면 형의 송곳으로는 분명히 뚫을 수 있을 거야." 브로크가 지껄이기 무섭게 에이트리의 송곳이 놀랍게도 발치에 떨어졌다. 브로크가 송곳을 집어들어 로키의 입술에 다시 대자 송곳은 입술을 뚫을 만큼 예리하다는 것이 실제로 입증되었다. 브로크는 로키의 입술에 뚫린 구멍에 끈을 꿰어 꿰매버렸다.

그 길로 글라드스하임에서 뛰쳐나간 로키는 입술에서 끈을 뜯어내며 그 고통에 울부짖었다. 그리고 잠시동안 서서 궁전 안에서 들려오는 왁자지껄한 소리에 귀를 기울였다. 로키가 모처럼만에 당한 꼴을 두고 신들이 고소하다는 듯이 웃으며 떠드는 소리였다. 그러나 곧 신들에게 복수할 꿈에 부풀자 로키는 음흉한 웃음을 띠며 입가를 말아 올렸다.

11장 스키르니르의 중매 여행

프레이르는 오딘의 궁전인 발라스칼프와는 아무런 관련이 없었다. 그리고 오딘의 용상인 흐리드스칼프에 앉아 세상을 내려다 볼 권리도 없었다. 그것은 오직 오딘과 오딘의 아내 프리가(Frigga)만이 누릴 수 있는 특권이었다

그러나 프레이르는 오딘의 용상 흐리드스칼프에서 눈을 가늘게 뜨고 북쪽의 요툰하임을 바라보았다. 그가 본 것은 과연 무엇이었을까? 그것은 바로 거인 기미르(Gymir)의 크고 근사한 저택이었다. 프레이르가 그 다음에 본 것은? 기미르의 저택에서 한 여인이 걸어오는 것을 보았는데 그녀는 다름 아닌 기미르의 딸, 게르드였다. 그녀는 마치 빛으로 빚었거나 반짝이는 빛으로 된 옷을 입고 있는 것 같았다. 게르드가 저택의 문을 닫으려고 팔을 들어올리자 둥그런 하늘과 땅을 에워싼 바다는 일순간 더 밝아졌다. 게르드 때문에 온

세상은 밝고 싸늘하게 빛나는 불빛 아래에서 숨을 죽이고 있었다. 프레이르
는 게르드를 바라보며 갈망했다. 보면 볼수록 게르드에게서 눈을 뗄 수 없었
다. 프레이르의 눈은 태양처럼 이글거렸고 그의 유일한 소망은 게르드를 얻
는 것이었다. 게르드가 안뜰을 가로질러 자신의 방으로 들어갈 때까지 하나
도 놓치지 않고 프레이르의 눈길은 그녀를 뒤쫓았다. 세상이 점차 어둠에 잠
기자 그제서야 프레이르도 눈을 내리뜨고 흐리드스칼프에서 일어나 발라스
칼프를 빠져 나왔다

    그리고 프레이르는 오딘의 용상인 흐리드스칼프에 버릇없이 앉은 데 대한
대가를 톡톡히 치렀다. 끝없는 슬픈 갈망에 시달린 것이었다. 아무와도 말
하고 싶지 않았으며 잠을 이룰 수조차 없었다. 식음을 전폐한 프레이르는 격
렬한 욕망으로부터 벗어날 수 없었으며 그렇다고 그 욕망을 충족시킬 수도

없었다. 한편, 프레이르의 아버지인
뇨르드는 아들이 걱정되어 프레이르
의 하인인 현명한 스키르니르를 불
러 일렀다. "프레이르에게 가서 도
대체 무슨 일인지 알아보거라. 화가
난 건지 아니면 슬픈 건지, 그 이유
가 대체 무엇인지 물어보거라. 자기
감정을 털어놓지도 않고 끙끙 앓기
만 하니 답답하구나."

    "예, 물어보긴 하겠습니다만 대
답을 듣긴 아마 힘들 것 같습니다."

    스키르니르는 프레이르에게 가
서 뇨르드가 시킨 대로 물었다.

게르드에 대한 상사병에 걸린 프레이르.
Ernest Edwin Speight, 1903년

"신들 중에서도 으뜸 가시는 분이시여! 왜 식음을 전폐한 채 잠도 못 이루며 이렇게 밤이나 낮이나 집안에만 틀어박혀 계십니까? 도대체 사람들을 기피하는 이유가 무엇입니까?"

"사람들하고 어울려봐야 아무 소용없으니까. 아무리 많은 말을 한다한들 내게는 아무런 도움도 되지 않을 테고, 이 번민을 거두어 줄 수도 없을 테니 말이다. 그리고 태양이 저렇게 매일 내려 쬔다한들 무슨 소용이란 말이냐? 내 마음은 이렇게 온통 암울하기만 한데."

"너무 커서 털어놓지 못할 슬픔이란 없습니다. 우리는 어렸을 적부터 함께 자라지 않았습니까? 서로 늘 신뢰해 왔는데 털어놓지 못할 비밀이 뭐가 있겠습니까?"

스키르니르의 간곡한 설득에 프레이르는 그제서야 닫힌 말문을 열었다. 프레이르는 흐리드스칼프에서 게르드를 보게 된 사연과 그녀가 자신의 빛으로 아홉 세상을 밝힐 만큼 아름답다는 것, 자신이 그녀를 사모하게 된 사정 등을 죄다 고백했다. "어떤 남자도 나만큼 그녀를 사랑할 수는 없어. 하지만 우리의 결합을 인정해 줄 신 또한 아무도 없지." 스키르니르는 잠자코 듣더니 고개를 끄덕였다.

프레이르가 이젠 스키르니르에게 부탁을 했다. "가서 게르드의 아버지가 반기든 반기지 않든 그녀를 이리 내게로 데려오게. 그러면 내가 크게 후사할 테니."

스키르니르는 빙그레 웃더니 대답했다. "그러면 어둠 속에서도 똑바로 뚫고 나갈 수 있고 날름거리는 마법의 불꽃에도 겁내지 않을 말을 주세요. 그리고 거인들과 맞서서 저절로 싸울 수 있는 칼도 주세요."

그러자 프레이르는 조금도 주저하지 않고 자신이 가장 아끼던 두 보물을 내주었다. 그러나 그후로 두고두고 그것 때문에 후회하며 살게 된다. 신들과 거인들 사이의 최후 대결인 라그나로크에서 그 칼이 있었다면 불의 괴물 주르트를 물리치는데 아주 요긴하게 쓸 수 있을 테니 말이다.

스키르니르는 말에 올라타고 당장 떠났다. 프레이르의 궁전 안뜰을 벗어나 달리는 동안 말의 발굽은 보도에 부딪혀 불꽃을 일으켰다. 말은 이른 아침에는 벌써 이빙 강둑에 도착했고, 스키르니르를 태우고 강을 건너 요툰하임으로 들어서자 밤이 되었다. "우리 앞을 막아서고 있는 이 어둠이 느껴지니?" 스키르니르가 말에게 속삭이자 말은 생명이 없는 황무지를 전속력으로 달려갔다. "지금 우리는 서리 거인들이 살고 있는 황야로 향하고 있는 것이 분명해. 이제 너와 나는 같은 운명이야. 다시 집으로 재빨리 돌아갈 수도 있고 무시무시한 거인의 수중에 떨어질 수도 있지."

스키르니르는 어두운 밤 속에서도 계속 달렸고 그와 말은 밤새 산을 넘어 불의 장막에 도착했다. 그러나 프레이르의 말은 타는 듯한 마법의 불꽃 속에서도 잠시도 속도를 늦추지 않은 채 계속 나아갔다. 드디어 동이 틀 무렵, 현명한 스키르니르는 음산한 회색 빛 풀로 가득 덮인 분지에 도착했다. 그 곳은 가슴처럼 불쑥 분출한데다 군데군데 바위가 솟아오른 황량한 언덕에 둘러싸인 볼품없는 곳이었다. 그렇게 분지 한가운데에 기미르의 저택이 있었고 그 옆에는 딸인 게르드의 방벽으로 둘러쳐진 집이 있었다. 문기둥에 매인 두 마리의 사냥개는 사나워 보였다.

주위를 둘러본 스키르니르는 조금 떨어진 언덕 위에 한 목동이 홀로 앉아 있는 것을 보았다. 스키르니르는 기미르의 저택에서 벗어나 목동에게 올라갔다. "이렇게 언덕에 앉아 있으니 당신 눈을 피해 가는 것은 하나도 없겠군요. 어떻게 하면 저 개들을 입막음하고 게르드의 집으로 들어갈 수 있는지 말해 주시겠소?"

목동은 스키르니르를 쳐다보더니 냉랭하게 대답했다. "당신 죽으려고 작정한 거요? 아니면 벌써 죽은 귀신이라도 되는 거요? 아무리 애써도 기미르의 딸과 말할 수 있는 방법은 없소. 올해뿐 아니라 내년에도 그 다음 해에도 영원히 말이오."

스키르니르는 목동이 자신을 도와줄 의사가 전혀 없다는 것을 깨달았다. 그래서 더 이상 애쓰지 않고 선회하여 비탈길을 달려 내려가며 어깨 너머로 소리쳤다. "기왕 집 밖으로 발을 내디딘 사람에게는 약한 마음보다는 겁 없는 편이 낫지. 이생에서의 내 시간과 죽음의 순간은 이미 오래 전부터 운명으로 예정되어 있을 테니 말이야."

한편 자신의 집에 있던 아름다운 게르드는 스키르니르가 고함치는 소리와 개들이 날뛰며 짖어대는 소리를 듣고 하인을 불러 물었다. "울타리 주위에서 울리는 저 소리가 다 뭐지? 땅이 흔들리고 집안이 다 울리고 있잖아."

"어떤 남자가 담 바깥에 있어요. 지금 말에서 내려 풀을 뜯어먹도록 말을 풀어 주었어요."

"그 남자를 들여보내거라. 내 예감에 그는 오빠를 살해한 자 같아. 하지만 그에게 가서 집안에 술을 한 잔 준비해 놓고 내가 기다리고 있다고 전하거라."

그래서 스키르니르는 실망한 사냥개 사이로 아무런 해도 입지 않고 게르드의 집안으로 걸어 들어갔다. 집 안은 그가 예상했던 것보다 더 추웠다.

순백으로 차려입은 게르드가 스키르니르를 맞이하러 앞으로 나왔다. "당신은 난쟁이 요정인가요? 아니면 신인가요? 이 곳까지 오는 동안 어떻게 저 맹렬한 불꽃을 통과할 수 있었지요?"

"비록 내가 불의 장막을 뚫고 온 것은 사실이지만 나는 난쟁이도 아니고 신도 아니오." 게르드를 쳐다본 스키르니르는 두 손을 외투 주머니에 찔러 넣었다. "이것은, 이것으로 말할 것 같으면 젊음의 사과 열 한 개요. 자, 게르드 당신 거요. 만일 당신이 프레이르에게 몸을 바치고 그를 사랑스러운 연인이라고 불러준다면 이 사과를 전부 주겠소."

그러나 게르드의 반응은 차가웠다. "그 누구도 황금 사과와 청춘에 대한 약속으로 내 사랑을 살 수 없어요. 그리고 아무리 오랜 시간이 흐른다한들, 프레이르와 나는 결코 한 지붕 아래에서 같이 살 수 없을 거예요."

그러자 스키르니르는 다시 외투 주머니에 손을 넣었다. "자, 이 팔찌도 당신에게 주려고 가져왔소. 이건 오래 전 오딘이 발더의 화장식에서 그의 시신에 던져 넣었던 드라우프니르요. 이 팔찌는 아흐레 밤이 지날 때마다 똑같은 무게의 팔찌가 여덟 개나 새로 생겨나는 신기한 물건이지."

"아무리 그렇다한들 나는 전혀 갖고 싶은 마음이 없어요." 대답하는 게르드의 음성은 어찌나 찬바람이 돌던지 스키르니르는 골수까지 얼어붙는 것 같았다. "우리 아버지 기미르의 저택에는 이런 것들이 하나도 부럽지 않을 만큼 보물들이 가득하다구요."

그러나 스키르니르도 쉽게 물러서지 않았다. 계속 웃음을 잃지 않으며 게르드를 설득하려고 했다. "지금 내가 들고 있는 날이 시퍼렇게 선 이 빛나는 칼이 보이지? 자, 내가 시키는 대로 하지 않으면 이 칼로 네 머리를 베어 버릴 테다."

그러나 게르드는 눈도 꿈쩍 않고 차가운 눈을 반짝이며 대답했다. "프레이르가 완력을 써도 아무런 소용이 없어요. 프레이르뿐 아니라 그 누구도 완력으로 나를 어쩔 수는 없어요. 하지만 우리 아버지가 당신이 이곳에 있는 것을 알면 아마 힘 좀 쓰게 생겼다고 좋아하실 걸요."

하지만 스키르니르도 대담하게 맞받았다. "서슬퍼런 이 빛나는 칼을 다시 잘 보거라. 늙은 거인쯤은 이 칼날 앞에서 쉽게 무릎을 꿇고 말 거다. 네 아버지는 죽게 될걸." 스키르니르는 프레이르의 검을 내려놓더니 자신의 지팡이를 들어올렸다. 게르드는 마법에 걸린 지팡이를 응시했다.

"게르드, 난 이제 이 마법의 지팡이로 너를 건드릴 거다. 네게 본때를 보여 줘 길들일 테다. 너는 이제 그 어떤 남자와도 다시 만나거나 말조차 나눌 수 없는 곳으로 가게 될 거다. 너는 천국의 끝에 있는 독수리의 언덕에 앉아 저 승의 문턱이나 바라보고 있게 될 거다. 네가 무엇이든 먹을 수는 있겠지. 하 지만 누르스름한 뱀이 인간에게 혐오감을 불러일으키듯 네가 먹는 모든 음식 은 전부 구역질나는 것밖에 없을 거야.

그리고 너는 바라보기만 해도 피를 싸늘하게 식히는 존재가 될 것이다. 서 리 거인 흐림니르(Hrimnir)만이 너를 멍하니 바라볼 테지. 그리고 넌 바람 부 는 네 작은 집에서 처절하게 내려다볼 테니 그 어떤 문지기보다도 더 유명해 질 거다.

분노와 열망과 눈물과 고통으로 넌 잠시도 편할 날이 없을 거다. 네가 아 무리 몸부림쳐도 결코 네 운명인 괴로운 마음과 겹겹이 쌓인 불행에서 벗어 나지는 못할 거다.

그 곳 요툰하임에서는 갖은 악령들이 너를 매일 찌를 것이고 너는 매일매 일 서리 거인들의 집까지 기어서 가게 될 것이다. 아무런 목적도 없이, 희망 조차 없이 그냥 기어갈 테지.

다른 사람들은 모두 기뻐할 동안 너만이 회한에 빠져 네 몸은 오열할 것이 다. 넌 머리가 셋 달린 거인들 틈에 섞여 살겠지만 결코 남편과 잠자리를 함 께 할 수는 없지. 네 몸은 채워지지 않는 정욕에 몸부림치겠지! 절망감이 네 온 몸을 갉아 들어가겠지! 건초더미에 던져져 발 아래서 짓밟히는 엉겅퀴처 럼 유린당할 거다!

나는 깊은 숲 속, 빗물이 떨어지는 숲으로 마법의 가지를 찾으러 갔었지. 그래서 이 지팡이를 찾아낸 거고. 신들 중에서 제일 위대한 신인 오딘은 지금 네게 몹시 분노하고 있지. 그러나 프레이르만은 너에 대한 사랑이 절대 변하지 않을 거다. 게르드, 여인 중에 제일 불쌍한 여인이여! 넌 모든 신들의 분노를 불러일으켰노라.

서리 거인이여, 듣거라! 바위 거인이여, 듣거라! 주퉁의 아들들이여, 듣거라! 그리고 아스가르드에 있는 모든 신들이여, 제 말을 들으소서! 이 여인이 앞으로 그 어떤 남자와도 만나는 것을 내가 금하겠소. 앞으로 이 여인은 그 어떤 남자와도 기쁨을 누리지 못할지니라.

서리를 수의로 뒤집어쓴 창백하고 섬뜩한 흐림그림니르(Hrimgrimnir)만이 저승 입구 가까이 있는 음침한 곳에서 너를 기쁘게 해줄 유일한 거인이지. 이 그드라실 뿌리 아래서는 코를 찌르는 송장들이 오줌 가득한 잔으로 너를 짓누를 것이다. 네가 아무리 목이 타도 네가 마실 것은 그것밖에 없지. 이게 바로 나의 저주다!

자, 게르드, 나는 네게 걸 주문을 새겨 갈망, 분노, 정욕, 이 세 개의 룬 문자로 봉인했노라. 그러나 그럴 만한 충분한 이유가 있다면 나는 그것을 지워버릴 수도 있지."

스키르니르의 주문을 듣는 동안 게르드는 벌벌 떨기 시작했다. 마침내 눈을 든 그녀는 천천히 스키르니르를 응시했다.

"스키르니르, 이 곳에 잘 오셨어요. 여기 당신을 위해 준비한 술잔에 든 술을 드세요." 대답하는 게르드의 눈빛은 더 이상 갈라진 얼음처럼 빛나지는 않았다. 대신 눈에는 눈물이 글썽글썽했다. "제가 바니르 신족을 사랑한다고 맹세하게 될 줄은 결코 몰랐어요."

스키르니르는 마법의 지팡이를 내려놓고 서리로 된 잔을 집어들었다. "집으로 돌아가기 전에 모든 것을 알아야만 하겠다. 그래 뇨르드의 아들, 프레이르는 언제 만날 거지?"

"바리(Barri)라는 숲이 있는데 프레이르와 저 둘 다 잘 알고 있죠. 그곳은 아름답고 평화로운 곳이에요. 앞으로 아흐레 후 그 곳에서 프레이르에게 제 몸을 바치겠어요."

그제서야 스키르니르는 인사를 하고 게르드와 작별한 후 그녀의 냉기가 감도는 집에서 걸어나왔다. 말을 불러 올라탄 스키르니르는 아침에 되기 전에 아스가르드로 재빨리 돌아갔다.

한편 잠을 이루지 못한 채 스키르니르를 기다리고 있던 프레이르는 그가 오는 소리를 듣자 저택 밖으로 나와 초조하고 불안하게 서성댔다.

그 모습을 본 스키르니르는 빙그레 웃더니 뜸을 들이며 천천히 말에서 내렸다.

"스키르니르, 잠깐! 말에서 안장을 내리기 전에, 한 걸음 더 움직이기 전에 제발 먼저 말해 줘! 성공했어? 요툰하임에서 가져온 소식이 환희야 아니면 고통이야?"

프레이르의 궁전 입구 가까이 있는, 부드러운 오렌지 빛이 비치는 기둥에서 프레이르와 하인은 마주보고 섰다. 스키르니르는 외투를 두르며 프레이르를 바라보았다. "우리 모두 잘 알고 있는 바리라는 숲이 있죠. 아름답고 평화로운 곳 말이에요. 지금부터 아흐레 후 게르드는 그곳에서 주인님께 자신을 바치겠데요."

"하루는 내게 너무 긴 시간이야. 이틀 밤은 더욱 길고. 그런데 내가 사흘 밤을 어떻게 참지, 게다가 아흐레라니 ……" 두 손을 들어 머리를 감싼 프레이르는 눈을 감았다. "하지만 이 갈망을 채울 수만 있다면 한 달이 반나절보다 짧을 수도 있지."

12장 그림니르의 비가(悲歌)

    고트(Goth) 족 왕인 흐라우둥(Hraudung)에게는 아그나르(Agnar)와 가이로트 (Geirrod)라는 두 아들이 있었다. 아그나르가 열 살, 가이로트가 여덟 살이 되던 겨울 어느 날, 형제는 낚시도구를 챙겨 물고기를 낚을 희망에 부풀어 배를 저어 나갔다. 그러나 강한 바람이 불기 시작하자 소년들은 바다 멀리까지 휩쓸려나가 육지를 볼 수 없게 되었다. 밤의 음영이 점점 길게 드리우자 형제가 탄 작은 배는 이리저리 흔들리고 뱅글뱅글 맴돌다가 암벽 해안에 부딪혀 산산조각이 났다. 산산이 부서지는 파도에 둘러싸여 어둠 속에서 간신히 뭍으로 기어 나온 아그나르와 가이로트는 자신들이 있는 곳이 어디인지 분간할 수조차 없었다.

    다음날 아침 두 소년은 가난한 농부를 만나게 되어 겨울 동안 농부 부부와 함께 지내게 되었다. 아내는 아그나르를 돌봐주었고, 농부는 어린 가이로트를 보살피며 많은 것을 가르쳐주었다. 농부와 가이로트는 자주 함께 땅을 둘러보았고 자신들이 아는 말로만 대화를 나누었다. 봄이 되자 농부는 자신이 겨우내 파내고 못을 박아 만든 새 배를 가이로트에게 주었다.

그리고 어느 날 부부와 형제는 함께 해안으로 내려갔는데 농부는 가이로트를 옆에 데리고 가며 그의 어깨에 팔을 두르고 뭐라고 몇 마디 속삭였다. 해안에 닿자 아그나르와 가이로트는 배 위에 올라타고 순풍의 도움을 받으며 부부가 일러준 대로 배를 몰았다. 그리고 다행스럽게도 아버지 나라의 항구에 다시 도착했다.

가이로트는 배의 뱃머리에 있다가 노를 잡고는 뛰어내렸다. 그리고는 갑자기 배를 세차게 떼밀며 고함쳤다. "거인들이 너를 거두어 준 곳으로 돌아가!" 그러자 형 아그나르와 작은 배는 바다로 다시 되돌아갔다.

한편 혼자서 아버지 흐라우둥의 궁전으로 걸어 들어간 가이로트는 아버지가 이미 지난 겨울에 돌아가셨다는 것을 알았다. 한편, 가이로트는, 자신이 돌아온 데 놀라며 그동안 어디에 있었는지 알고 싶어하는 수많은 사람들에게 둘러싸였다. 사람들은 왕위의 정당한 계승자인 형 아그나르가 수개월 전 물에 빠져 죽었다는 가이로트의 거짓말을 듣고는 모두 머리를 흔들었다. 그러자 사람들은 이제 가이로트를 고트 족의 왕으로 인정하고 아버지의 신하들은 가이로트에게 충성할 것을 맹세했다. 그리고 사람들은 가이로트에게 흐라우둥의 아들로서 많은 것을 기대했다. 놀랍게도 그렇게 기적적으로 돌아온 이후에는 더욱 좋은 일이 있으리라고 말이다. 그러나 가이로트는 나이를 먹을수록 점점 실정(失政)을 거듭했다. 그리고 머잖아 원래의 본성인 갑작스런 분노와 잔인함과 학정으로 북유럽 전체에 그 이름을 널리 알리게 되었다.

한편 오딘과 프리가는 용상, 흐리드스칼프에 앉아서 온 세상을 굽어보고 있었다. "당신 양자인 아그나르를 봤어? 그 아이는 동굴에서 거인족 여인과 살며 야만인들을 낳고 있다구. 하지만 내가 돌보던 가이로트는 왕이 되었지. 그 아이는 커다란 나라를 다스린다구."

"하지만 가이로트는 얼마나 못되었는지 연회를 즐기고 있을 때 손님이 찾아오면 환대하는 척 맞이한 다음 고문을 한다구요."

"그 무슨 터무니없는 중상 모략이요?"

오딘과 프리가는 사람을 보내어 그 소문이 사실인지 확인해 보기로 했다. 프리가는 재빨리 자신의 하녀인 풀라(Fulla)를 미드가르드로 보내 가이로트에게 전갈을 전하게 했다.

미드가르드에 도착한 풀라가 가이로트에게 전갈을 전했다. "어떤 마법사가 당신 나라에 나타나 당신에게 마법을 걸려고 할 테니 조심하시오. 아무리 사나운 개라 할지라도 절대로 덤벼들려고 하지 않을 사람이 나타날 테니 그가 바로 마법사인 줄 한눈에 알아볼 수 있을 것이오."

그런데 가이로트가 손님들을 귀찮아한다는 것은 사실 중상모략이었다. 신뢰할 수 없고 감정의 기복이 심한데다 성질이 난폭하긴 했지만 어쨌든 가이로트는 인심이 후한 데다 궁전의 문은 늘 활짝 열어놓았다. 그렇지만 이번엔 풀라의 경고가 마음에 걸려 가이로트는 신하들에게 개가 물으려 들지 않는 나그네는 붙잡아두라고 일렀다. 얼마 지나지 않아 풀라가 말하던 사람이 궁전에 나타났다. 군청색 외투를 걸친 남자는 자신을 '두건을 쓴 사람'이라는 의미의 그림니르라고 소개했다. 하지만 그림니르가 얘기한 것은 그것이 전부였다. 그는 어디서 왔는지, 어디로 가는 길인지, 자신의 목적은 무엇인지 전혀 밝히지 않았고 심지어 기본적인 예의조차 갖추지 않았다. 그러자 가이로트는 화가 났다. 그리고 풀라가 했던 경고를 기억하고 그림니르를 윽박질렀다. "만일 네가 말을 안 하려면 그에 합당한 이유가 있어야 한다."

그러나 그림니르는 묵묵부답이었다.

"네가 자발적으로 말하지 않겠다면 내가 말을 하도록 만들고야 말겠다."

여전히 그림니르는 침묵을 지켰다.

그러자 가이로트는 그림니르의 양팔을 몸에 묶어 꼬챙이에 꿴 돼지처럼 두 개의 이글거리는 불 사이에 내걸었다. "말을 할 때까지 뜨거운 맛 좀 보거라."

그림니르는 불 사이에 여덟 밤 동안 매달려 있었지만 여전히 한 마디도 하지 않았다.

그런데 가이로트에게는 형의 이름을 따서 아그나르라고 부르던 열 살배기 아들이 있었다. 아버지인 왕을 비롯하여 모든 신하들과, 부인들, 하인들에 이르기까지 궁전에 있는 모든 사람들은 아그나르를 사랑했다. 불 사이에 매달려 고통스러워하는 그림니르를 보자 아그나르는 자신도 괴로워했다. 그래서 궁전 안의 모든 사람들이 술에 취해 곯아떨어지자 아그나르는 그림니르에게 다가가 술을 가득 부은 술잔을 내밀었다. 그리고 자신의 아버지가 아무런 이유 없이 그림니르를 고문하는 것은 잘못된 행동이라고 말했다.

그림니르는 아그나르에게 감사하며 술잔을 비웠다. 불길은 매우 가까이서 날름거리며 그림니르의 등에 걸친 외투를 태웠다. 그러자 그림니르가 말하기 시작했다. "불, 네 이 녀석, 어서 물러나거라! 너무 뜨거워 내 외투가 다 그을고 불꽃에 털이 타버리지 않았느냐! 아흐레 동안 난 이 곳에 매달려 아그나르를 제외한 모든 사람들로부터 무시당하였노라. 가이로트의 아들 아그나르는 모든 고트 족과 부르군트(Burgundian) 족을 다스리는 위대한 통치자가 될 것이니라."

"축하하노라, 아그나르! 인간의 주인이 너를 축하하노라. 술 한 잔을 권한 대가로 넌 이보다 더한 선물을 받지는 못할지니라.

　잘 듣거라! 신들과 요정들이 사는 땅은 신성하며, 모든 신들이 멸망하는 날까지 토르는 트루드하임(Thrudheim)에서 살 것이니라. 다른 신들도 모두 자신의 궁전을 가지고 있지. 첫 번째 궁전은 주목이 자라나는 골짜기 이달리르(Ydalir)며 울이 그 곳에서 살고 있지. 두 번째는 빛의 요정들이 살고 있는 알프하임이지. 신들은 프레이르가 첫 이를 뽑았을 때 그 곳을 프레이르에게 내주었지. 세 번째 궁전은 죽은 자들의 안식처 발라스칼프지. 발라스칼프는 한 신이 혼자서 지은 궁전이며 다른 사람의 손을 빌려 은으로 온통 지붕을 이었노라. 네 번째 궁전은 가라앉는 바닥, 소크바베크지. 사방이 졸졸 흐르는 시원한 물에 둘러싸인 그곳에서 오딘과 사가는 매일 황금 술잔을 기울이며 대작(對酌)하지.

　다섯 번째 궁전은 기쁨의 원천인 글라드스하임이며 바로 옆에는 황금빛으로 거대하게 빛나는 발할라(Valhalla)가 서 있노라. 오딘은 그 곳을 다스리며 매일 자신과 함께 할 죽은 전사를 선택하지. 매일 아침 전사들은 무장을 하고 거대한 안뜰에서 싸움을 벌이다 서로를 죽이지. 그러나 매일 밤 죽은 전사들은 다시 부활하여 발할라로 되돌아와 잔치를 벌이지. 그 궁전은 방패로 만들어진 지붕과 창으로 만들어진 서까래 때문에 쉽게 알아볼 수 있지. 또한 기다란 의자는 갑옷의 흉갑으로 되어 있으며 서쪽 문에는 늑대가 한 마리 숨어서 지키고 있고 독수리 한 마리가 그 위를 날고 있지. 검은 연기에 그을린 요리사 안드흐림니르(Andhrimnir)가 커다란 무쇠 솥에 수퇘지 사에흐림니르(Saehrimnir)의 살코기를 끓이고 있지. 인간들은 그 요리를 거의 맛볼 수 없지만 그거야말로 최고의 요리지. 전쟁의 아버지 오딘은 자신의 늑대 프레키(Freki)와 게리(Geri)에게 고기 덩어리를 먹이지. 하지만 오딘 자신만 혼자 마시는 포도주는 늘 충분하지. 후긴과 무닌 두 까마귀는 아침이면 빠져나가 미

오딘의 어깨 위에 앉아 있는 두 까마귀 후긴과 무닌

드가르드 위로 날아다니지. 난 항상 생각인 후긴이 집으로 돌아오지 못할까 봐 걱정이 되지. 하지만 기억인 무닌에 대한 염려는 더욱 크지. 급류 툰드 (Thund)는 발할라의 바깥문인 발그린드(Valgrind) 옆으로 힘차게 흘러가고 늑대의 먹이인 태양은 물 속에 반사되어 춤을 추고 있지. 강은 무척 깊고 거칠어 보여 죽은 전사들은 그 강을 건널 수 없을까봐 겁을 집어먹지. 발그린드 뒤에는 안으로 들어가는 신성한 문이 있지. 비록 문이 오래 되기는 했지만 그 문을 잠글 줄 아는 사람은 거의 없지. 발할라에는 문이 오백사십 개나 되지. 그리고 라그나로크가 도래하여 펜리르에 대항해 싸울 때가 되면 어깨를 나란히 한 채 각각의 문에서 팔백 명의 전사가 걸어나올 것이다.

여섯 번째 궁전은 산 위 높은 곳, 바람이 휘몰아치는 곳에 있는 거인 티아지가 살던 트림하임이지. 지금은 그의 딸이며 뇨르드의 아내인 아름다운 스카디가 살고 있지.

일곱 번째 궁전은 광활하게 빛나는 브레이다블리크(Breidablik)로, 어떤 악에도 물들지 않은 신성하고 아름다운 곳에 발더가 자신의 궁전을 세운 것이지.

여덟 번째 궁전은 하늘의 낭떠러지, 히민뵤르그로 헤임달이 그 곳의 주인이지. 신들을 지켜주는 파수꾼인 헤임달은 자신의 근사한 궁전에 앉아 술잔을 기울이고 있지.

아홉 번째 궁전은 사람들의 들판, 폴크방에 있는 프레이야의 궁전 세스룸니르로 그녀는 누가 그 곳에 들어갈지를 결정하지. 프레이야는 죽은 전사들을 매일매일 오딘과 나누어 갖지.

열 번째 궁전은 글리트니르(Glitnir)지. 그 곳에는 붉은 황금 기둥이 있으며 지붕에는 은으로 무늬를 박아 넣었지. 그 곳은 정의의 신 포르세티가 자주 나타나 판결을 내리고 분쟁을 해결하는 곳이지.

열한 번째 궁전은 노아툰 항구지. 인간들의 흠잡을 데 없는 통치자 뇨르드가 목재로 만든 자신의 높은 궁전에서 살고 있지.

열두 번째 궁전은 비다르가 살고 있는, 키 큰 풀과 묘목이 자라는 땅 비디(Vidi)지. 하지만 그 용감한 신 비다르는 자신의 아버지 오딘의 원수를 갚을 때가 오면 언제든지 자신의 준마에서 뛰어내릴 준비가 되어 있지.

발할라 밖에서 풀을 뜯어먹고 있는 염소는 하이드룬(Heidrun)이라고 부르지. 그 염소는 라에라드(Laerad) 가지를 감싸고 있는 잎새를 뜯어먹고 매일 젖을 내어 커다란 주전자에 맑고 좋은 우유를 가득 채우지. 그 주전자는 바닥이 보이지 않을 정도로 깊지. 그리고 발할라 밖에서 뛰어다니는 사슴은 참나무가시라고 부르지. 사슴 또한 라에라드 가지를 뜯어먹지. 사슴뿔에서는 시냇물이 흘러나와 흐베르젤미르로 떨어지지. 흐베르젤미르는 아홉 세상을 흐르는 모든 강의 원천이기도 하지.

그 강들의 이름을 잘 듣거라! 느리고 넓은 세킨(Sekin)과 에킨(Ekin), 서늘하고 시끄럽게 끓어오르는 강, 승리의 거만함, 표른(Fjorn), 린(Rin), 린난디(Rinnandi), 기풀(Gipul), 급류 고풀(Gopul), 늙고 어린잎이 풍부한 빈(Vin)과 홀(Holl)과 톨(Tholl)과 그로드(Grod)와 군토린(Gunnthorin). 이것들이 바로 아스가르드의 아름다운 들판을 흘러가는 강들이니라.

그러나 그것이 전부는 아니다. 어디로 가야 할지 알고 있는 빈(Vin)과 베그스빈(Vegsvin)도 있고, 니트(Nyt)와 나우트(Naut), 사람들을 모두 휩쓸어 가는 강들인 논(Nonn)과 흐론(Hronn), 슬리드와 흐리드, 실그(Sylg)와 일그, 비드와 반(Van), 본드(Vond)와 스트론드(Strond), 꼴과 레입트도 있지. 이 강들은 미드가르드를 따라 흐르다가 땅 한가운데에서 폭포가 되어 저승으로 쏟아지는 강들이지.

신들이 매일 우르드 샘에 모여 회의를 할 때면 토르는 콤트(Kormt) 강과 옴트(Ormt) 강과 두 개의 켈라우그(Kerlaug) 강을 건너가야만 하지. 다른 모든 신들은 비프뢰스트 위로 달려가고 그들의 말의 이름은 기쁨, 황금, 빛남, 재빠름, 은빛 갈기, 근육질, 반짝임, 움푹 파인 발굽, 황금 갈기, 가벼운 발 등등이지.

물푸레나무 이그드라실은 뿌리가 세 개지. 뿌리 하나는 니플하임 속으로 깊숙이 들어가 있고, 다른 하나는 서리 거인들의 세계로, 나머지 하나는 미드가르드 아래로 뻗어 있지. 하루도 빠지지 않고 매일매일 다람쥐 라타토스크가 나무 줄기를 타고 오르내리지. 가지 제일 높은 곳에 둥지를 틀고 앉아있는 독수리와 니플하임의 시체를 빨아먹고 사는 용 니드호그(Nidhogg)가 다람쥐를 통해서 욕을 주고받는 거지. 네 마리의 수사슴은 목을 길게 빼고 높은 가지에 매달린 연한 잎을 뜯어먹지. 사슴들의 이름은 다인(Dain), 드발린(Dvalin), 두네이르(Duneyr), 두라토르(Durathor)야. 그리고 이그드라실 아래에는 우둔한 사람이 생각할 수 있는 것보다도 훨씬 많은 뱀들이 우글거리지. 고인(Goin), 모인(Moin), 늑대의 아들들, 그라바크(Grabak), 그라프볼루트(Grafvolluth), 놀라게 하는 자, 잠을 가져오는 자 등이지. 이 세상의 종말이 올 때까지 그들은 모두 이그드라실의 뿌리를 갉아먹을 거야. 이그드라실은 인간들이 이해하는 것보다 훨씬 큰 고통에 시달리고 있지. 사슴은 가지 꼭대기를 뜯어먹고, 니드호그는 뿌리를 갉아먹고, 줄기는 저절로 썩어들어가고 있으니 말이야.

발할라에서는 혼란을 일으키는 여인(Shaker), 안개(Mist), 최후의 순간(Axe Time), 분노(Raging : 오딘에게 죽은 전사를 골라 데려다 주는 발키리들의 이름 — 역주)가 차례로 내게 넘치도록 가득 찬 잔을 가져다주지. 그리고 아홉 명의 다른 발키리들은 부활한 전사들에게 맥주를 가져다주지. 그들의 이름은 전사(Warrior)와 힘(Might), 절규(Shrieking), 족쇄(Host Fetter)와 비명(Screaming), 창을 든 여인(Spear Bearer), 방패를 든 여인(Shield Bearer), 전략의 파괴자(Wrecker of Plans), 신들의 친척(Kin of the Gods)이지.

모든 세상에 뻗어 있으면서 세상을 보호해 주는 물푸레나무. 이그드라실의 가지와 뿌리는 아홉 세계에 모두 연결되어 있다. 1847년

일찍 일어나는 아르박과 재빠른 알스비드는 매일 하늘을 가로질러 태양을 끄는 지루한 일을 반복하는 말들의 이름이지. 오래 전 신들이 그들을 불쌍히 여겨 그들의 멍에 아래에 시원한 바람통을 달아주었지. 그리고 태양 앞에는 마치 방패처럼 스발린(Svalin))이 버티고 서 있지. 스발린이 경계를 조금만 게을리한다면 산과 바다는 모두 화염에 휩싸일 거야. 태양을 쫓는 늑대는 스퀼인데 결국에는 태양을 따라잡아 철의 숲으로 태양을 끌어내리지. 그리고 흐로드비트니르(Hrodvitnir))의 아들인 늑대 하티는 달을 쫓고 있지.

대지는 이미르의 살점으로 만들었고 바다는 그의 피로 만들어졌지. 신들은 이미르의 뼈로 언덕을 만들고 그의 머리로는 나무들을, 두개골로는 둥그런 하늘을 만들었지. 그리고 눈썹으로는 인간들을 위한 요새인 산으로 된 방벽 미드가르드를 지어주었지. 그리고 이미르의 뇌로는 이리저리 흐르는 어두운 구름을 만들었지.

울(Ull)과 다른 신들은 이 불꽃 속으로 다가오는 첫 번째 인간을 보고 웃을 것이다. 누군가가 저 솥을 옆으로 옮겨 놓는다면 신들은 구멍을 통하여 모든 것을 볼 수 있으며 내가 고문당하는 것도 볼 수 있을 것이다.

오래 전에 이발디의 솜씨 좋은 아들들이 프레이르에게 주는 선물로 제일 좋은 배 스키드블라드니르를 만들었지. 그처럼 이그드라실은 나무들 중에서 최상이요, 오딘은 신들 중에서 제일 위대하며, 말들 중에서는 슬라이프니르가 가장 빠르며, 비프뢰스트는 다리 중에서 최고의 다리이며, 브라기(Bragi)는 문장의 대가(大家)지. 호브로크(Hobrok)는 가장 뛰어난 매이며, 가름(Garm)은 가장 사나운 사냥개지. 나는 신들을 향해 내 얼굴을 들어올렸고 아에기르(Aegir)의 연회에서 술을 들며 즐기던 신들은 모두 내 말을 들었다.

내 이름을 가르쳐주마. 난 그림(Grim)이며, 강글레리(Gangleri)며, 불시의 침입자(Raider)며, 마스크를 쓴 이(the Helmeted One)며, 유쾌한 존재(the Pleasant

One)이며, 제삼인자(the Third)니라. 나는 투드(Thud)와 우드(Ud)이며, 죽음을 드리우는 이(Death Blinder)며, 고귀한 존재(the High One)지. 나는 슬픔(Sad)이 기도 하며 스비팔(Svipall)과 상게탈(Sangetall)이다. 또한 전쟁의 기쁨(Glad of War)이며 창을 던지는 이(Spear Thruster)지. 나는 애꾸눈(One-eyed)이며 불타는 눈(Flame-eyed)을 지닌 사악한 일꾼(Worker of Evil)이니라. 나는 퓰니르(Fjolnir)와 그림니르이며, 두건을 쓴 이(Hooded One)지. 나는 글라프스비드(Glapsvid)와 퓰스비드(Fjolsvid)며, 깊은 두건(Deep Hood)이며, 길다란 수염(Long Beard)이지. 나는 지그포드(Sigfod)와 흐니쿠드(Hnikud)이며, 모든 존재의 아버지(Allfather)이기도 하지. 나는 아트리드(Atrid)이며 뱃짐의 신(Cargo God)이기도 하지. 나는 미드가르드에 내 모습을 처음 드러낸 이후로 결코 하나의 이름으로 불려본 적이 없느니라.

가이로트의 궁전에서는 그림니르로 알려져 있고 아스문드(Asmund)는 나를 겔딩(Gelding)으로 알고 있지. 내가 썰매를 타고 여행할 때는 용골 통치자(Keel Ruler)라고 불리기도 하지. 그리고 신들의 모임에서는 트로르(Thror)라고도 불리지. 전투에 임할 때는 비두르(Vidur)가 내 이름이며, 신들은 나를 단지 높은 이(Just as High), 욕망을 채우는 이(Fulfiller of Desire), 소리지르는 이(Shouter), 창을 휘두르는 이(Spear Shaker), 마법의 지팡이를 지닌 자(the Wand Bearer), 곤드리르(Gondlir), 회색 수염을 기른 하르바르드(Harbard)로 알고 있지. 나는 또한 거인 소크미미르(Sokkmimir)를 속일 때는 스비두르(Svidur)와 스비드리르(Svidrir)라는 이름을 썼지. 난 미드비트니르(Midvitnir)의 유명한 아들인 바로 그 소크미미르를 죽여 버렸지."

말을 마친 오딘은 어린 왕자 아그나르에게서 고개를 거두어 무시무시한 눈길로 가이로트 왕을 쳐다보았다.

"가이로트, 너는 취했다! 너는 자신의 어리석음에 스스로 취해 있다. 네가 이미 잃어버린 모든 것을 생각해 보거라! 나뿐 아니라 죽었다 부활한 나의 전사들조차 지금 너를 돕기 위하여 손을 쓸 수는 없노라.

너는 이제껏 내가 일러준 대로는 거의 행동하지 않았구나. 네가 믿었던 사자(使者)는 너를 배반했다. 이제 내 친구가 칼을 뽑아 피를 묻히는 것을 보게 되었다. 너의 생명은 종말을 맞이했으므로 이제 곧 무서운 존재, 이그(Ygg)가 만신창이가 된 네 몸을 요구할 것이다. 운명의 여신들이 네게 줄 것이라고는 죽음밖에 없노라. 나를 잘 보거라. 나는 바로 오딘이다! 감히 맞설 용기가 있다면 어디 내게 칼을 뽑아보거라!

자, 이제 나는 오딘이다. 전에 내 이름은 무서운 존재(the Terrible One), 천둥을 울리는 자(the Thunderer), 늘 깨어 있는 자(the Wakeful), 혼동을 일으키는 자(the Shaker), 방랑자(the Wanderer), 신들의 대변자(the Crier of the Gods), 창조자(Father), 놀라게 하는 자(Bewilderer), 잠을 가져오는 자(Bringer of Sleep)였었지. 이 모든 이름들은 결국 모두 하나의 이름이지. 이것들은 모두 나를 가리키는 이름일 뿐이다."

가이로트 왕은 가만히 앉아서 듣고 있었다. 그의 칼은 반이 칼집에 꽂힌 채 그의 무릎에 놓여져 있었다. 자신이 고문했던 나그네가 오딘이라고 본래 정체를 드러내자 가이로트는 당장 그를 풀어 주려고 벌떡 일어섰다. 그러나 가이로트의 손에서 미끄러진 칼은 자루부터 땅으로 떨어졌다. 발부리가 걸려 비틀거리던 가이로트는 칼 위로 넘어지는 바람에 칼이 몸을 관통하여 죽고 말았다.

가이로트가 죽자 오딘은 홀연히 사라져 버렸다. 그리고 가이로트의 아들 아그나르가 죽은 아버지 뒤를 이어 왕위에 올라 오랫동안 통치했다.

13장 빛나는 목걸이

　밤도 어느덧 끝나가고 새벽이 찾아들고 있었다. 먼동이 터오는 서쪽 하늘은 짙은 초록과 회색 빛으로 어우러져 있었고 아스가르드 주위에는 눈송이가 소리 없이 흩날리고 있었다.

　그리고 그 이슥한 시간에 프레이야가 자신의 궁인 세스룸니르를 몰래 빠져나가는 것을 지켜본 사람은 오직 로키밖에 없었다. 데리고 다니던 고양이는 벽난로 곁에서 세상모르고 자게 내버려 두고, 타고 다니는 마차 역시 그대로 놓아둔 채 프레이야는 어스름한 여명에 걸어서 비프뢰스트로 향했다. 그러자 로키의 마음은 호기심으로 가득 차 외투를 단단히 여민 후 몰래 프레이야를 뒤따라갔다.

　프레이야는 대지 위로 흩날리던 눈발처럼 빨리 걷는 것 같지는 않았다. 모

프레이야는 북유럽 신화에서 가장 아름다운 여신으로, 두 마리 고양이가 끄는 마차를 타고 다닌다.
N. J. O. 블로머의 그림, 1852년.

든 신들이 잠들어 있는 아스가르드를 프레이야는 슬며시 빠져나갔고 불길이 날름거리며 떨고 있는 무지개 다리 비프뢰스트를 건너가는 동안 그녀의 엉덩이는 육감적으로 흔들렸다.

눈의 장막으로 뒤덮인 미드가르드 바로 아래는 솟아오르는 태양으로 눈부시게 빛나고 있었다. 황금에 대한 탐욕과 갈망으로 가득 찬 프레이야는 황무지를 건너갔고 로키도 급히 그 뒤를 쫓았다. 얼음으로 얼어 조용한, 굽이굽이 진 강을 건너간 프레이야는 금이 가 위험한, 푸르스름한 거대한 빙하 층도 지났다. 그리고 마침내 해가 반짝 든 짧은 몇 시간이 지날 무렵 그녀는 깎아지른 절벽 바로 아래에 있는 거대한 둥근 돌무더기 앞에 당도했다.

프레이야는 꼬불꼬불 이어진 작은 오솔길을 발견했다. 추위 때문에 그녀의 눈에서 연신 눈물이 흘러내리자 발걸음을 옮기는 그녀 앞에서 눈물이 마치 황금 빗물처럼 방울져 떨어졌다. 이제 길은 바위와 바위 사이의 작은 통로로 변했고 그 길을 계속 따라간 프레이야는 커다랗고 축축한 동굴 입구에 이르렀다. 그 곳에서 프레이야는 꼼짝 않고 서 있었다. 동굴 안의 바위 웅덩이로 똑똑 떨어지는 물소리와 바위 사이를 따라 실개천이 구불구불 흘러가는 소리도 들려왔다. 다시 귀기울여 잘 듣자 멀리서 들려오는 희미한 망치소리도 들을 수 있었다. 그러자 프레이야의 가슴도 갈망이라는 망치에 휘둘려 더욱 두근대기 시작했다.

프레이야는 음산한 동굴 속으로 조심조심 들어갔다. 단속적이긴 하지만 뚜렷이 들려오는 망치질 소리는 점차 크게 들려왔다. 프레이야는 멈춰서서 소리에 귀를 기울였다가 다시 움직였다. 마지막으로 멈춰섰다가 좁은 골을 따라 쉽게 길을 찾아 내려간 프레이야는 네 명의 난쟁이 알프리가(AlFrigga), 드발린(Dvalin), 베를링(Berling), 그레르(Grerr)가 일하는 찌는 듯이 후덥지근한

프레이야, Carl Emil Doepler, 1882년

대장간으로 들어섰다.

잠시동안 프레이야는 용광로의 밝은 빛에 눈이 부셨다. 눈을 비비던 프레이야는 난쟁이들이 만든, 숨이 멎을 정도로 근사한 목걸이를 보고는 숨이 막혔다. 그 목걸이는 부드러운 금속을 꼬고 짜듯이 비틀어 만든 놀라운 것으로 갖가지 아름다운 문양을 새겨 넣은, 목에 꽉 맞는 황금 목걸이였다. 프레이야는 그렇게 아름다운 물건은 처음 보았고 그렇게 갖고 싶어 탐이 나는 물건을 일찍이 보지 못했다.

프레이야가 정신없이 목걸이를 쳐다보는 동안 네 난쟁이는 프레이야를 물끄러미 바라보았다. 프레이야의 모습은 용광로의 따뜻한 빛을 받아 반짝이고 있었다. 외투가 벗겨져 떨어지자 프레이야의 드레스에 달린 황금 브로치와 보석이 반짝반짝 빛났다. 네 난쟁이는 그렇게 아름다운 여인은 처음 보았고 그렇게 갖고 싶어 탐이 나는 여인을 일찍이 보지 못했다.

프레이야는 알프리가, 드발린, 베를링, 그레르를 보며 웃었다. "너희한테서 그 목걸이를 사겠어."

네 난쟁이는 서로 쳐다보더니 세 사람은 고개를 흔들었고 나머지 한 사람이 대답했다. "이건 파는 것이 아니에요."

"난 이 목걸이가 꼭 갖고 싶어."

난쟁이들은 얼굴을 찌푸렸다.

"정말 꼭 갖고 싶어. 금과 은으로 값을 후하게 쳐서 줄 테니 제발 나한테 팔아." 프레이야의 목청이 점점 높아졌다. 그녀는 목걸이가 놓여져 있던 의자로 점점 가까이 다가갔다. "원한다면 다른 선물도 가져올게."

"우리도 은은 충분해요."

"금도 충분히 있고요."

프레이야는 목걸이를 뚫어져라 응시했다. 그녀는 거의 고통스러운 굶주

난쟁이와 동침한 프레이야, 1891년

림에 가까운 심한 갈망을 느꼈다.

알프리가와 드발린과 베를링과 그레르는 용광로 한쪽 구석으로 모여들더니 뭔가 쑥덕거리며 속삭인 후 고개를 끄덕였다.

"그래 너희가 부르는 값은 얼마야?"

"그 목걸이는 우리 모두의 것이에요." 난쟁이들 중 한 사람이 대답했다.

"그러니까 그 목걸이에 대한 대가는 모두 공평하게 나누어 가져야 해요." 다른 난쟁이가 끈적끈적한 눈길을 보내며 덧붙였다.

"우리를 만족시킬 수 있는 대가는 오직 하나죠." 또 다른 난쟁이가 강조했다.

마지막으로 네 번째 난쟁이가 프레이야를 보며 대답했다. "바로 당신 자신이죠."

그러자 프레이야는 얼굴을 확 붉히며 가슴을 들먹였다.

"당신이 우리와 하룻밤씩 번갈아 자 준다면 이 목걸이는 영원히 당신 목에 두를 수 있게 돼요."

못생긴 얼굴과 창백한 코, 기형적으로 생긴 몸, 탐욕에 가득 찬 조그만 눈 등 난쟁이들의 외모에 프레이야는 구역질이 날 정도였지만 목걸이를 갖고 싶다는 욕망이 더 컸다. 나흘 밤은 단지 나흘 밤일 뿐이다. 눈 딱 감고 나흘 밤만 그들과 보내면 그 찬란한 목걸이는 영원히 자기 것이 되는 것이었다. 용광로 벽은 붉은 불빛으로 깜박였고 난쟁이들의 눈은 아무 움직임이 없었다.

프레이야는 용기를 내어 부끄럽게 속삭였다. "너희가 원하는 대로, 좋을 대로 해. ……"

그리고 나흘 낮, 나흘 밤이 지나갔다. 프레이야는 자신의 약속을 지켰다. 그리고 난쟁이들 역시 약속한 대로 목걸이를 프레이야에게 내민 후 목에 단단히 채워 주었다. 이제 모든 볼일이 끝났으므로 프레이야는 급히 동굴에서

목걸이 브리징가멘을 거는 프레이야, J. 펜로즈, 1890년

용상에 앉아 있는 오딘. 두 까마귀 후긴과 무닌은 오딘의 어깨에, 두 마리 늑대는 옆에 누워 있다. 19세기 그림.

빠져 나왔다. 미드가르드의 탁 트인 평원을 가로질러 가는 프레이야 뒤로 자신의 그림자가 뒤쫓았다. 비프뢰스트 다리를 건너 어두워질 무렵 프레이야는 자신의 궁 세스룸니르로 돌아왔다. 외투 속에는 난쟁이들에게서 받은 목걸이를 차고서.

한편 프레이야의 일거수 일투족을 하나도 놓치지 않고 염탐한 로키는 오딘의 궁전으로 곧장 향했다. 도착해 보니 오딘은 발라스칼프(오딘의 궁전)에 홀로 앉아 있었다. 두 까마귀 후긴과 무닌은 오딘의 어깨에 앉아 있었고 두 마리의 늑대는 옆에 누워 있었다. "무슨 일이지?" 오딘이 로키를 보자 물었다.

로키는 능글맞게 웃었다.

"네 놈이 왜 웃는지 알 수 있어……"

그러나 눈을 간사하게 빛내며 로키가 말을 가로챘다. "하지만 당신도 그녀가 하는 짓을 봤지요?"

"그녀라니 누구 말이야?"

"아니 그걸 못 보고 놓쳤단 말이에요? 흐리드스칼프(오딘의 용상)에 앉아 모든 것을 하나도 놓치지 않고 보던 당신이 아닌가요?"

"도대체 뭘 말이야?"

"당신이 총애해마지 않는, 갖고 싶어 그렇게 탐내는 그 프레이야가 네 난쟁이 녀석들과 차례로 몸을 섞는 동안 오딘 당신은 대체 어디 있었던 거예요?"

"됐어, 그만해!" 오딘이 버럭 소리를 질렀다.

그러나 로키는 전혀 아랑곳하지 않았고 오딘 역시 불타는 질투심에 사로잡혀 듣지 않고는 배길 수 없다는 것을 깨달았다. 프레이야를 모욕하는 동시에 오딘의 화를 돋구는데 순수한 희열을 느끼며 로키는 이야기를 계속했다. 하나도 숨김없이 본 대로 털어놓았고 조금도 과장할 필요도 없었다.

프레이야가 아스가르드로 돌아왔다는 말까지 로키가 끝마치자 오딘이 냉담하게 명령했다. "가서 그 목걸이를 내게 가져와."

로키는 웃으며 머리를 흔들었다.

그러자 오딘이 버럭 소리를 질렀다. "너는 항상 비열한 짓만 골라 하지. 넌 지금 우리 서로의 목을 위태롭게 만들어 놨어. 그러니 이젠 네 녀석을 프레이야의 목으로 보내겠다. 어서 당장 그 목걸이를 가져오지 못해?"

하지만 로키 역시 코방귀를 뀌며 대꾸했다. "당신은 나만큼, 아니 나보다 더 잘 알고 있을 텐데요. 프레이야 몰래 그녀의 궁전으로 들어갈 수 있는 방법은 없다구요."

"어서 당장 목걸이를 가져오라는데도!" 고함을 치는 오딘의 얼굴은 온통 일그러졌고 애꾸눈은 분노로 불타올랐다. "그 목걸이를 가져오기 전에는 네 녀석 얼굴을 다시는 보지 않겠다."

그러자 로키는 공포의 신이기도 한 오딘을 바라보았다. 오딘의 얼굴은 이제 냉혹하고 불길한 가면처럼 변해 있었다. 로키의 오만은 이제 차가운 공포로 변했다. 로키는 위험을 감지했다.

오딘의 늑대가 일어서자 로키 역시 자리에서 일어났다. 그리고 악을 쓰며

오딘의 궁전 발라스칼프, F. 폰 슈타센, 1914년

궁전을 빠져나갔다.

그 날 밤늦게 로키는 세스룸니르 궁전의 눈 덮인 은빛 안뜰을 가로질러 대담하게 문으로 다가갔다. 그러나 문은 굳게 잠겨 있었다.

로키는 외투를 단단히 여몄다. 밤바람이 쌓인 눈을 휘감아 올려 얼굴에 흩뿌릴 때마다 로키는 추위에 떨었다. 냉기가 몸을 뚫고 들어와 핏속까지 침투하는 것처럼 느껴졌다.

로키는 지프의 일을 떠올렸다. 그녀의 잠긴 침실, 잘린 머리칼, 난쟁이 브로크에게 송곳으로 입술을 찔렸던 일들이 차례로 떠올랐다. 인상을 찌푸린 로키는 문을 다시 잘 살펴보았다. 그냥은 들어갈 수 없다고 머리를 설레설레 흔든 로키는 주문을 외워 파리로 변했다.

그러나 세스룸니르는 매우 견고하게 지어져 로키는 궁전 안으로 들어갈 길을 쉽사리 찾을 수 없었다. 나무와 회반죽 벽을 이은 틈새나 벽과 처마 사이의 틈새가 쉽게 눈에 띄지 않았다. 로키는 열쇠 구멍 주위를 맴돌았지만 허사였다. 이번엔 처마로 날아가 보았지만 역시 소용없었다. 그러자 한쪽 지붕 끝으로 날아가 보았더니 지붕 바로 아래 끝 부분에 바늘귀보다 약간 큰, 작은 구멍이 있었다. 변신의 귀재 로키는 몸을 뒤틀고 꿈틀거리며 그 구멍을 통과해 들어갔다. 궁전 안으로 무사히 들어간 로키는 다시 원래의 모습으로 되돌아갔다. 프레이야의 딸들과 하녀들이 깊이 잠든 것을 확인한 후 로키는 프레이야의 침대 옆으로 다가갔지만 공교롭게도 프레이야는 목걸이를 목에 건 채 잠들어 있었고 걸쇠는 누운 뒷목에 깔려 있어 볼 수도 만질 수도 없었다.

그래서 로키는 이번엔 벼룩으로 다시 변신했다. 그리고는 즐겁게 프레이야의 가슴 위로 기어오른 후 목걸이를 타고 넘어가 프레이야의 한쪽 뺨까지 올라갔다. 뺨 위에 앉아 로키는 있는 힘껏 프레이야의 창백한 피부를 찔렀다.

잠결에 움찔한 프레이야는 중얼거리더니 한쪽으로 돌아누웠으나 다시 잠잠해졌다. 하지만 로키가 의도한 대로 이젠 목걸이의 걸쇠가 겉으로 드러나 있었다.

프레이야가 다시 깊이 잠든 것을 확인한 로키는 본래의 모습으로 돌아왔다. 주위를 재빨리 훑어본 후 로키는 손가락을 가볍게 놀려 걸쇠를 풀고 목걸이를 조심스럽게 프레이야의 목에서 빼내었다. 아홉 세상을 통틀어 로키만큼 민첩하고 교묘한 도둑은 없을 터였다. 불필요한 동작은 절대 삼가고 아무 소리도 내지 않은 채 궁전의 문까지 살살 다가간 로키는 빗장을 풀고 자물쇠를 열고 밤의 어둠 속으로 유유히 사라졌다.

프레이야는 아침까지 깨지 않고 그대로 잤다. 그리고 눈을 뜨자마자 손가락으로 목을 더듬었다. 하지만 목이 허전하게 느껴졌다.

주위를 둘러본 프레이야는 벌떡 일어났고 얼굴은 분노로 새빨개졌다. 세스룸니르의 문이 열려 있고 강제로 연 흔적을 찾아볼 수 없자 프레이야는 로키만이 그렇게 들어올 수 있다는 것과 제 아무리 로키라 해도 오딘이 시키지 않는 한 몰래 잠입해 목걸이를 훔쳐 가는 대담한 짓을 저지를 리 없다는 것을 알았다. 그녀가 전혀 알 수 없고 추측조차 할 수 없었던 것은 목걸이를 탐내어 부정을 저지르고 그것을 손에 넣은 자신의 비밀이 어떻게 해서 발각되었는가 하는 것이었다.

프레이야는 당장 발라스칼프로 달려가 오딘의 앞에 마주섰다. "그 목걸이 어디 있죠? 당신이 이 일에 관여했다면 당신은 체통 없는 짓을 한 거예요."

오딘은 프레이야를 노려보았다. "체면 깎는다는 말을 입에 올리다니 당신은 대체 어떻게 돼 먹은 사람이지? 당신이야말로 자신을 욕보이고 신들을 부끄럽게 했으면서. 순전히 탐욕에 사로잡혀 더러운 네 난쟁이에게 자신의 몸을 판 주제에 어디다 대고 큰소리야?"

프레이야, 아서 래컴, 1910년

"제 목걸이 어디 있어요?" 프레이야는 고함을 치며 같은 말만 되풀이했다. 프레이야는 단단한 오딘의 팔을 잡고 자신의 몸을 기댔다. 눈에서는 황금 눈물이 소나기처럼 쏟아졌다.

"한 가지 조건에 동의하기 전에는 그 목걸이를 다시는 못 보게 될 거요. 나를 만족시키는 방법은 단 하나지."

프레이야는 재빨리 오딘을 바라보았다. 마음 속으로는 무엇을 생각하든 어쨌든 겉으로는 잠자코 있었다.

"당신이 해야 할 일은 사람들 마음에 증오를 불러일으켜 전쟁을 일으키는 거야. 미드가르드에서 두 왕을 찾아 그들이 서로 반목하게 만들어. 그리고 각자 스무 명의 부왕을 거느리고 전쟁터에서 만나게 만들어." 전투의 신 오딘은 잔인하게 프레이야를 바라보았다. "그리고 당신은 마법을 써서 죽은 시체에 다시 생명을 불어넣어. 전사들이 목을 잘린 채로 피범벅이 되어 죽자마자 온전한 몸으로 부활해 다시 싸울 수 있게 만들어야 한다구."

프레이야는 말없이 오딘을 응시했다.

"그게 바로 나의 조건이야. 전사들이 원하든 원하지 않든 서로 살육하여 죽게 만들라구."

프레이야는 머리를 숙였다. "알았어요. 시키는 대로 할 테니 내 목걸이를 돌려줘요."

14장 트림의 비가(悲歌)

어느 날 아침 잠에서 깬 토르는 습관처럼 망치를 잡으려고 손을 뻗쳤다. 그러나 원래 있어야 할 자리에 망치는 없었다. 순간 벌떡 일어나 묠니르를 찾는 토르의 붉은 수염은 마구 헝클어져 있었고 머리칼은 온통 쭈뼛쭈뼛 곤두섰다.

토르는 소리쳐 로키를 불렀다. "이봐, 로키! 아스가르드에 있는 신들은 아무도 내 망치를 못 보았고 미드가르드에 있는 인간들도 망치가 어찌 되었는지 아무도 몰라. 도둑맞은 것이 분명해."

그러자 토르와 로키는 폴크방으로 급히 가서 프레이야의 궁전 세스룸니르로 들어갔다. 만일 망치를 찾을 수 없다면 곧 머잖아 거인들이 아스가르드의 방벽으로 공격해 들어와 신들의 빛나는 궁전을 모두 파괴할 것이라는 것을 그들은 잘 알고 있었다.

로키는 프레이야에게 다급하게 물었다. "토르의 망치를 찾아보게 당신의 매 가죽을 빌려 주겠소?"

"그야 물론이죠. 은으로 만들어졌다 해도 빌려줄 테고 금으로 짰다고 해도 기꺼이 빌려 줄 거예요." 프레이야도 소리쳐 대답했다.

프레이야가 내어준 매 가죽을 로키가 뒤집어쓰고 소용돌이치는 대기 위로 올라가자 깃털이 윙윙 날기 시작했고 로키는 그렇게 신들의 세계를 뒤로 하며 떠나갔다. 계속 날아가자 이제 아스가르드는 옅은 아지랑이처럼 서편으로 희미해졌다. 날갯짓을 빨리 하여 최대한 전속력으로 날아간 로키는 마침내 거인들의 세상에 도착했다.

한편 서리 거인들의 왕인 트림(Thrym)은 세상에 두려울 것이 없었다. 그는 말의 갈기를 잘 빗긴 후 초록빛 둔덕에 앉아 그의 무시무시한 사냥개들을 묶을 개줄과 끈을 황금 가닥으로 엮고 있었다.

로키는 트림을 발견하자 그 옆으로 내려가 앉았다.

로키를 본 트림이 먼저 아는 체를 했다. "그래 신들은 요즘 어떻게 지내시나? 꼬마 요정들도 잘 지내구? 그리고 어쩐 일로 요툰하임에 이렇게 홀로 나타나셨나?"

"신들에게 안 좋은 일이 생겼어. 요정들에게도 안 좋은 일이지. 자네가 토르의 망치를 훔쳤나?"

그 말에 트림은 웃음을 터트렸고 그 웃음소리는 마치 얼음이 갈라지는 소리 같았다. "그래, 내가 바로 토르의 망치를 땅 속에 삼십 리나 깊숙이 숨겨 놓았지. 프레이야를 내 신부로 데려오기 전에는 누구도 그 망치를 건드릴 수조차 없지."

얼굴을 찌푸리며 하늘로 다시 올라가는 로키의 뒤로 온 몸을 얼어붙게 만드는 트림의 웃음소리가 뒤따랐다. 로키가 뒤집어쓴 매 가죽이 윙윙 소리를 내며 날았다. 로키는 거인들의 세계를 등 뒤로 하고 가능한 한 빨리 날아 드디어 신들의 세상으로 다시 돌아왔다.

토르는 자신의 궁전인 빌스키르니르(Bilskirnir)의 안뜰에서 기다리고 있다가 로키를 보자 다짜고짜 물었다. "네 머릿속과 입 속에는 무엇이 들어 있지? 진짜 놀라운 소식이야, 아니면 단순히 성가신 일이야?" 천둥의 신이기도 한 토르는 눈을 이글이글 불태우며 어떤 허튼 소리도 용납하지 않을 태세였다. "어서 이리와 당장 진실을 말해. 앉아서 말하면 해야 할 얘기를 자주 잊어먹고, 처음에 거짓말을 한 사람은 그 이후에도 계속 거짓말을 하거든."

"나는 안 좋은 소식과 좋은 소식 둘 다 가져왔지." 대답하는 로키의 입 끝이 말려 올라갔다. "서리 거인들의 왕인 트림이 당신 망치를 가지고 있어. 그리고 프레이야를 신붓감으로 데려오기 전에는 누구도 망치를 다시는 건드릴 수 없대."

토르와 로키가 다시 세스룸니르로 황급히 돌아가자 프레이야는 자신의 궁전에 있었다.

"자, 아름다운 프레이야! 이제 신부의 베일을 쓰셔야겠군!" 로키는 실눈을 뜨며 놀리듯 말했다.

"뭐라구요?" 프레이야가 쏘아붙였다.

그러자 로키가 짓궂게 웃으며 자초지종을 설명했다. "우리 둘은 서둘러야 한다구. 당신과 내가 요툰하임으로 가야해. 서리 거인들의 왕인 트림이 당신을 좋아한다지."

그 소리를 들은 프레이야가 몹시 화를 내자 세스룸니르의 벽이 다 흔들리고 금장식이 달린 의자는 바닥에서 들썩거렸다. 코웃음을 치는 프레이야의 얼굴은 새빨갛게 달아올랐다. 화가 난 가슴 또한 들썩거리고 목 근육은 팽팽

14장 트림의 비가(悲歌) · 203

히 부풀어올랐다. 난쟁이들에게서 받은 소중한 목걸이가 툭 끊어지며 고리가 떨어져나가자 귀중한 보석이 비오듯 궁전 바닥으로 굴러 떨어졌다. "만일 내가 당신과 함께 요툰하임으로 가면 어떻게 보일 것 같나요? 사람들 반응은 한결같을 거예요. 전부들 나보고 매춘부라고 지껄일 거예요!"

놀란 로키는 눈썹을 치켜올리고 토르는 프레이야를 보지도 않은 채 코방귀를 뀌고 능글능글 웃으며 조금씩 발걸음을 옮겼다.

"나가요! 당신 둘 다 꺼져버리란 말이에요!"

소식을 전해들은 모든 신들은 은으로 지붕이 장식된 궁전, 글라드스하임으로 몰려들었고 진지하게 회의를 열어 어떻게 하면 묠니르를 되찾아올지 의논했다. 물론 프레이야도 그 틈에 끼어 있었다. 수문장 헤임달 역시 히민뵤르그를 떠나 떨리는 무지개 다리 비프뢰스트를 건너왔다. 다른 바니르 신들처럼 헤임달 역시 앞날을 내다볼 수 있었다. 그가 먼저 제안했다. "토르를 천으로 감읍시다……" 헤임달은 잠시 말을 끊고 주위를 둘러보았다. "토르에게 신부 베일을 씌우자구요!"

일순간 정적이 흐르더니 모여있던 신들에게서 폭소가 터져 나왔다.

헤임달은 소란이 잦아들 때까지 기다렸다가 계속 말을 이었다. "프레이야의 아름다운 목걸이를 수리해서 토르의…… 그의 아름다운 목에 둘러 주자구요."

다시 한 번 글라드스하임에서는 폭소가 터져 나왔고 토르는 깊은 증오심으로 헤임달을 노려보았다. 그러나 헤임달은 침착했다. "내 말을 잘 들어봐요. 토르를 신부 차림에 어울리게 잘 꾸며야 한다구요. 허리에 딸랑거리는 장식이 달린 허리띠도 매고 가능하면 긴 것으로 잘 어울리는 드레스를 입혀야 해요. 잊지 말고 그녀의, 아니 그의 가슴에 잘 만든 예쁜 브로치도 달구요."

헤임달이 신부의 차림에 대해 상세히 설명하자 신들은 한층 더 즐거워했다. 그리고 헤임달의 주장에 설득력이 있다고 생각했다.

이제 헤임달은 경쾌한 음성으로 말을 마쳤다. "그리고 근사한 모자도 있어야 해요. 완벽하게 끝마무리할 근사한 모자 말이죠."

그러자 토르가 인상을 찌푸리며 말했다. "내가 만일 신부 의상을 하면 당신들 전부 나를 비웃으며 남자답지 못하다고 할 테지."

그러자 라우페이(Laufey)의 아들인 로키가 거만하게 타일렀다. "진정해, 토르! 왈가왈부

몰니르를 되찾기 위해 신부로 분장한 토르.
Elmer Boyd Smith, 1902년

할 겨를이 없어. 우리가 당신의 망치를 되찾아오지 못하면 거인들이 아스가르드에서 살게 될 거라구."

그래서 토르를 신부로 위장하기 위한 준비가 착착 진행되었다. 신들과 여신들은 토르에게 면사포를 씌우고 끊어진 프레이야의 목걸이를 수리하여 토르의 목에 걸어주었다. 허리에는 장식이 매달린 허리띠를 묶고 무릎까지 오는 긴 드레스를 입혔다. 가슴에는 잘 세공한 브로치도 달고 근사한 모자를 씌워 완벽하게 몸단장을 끝마쳤다.

모든 준비가 끝나자 로키가 여자처럼 간드러지는 목소리로 떠들었다. "내가 당신의 하녀 역할을 할게요. 자, 어서 요툰하임으로 떠나자구요."

한편 토르의 염소들도 모두 불러모아 빌스키르니르로 데려갔다. 그곳에서 염소에게 마구를 씌우자 염소들은 참을성 없이 고삐를 풀려고 바둥거렸다.

급히 달리느라 황야에 갈라진 틈을 만들고 지면에는 불꽃을 일으키며 오딘의 아들 토르는 로키와 함께 요툰하임으로 향했다.

한편 로키 일행이 다가오는 것을 본 트림은 흥분해서 외쳤다. "그녀가 오고 있다! 프레이야가 오고 있다고! 어서들 빨리 빨리 움직여! 의자에 짚도 깔고! 신들이 노아툰의 뇨르드의 딸 프레이야를 내 신붓감으로 데려오고 있단 말이다!"

트림은 냉기가 도는 자신의 저택에서 결혼식 준비가 제대로 되고 있는지 점검하며 이리저리 뛰어다녔다. 그리고 의자에 앉아 혼자 중얼거렸다. "외양간에는 황금 뿔을 가진 소들이 있지. 누구라도 보면 탐낼, 칠흑같이 검은 황소들이 말이야. 게다가 난 귀한 보석과 황금과 은이 산더미처럼 쌓여 있지." 상념이 차가운 공기 속으로 사라지며 트림은 한숨을 내쉬었다. "난 원하는 모든 것을 가지고 있지. 단 하나 프레이야만 빼고 말이야."

이른 저녁 무렵 아스가르드에서 온 신부 일행이 트림의 저택에 도착하자 거인들은 근사한 연회를 베풀어 환영했다. 의자에 밀짚을 깔았던 거인이 이제는 맛있는 음식과 술을 내오며 시중을 들고 있었다.

신부의 면사포를 쓰고 있는 토르를 트림이 연회석상으로 안내했다. 트림은 최대한 예의를 갖추어 신부를 위해 특별히 준비한, 육지와 바다와 하늘에서 잡아온 것으로 요리한 갖가지 맛있는 음식을 하나하나 알려 주었다. 그리고 예비 신부를 높은 자리에 앉힌 후 자신도 그 옆에 앉았다. 로키는 재빨리 토르의 한쪽 옆에 자리잡고 앉았다.

한편 배가 몹시 고팠던 토르는 황소 한 마리를 통째로 먹어치우고 연어도 여덟 마리나 해치웠다. 그리고는 여인들을 위해 별도로 마련된 음료를 정신 없이 퍼서 전부 마셔 버렸다. 음료가 모두 동이 나자 이번엔 술을 세 잔이나 연거푸 마셨다.

이 모습을 지켜보던 트림이 놀라서 물었다. "무슨 신부가 저렇게 먹성이 좋은 데다 술을 벌컥벌컥 들이키지? 난 이제껏 저렇게 많이 먹는 데다 술도 저렇게 많이 들이키는 여인은 처음 봤어."

그러자 하녀로 분장하고 토르의 옆자리에 앉아 있던 빈틈없는 로키가 대신 나서서 대답했다. "프레이야는 결혼식 첫날밤에 대한 기대로 너무 흥분해서 지난 아흐레 동안 아무것도 먹지 못해 그렇답니다."

트림은 로키의 말에 고개를 앞으로 내밀어 면사포 속을 들여다보았다. 더 이상 기다릴 수 없어 신부에게 입맞추려던 참이었다. 그러나 거인의 왕은 너무 놀라 홀의 한쪽 벽에 닿을 만큼 뒤로 펄쩍 물러나며 소리쳤다. "저 눈 좀 봐! 프레이야의 눈이 왜 이렇게 매섭지? 마치 불에 타는 석탄 같잖아!"

그러자 이번에도 용의주도한 로키가 나서서 수습했다. "결혼식 첫날밤에 대한 열망 때문에 너무 흥분해 아흐레 동안 잠을 못 이루어 그런 거예요."

그때 트림의 불운한 여동생이 신부와 신부의 하녀 앞으로 걸어나와 조금도 주저하지 않고 신부에게 지참금을 요구했다. "내 사랑과 신의를 얻고 싶다면 당신 손가락에 낀 그 붉은 황금 반지를 내게 줘요."

잠시 후 트림이 소리쳤다. "가서 망치를 가져오너라! 신부를 신성하게 하기 위해 가서 망치를 가져오너라! 결혼의 여신 바르(Var)가 우리의 결혼 서약을 듣고 축복을 내려주도록 묠니르를 가져와 신부의 무릎 사이에 놓거라."

한편 자신의 망치 묠니르를 보자 천둥의 신 토르의 무자비한 가슴은 춤을 추듯 울렁거렸다. 토르는 자신의 무릎 사이에 망치가 놓이자마자 단단한 손에 거머쥔 후 신부의 면사포를 벗어 던지고 번개를 치는 본래 신의 모습으로 돌아왔다.

트림은 놀라서 자신의 권좌에서 벌떡 일어났고 연회석상에 있던 다른 거인들도 모두 의자에서 일어섰다.

토르의 두 눈은 그의 수염만큼이나 붉게 충혈됐다. 그는 거인들 무리를 노려보며 으르렁거렸다. 그리고 쇠망치를 들어올려 트림 앞으로 단번에 성큼 다가가 그의 두개골을 박살내었다. 토르는 인정사정 없었다. 그는 남자 여자 할 것 없이 결혼식에 모여있던 다른 모든 거인들을 차례로 쓰러뜨렸다. 연회장 바닥은 죽은 거인들의 시체로 즐비했다. 감히 황금 반지를 달라고 했던 트림의 여동생은 반지대신 머리에 쇠망치를 얻어맞고 그 자리에서 즉사하고 말았다.

그렇게 하여 오딘의 아들 토르는 결국 자신의 쇠망치를 되찾았다.

15장 바프트루드니르의 비가(悲歌)

"피가 끓어 가만히 있지 못하겠어! 난 멀리 나가 여러 곳을 순회하기를 오랫동안 열망해 왔다구!" 어느 날 오딘은 이렇게 외치며 마치 새장에 갇히기라도 한 것처럼 발라스칼프에서 안절부절못하고 서성댔다. "당신은 어떻게 생각해, 프리가? 내가 바프트루드니르(Vafthrudnir)의 저택으로 그를 찾아가는 것에 대해서?"

"전 당신이 신들의 영토인 아스가르드에 그냥 남아 있었으면 좋겠어요. 제가 알기로는 바프트루드니르는 거인들 중에서도 당할 자가 없다던 데요."

"나는 이곳저곳 돌아다녀 아는 것이 많지. 신들이 알고 있는 모든 것 중에 내가 모르는 것은 하나도 없어. 수수께끼의 대가(大家)인 현명한 거인 바프트루드니르와 지혜를 한 번 겨뤄보고 싶다고."

"그렇다면 몸 성히 잘 다녀와요. 당신이 가는 길도 안전하길 빌겠어요, 거인과 겨룰 때는 아주 조심하구요."

오딘은 마침내 거인 바프트루드니르의 지혜를 알아보려고 아스가르드를 떠났다. 거칠게 흐르는 드넓은 강을 건너고 떨리는 무지개 다리 비프뢰스트를 건너갔다. 자신의 애꾸눈을 다른 사람들이 볼 수 없도록 테가 넓은 모자로 푹 눌러쓰고 오딘은 음험하게 웃으며 요툰하임에 발을 들여놓았다.

요툰하임으로 깊숙이 들어갈수록 날씨는 점점 추워졌다. 갈라진 땅 틈새에서 획획 솟아나오는 연기 기둥을 지나치며, 눈으로 뒤덮여 밝게 빛나고 있는, 굴곡지고 고요한 평원 위로 성큼성큼 걸어갔다. 그리고 삼면이 자줏빛 산으로 온통 둘러싸인 골짜기 입구에 이르자 오딘은 임(Im)의 아버지 바프트루드니르의 저택을 발견했다. 오딘은 주저하지 않고 그 안으로 들어갔다.

오딘이 먼저 소리쳐 인사했다. "안녕하신가, 바프트루드니르? 당신 소문을 너무 자주 들어서 한 번 만나보고 싶었소. 당신이 현명하다는 것이 사실이오? 당신이 모르는 것이 없다는 말이 정말 사실이오?"

"당신은 도대체 누구요? 어떤 인간이길래 감히 내 저택에 들어와서 나를 모욕할 생각을 했소? 나보다 현명하지 못하면 살아서 이 곳을 빠져나가지 못할 줄 아시오."

"내 이름은 가그라드(Gagnrad)요. 걸어다니는 부적, 행운을 가져오는 사람이라고 한다오! 이 곳까지 오느라 무척 고생한데다 목이 마르오. 그렇게 힘든 여정 끝이니 나는 좀 더 따뜻한 환대를 받으리라 기대했었소."

"그러면서 왜 그렇게 서 있는 거요? 천장 안 무너지니 그렇게 멀뚱멀뚱 서 있지 말고 자리에 편히 앉으시오. 그리고 누가 더 많이 아는지 알아봅시다. 손님인 당신인지 아니면 이미 오랫동안 입증되었듯이 내가 더 현명한지 말이오."

"가난한 사람은 부자의 집에서 꼭 적절한 말 외에는 아무 말도 않는 법이오. 의지가 강한 사람들은 결코 허풍을 떨지 않소."

"좋소, 가그라드. 대답만 할 수 있다면 바닥에 선 채로 한들 어떻겠소. 매일 아침 낮을 이끌고 세상을 넘어가는 말의 이름은 무엇이오?"

"그야 스킨팍시요. 스킨팍시는 사람들의 눈을 기쁘게 해주기 위해 빛나는 낮을 이끌고 가는 말이오. 영웅들이 보면, 불타오르는 갈기를 지닌 스킨팍시 야말로 말 중의 말이라고 할 수 있소."

"좋소, 가그라드. 할 수 있다면 어디 선 채로 계속 대답해 보시오. 고귀한 신들을 위해 하루도 거르지 않고 동쪽에서 밤을 데려오는 말의 이름은 무엇이오?"

"그 말은 흐림팍시오. 새벽 무렵이면 녀석의 재갈에서 떨어지는 거품이 골짜기에 맺히는 이슬의 원천이 되지."

"좋소, 가그라드. 할 수 있다면 어디 선 채로 계속 대답해 보시오. 그렇다면 거인들의 세상으로부터 신들의 세상을 갈라놓는 강은 무엇이오?"

"거인들의 세상으로부터 신들의 세상을 갈라놓는 강은 바로 이빙 강이오. 이제껏 이빙 강은 한 번도 얼지 않았으며 앞으로도 언제나 거침없이 흘러갈 것이오."

"좋소, 가그라드. 할 수 있다면 어디 선 채로 계속 대답해 보시오. 그렇다면 주르트와 고귀한 신들이 만나 싸움을 벌이게 될 평원의 이름은 무엇이오?"

"주르트가 신들과 싸움을 벌이게 될 평원은 바로 비그리드요. 그 곳은 사방이 1250리나 되는 드넓은 곳이오."

그러자 바프트루드니르는 자신의 손님을 바라보았다. "당신도 아는 것이 꽤 많구려. 자, 여기 의자에 앉아 좀 더 얘기를 나눕시다. 내 말을 잘 들으시오. 바로 지금, 이 곳 내 집에서 누가 더 많이 아는지 우리 서로 목숨을 걸고 내기합시다."

그제서야 오딘은 앉아서 질문할 태세를 갖추었다.

"자, 그럼 바프트루드니르. 당신의 지혜로 알고 있다면 내 첫 번째 질문에 어디 대답해보시오. 태초에 대지와 하늘은 어디서 생겨났소?"

"대지는 서리 거인 이미르의 살점으로 만들어졌고 산은 그의 뼈로 만들어졌소. 하늘은 그의 두개골로, 찝찔한 바닷물은 그의 피에서 흘러나온 것이오."

"좋소, 바프트루드니르. 당신의 지혜로 알고 있다면 대답해 보시오. 두 번째 질문은 인간의 세상 위로 여행하는 달과 불타오르는 태양은 어디서 생겨난 것인가 하는 거요."

"문딜파리가 달과 불타는 태양의 아버지요. 그들은 인간에게 시간을 알려주기 위해 매일 천궁(天弓)을 따라 달리는 거요."

"바프트루드니르, 당신이 그렇게 현명하다면 세 번째 대답도 알고 있겠려. 인간 세상을 매일 순환하는 낮과 이지러지는 달을 데리고 다니는 밤은 어디서 온 거요?"

"델링이 낮의 아버지고, 노르(Nor)가 밤의 아버지요. 달이 새로 찼다가 다시 이울기를 반복하는 것은 신들이 인간들에게 시간을 알려주기 위해서요."

"바프트루드니르, 당신이 그렇게 현명하다면 네 번째 대답도 알고 있겠구려. 그렇다면 높으신 신들을 위해 겨울과 따뜻한 여름은 애초에 어디서 생겨난 거요?"

"차가운 바람 빈드스발(Vindsval)에게서 겨울이 생겨났고 온화한 스보수드(Svosud)에서 여름이 생겨났소."

"바프트루드니르, 당신이 그렇게 현명하다면 다섯 번째 대답도 알고 있겠구려. 그렇다면 거인들의 조상은 누구이며 처음으로 태어난 거인의 이름은 무엇이요?"

"대지를 만들기 전 아득히도 오랜 옛날, 베르젤미르가 태어났소. 힘이 센 그 거인은 트루드젤미르(Thrudgelmir)의 아들이며 아우르젤미르의 손자요."

"바프트루드니르, 당신이 그렇게 현명하다면 여섯 번째 대답도 알고 있겠 구려. 그렇다면 아주 오래 전 아우르젤미르는 어디서 생겨났소?"

"엘리바가르의 거센 물결 속에서 독이 떨어져 응고하자 거인이 생겨났소. 그로 인해 거인족이 탄생했으며 그래서 우리들은 모두 그렇게 사나운 거요."

"바프트루드니르, 당신이 그렇게 현명하다면 일곱 번째 대답도 알고 있겠 구려. 그렇다면 냉혹한 그 거인은 여인과 동침하지도 않았는데 어떻게 해서 자식들을 보게 되었소?"

"서리 거인의 겨드랑이에서 소년과 소녀가 자라났다고 하오. 그리고 그의 두 다리가 서로 결합해서 머리가 여섯 달린 아들을 낳았소."

"바프트루드니르, 당신이 그렇게 현명하다면 여덟 번째 대답도 알고 있겠 구려. 당신이 제일 첫 번째로 기억하고 있는 것은 뭐요? 당신이 모르는 것은 하나도 없는가 보오!"

"대지가 생겨나기 까마득히 오래 전 베르젤미르가 태어났소. 내가 처음으로 기억하는 것은 그 현명한 거인이 흔들리는 뱃전에 누워 있었다는 거지."

"바프트루드니르, 당신이 그렇게 현명하다면 아홉 번째 대답도 알고 있겠 구려. 그렇다면 파도 위로 몰려다니지만 결코 눈에 보이지는 않는 바람은 어 디서 온 거요?"

"송장 해결사인 독수리 흐라에스벨그가 세상 끝에 앉아 있다고들 하지. 그 독수리가 날개를 펼쳐 퍼덕거릴 때마다 사람들 사는 세상으로 바람이 몰 려드는 것이오."

"바프트루드니르, 당신이 신들의 운명에 대해 모든 것을 알고 있다면 열 번째 대답도 알고 있겠구려. 그렇다면 뇨르드는 어떻게 하여 신들의 자식이 아니면서도 수많은 신전과 길가의 사당을 주관하는 제일인자가 될 수 있었소?"

"바니르 족이 그를 바나하임에서 창조했소. 세상이 끝날 즈음 그는 자신의 종족에게 돌아갈 것이오."

"바프트루드니르, 당신이 모든 것을 알고 있다면 신들의 운명에 대해 말해 보시오. 오딘의 궁전에서 매일 싸우러 나오는 전사들은 누구요?"

"오딘의 궁에서 매일 싸우러 나오는 전사들은 죽은 모든 영웅들이오. 그들은 서로에게 죽임을 당했다가 싸움에서 다친 상처를 치유 받고 연회를 즐기러 돌아온다오."

"그렇다면 당신이 어떻게 신들의 운명에 대해 모든 것을 알게 되었는지 말해 보시오. 당신은 정말로 신들의 룬 문자와 거인들의 룬 문자를 읽을 수 있는가 보오."

"나는 아홉 세상과 죽은 자들이 사는 지하 세계 니플하임도 두루 섭렵했기 때문에 신들의 룬 문자와 거인의 룬 문자를 읽을 수 있는 거요."

그러자 오딘이 질세라 대답했다. "나 역시 먼 곳까지 여러 곳을 돌아다녀 많은 것을 알고 있고 신들이 알고 있는 것은 나 역시 전부 알고 있소. 그렇다면 끔찍한 겨울이 인간 세상에 엄습했을 때 최후까지 살아남는 것은 무엇이오?"

"그때가 되면 리프와 리프트라시르가 호드미미르의 숲(Hoddmimir's Wood)에 숨을 거요. 그 곳에서 그들은 매일 이슬로 연명해 나갈 것이오."

"나 역시 먼 곳까지 돌아다녀 많은 것을 알고 있고 신들이 알고 있는 것은 나 역시 알고 모두 있소. 늑대 스퀼에게 잡아채어 갈가리 찢긴 후에 어떻게 태양이 평온한 하늘로 다시 되돌아 올 수 있소?"

"빛나는 요정(태양), 알프로툴(Alfrothul)은 스퀼에게 찢기기 전에 예쁜 딸을 낳을 거요. 바로 그 아가씨가 신들이 모두 멸망한 후 어머니를 이어 어머니가 다니던 하늘의 길을 그대로 걷게 될 거요."

"나 역시 먼 곳까지 돌아다녀 많은 것을 알고 있고 신들이 알고 있는 것은 나 역시 모두 알고 있소. 그렇다면 바다 위를 날게 될 현명한 여인들은 누구요?"

"세 여인이 모그트라시르(Mogthrasir)의 언덕 위로 세 번 날게 될 거요. 그들은 모두 거인들의 혈통이긴 하지만 인간의 후손들을 지키게 될 것이오."

"나 역시 먼 곳까지 돌아다녀 많은 것을 알고 있고 신들이 알고 있는 것은 나 역시 모두 알고 있소. 그렇다면 주르트의 불길이 잦아든 후 신들의 세상을 지배할 신은 누구요?"

"불의 괴물 주르트가 죽고 나면 비다르와 발리가 신들의 안식처에서 살게 될 거요. 던지는 자인 빙니르(Vingnir : 토르의 다른 이름 — 역주)가 싸움에서 죽은 후에 쇠망치 묠니르는 그의 아들들, 노기등등한 모디(Modi)와 힘센 마그니(Magni)가 물려받게 될 것이오."

"나 역시 먼 곳까지 돌아다녀 많은 것을 알고 있고 신들이 알고 있는 것은 나 역시 전부 알고 있소. 최후의 결전인 라그나로크에서 신들이 싸울 때 오딘은 어떻게 해서 죽게 되오?"

"늑대 펜리르가 인간을 창조한 오딘을 집어삼키게 될 것이오. 그리고 비다르가 오딘의 원수를 갚게 될 것이고. 비다르는 오딘을 집어삼킨 펜리르의 무시무시한 턱을 갈가리 찢어 죽여 아버지의 원수를 갚을 거요."

"나 역시 먼 곳까지 돌아다녀 많은 것을 알고 있고 신들이 알고 있는 것은 나 역시 모두 알고 있소. 그렇다면 오딘은 자신의 아들인 발더를 화장시키기 전에 죽은 아들의 귀에 대고 뭐라고 속삭였소?"

그제서야 바프트루드니르는 자신의 손님을 오랫동안 쳐다보더니 그가 누구인지 알아보았다. 그러더니 착 가라앉은 음성으로 대답했다. "누구도 오래 전에 당신의 아들의 귀에 대고 뭐라고 속삭였는지 알 수 없소. 최초의 거인과, 신들의 파멸에 대해 말을 꺼내기 전부터 이미 내 운명은 예정되어 있었소." 그러더니 거인은 이생에서 자신의 마지막 말을 남겼다. "내가 지혜를 겨룬 이는 바로 오딘이었구려. 당신의 지혜는 모든 사람을 능가할 것이며 항상 최고가 될 것이오."

16장 우트가르드로 여행한 토르

어느 날 토르는 여름이 한가하고 여행하기에 좋은 계절이니 우트가르드 (Utgard)를 유랑하며 거인들과 힘을 겨루어 보겠다는 계획을 발표했다. "그들의 숫자가 아무리 적다고 해도 우리에 비하면 너무 많아."

그러자 로키가 끼어들었다. "우트가르드에 가려면 예리한 재치가 필요해."

"예리한 재치라……" 토르가 로키의 말을 심각하게 되받았다.

"하지만 네 재치라야 네 망치만큼이나 둔하잖아. 나를 데려가는 게 어때?" 토르에게 눈을 찡긋하며 로키가 제안했다.

토르는 로키의 빈정거림은 무시한 채 그 제안을 받아들였다.

"못된 녀석, 하지만 같이 가면 나쁠 것 없지."

토르의 대답을 들은 로키의 눈이 반짝 빛났다. 변화무쌍한 로키의 눈은 갈

색에서 초록색으로, 다시 쪽빛으로 변했다. 예전에 난쟁이에게 꿰어 상처가 남은 입술은 약간 벌어진 채 탐욕스런 웃음으로 일그러졌다.

"자, 그럼 내일 보자구." 토르가 제의했다.

다음날 아침 일찍 아직 하늘이 푸른빛으로 변하기도 전에, 수탉이 울기도 전에 토르는 자신의 염소를 트루드방(Thrudvang)에서 데리고 들어와 마구를 씌워 마차에 매어놓았다. 토르와 로키는 마차에 앉아 은을 꼬아 만든 고삐를 꽉 쥐었다. 마차는 아직 이슬에 흠뻑 젖어 있는 아스가르드 평원을 덜컹거리며 가로질러 갔고 토르는 모든 신들이 잠들어 있는 궁전을 정겹게 바라보았다. 신들의 우뚝 솟은 궁전은 새벽 어스름한 빛에 고요하고 어렴풋이 보였다.

토르와 로키는 커다란 대문을 통과하여 인간들의 세상인 미드가르드로 향했다. 하루 종일 토르와 로키는 마차를 몰며 얘기를 주고받았고 세상에 대해서나 서로에 대해서 근심할 것이 없었다.

그리고 이른 저녁 그들은 수 십리 근방에는 집 한 채 없이 홀로 외따로 떨어진 농가에 이르렀다. 오두막은 금방이라도 쓰러질 것 같았고 주위를 둘러싼 들판만큼 푸르렀다. 잔디로 뒤덮인 지붕은 마치 땅바닥에서 자라난 것처럼 얕았다.

"찢어지게 가난한 집인 모양이군." 로키가 한 마디 했다.

"그들에게 먹을 식량이 없다면 내가 준비하면 되지, 뭐." 말을 받은 토르는 염소를 당겨 세운 후 마차에서 내렸다.

한편 집주인인 농부와 아내와, 그들의 아이들인 티알피(Thialfi)와 로스크바(Roskva)는 자신들의 농가에서 걸어나오다 로키와 토르를 알아보고는 덜덜 떨기 시작했다.

그러자 로키가 그들을 안심시켰다. "우리가 원하는 것은 먹을 것과 오늘 밤을 날 잠자리니라."

"잠자리야 기꺼이 내어드릴 수 있죠." 농부가 대답했다.

"먹을 것도 물론 드릴 수는 있지만 저희가 가진 것은 고작해야 채소에 감자뿐이랍니다. 고기는 없어요." 아내가 대답했다.

"닭 한 마리도 없느냐?" 로키가 주위를 둘러보며 물었다.

농부는 천천히 고개를 저었다.

"그럼 내 염소를 쓰지, 뭐." 간단히 대답한 토르가 주저하지 않고 자신의 염소 두 마리를 모두 죽여 가죽을 벗겨냈다. 그리고는 몇 토막을 내어 농부의 아내가 걸어놓은 커다란 솥에 던져 넣었다.

토르의 행동을 지켜본 농부와 아내와, 다리가 긴 아들과 예쁜 딸은 앞으로 포식할 기대로 마음이 부풀자 굶주림이 거의 아플 정도로 예리하게 느껴졌다. 농부와 가족들은 제대로 익고 있는지 보려고 고기에서 잠시도 눈을 떼지 않았다. 한편 토르는 염소 가죽을 불에서 조금 떨어진 곳에 펼쳐 놓고는 사람들에게 일렀다.

"고기를 먹고 발라낸 뼈는 이 가죽 위로 던지라고."

그들은 별이 총총히 빛나는 하늘 아래 둘러 앉았다. 그 틈에 토르가 끼며 다시 한 번 주의를 주었다. "내가 말한 것을 잊지들 말아. 조심해서 뼈를 발라 먹은 후 하나도 잊지 말고 전부 가죽 위로 던져 넣어야 해." 그리고 나서 그들은 모두 함께 염소고기를 먹기 시작했다.

그런데 농부의 아들인 티알피는 너무나 오랫동안 고기에 굶주렸기 때문에 뼛속에 든 맛있는 골수를 그냥 버리기에는 너무 아깝다는 생각이 들었다. 그래서 토르가 아버지와 얘기하고 있는 사이 티알피는 넓적다리의 한 쪽 뼈를 재빨리 집어들고 칼로 쨈 다음 그 안에 든 육즙을 맛있게 빨아먹었다. 그런 다음 가죽 위의 뼈 무더기 속으로 다시 던져 넣었다.

식사를 끝마친 후 토르와 로키와 농부의 가족들은 잘 준비를 했다. 그리고 그들은 모처럼만에 근사한 염소 고기로 포식을 한 후라 잠도 달게 잘 수 있었다. 가장 먼저 잠이 깬 사람은 토르였다. 아직 동이 트기도 전에 일어난 토르는 옷을 입고 농가 밖으로 나갔다. 그리고 쇠망치 묠니르를 가죽 위에 집어 올려 신성하게 했다.

그러자 신기하게도 죽었던 염소는 살이 탱탱하게 오른 채로 다시 살아나 음매 하고 우는 것이었다. 그러나 염소들이 움직이기 시작하자 토르는 염소 한 마리가 뒷다리를 절뚝거리는 것을 알아챘다. 당장 집안으로 뛰어들어간 토르가 "대체, 어느 놈이야?" 하고 호통을 치는 소리에 벽이 심하게 떨리며 거의 허물어질 것 같았다.

한편 농부와 아내는 자고 있다가 깜짝 놀라 벌떡 일어났다. "대체 어느 놈이 내 명령을 거역한 거야? 염소의 뒷다리가 부러졌잖아!" 토르는 집이 떠나가도록 쩌렁쩌렁 불호령을 내렸다.

토르가 얼굴을 찌푸리자 농부와 아내와 티알피와 로스크바는 설설 기었다. 분노한 토르의 눈빛이 밝은 오렌지 빛처럼 타오르자 농부의 식구들은 이제 미드가르드에서의 삶도 끝났다고 생각했다. 드디어 토르가 손가락 마디가 하얘지도록 쇠망치를 단단히 움켜쥐자 농부의 아내와 로스크바는 공포에 질려 소리쳤다. 한편 티알피는 눈을 가늘게 뜨며 간청했다. "제발, 살려주세요!"

그러자 농부도 따라 빌었다. "제발, 살려주세요! 제 땅과 농장과 제가 가진 모든 것을 다 드리겠어요. 전부 가지세요. 전부 가지시고 제발 목숨만 살려주세요."

토르는 매우 미친 듯이 화낼 때가 있지만 결코 오래 가는 법은 없었다. 농부의 가족이 전부 극도의 공포심에 사로잡힌 것을 보자 온 몸을 미친 듯이 치닫던 혈기도 가라앉았다. 그러자 거칠게 한 마디 내뱉었다. "그렇다면 티알피와 로스크바를 하인으로 데려가겠다. 그걸로 이 일은 없던 것으로 하겠다."

이제 토르와 로키는 다시 여행을 시작할 준비를 했다. 토르는 티알피와 로스크바를 데리고 우트가르드로 가겠으며 돌아가는 길에 들러 찾아갈 테니 농부에게 그동안 마차와 염소를 돌보라고 맡겼다.

완만하게 경사진 비탈길을 건너 오랫동안 걸어간 끝에 토르 일행은 마침내 요툰하임과 인간들의 세상을 나누는 기다란 바다 앞에 이르렀다. 그들은 바로 앞에 회색 빛으로 물결치는 강과 그 너머로 펼쳐져 있는 야트막한 분지를 보았다. 분지는 납빛 하늘에 눌린 척박한 땅이었다.

"아침까지는 기다릴 수 있겠지." 토르가 불쑥 말을 꺼냈다.

대충 자리를 잡고 앉은 일행은 봇짐에 있던 음식을 꺼내어 배를 채우느라 바빴다. 전날 먹다 남은 음식과 죽으로 저녁을 때운 토르 일행은 굽이치는 바닷가 모래사장에서 잠을 잤다.

다음날 아침 네 사람은 그리 오래 걷지 않아 해변가에 매어져 있던 낡은 배를 한 척 발견했다. 그 배는 아무도 쓰지 않는 것 같아 보였다. 당장 배에 올라탄 일행은 배를 바다로 밀어 넣었다. 토르가 힘차게 노를 저을 때마다 배는 앞으로 나아갔고 정오쯤 되었을 때는 바다와 산 사이에 자리잡은 넓고 긴 땅인 우트가르드 해안에 닿을 수 있었다.

배를 해안으로 끌어올린 네 사람은 해안 주위에 생명체의 흔적이라고는 찾아볼 수 없었으므로 내륙으로 향했다. 잠시 후 그들은 서로 다른 방향으로 뻗어나가 그 둘레를 관통하는, 길은 없는 것처럼 보이는 숲에 이르렀다. 그 숲으로 들어간 일행은 어느 길로 나아갈지 선택했다. 오후 내내 어두운 숲 속으로 계속 걸어간 그들은 굶주림과 향기로운 소나무 냄새에 머리가 빙글빙글

Thaar, der deutsche Donnergott. (Aus Wägner, „Nordisch-Germanische Vorzeit".)

〈염소 두 마리가 끄는 마차를 타고 다니는 토르〉, 19세기 목판화.

도는 것 같았다. 발 밑에 펼쳐진 대지는 온통 봄날 분위기였다.

저녁 늦게 되어 빛이 점점 희미해지기 시작할 무렵이 되도 그들은 아직 생명체의 흔적이라고는 찾아보지 못한 채 식량이 얼마 남지 않았으므로 그 날 밤은 대충 때우고 자야 한다는 것을 알았다.

"먹는 것은 그렇다 치고 밤을 지샐 곳이라도 찾아봐야지. 나는 이런 곳에서 죽고 싶진 않다구." 로키가 먼저 말을 꺼냈다.

'흥, 늑대 펜리르의 아버지도 늑대를 무서워하나?' 토르는 웃으며 속으로 생각했다.

한편 발걸음이 몹시 잽싼 티알피가 토르와 로키와 여동생을 위해 먼저 나아가 숲을 살폈다. 잠시 후 돌아온 티알피는 그리 멀지 않은 곳에 공터가 있고 그 한가운데에 서 있는 이상하게 생긴 집을 발견했다는 소식을 가져왔다. 티알피의 말에 따라 모두 함께 공터에 도착한 후 토르와 로키는 그 이상한 집 주위를 둘러보았다. 그들 역시 당황스러웠다.

희한하게도 문은 없는 대신 집의 한쪽 끝이 그냥 확 트여 있었다. 그리고 입구는 무척 넓었는데 넓은 만큼 크기도 높았다. 그리고 집 자체는 엄청나게 컸다. 아스가르드에 있는 어떤 궁전도, 심지어 오딘의 궁전인 발할라조차도 그 안에 들어가고도 남을 것 같았다.

"어쨌든 여기 있으면 등줄기에 비 맞는 것은 피할 수 있겠어. 최소한 습기가 몸 안으로 스며들어오는 것을 막을 수는 있을 거야." 로키가 먼저 제안했다.

비록 배가 고프기는 했지만 네 사람은 하루 종일 걸은 끝이라 모두 지쳐 있었으므로 자리를 잡자마자 곧 곯아떨어졌다.

그런데 한밤중에 네 사람은 자다가 놀라서 벌떡 일어났다. 밖에서 무시무시한 소리가 들려왔는데 소리는 점점 커지더니 어찌나 시끄러운지 집이 흔들리고 요동치기 시작했다. 토르와 로키와 티알피와 로스크바는 자리에서 일어섰지만 발 아래 땅이 흔들렸다.

"지진인가봐!" 토르가 소리쳤다.

그 소리를 들은 티알피와 로스크바는 눈을 동그랗게 뜬 채로 서서 꼭 끌어안았다. "일단 여기서 빠져나가고 보자구. 널빤지처럼 납작하게 뻗기는 싫어." 로키가 제안했다.

그런데 갑자기 그 순간 땅의 흔들림이 멎었다. 시끄러운 진동은 시작했을 때처럼 언제 그랬냐는 듯 갑자기 멎었고 밤의 어둠에 휩싸인 주위에는 다시 정적이 흘렀다.

"밖은 안보다 안전하지 않을 것 같아. 그냥 있는 것이 좋겠어." 소리가 멎자 토르가 말했다.

"여기보다 나은 곳이 분명히 있을 거야." 로키가 반박했다.

"그렇다면 이 곳을 어떻게 활용해야할지 한 번 둘러봐야겠어. 잘 알아두어서 손해볼 건 없잖아."

그래서 네 사람은 어둠 속에서 손으로 더듬다시피 집의 한 쪽 끝으로 깊이 들어갔다. 그러나 그들이 한 걸음씩 옮겨놓을 때마다 어둠은 더욱 짙어졌고 공기는 답답해졌다. 그러나 그 순간 갑자기 다른 길을 발견했다. 오른쪽으로 보니 집의 거대한 본채에서 조금 떨어진 곳에 작은 방이 있었다.

"이 곳이 더 낫겠어. 만일 인간이나 괴물이 얼굴을 드러낸다면 최소한 우리도 이곳에서 대항해 싸울 수 있을 테니 말이야. 만일 지진이라면 문제는 다르겠지만." 토르가 제안했다.

그래서 로키와 티알피와 로스크바는 후미진 옆방의 어둠 속으로 발을 들여놓았고 토르는 문 입구에 앉아 누가 오든지 세 사람을 지키겠다고 맹세했다. 그렇지만 토르 일행은 한 번 설친 잠을 쉽사리 다시 청할 수 없었다. 간혹

낮게 들려오는 으르렁거리는 소리에 그들은 몇 번씩이나 잠을 깼고 두려움에 떨며 거의 밤을 지새다시피 했다.

날이 밝자마자 토르는 조심스럽게 집 밖으로 나갔다. 그런데 놀랍게도 밖의 공터가 꽉 차도록 한 남자가 누워 있었는데 결코 난쟁이는 아니었다. 거인은 잠들어 있었는데 자면서 갑자기 코방귀를 내뀌었다. 그리고 거인이 코를 골기 시작하자 토르는 그제서야 자신들 일행이 밤새 들었던 소리의 정체가 무엇인지 알았다. 험악하게 거인을 쳐다본 토르는 거인 여인 그리드에게서 받았던 힘의 혁대를 조였다. 그러자 마치 거대하게 밀려드는 파도처럼 속에서 힘이 부풀어오르는 것을 느꼈다.

바로 그 순간 잠에서 깬 거인은 자신을 내려다보고 서 있는 토르를 보고는 깜짝 놀라 벌떡 일어났다. 거인이 완전히 서자 주위에 있던 소나무처럼 키가 컸고 그 큰 키에 놀라서 움찔 뒤로 물러난 토르는 묠니르를 던지는 대신 놀라서 묻기만 했다. "너, 넌 도대체 누구지?"

"큰 녀석이라는 뜻의 스크리미르(Skrymir)요."

"그 이름에 왈가왈부할 사람은 없겠구만." 토르가 혼자 중얼거렸다.

그러자 스크리미르는 하룻밤을 묵었던 곳에서 기어나오던 로키와 티알피와 로스크바를 흘깃 쳐다보며 대답했다.

"난 당신이 누군지 물을 필요도 없소, 당신이 토르라는 것을 알고 있으니. 그런데 당신이 내 장갑을 치웠소?"

스크리미르는 몸을 구부리더니 장갑을 집어들었다. 맙소사! 토르와 나머지 일행이 거대한 저택으로 알고 있었던 것은 다름아니라 스크리미르의 장갑이었던 것이었다. 토르는 이제서야 자신들이 중앙 홀로 알았던 것이 스크리미르의 손과 네 손가락이 들어가는 곳이었고 잠을 잤던 작은 옆방은 엄지손가락을 끼우는 곳이었다는 것을 알았다.

"그래 오늘은 내 동족들에게 뭐라고 할거요?" 스크리미르가 물었다.

"반갑다고 할거야. 우리는 지금 우트가르드로 가는 중이지."

"그럼 먼저 나와 함께 먹을 거나 들고 천천히 가시오."

그러나 토르와 일행은 자신들의 봇짐은 이미 거의 빈 상태였으므로 스크리미르의 말이 별로 달갑지 않았다. 토르 일행이 어느 정도 먹고 나자 스크리미르가 제안했다. "우리가 가진 양식을 같이 합칩시다."

"그거 좋소." 토르도 흔쾌히 동의했다.

그러자 스크리미르는 자신의 더 큰 자루에 토르 일행의 봇짐을 가볍게 집어넣고는 끈으로 묶은 다음 어깨에 걸머졌다. 그리고 거대한 발걸음을 성큼 성큼 옮기며 숲 속으로 나아가자 토르와 로키와 로스크바는 곧 뒤처졌다. 미드가르드에서 제일 빠른 발을 가진 티알피조차도 스크리미르를 따라잡기가 벅찼다.

그러나 멈춰 서서, 앞에서 스크리미르가 쿵쿵 울리며 가는 소리에 귀를 기울인 덕에 토르 일행은 어느 길로 가야 할지 알 수 있었다. 저녁이 되어서야 그들은 숲을 거의 벗어난 지점에서 커다란 참나무 아래 앉아 자신들을 기다리고 있던 스크리미르를 만날 수 있었다.

"이 근처에 집이라고는 한 채도 없소. 하지만 이 참나무 아래에서 밤을 날 수 있소. 오늘은 너무 오랫동안 걸어서 피곤하니 지금 내가 원하는 것은 자는 것밖에 없소."

그러자 토르는 마음이 언짢은 것 같았고 로키는 배가 고픈 듯이 보였다. 티알피와 로스크바는 아버지의 농장과 어머니의 요리 솜씨가 생각났다. 로스크바가 쓸쓸히 읊조렸다. "고기가 없는 것쯤은 지금 배고픈 것에 비하면 댈 것도 아니야."

"그러지 말고 내 자루에 든 것을 먹도록 하시오. 난 잠이나 잘 테니 당신들이 알아서 챙겨 먹으시오." 그리고 곧 자리에 누운 스크리미르는 돌아눕더니 몇 분만에 잠이 들고 말았다. 스크리미르가 코를 고는 소리에 참나무 가지가 진동을 쳤고 그 바람에 가지에 앉아 있던 새들은 더 나은 곳을 찾아 날아갔다.

토르는 식량이 든 자루를 잡으며 말했다. "너희들은 불을 준비해. 내가 자루를 열 테니."

하지만 자루를 여는 일은 뜻대로 쉽게 되지 않았다. 먹을 음식이 담긴 자루의 끈은 어찌나 견고하던지 늑대 펜리르를 묶었던 끈 라에딩처럼 꼼짝도 하지 않았고 토르는 한 매듭도 풀 수 없었다. 일행이 돌아가며 차례로 시도해 보았지만 저녁을 먹겠다는 꿈은 서서히 물거품이 되고 있었다.

토르의 낭패감은 점점 커졌다. 스크리미르가 자신들이 자루를 열 수 없도록 해놓았다는 생각에 토르의 수염은 온통 곤두섰다. 결국 그는 인내심을 완전히 잃고 말았다. 양손으로 묠니르를 단단히 움켜쥔 토르는 스크리미르를 제대로 내려다 볼 수 있도록 몇 발짝 앞으로 다가섰다. 그리고는 쇠망치를 높이 들어올려 스크리미르의 앞이마에 내리 박았다.

그러자 스크리미르는 벌떡 일어나 앉더니 중얼거렸다. "뭐였지? 나뭇잎이 머리에 떨어졌었나?" 그리고는 주위를 한 바퀴 둘러보더니 물었다. "그런데 당신들 저녁은 다 먹은 거요? 지금 잘 준비들 하는 거요?"

그러자 토르가 재빨리 대답했다. "사실, 지금 막 잠자리에 들려던 참이었소." 그리고 네 사람은 가까이 있던 두 번째로 큰 참나무로 서서히 움직여갔다. 나무 아래에 눕긴 했지만 브로크와 에이트리가 만든 이후로 토르가 이제껏 쇠망치 묠니르로 실패한 것은 이번이 처음이었으므로 그들은 배가 고프기도 했지만 걱정이 되어 잠을 이룰 수가 없었다.

한밤중이 되자 스크리미르는 또다시 코를 골기 시작했다. 근처에 있던 나무들은 사시나무 떨 듯 떨렸고 몸 아래 땅도 흔들리는 것이 느껴졌다. 토르는 이제 지겹도록 그 소리를 들었다고 생각했다. 그리고는 한 마디도 없이 자리에서 일어나 조용히 스크리미르 쪽으로 다가갔다. 그리고는 가만가만 있는 힘을 다해 묠니르를 쳐들어 스크리미르의 정수리 한복판에 대고 내리쩍었다. 토르는 망치의 머리 부분이 스크리미르의 뇌 속에 완전히 잠겨 들어간 것을 느낄 수 있었다.

그러나 이번에도 스크리미르는 일어나 앉더니 중얼거렸다. "에이, 또 뭐야? 도토리가 머리에 떨어졌나?" 그리고 주위를 둘러보더니 토르에게 말했다. "어이, 토르. 거기서 뭐 하는 거요?"

"아, 당신처럼 나도 지금 막 일어났소. 그러나 아직 한밤중이니 우리 둘다 좀 더 자야겠소."

황급히 대답하며 토르는 원래 자리로 되돌아가 참나무 아래 일행들이 누워 있는 옆에 누웠다. 화가 나 앞 눈썹이 툭 튀어나온 토르는 다시 한 번 스크리미르를 칠 기회가 오면 그때는 반드시 스크리미르의 눈에서 별이 반짝이게 해준 후 저승의 니플하임으로 보내 주겠다고 혼자 맹세했다. 그리고는 조용히 누워서 스크리미르가 다시 잠이 들기만을 기다렸다.

날이 밝기 얼마 전 토르는 스크리미르가 완전히 잠든 것을 확인했다. 그의 귀는 스크리미르가 코를 골며 내는 소음에 더 이상 견딜 수가 없었다. 다시 한 번 자리에서 일어난 토르는 스크리미르에게 살며시 다가갔다. 다시 묠니르를 쳐든 토르는 온 힘을 다하여 스크리미르의 앞으로 약간 돌출된 관자놀이에 박아 넣었다. 토르는 망치 머리 부분 전체를 스크리미르의 뇌 속으로 깊이 박아 넣었고 망치는 자루 부분만 빼고는 깊숙이 박혔다.

그런데 이번에도 스크리미르는 일어나 앉더니 볼을 문질렀다. "에이, 나무 위에 새들이 있나? 꼭 뭐가 떨어진 느낌이 들어 잠에서 번번이 깼는데." 또 주위를 한 바퀴 훑어보더니 덧붙였다. "토르, 당신은 괜찮소? 이제 완전

토르와 우트가르드의 거인 스크리미르. 그는 잘 때 토르의 망치질을 세 번이나 당했음에도 끄떡없었다.

Louis Huard, 1891년

히 일어난 거요?"

토르는 어안이 벙벙해 꿀먹은 벙어리처럼 한 마디도 못했다.

"당신 동료들도 일어나야 할 시간 아니오? 어서 일어나 준비를 하라고 하시오. 이 곳에서 멀지 않은 곳에 우트가르드 성채가 있소."

스크리미르는 눈을 가늘게 뜨며 말을 이었다. "내가 난쟁이는 아닌 것 같다고 당신들끼리 수군대는 소리를 전에 들었는데 이제 우트가르드에 도착해서 한 번 둘러보시오. 그 곳에 있는 사람들이 나보다 훨씬 큰 것을 알게 될 테니."

그 사실을 아는지 모르는지 토르는 천천히 고개를 흔들었고 로키와 티알피와 로스크바는 참나무 아래에서 잠이 깨 스크리미르가 하는 소리를 들었다.

"내가 당신에게 몇 가지 충고를 해주겠소. 나름대로 자존심을 잃지 않는 것은 당신 마음이겠지만 입은 다무는 게 좋을 거요. 우트가르드의 로키의 신하들은 당신과 같은 풋내기가 자랑하는 것을 그냥 보고만 있지 않을 테니 말이요."

그처럼 심한 모욕에 토르는 속이 부글부글 끓어올랐지만 그렇다고 자신이 달리 할 수 있는 것이 아무것도 없었다. 그저 잠자코 서서 듣는 수밖에 없었다.

"내 보기엔 집으로 곧장 돌아가는 게 당신 신상에 좋으리라고 생각하는데. 하지만 당신이 굳이 가겠다고 고집한다면 여기서 동쪽으로 곧장 가시오." 스크리미르는 손으로 길을 가리켰다. "나는 저 멀리 떨어진 산을 향해 북쪽으로 갈 작정이오."

식량 자루를 집어 어깨에 걸머진 스크리미르는 다정한 말 한 마디, 고개 한 번 끄덕이지 않고 숲의 가장자리를 따라 성큼성큼 가 버렸다. 토르와 일행들은 그가 가는 것을 지켜보았고 로키가 한 마디 했다. "저 녀석이 그리워질 일은 없겠지. 다시는 보고 싶지도 않고."

네 사람은 숲을 뒤로 하고 떠났다. 오전 내내 걸어간 그들은 지평선 저 멀리에 있는 무엇인가 흐릿한 것을 보았다. 태양이 머리 바로 위에서 수직으로 내려 쬘 쯤엔 오르막길을 올라갔고 기묘하게 네모난 모양을 하고 있는 세 개의 골짜기로 둘러싸인 안장 모양의 산등성이를 지나 평원으로 내려서니 거대한 성채가 버티고 서 있었다. 성채의 담은 무척 높았으므로 그 너머에 있는 건물의 꼭대기까지 보려면 고개를 뒤로 젖혀야만 했다.

토르와 일행은 이제 험난한 여정의 끝이 보이는 것 같아 즐거웠다. 그들은 단련한 철로 만든 커다란 대문으로 이르는 닳아빠진 길을 따라 갔다. 그러나 대문은 굳게 잠겨 있었고 아무도 맞아주는 사람이 없었다. 빗장 사이로 안을 들여다본 토르 일행은 성채 안의 집들의 크기에 입이 딱 벌어졌다.

"크기가 큰 만큼 쓰러질 때도 무겁게 쓰러지겠구만." 묠니르를 만지작거리며 토르가 중얼거렸다. 그러나 그 순간 스크리미르를 생각해내고는 다시 불편한 마음이 되었다. 토르는 성문을 덜거덩거려보았지만 문을 비틀어 열기는 고사하고 문 너머 안쪽으로 자신의 목소리조차 들리게 하지 못했다.

그러자 지켜보던 로키가 한 마디 했다. "우격다짐보다는 언제든지 머리를 쓰는 게 좋다고 했잖아. 예리한 재치가 필요하다고 내가 말했었지." 로키는 빗장 사이로 미끄러져 들어가더니 우트가르드 안에 서서 씩 웃었다. 호리호리한 로스크바와 다리가 긴 티알피도 당장 로키 뒤를 따라 빗장 틈새로 들어갔지만 토르는 애를 좀 먹었다. 그러나 결국엔 토르도 쇠 빗장 두 개를 무너뜨린 후 안으로 들어갈 수 있었다.

네 사람은 앞에 있던 커다란 홀로 향했다. 문은 열려 있었으므로 그들은 안으로 걸어 들어갔다. 남녀노소 할 것 없이 수많은 거인들이 벽을 마주하고 놓여진 커다란 의자 위에 기대어 누워 있었는데 그들은 스크리미르가 말한 대로 몸집들이 어마어마했다. 그들은 토르와 로키와 티알피를 보더니 비웃기 시작했고 로스크바에게는 추파를 던지며 흘깃흘깃 쳐다보았다. 홀 한쪽 끝에 있는 의자에 홀로 앉아 있는 한 거인이 우트가르드의 로키일 것으로 생각하여 토르와 일행은 그에게 다가가 정중하게 인사를 했다.

그러나 거인들의 왕은 토르 일행에게 눈길조차 주지 않았다. 제대로 쳐다보지도 않았을 뿐더러 조금도 움직이지 않은 채 아무 말도 없었다. 토르는 눈살을 찌푸리며 로키를 돌아보았다.

로키는 하품을 했다.

"처음 뵙겠소이다!" 거인들의 왕이 귀머거리일 리가 없었지만 토르는 더욱 큰 소리로 다시 한 번 반복했다. "우리들은……"

그러자 우트가르드의 로키가 거만하게 토르의 말을 가로채 쩡쩡 울리는 소리로 말했다. "다른 세상의 소식은 천천히 전해지는 법이지. 우연히 들른 건지 아니면 일부러 찾아온 것인지는 모르지만 어쨌든 소문보다 먼저 나타나셨군, 그래." 우트가르드의 로키는 뭔가 알고 있다는 듯 웃었다. "아니면 이렇게 속삭이듯 말하는 당신을 토르로 알고 있는 내가 틀린 건가?"

토르는 우트가르드의 로키를 얕잡아 보기는 했지만 거인들에게 둘러싸여 있었으므로 이래라 저래라 마음대로 명령할 수는 없었다.

그러자 우트가르드의 로키가 처음으로 토르를 쳐다보았다. "좋아, 당신이 보기보다 힘이 셀지도 모르지. 그래 당신이 나보다 잘할 자신이 있는 기술이 뭐가 있지? 그리고 당신 동료들은 뭘 잘하나? 우리는 뛰어난 기술이 없거나 남을 즐겁게 하는데 특별한 재주가 있지 않으면 우리와 함께 머무르는 것을 허락한 적이 없소."

토르가 아무 대꾸도 못한 채 가만히 서 있자 몇 발자국 떨어져 뒤에 서 있던 로키가 나서서 도전을 받아들였다. "나한테 특별한 재주가 있는데 그걸 증명해 보이겠소. 이 홀 안에 있는 사람치고 나보다 더 빨리 먹어치우는 사람은 없을 거요."

거인들의 왕은 로키를 주시했다. "당신이 그렇게 자신만만하다면 어디 지금 이 자리에서 당장 시험해 보지." 우트가르드의 로키는 의자를 따라 쭉 훑어보더니 홀의 가장 먼 끝에 앉아있던 거인을 하나 지목했다. "이봐, 로기(Logi)! 이리 와서 여기 아스가르드에서 온 로키와 어디 한 번 붙어 보라구."

그러자 왕의 하인들이 나무 탁자를 하나 가져와 왕좌 앞에 내려놓았다. 나무 탁자 위에 산더미처럼 많은 고기 덩어리들을 쌓아놓는 것을 보며 토르는 마지막으로 음식을 먹은 지가 언제였던가 싶었다. 탁자 한쪽 끝에 로키를 위한 의자가 마련되었고 다른 한쪽 끝에는 로기를 위한 의자가 마련되었다. 그리고 거인 왕의 명령에 따라 두 사람은 음식을 먹기 시작했다.

두 사람은 게걸스럽고 탐욕스럽게 정신없이 먹어댔다. 각자 자신이 할 수 있는 최대한 빨리 먹어치우며 의자를 조금씩 앞으로 움직여간 두 사람은 탁자 중간에서 만났다. 로키는 고기 살점은 모두 먹어치우고 뼈만 남겨놓았다. 그러나 로기는 고기만 먹은 것이 아니었다. 뼈와 탁자까지 전부 먹어치운 것이었다.

그러자 거인의 왕이 선포했다. "이번 시합엔 로키가 졌노라!"

신하들 입에서 심술궂은 소리가 튀어나온 것은 그들도 왕의 생각에 동조한다는 의미였다.

로키는 눈을 가늘게 치켜 뜨며 우트가르드의 로키를 의혹이 가득 담긴 눈길로 쳐다보았다.

"그래 이 젊은 청년은 뭘 할 수 있지?" 우트가르드의 로키가 티알피를 보며 물었다.

"전 당신이 지정하는 누구와도 경주를 해서 이길 자신이 있습니다." 티알피가 대답했다.

"그래, 그거 특이한 재주구나. 네가 여기 있는 그 누구도 능가할 수 있다고 생각하는 걸 보니 아마 실력이 대단한 모양이구나. 그렇다면 당장 시험해 봐야지."

거인의 왕과 신하들과 토르 일행은 홀에서 나와, 경주하기에 알맞게 풀이 자라 있는 커다란 공터로 갔다.

"어이, 후기(Hugi)!" 거인의 왕이 자기 측 선수를 지정했다.

그러자 젊은 거인 하나가 느릿느릿 걸어나왔다.

"네가 티알피와 겨루어 보거라. 저기 첫 번째 반환점을 돌아오너라."

거인 왕의 신호에 따라 티알피와 후기는 다리가 달릴 수 있는 한 전속력으로 질주했다. 그들은 발이 거의 땅에 닿지 않는 것처럼 보였다. 티알피를 많이 앞질러가 먼저 골인 지점에 도착한 후기는 나중에 들어오는 티알피를 맞이했다.

"자, 티알피. 네가 이 시합에서 이기려면 연습 꽤나 해야겠구나. 그렇긴 하지만 미드가르드에서 온 인간치고는 너처럼 빨리 달리는 사람은 본 적이 없다고 말하지 않을 수 없구나."

이제 왔던 길을 다시 되돌아가게 된 티알피와 후기는 거인 왕의 신호에 따라 다시 전속력으로 질주했다. 이번에도 발이 거의 땅에 닿지 않을 정도로 빨리 뛰었다. 그러나 후기가 골인 지점에 다다랐을 때 티알피는 활을 세게 늘여 쏠 수 있을 정도의 거리만큼 한참 뒤처졌다.

"티알피도 나름대로 잘 뛰기는 하지만 이번에도 승리는 티알피의 수중에서 벗어난 것 같구나. 자, 어디 그럼 마지막 세 번째 경주로 결정을 보도록 하자."

티알피와 후기는 다시 출발선 상으로 돌아가 왕의 신호에 따라 풀밭 위로 미친 듯이 전력 질주했다. 두 사람은 다리가 보이지 않을 정도로 빨리 뛰었다. 그러나 이번에도 후기는 티알피보다 곱절은 빨리 뛰었다. 티알피가 결승

지점에 들어왔을 때 티알피는 아직 반환점을 돌지도 못한 상태였다.

그러자 더 이상 논쟁의 여지가 없었다. 그 정도면 승자를 가리는데 충분한 근거가 되었다는데 모두 동의했다.

거인의 왕이 이번엔 토르를 보고 말했다. "이보게, 토르. 자네는 자기 자랑이 대단하다지? 이것저것 가리지 않고 끝없이 자기자랑 하기 바쁘다고 들었는데. 그래 자네 기술 중에서 어떤 것을 우리에게 보여주시겠나?"

토르는 그럴 수밖에 없었으므로 우트가르드의 로키가 하는 모욕을 무시했다. "난 술을 마시겠소. 이 곳에 나만큼 술을 잘 마실 자가 있는지 의심스럽소."

"그래? 그거 아주 잘 됐군."

이제 토르 일행과 거인들 일행은 다시 커다란 홀로 되돌아갔고 우트가르드의 로키는 술 따르는 시종에게 자신의 신하들이 모두 사용해 본 적이 있는 벌주를 담아 마시는 잔을 가져오라고 했다. 술시중을 드는 시종은 곧 잔이 찰랑찰랑 넘치는 잔을 토르의 손에 넘겨주었다.

"우리 생각엔 이 잔에 든 술을 한 입에 다 털어 넣은 사람이라면 대단한 술꾼이라고 평가하지. 개중엔 두 모금에 잔을 비우는 사람도 있긴 하지만 여기 있는 우리 중에서 세 모금 안에 비우지 못할 만큼 연약한 자는 아무도 없지."

토르는 잔을 쳐다보았다. 이번 잔은 길이가 좀 길긴 하지만 전에는 이보다도 더 큰 잔에 마셔본 적도 있었다. 게다가 홀에 처음 도착한 이래로 거인 왕은 자신들 일행에게 한 모금도 마실 것을 권하지 않았으므로 토르는 목이 무척 마른 상태였다. 토르는 잔을 입으로 들어올린 후 눈을 딱 감고 단숨에 술을 꿀꺽꿀꺽 들이마시기 시작했다. 술을 넘기며 토르는 자신이 단번에 술잔을 전부 비울 것이라고 확신했다. 그러나 술잔이 비기 전에 토르는 더 이상 숨을 참을 수 없었다. 입을 뗀 토르는 머리를 들어 잔을 들여다보고는 술의 양이 아주 조금밖에 줄어들지 않은 것을 보고는 너무도 놀랐다.

그러자 우트가르드의 로키가 쩡쩡 울리는 소리로 말했다. "꽤 마시긴 했지만 아직도 잔을 비우려면 멀었군."

천둥의 신 토르는 잔을 노려보았다.

거인의 왕은 토르의 약을 올리듯 말했다. "토르가 술을 아주 잘 마신다는 말을 내가 들었더라면 결코 믿지 못했을 거네. 그렇더라도 난 자네가 두 번째 모금으로 잔을 비우리라고 믿고 있네."

토르는 아무 말이 없었다. 그저 잔을 다시 입으로 가져가 목을 있는 대로 벌리고 그 안에 술을 쏟아 부었다. 그러나 곧 숨이 막혔으므로 계속 잔을 기울여 다 비울 수가 없었다. 다시 머리를 들어올려 잔을 들여다본 토르는 비록 잔 가장자리에 찼던 술이 줄어들어 잔을 옮길 때 술이 찰랑거려 쏟아지는 일은 없었지만 첫 모금보다 술을 더 많이 비우지 못했다는 것을 알았다.

우트가르드의 로키는 고개를 흔들며 한숨을 쉬었다. 그가 내쉬는 숨결은 토르와 로키와 티알피와 로스크바 주위로 휘감아 도는 악취가 나는 불쾌한 바람과 같았다.

"아니, 토르. 도대체 어찌된 일이지? 일부러 이렇게 많이 남긴 것은 아니겠지? 내가 보기엔 자네가 잔을 비우려면 세 번째 시도에서 최선을 다해야만 할 것 같은데."

잔을 노려보는 토르의 수염은 화가 나 뻣뻣이 곤두섰다.

"난 자네가 아스가르드에서 찬사를 많이 받고 있다는 것을 알아. 하지만 자네도 알 듯이 지금 이 시합에서 했던 것보다 다른 시합에서 특별히 더 잘 하지 못하면 우리들의 찬사를 받기는 글렀다구."

토르는 자신이 잘 해내지 못하자 안달이 났고 거인 왕의 말에 화가 치밀었다. 그리고 다시 잔을 들어 입을 있는 대로 벌리고 계속 계속 술을 들이켰다.

마실 수 있는 한계까지 계속 들이켰지만 여전히 잔을 다 비울 수는 없었다. 결국 더 참지 못하고 토르는 고개를 들어 잔을 들여다보았다. 수위는 전보다 아주 조금 내려가 있었다. 더 이상 참지 못하고 토르는 잔을 시종의 손으로 내팽개쳤고 더 마시라고 야유하듯 권하는 주위의 웃음소리에 고개를 흔들었다.

"결국 이로써 자네가 자랑하던 솜씨가 우리의 생각과는 다르다는 것이 명백해졌군. 하지만 자네는 다른 솜씨를 뽐내고 싶겠지? 술 마시는 것으로는 자네를 공정하게 평가하지 못했겠지, 안 그런가?"

그러자 토르가 거칠게 응수했다. "나는 수없이 여러 가지 방법으로 내 솜씨를 입증해 보일 수 있소. 하지만 아스가르드에서는 이렇게 많이 마신 것을 두고 하찮은 일이었다고 몰아 부치는 사람이 있다면 매우 놀랄 일이라고 말해 두고 싶소."

그 말에 우트가르드의 로키는 토르를 빙긋이 내려다보며 웃기만 할뿐 아무 말도 없었다.

"그래, 당신이 날 위해 준비한 것은 뭐요?" 토르가 도전적으로 물었다.

거인 왕은 고개를 흔들더니 한숨을 쉬며 대답했다. "이 곳에 있는 젊은 거인들은 내 고양이를 땅바닥에서 들어올리는 묘기를 부릴 수 있지. 그러나 그 정도 가지고 고난도 묘기라고 할 수는 없지. 사실, 내가 생각했던 것의 반만큼도 자네가 힘이 세지 않다는 것을 내 눈으로 직접 확인하지 않았다면 위대한 토르에게 이런 하찮은 묘기를 해보라고 권하는 것은 꿈도 꾸지 않았을 거네."

그러자 마치 주인의 말을 기다리고 있었다는 듯이 왕좌 밑에 엎드려 있던 고양이가 몸을 일으키더니 바닥에 사뿐히 내려앉았다. 고양이는 새끼는 아니었다.

토르는 고양이 앞으로 걸어나와 단단한 팔을 고양이 아래로 집어넣고 들어올리기 시작했다. 토르가 들어올리려 하자 고양이는 그저 등을 활처럼 구부리기만 했다. 이제 토르는 두 손을 다 써서 있는 대로 힘을 주어 고양이를 들어올리려 했다. 그러나 고양이는 더욱 등을 구부려 토르의 머리 위에서 빛나고 있는 가파른 무지개 모양이 되었고 네 발은 바닥에 닿은 그대로였다.

등을 구부린 채 힘 하나 안들이고 저항하는 고양이의 모습과 반대로 처절하게 온 힘을 다 써도 고양이를 들어올리지 못하는 토르의 모습을 지켜본 거인들은 모두 웃음을 터트렸다. 이제 토르는 아예 고양이 발 사이의 밑으로 들어가 발끝을 심하게 흔들며 고양이를 들어올리려 했다. 두 손을 뻗치고 머리로는 고양이의 배를 있는 힘껏 밀어 올리자 마침내 고양이의 발 한 짝 정도는 겨우 들어올릴 수 있었다. 그러나 토르가 할 수 있는 것은 그것이 전부였다.

"내가 생각한 것보다는 조금 낫군. 고양이가 좀 컸지. 하지만 토르는 여기 이 곳에 있는 힘센 사람에 비하면 그야말로 애송이지."

"날 뭐라고 불러도 좋아. 하지만 다른 사람과 이곳에서 씨름을 해보겠어. 이제, 정말로 열 받았다구." 천둥의 신 토르는 주위에 둘러선 거인들을 노려보며 말했다. 시도할 때마다 번번이 실패한데다 거인 왕이 계속해서 조롱하며 독설을 퍼붓자 토르는 완전히 제정신이 아니었다.

토르의 제안에 우트가르드의 로키는 수염을 쓰다듬며 의자를 쭉 훑어보았다. "내가 보기엔 이 곳에 있는 사람들은 자네 상대가 될 만한 자가 없겠어. 자네랑 맞붙으라고 하면 다들 체면 깎인다고 생각할걸."

이제 토르는 어떻게 묠니르를 써먹을까 궁리하고 있었다. 쇠망치를 만지작거리며 이를 부득부득 갈았다.

"아, 잠깐! 좋은 생각이 났어! 가서 내 늙은 양어머니 엘리(Elli)를 찾아서 모시고 와. 토르가 원한다면 엘리하고는 상대가 될 거야."

그 소리에 거인들은 모두 킬킬거렸다.

"엘리는 토르보다 힘이 센, 전에 나를 친 사람들도 집어던진 적이 있거든."

잠시 후, 매우 쪼글쪼글 늙은 할망구가 절룩거리며 들어오더니 왕좌 앞으로 향했다. 거인 왕은 자신의 양어머니를 맞이하기 위해 일어나더니 토르와 한판 붙을 수 있겠냐고 물었다.

흔쾌히 동의한 엘리는 지팡이를 집어던졌다. 토르는 정당하게 할머니에게 덤벼들었다. 그러나 엘리를 붙드는 순간 할머니가 보기보다 힘이 센 것을 알았다. 토르는 씩씩대며 할머니를 잡아다녀 들어올리려 했지만 할머니는 꼼짝도 않고 서서 미동도 안 했다. 토르가 힘껏 내리 누를수록 할머니는 힘 하나 안들이고 쉽게 버텼다.

이제 손을 위로 빼낸 엘리는 한두 번 시도 끝에 갑자기 토르를 붙들었다. 완전히 토르를 들어올린 엘리는 토르의 균형을 잃게 했다. 토르는 이를 드러내며 절망적으로 엘리에게 들어 붙었다. 엘리가 자신을 내려놓게 하려고 발버둥치다 결국 토르는 한쪽 무릎을 꿇고 말았다.

"됐어! 그 정도면 충분하다! 씨름꾼으로서의 자네 자질을 충분히 보여주었으니 이제 더 이상 내 부하들하고 힘 겨루기를 할 필요가 없겠네."

로키의 먹기 시합, 티알피의 달리기 시합, 토르의 술 마시기와 씨름 시합이 끝나자 이미 밤이 이슥해진 후였다. 거인 왕은 거인들로 가득 찬 의자 위에 토르와 로키와 티알피와 로크스바를 위한 자리를 내주도록 하고 술과 음식을 권하며 후하게 대접했다. 거인들은 실컷 먹고 마신 후 바닥에 침구를 준비했다. 그리고 그 큰 홀에서 네 여행객과 수많은 거인들이 모두 한데 어울려 잠이 들었다.

잠에서 제일 먼저 깬 것은 토르 일행이었다. 옷을 차려입은 그들은 우트가르드를 떠날 준비를 했다. 그런데 그때 잠에서 깨어난 거인의 왕이 나무 줄기처럼 널려 있는 잠든 신하들을 타고 넘어와 토르 일행 옆에 식탁을 차렸다.

시종들을 시켜 금세 음식을 내오자 토르와 로키와 티알피와 로스크바는 다시 한 번 실컷 먹고 마실 수 있었다.

이제 거인 왕의 호의는 후하기 그지없었다. 손님들을 데리고 잠든 거인들 틈을 빠져 홀 밖으로 나온 왕은 우트가르드의 육중한 문을 통과하며 토르 일행을 안내했다.

잠시 후 그들 일행은 이른 아침 햇살을 받으며 푸르른 평원을 가로질러 걸어갔다. 거인 왕은 말할 수 없을 정도로 상냥했지만 전날 밤 혹독한 경험을 한 탓으로 토르는 아직도 화가 덜 풀렸고 로키는 평상시와 다르게 조용했다. 반대로 티알피와 로스크바는 살아서 그 곳을 빠져나온 것이 기뻤으므로 생기가 살아나 즐겁게 지껄였다.

"자, 이제 그만 헤어져야겠소." 그때까지 길을 안내하며 따라왔던 우트가르드의 로키가 말했다.

토르는 거인 왕을 쳐다보았다.

"그래 이 곳의 사정이 어떻게 느껴졌소? 당신이 생각한 대로요? 그래 나보다 더 힘센 사람을 만나본 적이 있는지 말해 주겠소?"

토르는 고개를 저었다. "내가 2인자로 전락하고 말았다는 것을 부인할 수는 없소. 당신은 나를 부끄럽게 만들었소. 게다가 당신은 내가 별 것 아니라고 소문을 퍼뜨리고 다닐게 뻔하니 그 점이 더욱 싫소."

"토르, 내 말을 잘 들으시오. 이제 우트가르드 성벽 밖으로 나왔으니 진실을 말해주겠소. 내가 살아 있고 사람들이 내 말을 듣는 한 당신은 결코 저 성벽 안을 다시는 들여다보지 못할 테니 말이오."

토르는 무슨 뜻인지 몰라 어리둥절했다.

우트가르드의 로키는 계속 말을 이었다. "만일 당신이 얼마나 힘이 센지 내가 알았더라면 당신을 결코 그 안에 들여놓지 않았을 거요. 내 그 점만은 당신한테 약속할 수 있소. 당신이 우리를 거의 끝장낼 뻔했다는 것을 알고 있소?"

로키는 한 마디도 하지 않았지만 상처가 난 입술을 꼭 다물고 조용히 웃기 시작했다.

"사실은 내가 당신들을 속이려고 마법을 썼소. 당신들이 숲에서 만난 거인은 사실 나였다오. 식량이 든 자루 기억하고 있소? 내가 그것을 쇠줄로 단단히 조여놓았으니 당신이 그것을 열 방법을 찾지 못한 것이 하나도 이상할 것이 없지. 그리고 토르 당신이 나를 쇠망치로 세 번이나 내리쳤었지. 첫 번째 타격은 경미했지만 그것이 실제로 나를 건드렸다면 난 죽음을 면하기 힘들었을 거요. 내 성채에서 그리 멀지 않은 곳에 안장 모양의 언덕이 있는 것 보았소? 그곳에 네모 모양의 골짜기가 세 개 있는데 그 중에 하나는 무척 깊지. 그 자국이 바로 당신이 쇠망치로 나를 내리친 자국이오. 내가 그 안장 모양의 언덕을 당신과 나 사이에 놓았지만 당신은 결코 그 사실을 알지 못했지."

거인 왕의 설명을 듣는 토르의 마음에는 여러 가지 감정이 교차했다. 놀라움과 안도감, 낭패감이 뒤범벅이 되었다가 천천히 화가 솟아올랐다.

"그리고 당신과 당신 동료들이 내 신하들과 시합을 벌였을 때도 난 마법을 쓰지 않을 수 없었지. 로키는 걸신들린 듯이 아주 아주 빨리 먹어치웠지. 하지만 로기라던 사내는 사실 불 그 자체였소. 그래서 고기뿐 아니라 나무 식탁까지 다 먹어치웠던 거지. 그리고 티알피가 달리기 상대였던 후기는 사실 내 생각이었소. 티알피는 내 생각을 상대로 달렸으니 그가 아무리 빠르다한들 생각을 따라잡을 수는 없었던 거지."

로키는 심술궂게 토르를 보고 씩 웃었다. 토르는 로키가 왜 웃는지 몰랐다.

"그리고 토르 당신이 술잔을 들이켤 때 역부족이라고 생각했겠지. 하지만 솔직히 고백하건대 사실 나도 내 눈을 제대로 믿을 수가 없었소. 당신은 술잔의 한쪽 끝이 바다에 있었다는 것을 깨닫지 못했겠지. 바다로 돌아가면 당신이 들이켜 바닷물이 얼마나 줄어들었는지 알 수 있을 거요."

거인 왕은 잠시 생각에 잠기더니 다시 말을 이었다.

"그리고 그 고양이 건은 정말 놀라웠지! 당신이 그 녀석의 한 짝 발을 바닥에서 들어올렸을 땐 정말 다들 오싹했다오. 그야 물론 그것은 정말 고양이가 아니라 세상을 휘감아 자기 꼬리 끝을 물고 있는 미드가르드의 뱀 요르문간드였기 때문이지. 당신이 너무 높이 들어올리는 바람에 그 녀석은 등짝이 거의 하늘에 닿을 뻔했지.

게다가 토르 당신이 엘리를 그렇게 오랫동안 상대하며 한쪽 무릎만 꿇은 것은 정말 굉장한 일이었소. 사실 엘리는 가는 세월이었다오. 제아무리 천하장사라도 칼이나 질병이나 아니면 우연한 사고로 생명이 단축되지 않는 한 결국엔 아무도 늙는 나이를 견뎌내지는 못하지.

자, 이제 여기서 그만 헤어져야겠소. 당신이 나를 다시 찾아오지 않는 것이 우리 둘 다를 위해서 좋을 거요. 나는 이미 마법을 썼고 당신이 나를 어떤 방법으로도 해를 입히지 못하도록, 그리고 우트가르드를 보호하기 위해서라면 언제든지 또 마법을 쓸 거라오."

토르는 속에서 화가 부글부글 끓어올랐다. 왕의 얘기를 듣는 동안 그는 쇠망치 묠니르를 단단히 쥐고 머리 위로 높이 쳐들었다. 그리고 온 힘을 다 짜내었다.

하지만 소용없었다. 모든 것이 소용없었다. 우트가르드의 로키는 바람과 같이 사라져 버리고 말았다.

그러자 토르는 우트가르드의 성벽과 홀과 북적거리던 거인들을 박살내 버릴 목적으로 오던 길로 발길을 되돌렸다. 그러나 성채는 그곳에 없었다. 아지랑이 피어나는 광활한 평원 외에는 아무것도 없었다. 오직 안장 모양의 언덕에 깊이 패인 자국만 빼고는 우트가르드도 거인들의 왕도 마치 존재하지 않았던 것처럼 흔적조차 없었다.

토르는 하는 수 없이 일행이 기다리고 있던 곳으로 돌아갔다. 네 사람은 천천히 해변으로 돌아가 바다를 건넌 후 미드가르드로 향했다.

토르는 농부 부부에게서 마차와 염소를 되찾아 로키와 티알피와 로스크바를 데리고 아스가르드의 초록빛, 황금빛 들판을 달려 마침내 트루드방으로 되돌아갔다.

17장 히미르의 노래

신들은 먹을 것은 충분했지만 마실 술은 다 떨어졌다. 연회를 연 신들은 음식을 실컷 즐길수록 먹은 음식을 쓸어 내릴 술이 없었으므로 음식의 맛을 점점 잃었다.

그래서 신들은 궁리 끝에 작은 짐승을 한 마리 잡아 작은 가지를 그 피에 담갔다. 가지를 흔들자 그 위에 기록된 룬 문자가 빛나기 시작했다. 그러자 신들은 다시 가지를 흔드는 점을 쳐 바다의 신 아에기르(Aegir)가 자신들을 도와줄 수 있다는 사실을 알아냈다. 그래서 몇몇 신과 여신들이 아스가르드를 떠나 흐레세이(Hlesey) 섬으로 향했다. 흐레세이 섬에 도착해 보니 아에기르와 그의 아내 란(Ran)은 바다의 물결 아래에 있는, 오로지 반짝이는 금빛으로 밝혀진 그들의 궁전에 있었다.

아에기르의 아내 란

바다의 신 아에기르는 어린아이처럼 세상 모든 일에 관심 없이 평화롭고 유쾌하게 앉아 있었다. 그런데 오딘의 아들 토르가 나타나면서 그 평화로움은 깨졌다. 아에기르의 눈을 매섭게 쳐다봄으로써 토르는 아에기르가 눈을 제대로 뜨지 못하게 만들었다. 토르는 거만하게 명령조로 말했다. "신들을 위해 술을 만들어 주게. 지금 당장 술을, 그것도 많이 만들어 달란 말이야!"

토르의 당돌한 말투에 화가 난 아에기르는 눈을 내리깔고 어떻게 하면 앙갚음을 할지 궁리했다. "내게는 그만큼 많은 술을 담을 큰 독이 없소. 그러니 큰 독을 구해오시오, 토르. 그러면 신들을 위해 술을 만들어 주겠소."

신들과 여신들은 서로 쳐다보기만 했다. 그들 중에는 아무도 그렇게 큰 독을 갖고 있는 사람이 없었을 뿐더러 어디 가서 구해와야 할지 막막했다. 그때 늘 정직한 외팔이 티르가 토르를 보더니 자원했다. "거인인 내 아버지 히미르(Hymir)는 엘리바가르의 거센 물결 너머 동쪽 먼 곳에 살고 있소. 아버지에게 아주 커다란 독이 있다는 것을 알고 있소. 깊이가 20리도 넘는 커다란 독이오."

"그래, 그것을 우리 수중에 넣을 수 있다고 생각하오?"

"물론, 가능한 일이오. 하지만 아주 꾀를 잘 써야 하오. 당신의 정체를 밝히지 말고 그냥 베우르(Veur)라고만 소개하시오."

그래서 당장 출발하여 전속력으로 달려간 토르와 티르는 에길(Egil)의 농장에 도착했다. 그 곳은 토르가 자신의 뿔이 긴 두 마리 염소 탕그노스트(Tanngnost)와 탕그리스니(Tanngrisni)를 맡겨둔 곳이었다. 그 곳에서 두 신은 다시 동쪽으로 가서 엘리바가르 강을 건넜다. 거의 땅 끝까지 여행한 그들은 마침내 바다가 아주 가까운 산에 서 있는 히미르의 저택에 도착했다.

그 곳에 도착한 토르와 티르가 제일 처음으로 만난 사람은 티르가 별로 좋아하지 않던 할머니였다. 티르의 할머니는 머리가 아홉 달린 괴물이었다.

토르는 그 모습을 보고 머리를 절레절레 흔들며 매우 놀랐다.

그러나 바로 그때 티르의 어머니가 집안으로 걸어 들어왔다. 티르의 어머니는 피부가 매우 깨끗하고 아름다웠으며 금으로 된 목걸이와 견장을 두르고 있었다. 그녀는 아들과 토르를 반갑게 맞이하고는 술잔을 가져다주며 말했다. "내 몸 속에도 거인족의 힘이 흐르고 있으므로 난 거인의 특성을 알고 있단다. 너희들 둘 다 용감하긴 하겠지만 내 생각엔 저기 큰 독 중 하나 밑에 숨는 것이 좋겠다. 내 남편은 손님들을 퉁명스럽게 맞이하는 버릇이 있거든."

예상했던 대로 힘이 센 토르는 이 제안이 마음에 들지 않았지만 어머니 의견에 찬성한 티르는 조심해서 해가 될 것은 없지 않느냐고 토르를 설득했다. 그래서 그들이 독 아래에 안전하게 숨어 있자 못생긴 거인 히미르가 사냥에서 늦게 돌아왔다. 히미르가 집안으로 걸어 들어오자 그의 얼어붙은 턱수염에 붙어있던 고드름이 찰랑찰랑 소리를 냈다.

히미르의 아내는 일어나 남편을 맞았다. "잘 다녀왔어요, 여보! 당신이 기뻐할 일이 있어요. 당신의 아들이 지금 집안에 있답니다. 그 아이가 멀리 여행을 다닐 동안 우리가 얼마나 애타게 기다렸어요. 그리고 티르는 친구를 데리고 왔는데 그는 흐로드(Hrod)의 적이자 모든 인간들의 친구라는군요. 이름이 베우르래요."

히미르의 상냥한 아내는 남편의 마음을 조금이라도 누그러뜨리려 애썼다. "저기 지붕 아래 집 한 쪽 구석에 앉아 있는 애들을 보세요. 저기 지주(支柱)들 가운데 하나 뒤에 숨어 있으면 안전할 거라고 생각해서 거기 있는 거예요."

그런데 히미르가 지주를 매섭게 노려보자 갑자기 박공의 대들보가 금이 가기 시작했다. 그러자 여덟 개의 잘 만들어진 커다란 무쇠 독들이 달구어지더니 선반에서 떨어졌다. 독들은 마룻바닥에 부딪히더니 산산조각이 나고 말았다. 오직 하나만 깨지지 않았는데 그것은 바로 토르와 티르가 그 아래에 숨어 있던 독이었다.

두 신은 독 아래 가장자리에서 기어 나와 히미르와 마주섰다. 늙은 거인의 눈은 이글이글 타올랐으며 두 신을 꿰뚫을 듯이 노려보았다. 그러나 흐로드의 불구대천지 원수인 토르가 앞으로 걸어나오자 히미르는 왠지 모를 불안감에 싸이며 그의 방문이 썩 좋은 결과를 몰고 오지 않을거라고 직감했다. 그렇지만 어쨌든 손님들을 위한 기본적인 예의는 갖추었다. 히미르는 하인들에게 황소를 세 마리 잡아 가죽을 벗긴 후 끓이라고 명령했다.

히미르의 명령에 따라 당장 하인들이 소의 머리를 베어 불 위에 걸려 있던 큰 솥에 집어넣었다. 곧 식사가 준비되었고 그날 밤 잠자리에 들기 전에 토르는 황소 두 마리를 뚝딱 해치우는 바람에 히미르를 깜짝 놀라게 했다.

흐룽그니르(Hrungnir)의 친구이기도 한 히미르가 토르에게 제안했다. "만일 우리 셋이 다시 함께 식사하기를 원한다면 먹을 것을 잡으러 나가야 하네."

"그럼 배를 타고 나가 뭘 잡을 수 있나 알아보죠. 당신은 미끼나 준비해 주세요." 베우르로 변장한 토르가 대답했다.

"내 가축이 풀을 뜯고 있는 목초지로 나가보면 도움이 될 만한 것을 찾을 수 있을 거네. 자네가 거인쯤 쉽게 해치울 수 있는 자라는 것을 확신하고 있으니 그곳에 가면 가축이 싼 똥 덩어리 한두 개쯤은 쉽게 미끼감으로 구할 수 있을 거네."

토르는 당장 히미르의 집을 빠져 나와 주위를 둘러싼 가파른 목초지로 올라갔다. 토르는 그곳에서 하늘까지 들릴 정도로 소리지르던 빛나는 검은 황소 히민료트(Himinhrjot)를 발견했다. 토르는 황소의 높다란 뿔을 단단히 잡고 툭 끊어질 때까지 비틀어 결국 황소의 목을 부러뜨렸다. 부러뜨린 황소의 목을 미끼로 가져오자 히미르가 험악하게 말했다. "고기라면 충분히 먹었을 텐데. 하지만 내 생각엔 날 따라 바닷가로 나가느니 그냥 난롯가에 앉아 있는 쪽이 훨씬 편할 텐데."

그러나 어쨌든 히미르와 토르는 다른 사람들은 집에 남겨둔 채 바다로 내려갔다. 해안에 다다른 그들은 히미르의 배를 물에 띄우고 토르가 먼저 노를 잡고 그 다음에 히미르가 넘겨받았다. 원숭이의 동족인 거인은 배를 잘 저어 육지에서 멀리 떨어져 나갔고 충분히 깊은 곳에 이르자 낚시질을 시작하려고 노를 내려놓았다.

"안 돼요, 더 가요! 더 멀리 가자니까요!" 토르가 외쳤다.

"아니, 난 여기서 한 걸음도 더 안 가겠네." 히미르도 완강하게 저항했다.

사나운 히미르는 자신의 낚시도구를 챙기기 시작했다. 낚싯줄에 바늘을 달고 뱃전 너머로 던졌다. 던진 지 얼마 안 되어 줄이 팽팽하게 당겨지자 히미르는 낚싯줄을 당겼고 두 마리의 고래가 커다란 소용돌이를 일으키고 물보라를 튀기며 수면 위로 끌려 올라왔다.

한편 선미에 앉아 있던 토르 역시 자신의 낚시도구를 조심스럽게 준비했다. 괴물을 해치우는, 인간의 수호신인 토르는 낚싯바늘에 황소의 머리를 미끼로 달았다. 그리고는 낚싯줄을 깊은 물 속으로 던져 넣었다.

한편 검푸른 파도 아래에서 미드가르드를 휘감고 있던 신들의 적 요르문간드는 물고 있던 자신의 꼬리를 내뱉은 후 입을 쩍 벌려 토르가 던진 미끼를 덥석 물었다.

줄이 흔들리자 토르는 조금도 주저하지 않고 두 손을 번갈아가며 줄을 재빨리 끌어당겼다. 그러자 요르문간드가 미친 듯이 바닷물에 부딪치며 끌려왔다. 바닷물이 철썩거리는 소리를 내며 포말이 일었지만 토르는 단단히 움

뱀 요르문간드를 낚시하는 토르와 히미르, H. Fuseli, 1790년

켜쥔 손의 힘을 조금도 늦추지 않았다. 바다 속 괴물을 배 아래로 질질 끌어올린 후 토르는 다시 배 뒷전 위로 끌어올렸다.

토르는 쇠망치를 들어올렸고 망치는 펜리르의 형이기도 한 무시무시한 요르문간드의 소름끼치는 머리 위에서 무서운 소리를 냈다.

요르문간드가 고래고래 내지르는 소리에 요툰하임에 있는 산이 듣고 응답했다. 미드가르드는 공포로 온통 떨렸다. 요르문간드는 자신의 입천장을 관통한 커다란 낚시 바늘을 세게 잡아당기며 비틀고 몸부림친 끝에 입의 살점이 일부 떨어져나가며 간신히 바늘에서 벗어날 수 있었다. 해방된 요르문간드는 다시 바닷속으로 가라앉았다.

방금 본 무시무시한 광경에 놀라서 덜덜 떨며 오싹해진 히미르는 입 밖으로 표현할 수도 없었고 집으로 돌아오는 동안 배 안에서 내내 시달렸다. 자신들을 육지 가까이 잔잔한 물가로 인도할 순풍을 잡으려고 히미르는 한쪽 노를 먼저 젓고 그 다음 다른 쪽 노를 저으며 방향을 조정했다. 마침내 배가 해안에 무사히 닿아 배를 정박시키자 히미르가 말문을 열었다. "이 곳에서는 일을 나누어 해야겠소. 배를 저기 조수표까지 끌고 가서 잘 묶어놓겠소? 아니면 내 집으로 고래를 끌고 가겠소?"

그러자 토르는 대답하기조차 귀찮다는 듯이 일어나 배 밖으로 걸어나왔다. 그리고는 단단한 손으로 배를 움켜쥐고 들어올리기 시작하자 배 밑에 고여 있던 더러운 물이 흘러내려 배 뒤쪽으로 빠져나갔다. 토르는 배와 노와 아직 배 안에 있던 커다란 두레박과 함께 두 마리 고래도 질질 끌어 모래 위로 들어올린 후 자작나무 숲을 지나 언덕 위의 히미르의 집까지 갔다.

티르와 티르의 어머니는 토르와 히미르를 반겨 맞았고 배와 바다에서 잡은 고래까지 한 번에 끌고 온 토르의 엄청난 힘에 놀랐다.

그런데도 고집 센 히미르는 자신이 토르에 뒤지는 2인자라는 사실을 인정

요르문간드를 끄집어 내는 토르, 『스노리 에다』의 삽화, 1760년

하려 들지 않고 다른 것으로 토르의 힘을 다시 시험해 보려고 들었다. "자네
가 바다에서는 힘을 과시했지만 그것은 다른 많은 사람들도 할 수 있다네. 나
는 이 유리로 만든 술잔을 깰 수 있는 자만을 강한 남자라고 부른다네."

그 말에 토르는 히미르에게서 술잔을 받아들고 박공을 지탱하고 있던 돌기둥 가운데 하나로 던졌다. 집안은 이리저리 튀는 석공 조각으로 가득 찼다. 히미르의 하인 한 사람이 황급히 홀 끝으로 가서 파편 더미 속에서 술잔을 집어왔다. 그러나 술잔은 말짱했으며 하인은 그것을 히미르에게 되가져갔다.

그러자 히미르의 아내가 토르에게 머리를 기울이며 속삭였다. "술잔을 남편의 머리에 대고 던지거라. 남편은 항상 단단한 것만 먹거든. 그 잔이 아무리 단단하다고 해도 남편의 머리가 훨씬 단단할 거야."

토르가 다시 자세를 바로잡고 섰다. 이번에는 히미르를 마주하고 선 토르는 온 힘을 다 모아 술잔을 히미르의 앞이마를 향해 곧장 던졌다. 과연 히미르의 아내 말대로 히미르의 머리는 말짱한 대신 술잔이 금이 간 채 바닥으로 떨어져 두 조각이 났다.

몸을 구부려 잔을 주워든 히미르는 자신의 무릎에 깨진 술잔을 올려놓고 노려보며 쓸쓸히 말했다. "이 잔을 잃어버림으로써 술잔 외에 더 많은 것을 잃게 되었어." 히미르는 갑자기 모든 힘이 다 빠져나간 것처럼 머리를 흔들었다. "자, 이제 내 것은 전부 당신 거요. 마지막 남은 저 커다란 독은 이제 당신 것이오. 당신이 가져간다 해도 막을 수 없소. 그렇긴 하지만 그 독을 여기서 가지고 가려면 대단히 힘들 것이오. 이제 다시는 독에 대고 '독아, 술을 빚어내거라, 나를 위해 술을 빚어다오!' 하는 말도 못하겠구나."

티르는 아버지의 말을 더 이상 기다릴 필요도 없었다. 당장 나서서 독을 끌기 시작했지만 독은 옴짝달싹하지 않았다.

아들을 쳐다보며 히미르는 심술궂게 웃었다.

티르는 다시 시도했다. 숨을 깊이 들이마시고 다시 당겼지만 이번엔 독이 잠시 흔들거렸을 뿐 원래 있던 자리로 되돌아갔다.

그러자 토르가 나서서 독의 가장자리를 잡았다. 독은 매우 육중해서 토르가 힘을 단단히 주자 나무 널빤지가 쪼개져 바닥으로 주저앉고 말았다. 그제서야 거대한 무쇠 독을 어깨에 걸머진 토르는 성큼성큼 히미르의 집을 빠져나갔다. 독의 손잡이가 토르의 무릎 언저리에서 덜거덩거렸다.

그다지 멀리 가지 않았을 때 토르는 히미르의 집을 마지막으로 쳐다보려고 뒤돌아보았다. 그리고 그러기를 천만다행이었다. 뒤돌아본 토르의 눈에 제일 먼저 띈 것은 히미르였고, 그 뒤를 따라 동쪽에 있는 자신들의 은신처를 떠난 머리가 많이 달린 거인들이 토르 일행을 쫓아오고 있었다. 토르는 육중한 독을 어깨에서 내려 땅바닥에 놓았다. 이제 자유로워진 두 손으로 묠니르를 단단히 움켜쥔 토르는 대지를 딛고 서서 쇠망치를 휘둘렀다. 그리고 묠니르의 공격을 받자 단 한 명의 괴물도, 단 한 명의 거인도 살아남을 수 없었다.

일을 끝낸 토르는 어깨에 다시 무쇠 독을 짊어지고 티르와 함께 서둘러 길을 떠났다. 그리고 얼마 지나지 않아, 티알피 덕분에 한 마리는 절뚝거리게 된 염소와 마차를 남겨두었던 에길의 농장에 도착했다.

신들이 이그드라실 가지 아래의 우르드 샘에 모여 진지하게 회의를 하고 있을 때 토르가 돌아왔다. 토르가 가져온 거대한 독을 본 신들은 모두 놀랐다. 그리고 토르와 그의 길벗 티르를 모두 환호하며 맞이했다.

이제 토르가 독을 구해 왔으므로 아에기르도 달리 트집잡을 구실이 없었다. 토르는 아에기르에게 독을 건네준 대신 그의 자존심을 거두어 가 버렸다. 그리고 그 해 겨울 이후로 매년 신들은 바다의 신의 빛나는 궁전에서 자신들을 위해 주조된 따뜻한 술을 원 없이 마실 수 있었다.

18장 힌들라의 시

거인족 여인 힌들라는 곤히 잠들어 있었다. 자신의 어두침침한 동굴에서 단잠에 빠져 있던 힌들라는 코까지 골았는데 결코 듣기 좋은 소리는 아니었다.

프레이야와 그녀의 수퇘지는 힌들라의 동굴 입구에 선 채 안에서 들리는 소리를 가만히 엿듣고 있었다. 그러다 갑자기 프레이야가 소리쳤다. "힌들라, 내 친구야! 힌들라, 친구야! 일어나! 어서 동굴에서 나와봐."

그러나 프레이야의 고함소리는 달을 보고 암캐가 울부짖는 것 같은 소리에 묻혀 버리고 말았다. 힌들라가 하품을 하고 있던 것이었다.

"그 안도 어둡겠지만 여기 밖도 점점 어두워지고 있어. 우리는 함께 발할라로 가야만 해. 그리고 오딘의 총애를 받아야 해. 오딘은 자신을 따르는 사람에게는 늘 후하거든. 헤르모드에게는 투구와 쇠미늘 갑옷을 주었고 지그문드(Sigmund)에게는 칼을 주었대."

이제 안에서는 코고는 소리가 그치고 침묵이 흘렀다. 힌들라가 주의 깊게 듣고 있다는 증거였다.

"오딘은 어떤 사람들에게는 황금을 주고, 어떤 사람들에게는 전투에서 이기는 영광을 주지. 또 많은 사람들에게 지혜도 주고 뛰어난 언변을 주기도 하지. 뱃사람들에게는 순풍을, 시인에게는 기교를, 영웅에게는 강건한 마음을 주지." 프레이야는 한 박자 쉰 후 다시 말을 이었다. "그래서, 오딘이 거인족 여인은 별로 마음에 들어하지 않지만 너만은 늘 친절하게 지켜보며 잘 돌봐달라고 내가 부탁하겠어."

그 소리에 어두침침한 동굴 안에서 핏기 없는 커다란 얼굴을 쑥 내민 힌들라는 몸을 구부리고 동굴에서 기어 나왔다. 힌들라는 삼베 종류로 만든 옷을 걸치고 있었다.

"네 늑대 중에서 한 마리도 데리고 나와 마구를 씌워 내 수퇘지와 함께 타고 가자. 내 수퇘지는 우리 둘 다는 못 태워. 그럼 아스가르드로 빨리 갈 수도 없잖아. 내 수퇘지는 아주 놀라운 녀석이라 난 그 녀석을 땅바닥으로 달리게 하고 싶지는 않거든."

힌들라는 말똥말똥 빛나는 눈으로 프레이야를 쳐다보았다. "말도 안 되는 소리 하지마! 너 그거 다 핑계고 괜히 입에 발린 약속이지? 넌 내 눈을 똑바로 쳐다보지도 못하잖아. 자, 내가 단도직입적으로 말해볼까? 그건 수퇘지가 아니라 인슈타인(Instein)의 아들인 오타르(Ottar), 즉 네 애인이지. 넌 애인을 타고 발할라까지 달려갈 거야."

"너야말로 황당무계한 생각으로 꽉 찼구나. 내가 애인을 타고 발할라까지 가다니! 이것은 나의 싸움용 수퇘지 힐디스비니야. 이 녀석의 황금 털은 어

둠 속에서도 길을 안내해 준다고. 이 녀석은 최고의 대장장이인 난쟁이 다인
(Dain)과 나비(Nabbi)가 만들어준 거야."

힌들라는 아무 말도 안 했다. 단지 코방귀만 뀐 후 다시 자신의 동굴로 들
어갔다.

그러나 쉽사리 포기하고 물러설 프레이야가 아니었다. 설득하고 달래고
꼬시고 협박하고 갖은 약속을 한 끝에 결국 프레이야는 힌들라가 썩 내키진
않지만 어쨌든 같이 아스가르드로 가겠다는 약속을 받아내는데 성공했다.

힌들라는 혼자 중얼거렸다. '이거, 원 시끄러워서. 입 다물게 하려면 같이
따라가 주는 수밖에 없겠어.'

프레이야가 제안한 대로 힌들라는 늑대를 타고 프레이야는 자신의 수퇘지
에 올라탔다. 마구를 쓴 두 마리 짐승은 달리기 시작했고 마침내 프레이야와
힌들라는 발할라 성문에 도착했다. 두 사람은 외곽 문인 발그린드 옆에서 고
삐를 죄어 멈추었다. 그러자 뿔에서 물이 솟아 나오는 사슴 헤이드룬이 풀을
뜯고 있다가 놀라서 안전한 곳으로 도망갔다.

수퇘지와 늑대 등에서 각각 내린 프레이야와 힌들라는 급류 툰드의 강둑
을 따라 걸어 내려갔다. 가면서 프레이야가 먼저 입을 열었다. "신들의 후손
인 두 영웅, 젊은 오타르와 앙간티르(Angantyr)의 조상에 대해서 얘기해보자."

그 소리를 들은 힌들라는 결국 진실은 항상 드러난다는 사실을 아는 사람
만이 지을 수 있는 묘한 웃음을 지었다.

프레이야는 소리질렀다. "오타르는 나를 위해 제단을 세워 주었어. 처음
엔 돌로 지었는데 지금은 유리로 변했지. 오타르는 계속해서 황소의 피로 제
단을 물들였어. 그는 여신을 섬기는데 언제나 충실하단 말이야." 프레이야
는 힌들라에게 한 발짝 다가섰다. "그러니 제발 그 두 영웅의 조상들과 친척
들의 이름을 말해 줘. 어떤 사람들이 스횔둥(Skjoldung) 가문 사람이고, 또 스

킬핑(Skilfing), 오트링(Othling), 일핑(Ylfing) 가문 사람들은 누구지? 미드가르드에서 가장 먼저 태어난 시조는 누구이고, 가장 신분이 높았던 사람과 가장 고귀한 사람들은 누구야?"

힌들라는 프레이야를 쳐다보았다. 그리고 프레이야의 수퇘지를 보더니 한숨을 쉬었다. "너, 오타르는 인슈타인의 아들이며, 인슈타인은 알프(Alf)의 아들이지. 알프는 울프(Ulf)에게서 났고, 울프는 사에파리(Saefari)에게서, 사에파리의 아버지는 스반(Svan)이지."

힌들라의 말에 수퇘지는 귀를 쫑긋 세우고 주의해서 들었다.

"빛나는 황금 팔찌로 치장한 네 어머니는 여사제 흘레디스(Hledis)고, 네 외할아버지는 프로디(Frodi)고 외할머니는 프리아우트(Friaut)지. 네 어머니의 가문은 감히 비할 데가 없지. 네 외할머니 프리아우트의 어머니는 스바바(Svava)와 사에코눙(Saekonung)의 딸인 힐디군(Hildigun)이야. 오타르, 이 멍청한 녀석아, 그들이 전부 네 친척이라고! 기억하려면 좀 많지. 그래도 계속 들을 테냐?"

수퇘지는 잠자코 듣고 있었고 프레이야도 마찬가지였다.

"힐디군의 남편은 케틸(Ketil)이고 네 어머니의 외할아버지가 되지. 힐드(Hild)의 아들인 네 외할아버지 프로디는 카리(Kari)와 호알프(Hoalf)보다 먼저 태어났지. 노크비(Nokkvi)의 딸인 난나(Nanna)는 그 다음에 태어났고 그녀의 아들은 네 할아버지의 여동생과 결혼했지. 그 집안의 혈통은 길어. 비록 그보다 더 길다해도 그들은 다 네 친척이야. 알아 듣겠어? 오타르, 이 멍청한 녀석아!

올모드(Olmod)의 아들은 이술프(Isulf)와 오술프(Osulf)지. 올무드의 아내는 스케킬(Skekil)의 딸인 스쿠르홀드(Skurhold)지. 가장 고귀한 영웅들로 자리 매김할 그들은 전부 다 네 친척이라구. 오타르, 이 멍청아!

그리고 열두 명의 베르세르크(Berserk) 가문 사람들이 있지. 그들은 모두 헤르바르드(Hervard), 효르바르드(Hjorvard), 흐라니(Hrani), 앙간티르, 부이(Bui), 브라미(Brami), 바리(Barri), 레이프니르(Reifnir), 틴드(Tind), 티르핑(Tyrfing), 그리고 두 명의 하딩(Hadding)이지. 이들은 모두 아른그림(Arngrim)과 에이푸라(Eyfura)의 아들들로 아주 오랜 옛날 볼므소(Bolmso) 섬에서 태어났지. 미친 듯이 소리지르고 땀 흘리며 그들은 뭍이고 물이고 가리지 않고 들불처럼 뛰어다니며 사람들에게 공포를 불러일으키고 다녔지. 그들도 전부 네 친척이라구. 오타르, 이 멍청아!"

힌들라는 눈살을 찌푸리며 뿔처럼 단단한 손을 들어올렸다. "아주 아주 오랜 옛날에 요르문렉(Jormunrek)의 모든 아들들은 신들을 위해 제물로 바쳐졌지. 그런데 요르문렉은 지구르드(Sigurd)의 친척이지. 내 말을 주의해서 잘 들어. 지구르드야말로 모든 사람에 대항할 수 있는 사람이며 용 파프니르(Fafnir)를 해치운 자이지. 영웅 지구르드는 볼숭(Volsung)의 손자이며 그의 어머니는 흐라우둥(Hraudung) 가문의 효르디스(Hjordis)지. 아버지는 오트링 가문의 에이리미(Eylimi)지. 그들도 전부 네 친척이라구. 오타르, 이 멍청한 녀석아!

규키(Gjuki)와 그림힐드(Grimhild)의 아들들은 군나르(Gunnar)와 호그니(Hogni)며, 딸은 바로 지구르드의 아내인 구드룬(Gudrun)이지. 그런데 그림힐드의 세 번째 아들인 고토름(Gothorm)은 규키의 아들이 아니지. 그들도 전부 너의 친척이야, 오타르 이 멍청아!

효르바르드는 흐베드나(Hvedna)의 아버지고, 흐베드나의 아들 중에서 가장 뛰어난 아이는 하키(Haki)였지. 전쟁의 이빨 하랄드(Harald)의 어머니는 심연, 아우드(Aud)고 아버지는 반지를 주는 자, 흐로렉(Hrorek)이지. 아우드는 이바르(Ivar)의 딸이지만, 아들 란드베르(Randver)는 라트바르드(Rathbard)의 아들이지. 그리고 이들도 전부 다 네 친척이야, 오타르 이 멍청아!"

그러자 프레이야는 의기양양하게 힌들라를 쳐다보았다. "사실은 오타르와 앙간티르가 그들의 혈통에 전 유산을 걸고 내기를 했었지. 자, 이제 내 수퇘지 오타르에게 기억의 술을 주도록 해라. 그러면 앞으로 사흘 후 오타르와 앙간티르가 만나는 날 오타르가 네가 근사하게 일러준 암송을 한 마디도 빠뜨리지 않고 제대로 기억할 수 있을 테니까. 우린 젊은 영웅 오타르가 인슈타인 가문의 막대한 부와 그들 가문의 가보를 실컷 향유할 수 있도록 지켜주어야 해."

그러자 힌들라는 냄새나는 커다란 입을 벌리며 하품을 했다. "꺼져 버려! 난 잠이나 다시 잘 거야. 이제 다시 너 좋은 일은 안 할거야." 그리고는 프레이야를 째려보며 덧붙였다. "이런 고귀한 여신 나으리. 넌 염소 떼와 함께 뛰어 다니는 사슴 헤이드룬처럼 밤새 날뛰며 돌아다니게 생겼구만."

그러자 프레이야는 천천히 팔을 들어올렸다. "나는 네가 불에 휩싸이지 않고는 이곳을 절대로 빠져나가지 못하도록 너를 불 속에 가두어 버릴 거야."

힌들라는 경멸의 웃음을 흘렸다. "넌 너를 항상 사랑한 오드에게 폭 빠져 버렸으면서. 그리고 많은 남자들이 네 치맛자락에서 놀아났지. 고귀한 여신 나으리, 넌 염소 떼와 어울려 뛰어다니는 사슴 헤이드룬처럼 밤새 날뛰며 돌아다닐 거라구."

그런데 아스가르드에는 허공에서 너울대는 불이 있었다. 갑자기 그 불의 떨리는 후광인 둥그런 띠가 힌들라를 에워쌌다. 그러자 힌들라는 사지를 조이며 팔을 옆구리에 바짝 붙였다.

"나한테 감히 불을 놓아! 언젠가 대지는 불에 타오를 테고, 내 목숨을 앗아간 대가를 톡톡히 치르게 할 테다!" 힌들라는 소리쳤지만 불의 띠가 점점 조여오기 시작하자 움찔했다. "오타르가 마실 기억의 술, 까짓 거 가지고 꺼져

버려! 그 술은 독으로 가득 찼으니 그는 처참한 최후를 맞이할 거야!"

"허튼 소리 하지마! 말도 안 되는 소리지. 고통과 원한에 시달리게 될 것은 바로 너라구. 그리고 네 협박은 물론 아무런 해도 끼치지 못할 테고." 프레이야는 여유만만하게 웃었다. 그리고 수퇘지의 등을 쓰다듬으며 말했다. "내가 신들에게서 얻어낼 수만 있다면, 너는 제일 좋은 술을 마시게 될 거야. 그래서 너는 크게 융성할 거야."

19장 흐룽그니르와 대결한 토르

신 중의 신인 오딘은 아홉 세상에서 일어나는 모든 일을 단지 볼 수 있는 것만으로 만족할 수 없었다. 몸에서는 혈기가 들끓었고 앞으로 인생의 방향이 어떻게 바뀔지 자신이 스스로 시험해 보고 싶었다.

그때 토르는 철의 숲으로 거인 괴물들과 싸우러 나가고 없었으므로 오딘은 자신이 과감하게 행동하는 능력이 결여되었다는 견해에 콧방귀를 뀌었다. 더 이상 참을 수 없게 된 오딘은 무엇인가 일어나기를 절실하게 바라며 머리에 황금 투구를 쓰고 슬라이프니르에 올라탔다.

슬라이프니르는 어느새 발할라 옆으로 흐르는 급류 툰드를 건넜고 협곡 사이를 구불구불하게 흐르는 오래된 강들도 건넜다. 슬라이프니르는 반짝이는 넓은 강과 치어들이 우글거리는 강마저 단숨에 박차 올라 거침없이 건

다리가 8개인 말 슬라이프니르를 타는 오딘, 18세기 필사본.

넜으며 산비탈을 오를 때는 여덟 개의 발굽이 달그락거리는 소리를 냈다. 몇 시간 동안 요툰하임으로 오딘이 말을 몰아 달리자 완전히 황량한 고장이 나타났다. 처음엔 군데군데 자그마한 죽은 호수들이 있는 잡목 평원이 나타나더니 잠시 후에 풍경은 아무것도 살지 않고 자라지 않는 자갈 투성이 평원으로 바뀌었다.

마침내 오딘은 땅이 융기하여 땅 속 깊은 균열에서 타오르는 불의 영향으로 연기가 솟아오르는 곳에 위치한, 흐룽그니르의 저택에 도착했다. 흐룽그니르는 거인 중에서도 힘이 제일 센 자였다.

오딘을 본 흐룽그니르가 물었다. "당신은 누구요?"

오딘은 푸른색 외투를 단단히 여미고 챙이 넓은 모자를 앞으로 기울이기만 하고 아무런 대답도 하지 않았다.

"나는 당신이 오는 것을 계속 지켜보고 있었소, 당신의 황금 투구는 태양 아래서 번쩍거렸거든. 당신은 마치 하늘 위를 나는 것처럼 땅 위로 달리더군." 흐룽그니르는 자신의 거대한 코를 문질렀다. "당신이 타고 있는 말은 보기 드물게 훌륭한 말이로군."

그제서야 오딘이 응수했다. "요툰하임에 있는 어떤 말보다도 훌륭하지. 그 점만은 확실하오."

"당신 혼자 생각에 그렇겠지."

"아니요, 확실하오."

"그래, 당신이 요툰하임에 대해 뭘 알고 있는데, 땅딸보 양반? 그렇게 자신하지 말라구." 슬며시 화가 돋기 시작한 흐룽그니르가 대답했다.

"난 내 목도 걸 수 있을 만큼 확신하오."

"이런, 멍청이 같으니라구! 당신, 황금 갈기에 대해 여태 못 들어보았소?" 흐룽그니르가 소리쳤다.

"그게 누군데?"

"그야 내 말이지! 황금 갈기라구. 당신 말이 아무리 빠르다고 해도 황금 갈기의 상대는 되지 못할걸."

"쓸데없는 소리 마! 전부 허튼 소리지."

"무슨 소리야, 황금 갈기가 제일 빠르다니까!" 흐룽그니르가 쩌렁쩌렁 외치자 그의 음성이 주위를 에워싼 산에 메아리가 되어 울렸다.

"좋아, 그럼 내 목을 걸 테니 어디 쫓아와 가져가 보라구!" 오딘이 슬라이프니르에 박차를 가하며 외쳤다.

흐룽그니르가 자신의 황금 갈기에 올라탔을 때쯤엔 오딘은 이미 연기가 솟아나는 산의 반대편에 가 있었다. 흐룽그니르도 바싹 추격해왔고 오딘과 흐룽그니르는 평원을 가로지르며 달려갔지만 어느 한 쪽도 크게 우세하지는 않았다. 그들은 고원도 곧 달려 넘었지만 흐룽그니르의 머릿속에는 오직 오딘을 잡아야겠다는 생각밖에는 없었다. 곧 열한 개의 강도 건넌 흐룽그니르는 자신이 어디 있는지 자세히 훑어보기도 전에 이미 자신이 아스가르드에 발을 들여놓았다는 사실을 깨달았다. 그제서야 흐룽그니르는 자신을 찾아왔던 손님이 누구라는 것을 알았다.

오딘은 발할라 외곽 문인 발그린드 옆에서 흐룽그니르를 기다리고 있었다. "자네가 타고 온 말도 보통 훌륭한 말 같지는 않구만."

흐룽그니르는 오딘을 노려보며 화가 났지만 그렇다고 뭘 어찌할 수도 없었다.

"그렇게 힘차게 달려온 끝이라 목이 마를 테니 자네의 황금 갈기를 여기 툰드로 데려와 물을 먹이지 그러나. 그리고 흐룽그니르, 자네는 발할라에 들어가 한 잔 하고 가게."

오딘이 흐룽그니르를 방패와 창으로 된 지붕 아래로 안내해 들어가자 오딘의 늑대 프레키와 게리가 당장 일어나 주인에게 껑충껑충 뛰어올랐다. 한편 그 날도 싸움에서 죽었다 다시 부활한 수많은 전사들이 의자를 꽉 채우고 앉아 술을 마시며 여흥을 즐기다 거인 흐룽그니르가 들어오는 것을 보자 소리지르기 시작했다. 그 소리는 마치 바다 자체를 그 거대한 홀에 옮겨다 놓은 것 같았고 암벽 해안에 파도가 부서져 내리는 소리처럼 엄청났다.

오딘이 한 손을 들어올려 전사들의 고함소리를 잦아들게 한 후 소리쳤다. "흐룽그니르는 무장도 하지 않은 채 평화스럽게 온 것이다. 그러니 그에게도 술을 주고 가만히 내버려 두도록 하라."

"나는 잔도 없는데 어떻게 술을 마신단 말이오?" 흐룽그니르가 항의하듯 말했다.

그러자 발키리인 최후의 순간과 분노가, 토르가 마시던 육중한 두 개의 잔을 가져왔다. 잔에는 모두 술이 넘칠 듯이 찰랑거렸다.

"마시게! 어디 우리측의 대단한 술꾼에 대항해 자네의 술 실력을 과시해 보라구."

발할라에 있던 모든 사람들은 흐룽그니르가 단숨에 한쪽 잔에 든 술을 다 털어 넣은 다음 나머지 잔도 역시 한 입에 들이키는 것을 지켜보았다. 술잔에 담긴 술은 토르도 마시기 힘든 엄청난 양이었다. 얼마 지나지 않아 흐룽그니르는 술기운이 돌기 시작하자 갑자기 소리질렀다. "난 할 수 있어!"

흐룽그니르를 쳐다보던 오딘은 외눈을 반짝이며 중얼거렸다. "안 될 걸."

그러자 흐룽그니르가 다시 소리쳤다. "할 수 있다니까!" 이젠 아예 두 팔을 내저으며 머리를 앞으로 쑥 내밀고 오딘을 노려보았다. "이까짓 시시한 궁전쯤이야 통째로 집어서 요툰하임에 있는 내 집으로 옮겨갈 수 있다구!"

의자에 쭉 앉아 있던 전사들은 그 소리를 듣고 모두 웃음을 터뜨렸다. 그러자 흐룽그니르는 전사들에게 고개를 돌리며 그쪽으로 다가가려고 했지만 균형을 잃고 옆으로 비틀거렸다. "끄윽! 이까짓 아스가르드 쯤이야 바다에 던져 버릴거야, 꺼억!" 술에 취한 흐룽그니르는 소리지르며 주정을 했다.

팔짱을 끼고 그 모습을 바라보는 오딘의 가면과도 같은 얼굴은 그가 무슨 생각을 하고 있는지 전혀 드러내지 않았다. 잠시 후 오딘은 약간 무심결인 듯

물어보았다. "그럼 우리들은 어떻게 할 건데?"

"너! 너, 너희들 신들, 그리고 전사들 모두 죽여줄 테다. 네 녀석들 모두 때려눕혀 줄 테다!" 흐룽그니르가 주먹으로 탁자를 내리치자 탁자는 한쪽 끝이 기울더니 벌렁 뒤집어져 바닥으로 나뒹굴었다.

이제 전사들의 야유소리는 더 이상 나지 않았다. 모두 그저 흐룽그니르가 하는 짓을 잠자코 지켜보았다. 흐룽그니르는 여신 중에서 제일 예쁜 프레이야와 지프를 가리키며 말을 이었다. "너희 둘은 예외지. 너희 둘은 내가 데려가겠어. 뭔가 써먹을 데가 있을 테니 말이야."

오딘이 고개를 끄덕이며 뭔가 신호를 보내자 프레이야는 흐룽그니르에게 가만가만 다가갔다. 그녀가 움직일 때마다 몸에 달린 장신구들이 반짝반짝 빛이나 흐룽그니르는 눈이 부셔 눈을 비비려고 했다. "자, 더 드세요." 프레이야는 잔에 술을 가득 따라 부으며 흐룽그니르에게 술을 권했다.

"야, 뭐야! 이 궁전에 있는 술이 이게 전부야? 꺼억! 아스가르드에 있는 술은 한 방울도 남기지 않고 내가 다 마셔주마."

그러나 흐룽그니르가 아무리 술을 계속 들이켜도 프레이야가 의도한 대로 인사불성이 되지는 않았다. 그는 단지 끝없는 허풍으로 그 곳에 모여있던 사람들을 말로만 다 죽였을 뿐이었다. 신들과 전사들은 흐룽그니르의 계속되는 술 주정이 지겨워지자 전령에게 철의 숲에 나가있는 토르를 찾아 당장 아스가르드로 돌아오라고 전하도록 했다.

그리고 얼마 지나지 않아 토르가 쇠망치를 휘두르며 발할라 궁전 안으로 뛰어들어왔다. "이게 다 뭐야? 어떻게 할 작정이지?" 토르는 궁전 안이 쩌렁쩌렁 울리도록 소리를 질렀고 로키가 지프의 머리칼을 잘랐을 때보다도 훨씬 화가 난 모습이었다. "사악한 거인녀석이 감히 발할라에서 술을 마실 생각을 하다니 도대체 어쩔 작정들이오?"

소리치는 토르의 모습이 흐릿하게 눈에 들어온 흐룽그니르는 계속 딸꾹질을 해댔다.

"대체 어느 누가 너더러 여기서 술을 마시라고 했지? 그리고 어째서 프레이야가 네 술시중을 들고 있는 거야? 지금 거인을 위한 잔치를 벌이고 있는 줄 알아?"

그러자 흐룽그니르는 오딘 쪽으로 팔을 휘두르며 대답했다. "오딘이 그래도 좋다고 했다. 오딘이 나를 들어오라고 초대했다구." 흐룽그니르는 입에 거품을 물며 대답했다.

"그래? 그렇다면 나갈 때는 들어올 때처럼 그리 쉽사리 못 나갈 줄 알아." 토르는 쇠망치를 쥔 손에 힘을 주며 다시 들어올렸다.

"네가 만일 무장도 안 한 나를 지금 죽인다면 네 명성에 조금도 도움이 되지 않을걸. 부당한 처사였다는 오명을 남길 거야." 비록 취하긴 했지만 흐룽그니르는 발할라에서 다치지 않고 도망쳐야 한다는 사실을 잘 알고 있었고 그러기 위해서 토르의 약점을 찌르려면 어떻게 해야 할 지도 잘 간파하고 있었다. "그리고 더 나은 시합 방법이 있지. 네 용기를 시험할 나은 방법이 있다구."

"그게 뭔데?"

"네가 나랑 싸울 용기가 있다면 말이야."

"그런다니까." 토르가 이를 악물며 내뱉었다.

"그렇다면 요툰하임과 아스가르드 경계에서 만나 대결하자. 돌담 집인 그료투나가르다르(Grjotunagardar)에서 만나 싸우자구."

흐룽그니르를 물끄러미 바라본 토르는 그가 진심으로 하는 말이라는 것을 알았다.

"내 숫돌과 방패를 집에 두고 오다니 나도 참 멍청하지. 나도 무기만 있었다면 지금 당장 너와 겨룰 수 있을 텐데. 하지만 네가 만일 무장도 하지 않은 나를 죽인다면 넌 겁쟁이야."

토르가 도전을 받아들이고 싶어하기 전에는 아무도 감히 토르에게 결투를 신청한 사람이 없었다. "네가 약속을 깨지 않을 것이라는 것을 믿고 있지. 그러니 너도 꼭 약속을 지켜야 해."

토르의 대답을 들은 흐룽그니르는 뒤도 돌아보지 않은 채 발할라를 천천히 빠져 나왔다. 밖에서 기다리던 황금 갈기에 재빨리 올라탄 흐룽그니르는 가능한 한 전속력으로 요툰하임으로 달려갔다.

한편 흐룽그니르가 발할라에서 당한 일과 그가 곧 토르와 결투를 벌일 것이라는 얘기를 전해들은 거인들은 그가 대단한 명예를 얻었다고 생각했다. "당신은 가장 유명한 승리의 첫 장을 장식한 거요." 거인들은 모두 그렇게 말은 했지만 한편으로는 걱정되고 염려되었다. 만일 흐룽그니르가 결투에서 패해 죽기라도 하는 날에는 요툰하임에 암운이 드리울 것이라는 사실을 잘 알고 있었던 것이다. "만일 당신이 이기지 못하면 그때는 어떻게 되는 거지? 당신이야말로 우리 중에서 힘이 제일 세니 말이야."

그런데 그료투나가르다르에는 바닥이 진흙 투성이인 강이 흐르고 있었다.

"그렇다면 강 바닥의 진흙을 퍼올려 그것으로 거대한 사람을 만들어 토르가 그 모습만 봐도 벌벌 떨게 만들자." 거인들 사이에서 이런 제안이 나왔고 그들은 곧 일을 시작했다.

거인들은 밤낮으로 쉬지 않고 일한 끝에 거대한 진흙더미를 쌓아올려 산처럼 거대한 인간의 모습을 만들었다. 진흙인간의 키는 100리가 넘었으며 양 겨드랑이 사이의 가슴 넓이도 35리나 되었다.

그러나 거인들은 한 가지 걱정이 앞섰다. "이 진흙인간이 너무 커서 구름 위로 머리가 나올 정도로 거대하지만 단지 진흙일 뿐이잖아. 심장은 어떻게 하면 좋지?"

　　하지만 거인들은 진흙인간에게 어울릴 만큼 커다란 심장을 구할 수 없었다. 결국 그들은 암말을 한 마리 죽여서 말의 심장을 진흙인간의 몸에 넣었다. 진흙인간에게 생명의 숨결을 불어넣을 정도로 말의 심장은 뛰었지만 여전히 불안정하여 자신감을 불어넣기에는 역부족이었다. 거인들은 이 진흙인간을 미스트 칼프(Mist Calf)라고 불렀고 그에게 그료투나가르다르에서 기다리고 있으라고 했다.

　　드디어 결전의 날이 되자 흐룽그니르는 돌담 집으로 향했다. 그리고 미스트 칼프와는 달리 그의 가슴은 끝이 뾰족한 삼각형의 단단한 돌로 되어있었다. 흐룽그니르의 머리 역시 돌로 되었으며 토르를 기다리고 있는 동안 앞에 들고 있던 커다란 방패 역시 돌로 만든 것이었다. 흐룽그니르는 다른 한 손으로는 거대한 숫돌을 단단히 어깨에 걸머지고 던질 준비를 하고 있었다. 흐룽그니르는 매우 험악해 보였고 매우 위험스러워 보였다.

　　한편 아스가르드 진영에서는 대지의 아들이기도 한 토르가 화가 나 자신의 마차에 뛰어올랐고 그 옆에 티알피가 같이 탔다. 마차가 발 아래에서 움직이기 시작했다. 토르가 힘차게 외치자 당장 두 마리 염소는 앞으로 튀어나갈 듯이 마구를 세게 잡아당겼고 마차는 덜거덕거리며 트루드방을 빠져나갔다. 달빛이 비치는 길은 온통 떨렸고 염소가 달리는 소리는 널리 울려 퍼졌다. 번개가 번쩍거리며 불꽃을 일으키자 대지 한가운데 사는 인간들은 세상 전체에 불이 붙는 줄로 생각했다. 그러더니 갑자기 이번엔 우박이 쏟아지기 시작했다. 우박은 연약한 볏단을 사정없이 난타했고 들판에 가득한 풀을 납작하게 만들었다.

염소 마차를 타고 나타나는 토르

인간들은 집 안에서 꼼짝 못하고 벌벌 떨고 있었다. 들판에 골이 깊게 패인 두렁들은 그와 같은 우박 때문에 생겨난 것이고 지면 밑으로는 금과 균열과 틈새가 벌어졌다. 바위와 작은 돌들은 굳어진 바다로 폭포처럼 쏟아져 들어갔다.

오딘과 티알피는 그료투나가르다르를 향해 요툰하임으로 들어섰다. 티알피는 잽싸게 마차에서 뛰어내려 오딘보다 먼저 앞서가 흐룽그니르와 미스트 칼프를 보았다. 흐룽그니르와 미스트 칼프는 나란히 서 있었는데 티알피를 본 미스트 칼프 안에 든 심장은 두근거리기 시작했다.

티알피가 흐룽그니르 일행을 향해 소리치기 시작했다. "토르는 당신들을 볼 수 있어. 내 말 들려? 토르는 당신이 앞에 방패를 들고 있는 것도 다 볼 수 있다구." 티알피는 두 손을 모아 동그랗게 입에 대고 계속 외쳤다. "내 말 들리냐구, 흐룽그니르? 그러니까 방패를 내려놔. 방패를 아래로 내려 준비하라구. 토르는 아래로부터 달려들 테니까!"

티알피의 말에 흐룽그니르는 돌로 만든 방패를 땅바닥에 내려놓은 후 그 위에 올라서서 두 손으로는 숫돌을 단단히 잡았다.

한편 흐룽그니르가 돌담 집에 서 있는 것을 본 순간 토르는 쇠망치를 휘둘러 세게 던졌다. 눈 깜짝할 사이에 흐룽그니르는 눈부신 섬광과 꽝 하는 천둥소리와 함께 날아오는 묠니르의 공격을 받았다.

쇠망치가 자신을 향해 날아오는 것을 보고 잽싸게 자신의 숫돌을 조준한 흐룽그니르 역시 묠니르를 향해 곧장 숫돌을 날렸다. 잠시 후 쇠망치와 숫돌은 공중 한가운데에서 섬광을 내며 부딪쳤고 곧이어 들려온 우렛소리는 아홉 세계 전체에 다 들렸다. 흐룽그니르의 숫돌은 수백 조각으로 부서졌다.

그리고 쪼개진 숫돌의 파편은 산지사방으로 튀었다. 한 조각은 미드가르드로 날아갔고 대지에 부딪치면서 다시 여러 개의 조각으로 부서졌다.

〈거인들과 싸우는 토르〉, M. E. 윙지, 1890년

거인 흐룽그니르는 토르의 망치 묠니르의 공격을 받아
두개골이 박살났다. Ludwig Pietsch, 1865년

그리고 그때 부서진 하나의 조각들이 오늘날의 채석장이 된 것이다. 또 다른 한 조각은 허공을 가르며 날아가 토르의 머리에 박혔다. 그 바람에 모든 신들 중에서 제일 힘이 센 토르는 매우 심한 부상을 입고 마차에서 떨어졌고 그의 이마에서 흘러나온 피가 대지 위로 흘러내렸다. 그러나 토르의 쇠망치는 정확히 과녁을 맞추었다. 비록 숫돌과 부딪치긴 했지만 묠니르는 계속 날아가 흐룽그니르의 앞이마에 정확히 박혀 그의 두개골을 박살냈다. 심한 일격을 받은 흐룽그니르는 비틀거리더니 쓰러지고 말았다. 그런데 공교롭게도 넘어지며 그의 육중한 다리가 토르의 목을 내리눌렀다.

한편 흐룽그니르를 해치운 토르를 본 미스트 칼프는 겁에 질려 오줌을 질질 흘리더니 곧 걷잡을 수 없이 싸고 말았다. 그러자 티알피가 자신의 도끼를 휘둘러 진흙으로 만든 미스트 칼프의 발을 공격했다. 티알피가 쉬지 않고 다리를 내려치자 미스트 칼프는 맞서서 싸울 만한 힘이 전혀 없었다. 곧 비틀거리던 미스트 칼프 역시 뒤로 넘어갔고 그 충격에 요툰하임 전체가 흔들렸다. 한편 모든 거인들은 미스트 칼프가 넘어가는 소리를 들었고 그로써 돌담 집의 결투에서 무슨 일이 일어났는지 알았다.

"내 머리 좀 어떻게 해줘!" 토르가 비명을 질렀다.

티알피는 토르의 머릿속에 박힌 숫돌 조각을 살펴보았다.

"그래도 흐룽그니르의 머리보다는 백 배 나아요." 농담조로 응수한 티알피는 흐룽그니르의 다리를 치워 토르의 머리를 편하게 해주려고 했다. 그러나 티알피에게는 마치 나무 줄기를 옮기는 것처럼 일 센티도 움직일 수 없었다.

"그러지 말고 도움을 청하거라." 토르가 티알피에게 지시했다.

이럴 때는 티알피의 빠른 발이 크게 소용이 있었다. 얼마 안 되어 아스가르드에서 많은 신들이 그료투나가르다르로 달려와 토르의 빛나는 승리를 축하하며 그를 흐룽그니르의 다리에서 풀어 주려고 애를 썼다. 한 사람씩 차례로 흐룽그니르의 다리를 들어올리려 했지만 아무리 힘이 센 신도, 심지어 오딘조차 아무것도 할 수 없었다.

결국 토르가 거인족 여인 야른삭사(Jarnsaxa)에게서 난 세 살배기 마그니가 돌담 집에 도착했다. 신들이 자신의 아버지를 구할 수 없는 것을 보고 마그니가 말했다. "이젠 제가 한 번 해 볼게요!" 몸을 구부린 마그니는 흐룽그니르의 발뒤꿈치를 잡고는 아버지의 목에서 다리를 멀리 치워 버렸다.

그 모습을 지켜본 모든 신들은 놀라서 소리질렀고 토르는 재빨리 일어섰다.

"제가 조금 더 빨리 오지 않은 것이 안타깝네요. 제가 이 거인을 상대했더라면 맨주먹으로 때려 눕혔을 텐데요." 마그니가 당돌하게 말했다.

그러자 토르가 쇠장갑을 낀 손으로 아들의 어깨를 감싸며 다정하게 말했다. "네가 지금 한 대로만 계속 한다면 넌 아주 대단해질 것이다."

"저희 어머니는 무쇠 단검이잖아요. 그리고 전 천둥신의 아들이기도 하구요."

"그래, 게다가 난 너에게 황금 갈기를 주겠다. 나를 구해 준 보상으로 흐룽그니르의 말을 가지거라."

　그러자 갑자기 오딘이 날카롭게 말렸다. "그건 안 된다! 그렇게 특출난 훌륭한 말을 아버지인 나에게 안 주고 거인족 여인의 아들에게 주겠다니 무슨 소리냐?"

　그러나 토르는 들은 체도 않았다. 손으로 욱씬욱씬 쑤시는 머리를 두드리며 그가 아스가르드로 되돌아가자 나머지 에시르 신들도 그 뒤를 따랐다. 오직 오딘만 불만에 가득 찼다. 다른 신들은 선이 악을 제압했으므로 이제 그들은 전처럼 다시 안전하게 지낼 수 있게 되었다고 모두 토르에게 감사했다.

　트루드방에 도착하여 자신의 궁전인 빌스키르니르로 걸어 들어갈 때까지도 숫돌은 토르의 머리에 박힌 그대로였다. 그래서 토르는 시종을 시켜 미드가르드로 가서 용감한 자인 아우르반딜(Aurvandil)의 아내인 무녀 그로아(Groa)를 데려오게 했다. 현명한 여인이기도 한 그로아는 급히 비프뢰스트를 건너 토르에게 왔고 자신만이 알고 있는 주문과 마법을 밤새 토르에게 영창해 주었다. 그녀가 노래를 부르자 단단히 박혀 있던 숫돌 조각이 점차 느슨해지기 시작했고 머릿속에서 탕탕 울리던 고통도 점차 줄어들어 아련한 과거의 기억만큼도 아프지 않았다.

　그러자 몹시 고마운 마음이 든 토르는 그로아를 기쁘게 해주고 싶었다. "그로아, 너를 놀래줄 일이 있다."

　"전 그다지 놀랄 일이 없답니다."

　"하지만 이 일에는 놀라고 말걸. 얼마 전에 북쪽에 갔다가 나는 네 남편 아우르반딜을 만났지."

　그러자 갑자기 그로아는 뻣뻣하게 굳더니 슬프게 고개를 젓기 시작했다.

　"너는 네 남편이 죽었을 것으로 생각하고 있겠지만 내가 그를 요툰하임에서 데리고 나와 등에 가죽끈으로 맨 바구니에 넣어 독이 흐르는 엘리바가르

강을 건넜지."

"그럴 리가 없어요!" 그로아는 거칠게 외쳤다. 그 이유는 그녀가 토르를 안 믿으려고 해서가 아니라 감히 그를 믿기가 두려웠기 때문이었다.

"그렇다면 구체적인 증거를 보고 싶나?"

"예, 보여주세요."

"네가 밤새 내 머리맡을 지키며 주문을 외우더니 벌써 아침이 다 되었구나. 자, 나를 따라 오너라." 토르는 빌스키르니르에서 나와 고요한 안뜰로 들어섰다. 그리고 하늘을 가리키며 말했다. "자, 보거라! 저 별을 본 적이 있느냐?"

그로아는 눈살을 찌푸리며 고개를 가로저었다.

그러자 토르가 희미하게 웃으며 설명해주었다. "내가 지고 나올 동안 아우르반딜의 발가락이 바구니 바깥으로 삐져 나오는 바람에 얼어붙고 말았지. 그래서 내가 그의 발가락을 잘라내 하늘로 높이 던져 올렸다. 그래서 지금부터 저 별은 아우르반딜의 발가락으로 불릴 것이다."

그 소리를 들은 그로아의 가슴은 두근거리기 시작했고 눈은 기쁨의 눈물로 반짝였다.

"자 이제 만족했느냐? 그리고 하나 더 얘기해 주지. 이제 곧 머지않아 네 남편이 집으로 돌아올 것이다."

이제 그로아는 세상에서 더 이상 중요한 일은 아무것도 없다고 생각했다. 그리고 토르에게 어떻게 감사하면 좋을지 몰랐다.

"넌 그저 하던 주문과 마법이나 마저 외우거라. 그러면 내게 대한 보답은 그것으로 됐다."

그러나 그로아는 토르를 보더니 멍하니 입을 벌렸다.

"어서 주문을 외우라는데도."

그러나 그로아의 머리와 가슴은 마구 소용돌이치며 피가 거칠게 내닫는 바람에 흥분을 가라앉힐 수 없었다. 그녀는 너무나 흥분한 나머지 단 하나의 주문도 기억해 낼 수 없었다.

"뭐 하고 있는 거야, 어서 생각하라니까!" 토르가 화를 벌컥 내며 채근했다.

그로아는 두 손으로 얼굴을 가렸지만 소용없었다.

"생각해, 어서 생각하라니까!" 고함을 치는 토르의 눈은 분노로 이글거렸고 붉은 수염은 뻣뻣하게 곤두섰다.

그러나 그로아는 오직 남편 아우르반딜이 집에 돌아오리라는 것과 그의 발가락인 빛나는 별 외에는 아무것도 떠올릴 수 없었다. 토르는 결국 분노로 고래고래 고함을 지르며 그로아를 돌려보내는 수밖에 없었다. 이것이 바로 토르의 머릿속에 숫돌 조각이 박힌 채 그대로 남게 된 사연이다.

20장 오딘과 빌링의 딸

오딘이 분노한 듯 외치고 있었다. "삐걱대는 활, 이글거리는 불꽃, 하품하는 늑대, 깍깍거리는 까마귀, 꿀꿀대는 멧돼지, 뿌리를 깊이 내리지 못한 나무, 거대하게 부풀어오르는 파도, 부글부글 끓는 주전자, 날아가는 화살, 썰물, 새로 얼은 얼음, 똬리를 튼 뱀, 신부의 베갯머리송사, 털끝처럼 가는 칼, 장난기 가득한 곰, 왕의 아들들, 병든 송아지, 고집 센 노예, 마녀의 아첨, 갓 죽은 시체, 형제를 죽인 살인자와의 우연한 만남, 어느 정도 싫증난 집, 한 쪽 다리를 절면 쓸모 없게 되어버릴 경주마…… 이런 것들을 믿을 만큼 어리석은 사람은 아무도 없겠지."

"남자들은 여자의 말을 믿어서는 안 되고 여자들이 하는 약속 또한 신뢰하면 안 되지. 여인의 마음은 질주하는 바퀴처럼 쉴 새 없이 돌아가며 변덕스럽기 짝이 없지.”

“바람에 날리는 갈대처럼 변화무쌍한 여인을 사랑하는 것은 위험천만한 일이지. 아직 편자도 박지 않아 반항적이고 길들여지지 않은 두 살배기 망아지를 얼음 위로 내보내는 것, 폭풍 속에서 키도 없이 항해하는 배를 모는 것, 힘도 없는 다리를 이끌고 매끄러운 바위 위로 순록을 사냥하러 나서는 것만큼 무모한 짓이지.”

“남자와 여자, 둘의 속성을 전부 잘 알고 있어서 분명히 얘기하는 건데 남자는 여자를 속이지. 우리, 남자들의 약속이 분명할수록 생각은 거짓으로 가득 차 있지. 우리 남자들은 여인들의 상식을 파고들지. 여인의 사랑을 얻으려는 남자는 달콤한 말을 속삭이고, 선물 공세를 펴고, 그녀의 아름다움에 찬사를 늘어놓지. 그 말도 되지 않는 궤변이야말로 정말 놀라운 일이지.”

“그러니 자신의 사랑 때문에 다른 남자를 조롱하는 짓은 하지 말기를. 시간이 가면 현명한 사람들은 아름다움과, 사랑의 갈망으로 겪는 고통에 다시 사로잡히지만 반면에 어리석은 자들은 아무것도 느낄 수 없으므로 그러한 모든 것에서 자유롭다네.”

“많은 사람들을 무시하며 조롱하는 짓은 하지 말기를. 시간이 가면 현명한 사람들은 커다란 열정이라는 미명하에

〈신 중의 신 오딘〉, 아서 래컴, 1910년

다시 바보처럼 행동한다네. 그러니 각자 알아서 잘 판단해야 하지. 자신을 잘 알고 있는 사람에게 이루어지지 못한 욕망처럼 나쁜 것도 없다네."

"이 모든 사실들은 갈대밭에 앉아 내 사랑을 하염없이 기다리며 스스로 체득하여 얻은 진실이라네. 한때는 그 여인을 내 목숨보다도 귀하게 여겼지. 그것이 내게는 커다란 행복이었지!"

"내가 빌링의 딸을 처음 본 순간 그녀는 잠들어 있었지. 그녀는 마치 태양처럼 빛나는 존재였어. 그녀 옆에 잠들 수 없다면 온 세상이 전부 황무지로 변할 거라고 생각했지. '오딘, 날 가지고 싶다면 어두워진 후에 돌아오세요. 사람들에게 우리가 연인 사이라는 것을 들킨다면 우리들에게 별로 좋지 않을 거예요.' 그녀가 내게 그렇게 속삭였지."

"난 그녀의 감미로운 언약에 완전히 취해서, 욕망에 반쯤은 넋이 나가 급히 서둘러 갔지. 난 그녀가 내 사람이 되리라고, 수없이 내 여인이 될 것이라는 것을 믿어 의심치 않았어."

"나는 황혼 후에 다시 돌아왔지. 성채 안의 모든 전사들은 불붙은 횃불을 들고 빛나는 검을 휘두르며 깨어 있었지. 나는 거짓 흔적을 뒤따라갔지."

"그러나 난 냉정함을 잃지 않았어. 새벽에 다시 돌아와 보니 모든 전사들은 잠이 들어 있더군. 내가 무엇을 찾아냈을까? 아름다운 여인이 자신의 침대 옆에 묶어 놓았던 암캐 한 마리가 전부였지."

"남자들은 아름다운 많은 여인들이 실제로 확인해 보면 변덕스럽다는 것을 알아야만 해. 나는 빌링의 딸에게 정중한 말로 구애하고 난 후에야 비로소 그 사실을 깨달았어. 그 믿을 수 없는 여인은 모욕으로, 비열한 모욕으로 내 사랑에 보답했지."

21장 길피와 게프욘

길피가 먼저 말을 꺼냈다. "너는 나를 왕처럼 대해 주었느니라."

더럽고 악취가 나는 누더기를 걸친 쭈글쭈글한 거지 노파가 쪼그리고 앉아 길피의 말을 주의 깊게 듣고 있었다.

"우리의 잠자리라야 오로지 이 맨 땅뿐이었고 우리를 가려줄 지붕은 살랑거리는 이 나무와 그 너머 위에 있는 수많은 별들이었지. 하지만 너는 비록 보잘것없지만 네가 가진 모든 것을, 얼마 안 되는 음식과 지혜를 내게 기꺼이 나누어 주었지."

거렁뱅이 노파의 눈은 깊은 우물처럼 무슨 생각을 담고 있는지 헤아릴 수 없었고 이상하게 번득이고 있었다.

"너는 나를 왕처럼 대해 주었지. 그래서 내가 정말로 왕이라는 사실을 네게 말해 줄 때가 된 것 같다."

그러나 거지 노파는 표정 하나 바꾸지 않고 길피를 바라보더니 코방귀를
뀌었다.

"네가 뭐든지 나와 함께 나누었으니 이젠 내가 무엇이든지 네게 나누어 주
겠다. 네 마리 황소로 하루 낮과 밤을 꼬박 쟁기로 끌 수 있는 만큼 스웨덴에
서 네 마음대로 떼어가도 좋다."

그래서 왕과 거지 노파는 각자 갈 길로 향했다. 길피 왕은 숲에 난 자국
을 찾아 그 길을 따라 자신의 궁전으로 되돌아 갈 수 있었다. 한편 사실은 여
신 게프욘(Gefion)이었던 거지 노파는 미드가르드를 떠나 요툰하임으로 갔다.

게프욘은 진흙 구덩이와 끓어오르는 샘을 지나 산자락을 타고 돈 뒤, 외
따로 떨어져 있던 비옥한 골짜기에 도착했다. 그 곳에는 사람은 살지 않았지
만 거대한 네 마리의 황소가 뜨거운 태양 아래에서 한가로이 풀을 뜯고 있었

덴마크의 수도 코펜하겐에 있는 게프욘의 분수. 그녀가 네 황소 아들과 코펜하겐이 있는 셸란 섬을 스웨덴
으로부터 가져올 때의 모습을 그리고 있다. Anders Bundgaard(1864~1937).

네 마리 황소들로 스웨덴에서 땅을 떼어내는 게프욘

다. 그런데 사실 그 황소들은 여신 게프욘이 거인과의 사이에서 난 아들들이었다.

게프욘은 아들들을 데리고 다시 미드가르드로 들어섰고, 곧 스웨덴 지방으로 갔다. 그녀는 보기에 매우 비옥해 보일 뿐더러 농사 짓기에도 더없이 훌륭한 땅을 고른 후 아들인 네 마리 황소에게 커다란 쟁기를 씌웠다. 쟁기 날이 땅속 깊숙이 박히자 딱딱하게 굳어 있던 대지의 흙이 부드럽게 변했다. 그러자 황소들은 근육 하나하나에 온 힘을 주어 대지 아래에 있던 용암으로부터 땅을 비틀어 뜯어내기 시작했다.

아들들이 거대한 땅덩어리를 끌어내자 게프욘은 만족한 듯이 웃었다. 이제 서쪽으로 천천히 땅을 끌고 가는 황소들의 온 몸은 땀으로 흠뻑 젖었다. 게프욘이 계속 재촉하자 황소들은 여전히 뒤에 매달린 땅을 끌고 바다를 건너 마침내 해협 한 중간에 도착했다.

"자, 그 땅을 이곳에 놔두거라. 이 땅은 이제 세상 끝날 때까지 이곳에 영원히 있게 될 거다!" 게프욘은 황소에 맨 쟁기를 풀어주었다. 황소들의 눈은 어머니와 달리 달처럼 고요했다. "그리고 이 비옥한 땅의 이름은 셸란(Zealand : 오늘날 덴마크 최대의 섬 Sjalland을 가리킴 — 역주)으로 부르자."

게프욘은 길피의 땅을 강탈함으로써 그의 후의에 보답한 꼴이 됐다. 그로써 덴마크는 땅을 가져온 만큼 더 커지게 되었고 스웨덴은 떼어낸 만큼 더 작아지게 된 것이다. 그 후, 땅이 찢겨져 크게 입을 벌린 틈으로 땅에서 솟아오른 물과 하늘에서 떨어진 빗물이 흘러 들어가 호수가 되었다. 사람들은 그 호수를 멜라렌(Malar : 오늘날 스웨덴의 남동부에 있는 호수 Malaren을 가리킴 — 역주)으로 불렀다.

그래서 셸란 섬의 곳이 멜라렌 호수의 후미와 만과 만곡선에 딱 들어맞는 것도 그런 연유에서이다.

22장 하르바르드의 노래

토르 뒤로는 산들이 일렬로 서 있었다. 어떤 산은 뒤집힌 배 같기도 했고, 어떤 것은 미완성된 피라미드나 정상 부분이 싹둑 잘려나간 거대한 원뿔처럼 생긴 것도 있었다. 그러나 그 어느 것도 그리 청명한 풍경은 아니었다.

토르는 툰드라 너머 서쪽으로 가고 있었고 태양도 그와 보조를 같이했다. 아침이 거의 끝나갈 무렵 토르는 황무지를 뒤로 하고 잡목 숲과 기복이 심한 땅을 가로질렀다.

그리하여 곧 물살이 빠르고 깊은 해협에 도착했다. 그 곳은 바람 한 점 없이 고요했다. 반짝이는 햇살이 수면 위로 부서져 내렸고 물은 흐르면서도 거의 움직이지 않는 것처럼 고요해 보였다.

그런데 해협 건너 강둑에서 한낮의 태양 아래 어떤 사람이 큰 대자로 누워 있었고 그 옆에는 바닥이 평평한 배가 한 척 둥둥 떠다녔다.

"이봐!" 토르가 소리지르자 수면에 잔잔한 파문이 일었다. "어이, 거기 있는 자네 말이야. 자네 뱃사공인가?"

그러자 남자가 일어나 앉더니 손을 입에다 대고 외쳤다. "물 위로 소리지르는 멍청이는 누구지?"

"나를 건너 주게. 그럼 여기 있는 이 바구니에 든 음식으로 뱃삯을 후하게 쳐주겠네." 토르는 어깨에 맨 끈 아래로 엄지손가락을 빼냈다. "이 바구니 안에는 맛있는 음식이 잔뜩 들어 있는데 난 이미 양껏 먹었거든. 출발하기 전에 청어랑 죽을 잔뜩 싸 가지고 왔지."

뱃사공은 천천히 일어나더니 머리 위로 모자를 푹 눌러썼다. "저런, 실컷 포식하셨다 이 말씀이군, 그런가? 아, 그런데 자네 앞에 어떤 일이 기다리고 있는지 알기나 하는가? 네가 집에 도착하면 울부짖는 곡소리밖에 못 들을 거야. 네 어머니가 죽었거든."

"뭐, 우리 어머니가 돌아가셨다구! 그보다 더한 슬픔이 어디 있겠어?" 토르는 눈을 가늘게 뜨더니 얼굴을 있는 대로 찌푸렸다.

한편 무엇에든 잘 속아넘어가는 토르가 놀라서 당황한 모습을 보이자 뱃사공은 본격적으로 토르에게 욕을 하기 시작했다. 우선 비정하게 토르의 옷차림을 트집잡았다. "맨발에, 옷은 거지 행색이로군. 바지조차 걸치지 않았어. 너한테 집이라고 부를 만한 곳이나 있는지 의심스럽군."

"배나 가져오라니까. 길은 내가 안내할 테니 무서워할 필요 없다구. 그런데 그 나룻배는 도대체 누구 거지?"

이제 뱃사공은 느긋하게 여유를 부렸다. 토르를 조롱하려고 등을 돌리고 잔인하게 웃었다.

"그 배가 누구 거냐니까?"

"닥치는 대로 사람들을 해치는 늑대 힐돌프(Hildolf)가 내게 맡긴 거다. 그는 현명하며 카운셀(Counsel) 섬의 라트세이(Rathsey)에 살고 있지. 그리고 나한테 절대로 좀도둑이나 말 도둑은 태우면 안 된다고 명령했지. 오직 훌륭한 사람이나 얼굴이 잘 알려진 사람이어야만 된다고 했어. 그러니 네가 이 곳을 건너고 싶으면 어디 이름을 대보라구."

"그래? 그렇다면 내가 지금 혼자이긴 하지만 누구인지 말해주겠다. 나는 바로 오딘의 아들, 마일리(Meili)의 형, 마그니의 아버지, 신들 중에서도 제일 힘이 센 토르다. 이 뱃사공 녀석아, 넌 지금 토르하고 얘기하고 있는 거라구!" 토르의 외침은 해협의 수면에 잔물결을 일으켰고 그 물결은 해협을 건너가 뱃사공의 발치에 가서 부서졌다. "그러는 네 녀석은 대체 누구냐? 어디 이름이나 대봐라, 이 놈아!"

"내 이름은 하르바르드다. 난 좀처럼 내 이름을 숨기는 법이 없지."

"숨겨야 할 필요가 있나? 그렇다면 혹시 영지에 갇힌 죄인이라도 되는 모양이지?"

그러자 뱃사공이 금세 응수했다. "네가 그런지도 모르지? 내 운명이 정해지지만 않았다면 너 같은 치들은 얼마든지 상대할 수 있다구."

그 말에 오른손을 부르르 움켜쥔 토르는 수염을 문지르며 차가운 물을 노려보았다. "네 녀석은 허리까지 적시면서 일부러 이 해협을 건너 상대할 가치조차 없지. 하지만, 이 별 볼일 없는 뱃사공 놈아, 내가 이곳을 건너는 날엔 혼쭐날 줄 알아라!"

그러자 하르바르드는 가소롭다는 듯이 두 손을 엉덩이 위에 올려놓더니 소리쳤다. "그래, 여기 서서 기다릴 테니 어디 한 번 해 볼 테면 덤벼봐라. 네 녀석이 흐룽그니르와 싸운 이후로 나 같은 상대를 못 만나 그렇지."

"너 지금 흐룽그니르라고 했냐? 뭘 알고나 하는 소리냐? 그 거인의 머리는 돌로 만들어졌다는 것을 알기나 하냐? 그래도 난 그 녀석을 해치웠지. 단숨에 때려 눕혔다구. 그래, 하르바르드 넌 그동안 뭐하고 있었냐?"

"나는 5년 동안을 알그론(Algron) 섬에서 폴바르(Fjolvar)와 보냈지. 그 곳에서야 할 일이 많았지. 우린 영웅들과 처녀들 가슴에 창을 박아 넣으며 싸웠지."

토르는 다시 수염을 문질렀다. "그래 어떻게 해서 여인들을 빼앗았는데?"

"그들은 우리를 매우 친절하게 맞이했지. 아주 썩 좋은 기분으로 말이야. 그들은 모래로 끈을 만들거나 계곡에 바닥을 파는 것이 불가능한 것처럼 우리로부터 도망칠 수 없다는 것을 알았으므로 우리에게 복종하는 것이 현명하다는 충고를 받아들였기 때문이지." 하르바르드는 양팔을 활짝 벌렸다. "나는 그녀들이 처음으로 맞이한 사람이었지. 난 일곱 자매와 돌아가며 동침했는데 그녀들은 매번 미칠 정도로 나를 황홀하게 만들었지. 그래, 토르 넌 그동안 무엇을 하고 있었지?"

"나는 흉폭한 거인 티아지를 죽이고 알발디(Alvaldi)의 아들의 눈을 뜨거운 하늘로 올려버렸지. 그것들이 내 무훈(武勳)의 산 증거지. 모든 사람들이 그것들을 볼 수 있으니까. 그래, 하르바르드 너는 그동안 무엇을 했지?"

"나는 아홉 명의 요부들을 남편에게서 꼬여내어 그들과 사랑을 나누었지. 그리고 그 거인 흐레바르드(Hlebard), 그 녀석도 보통이 아니었어. 그가 내게 마법의 가지를 주었는데 난 그것으로 녀석의 지혜를 다 가로챘지."

"그래, 너는 후한 선물에 그런 식으로 보답하냐?"

회색 수염의 뱃사공은 어깨를 으쓱하더니 빛나는 물 건너로 소리쳤다. "참나무는 어느 곳이든지 가지를 쳐내야 잘 자라는 법이라구. 사람들도 각자 자신을 위해 살기 마련이지. 그래, 토르 넌 그동안 무엇을 했지?"

"나는 동쪽의 요툰하임으로 가서 추한 거인족 여인들이 언덕 위로 어슬렁거리며 다니길래 다 죽여 버렸지. 그들이 만약 아직 살아 있었더라면 미드가르드에는 인간은 없고 무시무시한 거인들만 들끓었을걸. 그래, 하르바르드 너는 그동안 무엇을 했지?"

"나는 학살의 땅, 발란드(Valland)에서 전쟁을 일으켰지. 왕자들이 서로 반목하게 만들고 평화가 발붙이지 못하도록 방해했지."

뱃사공을 보고 그의 말을 조용히 들으며 생각에 잠긴 토르의 이마에는 주름이 잡혔다.

"그들 위대한 전사들은 싸움에서 죽고 나면 다시 고귀하게 부활하여 오딘에게 가지. 그러나 토르, 너는 기껏해야 천한 농민들의 청이나 들어줄 뿐이지."

"이제야 네가 인간들을 신에게 제물로 바치는데 얼마나 공평한지 알겠군. 그렇다고 해서 네 입으로 그렇게 떠벌려야겠냐?"

"너는 사지는 강건할지 모르지만 마음은 소심하기 짝이 없군." 뱃사공은 계속 토르를 비웃었다.

"네가 그렇게 겁이 많으니 거인의 장갑 속으로 기어들어 가기도 했겠지. 그리고는 자신이 누구인지도 까먹었었지? 천둥치는 자? 네가 감히 방귀를 뀌거나 재채기조차 할 수 없었다는 것을 듣고는 퍄라르가 얼마나 놀랐는지 알아?"

"뭐라고! 이 계집애 같은 뱃사공 놈아! 이 해협만 건널 수 있다면 너 같은 녀석은 당장 저승으로 보내 주겠다."

하르바르드는 기름처럼 매끈한 음성으로 되받았다. "왜 이렇게 욕을 하시나? 우리가 언제 싸웠나. 그래 토르 넌 다음에 무슨 일을 했지?"

"그 다음엔 멀리 동쪽으로 나가 이빙 강을 돌아다녔지. 그런데 스바랑(Svarang)의 아들들도 마침 자신들의 운을 시험해 보려고 그 곳에 나왔었지."

그런데 토르는 갑자기 몸을 굽히더니 단번에 돌 한 조각을 집어들어 해협 위로 휙 던졌다. 돌멩이는 날아가며 윙 소리를 냈다. 하르바르드는 놀라서 황급히 몸을 피했고 돌은 그 옆의 둑에 파묻혀 버렸다. 그러더니 토르가 다시 소리질렀다. "바로 그랬어! 그들은 그렇게 돌을 던졌고 효과가 있었지. 그러더니 그들은 갑자기 휴전하게 해 달라고 빌었지. 하르바르드, 넌 그동안 무엇을 했지?"

"나도 역시 동쪽에 나가있었는데 우연히 어떤 여인과 알게 되었지. 하얀 린넨 모자를 쓴 여인이 내게 관심을 갖게 만들어 우리는 밀회를 즐겼지. 황금 장식을 한 그녀를 자극하여 사랑을 나누었지."

"흥, 여자는 잘도 꼬시는구나."

"네가 도와줬더라면 그 여자를 완전히 무릎꿇게 할 수도 있었지."

그러자 토르가 흥분하여 간절하게 말했다. "그러게 말야, 나도 같이 있었더라면 좋았을 텐데. 난 만반의 준비가 갖추어졌단 말이야."

그러나 하르바르드는 냉정을 되찾은 음성으로 말했다. "만일 네가 약속을 깨뜨리지 않는 것으로 알려졌다면 너를 신뢰할 수도 있었겠지."

"아니야! 그건 사실이 아니야. 난 봄날에 다 낡아빠진 가죽구두처럼 남을 속이는 사람이 아니라구."

"그래, 토르. 너는 그 동안 무엇을 했지?"

"나는 바다 신의 섬인 흐레세이에 있었지. 그리고 베르세르크 가(家)의 신부들을 모두 없애버렸지. 그 여자들은 모두 더러운 뱀들이었어."

그러자 하르바르드가 통렬히 비난했다. "뭐, 토르! 부끄러운 줄을 알아라. 여자나 죽이고 다니는 녀석아!"

"그것들은 여자라기보다는 늑대에 가까웠다구! 그들은 내 잘 손질된 배를 공격하고 쇠곤봉으로 우리를 위협했지. 그 바람에 티알피도 도망치고. 그래

하르바르드, 넌 그동안 무엇을 했지?"

"난 깃발을 높이 쳐들고 창을 피로 물들이려고 아스가르드의 경계로 온 무리 중에 끼여 있었지."

"너, 지금 신들에게 대항해 싸우려했다는 말이야?"

그러자 하르바르드가 비웃듯이 대꾸했다. "내가 너에게 작은 반지를 하나 주면 그렇게 안달하지 않고 입 다물겠지? 그 반지가 우리 사이에 중재 역할을 할 테니 말이야."

그러자 화가 치솟은 토르가 강둑을 발로 걷어차자 잔모래와 조약돌이 부드럽게 빛나는 수면 위로 마구 떨어져 내렸다. 토르는 커다란 손에 묠니르를 단단히 쥐었다. "그렇게 더러운 욕은 어디서 생각해 낸 거냐? 난 이제껏 그렇게 심한 모욕은 처음 들어보았다."

"후후, 언덕 위의 집에 사는 늙은 노인들한테 배웠다. 어쩔래?"

토르는 분노와 질투심에 사로 잡혀 고개를 가로 저었다. "흥, 그거 무덤치고는 고상한 이름이군 그래, 언덕 위의 집이라!"

"그건 내가 그렇게 부르는 거지."

"내가 이 해협을 건너기만 하면 네가 주둥이를 놀리는 것도 끝인 줄 알아. 내가 이 쇠망치로 네 녀석을 내리치면 넌 아마 늑대보다도 더 크게 울부짖을 걸."

그러나 재빨리 하르바르드가 말을 가로챘다. "네 마누라, 지프 말인데. 아마 그녀는 지금쯤 재미 좀 보고 있을걸. 숨겨 놓은 애인이 있다 이 말씀이지. 그러니 네 힘은 그 녀석한테 쓰게 아껴두는 게 좋을걸."

"뭐라고, 이 미친 녀석아! 입 닥치고 날름거리는 혀 그만 놀리지 못해! 이 천하의 거짓말쟁이 녀석아!"

그러자 뱃사공은 잠시 쉬며 어떤 인간도 막지 못할 기세로, 빛나는 애꾸눈으로 토르를 쳐다보았다. (여기서 이 뱃사공이 사실은 변장한 오딘이라는 것을 알 수 있다. 그는 아들 토르가 흐룽그니르의 황금 갈기를 자신에게 안 주고 마그니에게 준 것이 약올라 이런 식으로 아들에게 화풀이하고 있는 것이다 — 역주) "아니, 난 지금 진실을 말하고 있는 거야. 어쨌든 넌 집에 돌아가려면 시간 꽤나 걸리게 생겼군! 이 배로 여기를 건넜더라면 지금쯤 꽤 멀리 가 있었을 텐데."

"이 계집애 같은 뱃사공 녀석아! 이제 보니 날 너무 오랫동안 붙잡고 있었잖아." 토르는 강둑을 오르락 내리락 거리며 방향을 바꾸어 이리저리 돌아다니다가 마치 우리에 갇힌 짐승처럼 강 건너편을 노려보았다. 해협 건너편의 뱃사공 역시 토르를 마주보았다. "흠, 나 역시 일개 뱃사공인 내가 위대하신 토르를 붙들어 놓게 될 줄은 꿈에도 생각 못했지."

토르는 분노로 눈을 이글이글 태우며 주위 하늘에 울릴 정도로 고함을 질렀다. "내가 충고 한 마디 해주지. 입 닥치고 지금 당장 그 배를 저어 이리와. 그리고 나를 해협 건너편에 어서 내려놔."

그 요구에 하르바르드가 곧바로 응수했다. "흥, 꺼져 버려! 난 절대로 너를 건네 주지 않을 테니까."

토르는 몸을 굽혀 빠르게 흐르는 차가운 물살에 비치는 자신의 모습을 들여다보며 뱃사공이 자신을 얼마나 실컷 우롱했는지 알았지만, 동시에 지금은 자신의 힘이 아무런 소용이 없다는 사실 또한 뼈저리게 깨달았다. 고개를 든 토르는 붉은 수염을 젖히며 말했다. "정 나를 건네주기 싫다면 돌아가는 길 정도는 알려줄 수 있겠지."

"말로는 얼마 안 되지만 나무 그루터기와 돌길을 지나 갈 길이 꽤 멀지. 미드가르드에 도착할 때까지 왼쪽으로 계속 가. 그 곳에 가면 너희 어머니 표르긴(Fjorgyn)을 만날 수 있을 거야. 네 어머니가 아스가르드로 가는 무지개 다리 비프뢰스트로 가는 길을 알려 줄 테고."

"오늘 중으로 집에 도착할 수 있을까?"

"쉬지 않고 계속 걸으면 해가 지기 전에 도착할 수 있을 거야."

토르는 화가 가라앉지 않은 음성으로 말했다. "너랑 너무 오래 얘기했어. 네 녀석은 나를 내내 조롱하기만 했지만." 토르는 돌아서더니 어깨 너머로 뒤돌아보며 한 마디 덧붙였다. "만일 우리가 언젠가 다시 만난다면 오늘 네 녀석이 나를 건네 주지 않은 것을 충분히 갚아 줄 테다."

토르는 분노와 멸시감에 사로잡혀 성큼성큼 가 버렸다. 그리고 그가 가는 동안에도 뱃사공의 놀리는 웃음은 계속 토르의 뒤를 따라왔다. 그리고 마지막으로 하르바르드의 외침도 들려왔다. "냉큼 꺼져 버려! 가는 데마다 나쁜 일만 생겨라!"

토르는 광활하게 뻗어 있는 회색 빛 황무지로 서둘러 나아갔다. 황무지에는 모래 바람이 일고 있었다. 바람은 황무지에서 서리서리 풀려 나와 짙푸른 산골짜기로 휘감겨 들어갔다.

23장 스비프다그의 연가(戀歌)

송장 썩는 듯한 냄새가 점점 가까이 몰려들었고 추위는 살을 엘 듯이 파고들었다. 어둠이 점차 엄습해왔고 그는 상상 속에서조차 제일 두려운, 이 세상에서 제일 무서운 곳으로 가까이 다가갔다.

그래도 그는 조금도 겁을 내어 회피하거나 주춤거리지 않았다. 스비프다그는 빛처럼 빨랐다. 그는 지하 먼 세계인 니플하임의 입구에 도착하여 소리쳤다. "그로아, 일어나세요! 현명한 어머니, 일어나 보세요! 사자(死者)들의 세계 입구에 서서 제가 지금 당신을 부르고 있어요! 기억하시나요? 어머니가 무덤에 묻히기 전 당신 아들에게 도움이 필요하면 언제든지 찾아오라고 말하셨던 거 기억하시냐구요?"

그러자 무녀 그로아는 무덤에서 일어나더니 서서히 니플하임의 입구로 다가와 신음했다. "내 하나밖에 없는 아들아, 도대체 무슨 일로 그렇게 괴로워하느냐? 대체 어떤 불운이 닥쳤기에, 이 덧없는 세상을 떠나 무덤 안에 누워 있는 나를 불러내게 되었느냐?"

"아버지는 두 얼굴을 가진 위선적인 여인과 재혼하셨어요. 그 여자가 제게 음모를 꾸몄어요. 저더러 어떤 인간도 무사히는 갈 수 없는 곳으로 가서 멘글라드의 사랑을 얻으라고 시켰어요."

"그 길은 무척 멀 뿐더러, 그 곳까지 가는 모험도 긴 여정이 될 것이니라. 하지만 사랑을 구하러 가는 길이 험난한 만큼 그 사랑도 오래 가는 법이지. 운명이 네 편이라면 너는 네 목적을 달성할 수 있을 거다."

"그러면 제게 강력한 주문을 외워 주세요, 어머니. 하실 수 있다면 당신의 아들을 지켜 주세요. 죽음의 그림자가 숨어서 저를 기다리고 있을 것 같아 두려워요. 전 아직 젊잖아요."

"내가 처음으로 불러줄 주문은 이미 그 효험이 입증되었단다. 라니(Rani)가 린드에게 가르쳐 주었거든. 너를 나약하게 만드는 것은 철저히 무시해 버리고 오로지 네 힘을 믿거라."

"두 번째 주문은 네가 잘못된 길로 가도록 유혹 받을 경우를 위한 것이니라. 우르드의 번개가 네가 옳은 길로 가도록 울타리가 되어 줄 것이다."

"세 번째 주문은 불어난 강이 너를 위협할 때를 위해서이다. 호른(Horn) 강과 루트(Ruth) 강은 니플하임으로 흘러 들어가고 물은 네 앞에서 갈라질 것이니라."

"네 번째 주문은 적들이 교수대를 준비해 놓고 너를 공격할 때니라. 네가 바라면 곧 적들도 원하게 되리니 그들 역시 평화를 갈망하게 될 것이다."

"다섯 번째 주문은 네가 함정에 갇혀 꼼짝달싹못할 때를 위함이니라. 내가 네 다리 위로 헐거워지는 주문을 외우리니 자물쇠는 저절로 벌어지고 발목에 채운 사슬은 떨어져나가 네 사지는 다시 자유롭게 될 것이니라.”

"여섯 번째 주문은 어떤 인간도 접근하지 못할 정도로 바다가 격랑에 휩싸일 때를 위해서니라. 바람도 파도도 결코 너를 해치지 못할지니 너는 순조롭게 항해할 수 있게 될 것이다.”

"일곱 번째 주문은 네가 바위투성이의 높은 산에서 추위에 떨게 될 때를 위해서니라. 치명적인 서리조차 네 몸을 파고들지 못할 테니 네 몸은 아무런 해도 입지 않을 것이니라.”

"여덟 번째 주문은 네가 암흑 속에서 음침한 길을 가야 할 때를 위해 불러주겠노라. 죽은 그리스도교 여인이 저주를 퍼붓는다 할지라도 네게 아무런 해를 끼치지 못할지니라.”

"아홉 번째 주문은 짐승 같은 거인과 논쟁을 벌여야만 할 때를 위해서니라. 네 머리에는 기지가 넘치고 네 입에서는 현명한 말만 흘러나오게 될 것이니라.”

"자, 이제 위험이 도사리고 있는 길을 떠나 네 사랑을 해악으로부터 지키거라. 이제까지 내가 가르쳐 준 주문을 잘 간직하고 마음속에 깊이 새기거라. 내 주문이 네 마음 속에 살아 있는 한 너는 꼭 성공할 것이니라.”

이제 스비프다그는 죽은 어머니 그로아로부터, 니플하임의 돌문으로부터 멀어져갔다. 미드가르드로 돌아간 스비프다그는 아홉 세상을 돌아다니며 멘글라드를 찾기 시작했다. 그 길은 멀었고 멘글라드를 찾기 위한 여정은 더 길게 느껴졌다.

어느 날, 요툰하임에 들어선 스비프다그는 불빛에 둘러싸여 어떤 거인이 지키고 있는 거대한 성채에 도착했다. 거인을 본 스비프다그가 소리쳤다. "거기 성문에 서 있는 당신은 누구요?”

그러자 곧 거인이 대꾸했다. "원하는 것이 무엇이오? 무엇을 찾고 있소?

그리고 왜 그렇게 길에서 헤매고 있소, 방랑자?" 그러나 거인은 말투 못지 않게 비우호적으로 보였다. 거인은 엄지손가락으로 스비프다그의 어깨를 찌르며 고개를 까닥여 쫓아냈다. "어쨌든 당신이 가야할 길은 저쪽이요. 저기 숲 속으로 난, 이슬에 젖은 길이지. 이 곳에서는 약골은 환대 받지 못하오."

"그렇게 성문에서 나그네를 쫓아내는 당신은 대체 누구요?"

"여기서 두 팔을 벌려 당신을 환영할 사람은 아무도 없소. 집에 돌아가는 것이 신상에 좋을 걸. 난 지혜롭기로 유명한 푤스비드(Fjolsvid)요. 그러나 난 먹을 것을 던져 주거나 하진 않소. 이 성채엔 절대 발을 들여놓지 못할 테니 올 때처럼 굶주린 늑대처럼 주린 배를 안고 돌아가야 할거요."

스비프다그는 머리를 흔들었다. "사랑하는 여인을 만나려고 작정한 남자들은 쉽사리 돌아가지 않는 법이오. 이 황금 저택의 문은 빛이 나는군. 나도 이 곳에 안주할 작정이오."

"그렇다면 당신의 아버지는 누구이며 조상은 누구요?"

"내 이름은 빈드칼드(Vindkald)요. 아버지는 바르칼드(Varkald)고, 할아버지는 퓰칼드(Fjolkald)요. 차가운 바람, 꽃샘 추위, 혹한. 이것들이 모두 내 이름이오. 그러니 푤스비드, 내게 사실대로 말해주오. 이 근사한 저택에는 대체 누가 살고 있소? 이 곳의 주인은 누구요?"

"이 곳의 주인은 바로 멘글라드요. 스바프토린(Svafthorin)의 아들이 그녀의 아버지지. 그녀가 바로 이 근사한 저택에 살고 있소. 그녀가 바로 이 저택의 주인이지."

"그렇다면 내게 진실로 대답해 주오. 이 성문은 뭐라고 부르오? 아스가르드에 있는 그 어떤 문보다도 더 굳게 닫혀 있으니 말이오."

"삐걱거리는 트림굘(Thrymgjol)이라고 하지. 햇빛에 눈먼 난쟁이 솔블린디(Solblindi)의 세 아들들이 만들었지. 누구든 빗장에 손을 댔다가는 당장에 갇히고 말지."

"그렇다면 푤스비드, 이 성채의 이름은 무엇이오? 아스가르드에 있는 그 어떤 궁전보다도 거대하니 말이오."

"이 성채는 찾아오는 손님을 짓밟는 가스트롭니르(Gastropnir)라고 하오. 오래 전 진흙거인 레이르브리미르(Leirbrimir)의 사지로 내가 직접 지었지. 안 팎으로 매우 단단히 지었으므로 이 세상이 지속되는 한은 끄떡없이 서 있을 거요."

"푤스비드, 그러면 모든 세상에 그 가지를 뻗치고 있는 나무는 뭐라고 하오?"

"그야, 미미르의 나무, 이그드라실이지. 살아 있는 인간은 결코 그 뿌리를 전부 볼 수 없소. 그리고 아무도 그 나무가 언제 쓰러질지 알 수 없지. 왜냐하면 이그드라실은 결코 도끼로도 불로도 쓰러뜨릴 수가 없기 때문이지."

"그렇다면, 푤스비드. 도끼로도 불로도 쓰러뜨릴 수 없는 이 대단한 나무에서는 어떤 열매가 생겨나오?"

"아이를 가진 여인이 그 열매로 음식을 만들어 먹으면 뱃속에 잉태한 아기를 무사히 순산할 수 있지. 그래서 사람들이 그 나무를 귀하게 여기는 거요."

"그러면 반짝이는 금으로 장식된 가장 높은 가지에 앉아 있는 수탉은 뭐라고 부르오?"

"그야 나무를 휘감아 도는 뱀, 비도프니르(Vidofnir)라고 부르지. 그는 이그드라실의 가지를 빛처럼 환하게 밝히지. 그리고 불의 괴물 주르트와 그의 아내 신모라(Sinmora)에게 비애를 안겨 주게 될 거요."

"그럼 푤스비드, 이 성채 앞에서 어슬렁거리며 으르렁거리는 사냥개들은 이름이 뭐요?'

"사실대로 말하자면 그 녀석들은 기프(Gif)와 게리(Geri)지. 그들은 지금도 크지만 라그나로크가 일어나기 전에 훨씬 더 크게 자랄 거요."

"그렇다면 이 매서운 사냥개들이 잠든 사이에 이 성채 안으로 들어갈 희망은 없겠소?"

"그 녀석들은 동시에 자는 적이 없소. 그렇기 때문에 이 저택을 지키는 파수꾼이 된 거요. 한 녀석은 밤에 자고 다른 한 녀석은 낮에 자기 때문에 아무도 그들에게 들키지 않고 성채 안으로 들어갈 수는 없소."

"그렇다면 고기를 던져주고 녀석들이 허겁지겁 먹을 동안 안으로 쏜살같이 들어갈 수는 없겠소?"

"사실을 말하자면 수탉 비도프니르는 양 날개를 가지고 있소. 그 날개의 살점을 던져주어야만 사냥개들을 잠잠하게 할 수 있소."

"그럼 비도프니르를 황천길로 보낼 수 있는 무기는 무엇이오?"

"그것은 치명적인 지팡이, 라에바테인(Laevateinn) 검(劍)으로 로키가 니플하임에서 룬 문자로 만든 검이라오. 그 칼은 라에갸른(Laegjarn)의 금고에 있소. 금고는 아홉 개의 자물쇠로 꽁꽁 잠겨 있고 신모라가 감시하고 있지."

"그렇다면 그 칼을 훔쳐 무사히 빠져 나올 수 있는 사람은 없소?"

"신모라에게 줄 선물을 가져가는 사람은 그 칼을 빼낼 수도 있지. 하지만 그 선물은 보통 사람은 구하기 힘들지."

"그 무시무시한 신모라를 기쁘게 하려면 어떤 선물을 가져가야 하오?"

"주머니에 비도프니르의 꽁지 깃털을 가져가면 되오. 그것을 신모라에게 주면 그녀는 보답으로 라에바테인을 줄 것이오."

"깜박거리는 신비한 불길에 둘러싸인 이 저택의 이름은 무엇이오?"

"열기의 보유자, 리르(Lyr)라고 부르지. 이 곳은 항상 창끝처럼 떨리며 반짝일 것이오. 사람들은 모두 이 웅장한 저택을 알고 있으며 이보다 더 훌륭한 저택은 없다는 사실도 잘 알고 있지."

"성채 안으로 보이는 저 커다란 저택은 어떤 신이 만든 것이오?"

"저것을 만든 사람은 사람들이 두려워하는 로키요. 그가 난쟁이 우니 (Uni), 이리(Iri), 바리(Bari), 자리(Jari), 바르(Var), 베그드라실(Vegdrasil), 도리 (Dori), 오리(Ori), 델링(Delling)의 도움을 받아 지은 거요."

"그렇다면 저기 사랑스러운 여인이 기대고 있는 저기 저 산은 무슨 산이 오?"

"치유의 언덕, 리퍄베르그(Lyfjaberg)라고 부른다오. 병자와 다친 사람들에 게 언제나 위안을 주는 원천이지. 아무리 병상에 오랫동안 누워 있던 여인이 라도 저 산에 오르기만 하면 모두 말끔히 낫게 해주는 산이라오."

"저기 멘글라드의 무릎에 앉아 웃고 있는 여인들은 누구요?"

"한 사람은 원조자 흐리프(Hlif)이고 나머지는 흐리프트라사(Hlifthrasa), 됴 드바라(Thjodvara), 빛나는 뵤르트(Bjort)와 순백 블레이크(Bleik), 블리드(Blid), 프리드(Frid), 친절한 에이르(Eir), 금을 주는 아우르보다(Aurboda)요."

"그러면 퓰스비드, 누구든 그들에게 봉헌하는 사람들과 정말로 도움을 필 요로 하는 사람들은 그들이 다 도와줍니까?"

"그렇소. 그들은 신성한 제단에 제물을 봉헌하는 사람들을 머잖아 도와준 다오. 그리고 누군가 위험에 처한 것을 보면 그를 지켜주지."

"퓰스비드, 그렇다면 숨기지 말고 대답해주시오. 아름다운 멘글라드의 품에서 잠들 수 있으리라고 기대할 수 있는 남자가 있소?"

"단 한 사람만 제외하고는 모두 아니오. 그 유일한 남자는 바로 스비프다 그요. 하늘의 태양처럼 빛나는 여인, 멘글라드는 그의 신부가 될 운명을 타 고났소."

그러자 갑자기 나그네인 스비프다그가 소리쳤다. "문을 열거라! 활짝 길 을 열어라! 내가 바로 다름 아닌 스비프다그니라!" 그리고는 퓰스비드를 바라보며 기운차게 말했다. "어서 멘글라드에게 달려가 내 마음의 갈증을 풀어 주도록 그녀에게 전하거라."

그러자 폴스비드는 성채 뒤의 경사진 푸른 잔디 위로 올라가 멘글라드와 하녀가 있는 곳으로 다가갔다.

"저, 들어보세요! 어떤 남자가 저기 성채에 와 있는데 주인님이 직접 가서 만나보셔야 할 것 같아요. 사냥개들은 그 남자에게 꼬리를 흔들며 기어오르고 있고 육중한 성문은 저절로 열렸답니다. 제 생각엔 그가 스비프다그인 것 같아요."

폴스비드를 바라보는 멘글라드의 가슴은 심하게 두근거리기 시작했고 금방이라도 밖으로 튀어나올 것만 같았다. 그러나 그녀는 나지막한 음성으로 되물었다. "만일 네가 거짓말했다는 것이 드러나는 날에는 교수대 위에 달린 네 눈을 탐욕스러운 까마귀가 쪼아먹도록 할 테니 그리 알아라." 말을 끝맺는 멘글라드의 음색은 딱딱하게 굳어 있었다.

멘글라드는 하녀와 폴스비드를 거느리고 비탈길을 내려가 성채를 가로질러 성문 앞에 도착했다. 당장 나그네와 얼굴을 마주친 멘글라드는 걱정스럽게 물었다. "당신은 어디서 오셨나요? 이곳엔 어떻게 오셨죠? 당신의 동족은 당신을 뭐라고 부르나요? 당신이 제가 기다리던 신랑감이라는 것을 확인하려면 당신의 이름과 당신의 조상을 알아야겠어요."

"난 햇빛에 빛나는 솔뱌르트(Solbjart)의 아들인 스비프다그요. 차가운 바람을 따라 이 곳까지 오게 되었소. 비록 운명의 여신 우르드의 선물로 당신이 내겐 과분하지만 아무도 그 운명을 부인할 수는 없소."

그러자 멘글라드는 두 팔을 벌려 스비프다그를 환영했다. "아, 스비프다그! 이 곳에 오신 것을 환영해요. 전 당신을 너무도 오래 기다려왔어요. 이 환영의 입맞춤은 당신을 위한 것이에요."

멘글라드는 스비프다그 쪽으로 천천히 다가가더니 물었다. "서로 사랑하는 사람 사이에 그토록 오랫동안 기다려온 만남보다 더 달콤한 것이 있을까요?"

스비프다그는 멘글라드에게 손을 내밀었다.

"날이면 날마다 저는 하루도 거르지 않고 치유의 언덕에 앉아 당신을 기다렸어요. 그리고 이제서야 그토록 꿈꾸던 당신을 만나게 되었군요."

멘글라드와 스비프다그는 서로에게 다가가 끌어안았다. "우리는 서로 똑같이 그리워했군요. 저는 당신을 애타게 기다렸고 당신은 제 사랑을 찾아 헤맸군요. 그러나 이제 지금부터 우리는 죽음이 우리를 갈라놓을 때까지 영원히 함께 할 거예요."

24장 토르와 가이로트

"당신 매 가죽 좀 빌려줘요." 로키가 부탁했다.

프리가가 웃으며 고개를 끄덕이자 하녀인 풀라가 가죽 외투를 가져와 로키의 어깨에 걸쳐 주었다.

그러자 로키는 프리가와 풀라에게 추파를 던지며 덧붙였다. "문제는 이것들은 얻기는 쉬운데 사실 별로 쓸모가 없는데 있단 말이야. ……" 그리고 매 가죽 외투의 끈을 묶더니 펜살리르(Fensalir)를 빙 돌아 날아오르더니 문 밖으로 나갔다.

아스가르드에서 보내는 나날이 아무 문제나 꼬이는 일 없이 평범하게 흘러가자 로키는 심심해 슬슬 장난기가 발동한 것이었다. 요툰하임으로 향한 로키는 잠시 후 이빙 강을 건너 전에는 한 번도 본 적이 없는 둥그런 평원에 도착했다. 평원은 끝이 보이지 않을 정도로 뻗어 있는 은빛 바위와 회색 빛 암벽이 뒤엉켜 에워싸고 있었다. 그 곳에 집 한 채가 서 있는 것이 눈에 띄자 로키는 서서히 하강하여 창문의 선반에 내려앉았다.

창문으로 몰래 들여다보니 집안에서는 거인과 그의 두 딸이 성찬을 벌이고 있었다.

한편 거인 가이로트는 창문 밖을 흘깃 보았다가 근사하게 생긴 매 한 마리가 창턱에 앉아 있는 것을 보았다. "가서 저 새를 잡아 내게로 데려오너라." 가이로트는 하인에게 명령했다.

그 소리를 듣자 로키는 눈을 번쩍 빛내더니 가이로트의 하인이 집 밖으로 나오자 폴짝 날아올라 하인의 손이 닿을까말까한 담벼락 끝으로 올라갔다.

그러자 하인은 창턱을 밟고 올라서서 매를 잡아들이려고 한쪽 손을 뻗쳤다. 그러나 꾀보 로키는 결코 호락호락 잡힐 의사가 전혀 없었다. 다시 지붕 위로 폴짝 뛰어오른 로키는 지붕 꼭대기 거의 굴뚝까지 다가가 비웃는 듯한 날카로운 비명을 질렀다. 지붕 위에는 손으로 잡을 만한 것도 마땅치 않은데다 하인이 생명의 위험을 무릅써야 할 정도로 경사가 심했으므로 로키는 그가 지붕 위로 기어오르기 전에는 굳이 도망가야 할 필요성을 느끼지 않았다.

그러나 얼마 후 하인이 지붕까지 쫓아왔으므로 로키는 날아가야만 하겠다고 생각하고 날개를 펼쳤다. 로키는 공중에 가볍게 떠올랐지만 바로 그때 실망스럽게도 자신이 움직일 수 없다는 사실을 깨달았다. 그의 두 발이 그만 나무 줄기의 가지처럼 지붕에 단단히 달라붙고 만 것이었다. 그제서야 로키는 자신이 상대하던 거인이 보통이 아니라는 것을 깨달았다. 이제 옴짝달싹하지 못하는 로키를 꽉 움켜쥔 하인은 그를 주인인 가이로트에게 데려갔다.

"이 녀석의 발에 가죽끈을 잡아매야겠다. 우리에 가두고 내 손에 잘 훈련될 때까지 먹을 것을 조금씩만 줘야지." 가이로트가 큰 소리로 말했다.

하인이 가이로트의 옴폭한 손에 매를 내려놓자 가이로트는 매를 단단히 움켜쥐고 자세히 들여다보았다. 로키의 눈은 붉은 색과 초록색이 섞여 있었고 교활한 빛을 띠고 있었다.

그러자 가이로트가 두 딸 걀프(Gjalp)와 그라이프(Greip)에게 말해 주었다. "이 녀석은 매가 아니다. 다른 무엇인가가 매로 변장한 것이 틀림없어. 자, 이 녀석 눈을 한 번 보거라."

가이로트는 무쇠 같은 손에 매를 쥐고는 꽉 눌렀다. "네 녀석은 누구지?"

로키는 아무 대답도 안 했다.

가이로트가 다시 한 번 손에 힘을 주자 로키는 자신이 마치 단단한 덩어리로 뭉쳐질 것만 같았다. 로키는 그 고통에 입을 벌리고 비명을 질렀다. 하지만 여전히 아무 말도 하지 않았다.

"쫄쫄 굶기면 제 녀석이 실토 안하고 배기겠어?" 가이로트는 자리에서 일어서더니 홀을 성큼 질러갔다. 그리고는 커다란 상자를 열더니 그 안에 매를 던져 넣고 뚜껑을 쾅 닫은 후 잠가 버렸다.

그 후 세 달 동안 로키는 어둠 속에 갇혀 지냈다. 물론 먹을 것은 하나도 없었으며 그 안에서 똥오줌을 쌀 수밖에 없었다. 퀴퀴한 공기로 숨을 쉬며 자신이 매우 처량하게 느껴지기 시작했다. 그리고 굶주려 너무 기력이 떨어진 탓에 밖에서 들리도록 소리조차 지르지 못했다. 혹은 소리를 질러 밖으로 들렸다하더라도 가이로트와 그의 딸은 전혀 못 들은 체했을 터였다. 세 달이 흐른 후 가이로트는 상자를 연 후 매를 꺼냈다.

"이 정도면 충분했겠지?" 가이로트가 한 말은 그뿐이었다.

밝은 빛에 눈이 부신 매는 눈을 깜박거리며 주위를 둘러보았다.

"따끔한 맛을 더 보고 싶다는 말이냐?"

"로키예요."

"아하! 그 유명한 로키란 말이지!" 가이로트는 매를 움켜쥔 손에 한층 힘을 주며 웃었다.

로키는 홀의 문 쪽을 애타는 눈길로 쳐다보았다. 하지만 가이로트가 무척 단단히 움켜쥐고 있었으므로 도망칠 수 있는 가능성은 전혀 없어 보였다.

"좋아, 로키. 너 더 살고 싶으냐?"

로키는 무슨 말인가 싶어 유심히 들었다.

"그럼 나와 거래를 하기로 하자. 네가 토르를 쇠망치와 힘을 주는 허리띠 없이 이 곳으로 데려온다고 맹세하면 네 목숨을 살려 주겠다."

로키가 아무 말도 하지 않자 가이로트는 움켜쥔 손에 힘을 주기 시작했고 그는 멈출 의사가 없는 것이 분명했다. 결국 로키는 동의하는 수밖에 다른 선택이 없다는 것을 깨닫고 토르를 가이로트의 집으로 데려오겠다고 맹세했다. 그제서야 가이로트는 로키에게 실컷 먹을 수 있도록 해주었다. 다 먹고 난 후 로키는 가이로트와 걀프와 그라이프를 노려보더니 날개를 펼쳐 아스가르드의 집으로 돌아갔다.

한편 토르와 로키는 서로 뜻이 잘 맞았으므로 아홉 세상을 함께 여행할 때가 많았다. 우연히 아스가르드 동쪽의 바위투성이 고원 위로 걸어가고 있었을 때 토르는 로키를 믿었으므로 로키가 봄기운이 완연한 푸른 초원을 건너 조금만 더 가면 거인 가이로트의 집을 방문할 수 있다고 말하자 토르는 아무런 낌새도 눈치채지 못했다.

토르는 가이로트에 대해서는 처음 들어본다고 대답했다.

"그는 좀 못 생겼지만 그의 두 딸은 무척 매력적이지. 그가 토르 너를 만나고 싶어하니 너도 그 딸들을 만나보면 좋잖아."

토르는 입을 오므리며 만일 일이 잘못될 경우에 대비해 힘의 허리띠와 망

〈보물 망치 묠니르를 손에 든 토르〉, 아서 래컴, 1910년

치 묠니르를 가져오지 않은 것을 후회했다.

"게다가 우린 오늘 밤 그리드(Grid)와 함께 보낼 수도 있잖아. 그녀의 집 문은 언제나 활짝 열려 있으니 말이야."

토르도 그 제안은 마음에 들었다.

"오딘도 그 집에 들어갔다 나오고, 비다르도 다녀갔는걸." 로키는 눈썹을 올리며 매우 유쾌하게 말했다.

토르는 계속 걸었고 밤이 되기 전에 로키와 토르 두 사람은 이빙 강을 건넜다. 두 사람을 환영한 그리드는 자신의 집으로 데리고 들어갔다.

저녁을 먹고 얼마 되지 않자 로키는 밀짚을 깔고 잠이 들었다. 날름거리는 불빛에 비친 그의 표정은 밝았다 어두워졌다, 유쾌했다 불쾌했다 시시각각으로 변했다.

"로키가 이제야 깊이 잠들었으니 가이로트에 대해 사실을 말해 주겠어요."

토르는 술에 취해, 무슨 소린가 싶어 거인족 여인 그리드를 쳐다보았다.

"제 말 잘 들어요. 가이로트는 신들을 싫어하는데 특히 흐룽그니르를 죽인 신은 더하죠."

"하지만 그건 바로 나잖아!"

"내가 하려는 말이 바로 그거예요. 잘 들어요. 가이로트는 여우처럼 교활하답니다. 그는 보통 호락호락한 적수가 아니에요. 당신에게조차 말이죠. 그는 당신을 자기 집으로 걸어 들어오게 놔둘 텐데 사실은 다 그렇게 일부러 꾸민 일이에요."

토르는 숙취가 머리에서 사라지기를 바랐다. 눈을 가늘게 떴다가 다시 크게 뜨기를 반복하며 술이 깨도록 눈알을 이리저리 굴렸다.

"꼭 가야 한다면 가세요. 하지만 반드시 잘 무장한 후 가야 해요. 당신에게 내 무기를 빌려 드리겠어요." 그리드는 토르에게 자신의 힘의 허리띠와 철장갑, 부러지지 않는 곤봉을 내주었다.

토르는 그리드에게 깊이 감사한 후 잠을 청했다.

다음날 아침 토르와 로키는 그리드의 집을 나와 가던 길을 계속 갔다. 토르의 무기를 본 로키는 자신이 먼저 잠든 후 그리드가 토르에게 무슨 말을 했는지 궁금했다. 토르는 토르대로 로키를 보며 그가 가이로트에 대해 얼마나 알고 있는지 궁금했다.

잠시 후 두 신은 물과 월경으로 나오는 피가 한데 뒤섞여 흐르는 넓은 급류인 비무르(Vimur)에 도착했다. 수면 위로는 물살에 닳아 반들반들해진 바위들이 삐죽삐죽 돌출되어 있었고 수면 바로 아래로도 많은 바위들이 물살에 쏠리고 있었다. 물살은 하류로 흘러 내려가며 거품을 냈고 거칠게 쉭쉭 흐르는 소리도 났다.

토르는 힘의 허리띠를 허리에 단단히 조이고 로키에게 그것을 꽉 잡고 매달리라고 했다. 그리고 자신은 그리드가 준 곤봉을 꽉 잡고 그 위에 체중을 싣고 강을 건너기 시작했다. 발 아래 조약돌은 매우 미끄러웠고 물고기들이 발목을 간질였다. 곧 물살은 토르의 허리께까지 차 올랐고 로키는 겨우 목만 수면 위로 달랑 내밀었다.

강의 중간쯤 오자 로키는 아예 토르의 목을 꽉 끌어안았다. 강은 토르의 어깨 너머로 넘쳐흘렀고 수위는 점점 더 깊어지는 것 같았다. 토르는 강에 대고 소리치며 욕을 퍼부었다. "네 녀석은 내가 가이로트에게 가는 것을 막지 못해. 네가 아무리 높이 솟아올라도 나는 더 높이 솟아오를 것이다. 난 하늘만큼 높이 솟아오를거라구!"

토르는 숨을 고르려고 잠시 멈추었고 상류인 바위투성이 산골짜기를 올려다보았다. 그제서야 그는 자신들이 지금 악전고투하고 있는 이유를 알았다. 가이로트의 딸인 걀프가 급류에 두 다리를 벌린 채 걸터앉아 생리혈을 쏟아내고 있었고 그것이 강의 수위를 점점 불리고 있었던 것이다.

"아하!" 토르는 이제야 그 이유를 알겠다는 듯 외치더니 몸을 구부려 물 속에 처박고 강바닥에서 바위 하나를 들어올렸다. "강은 그 수원지를 틀어막아야 해." 토르는 외치며 대단한 힘으로 큰 바위 덩어리를 걀프를 향해 던졌다. 토르의 조준은 정확했고 바위가 다리 사이에 박힌 걀프는 불구가 되었다. 그녀는 크게 울부짖으며 아버지 집으로 다리를 질질 끌며 돌아갔다.

그런데 그 순간 급류의 힘이 너무 거세져 토르는 로키를 목에 매단 채 중심을 잃고 급류에 휘말렸다. 하류로 떠내려가던 토르는 강바닥에 단단히 뿌리를 내리고 자라던 마가목을 움켜잡았다. 다시 두 다리로 바닥을 딛고 설 수 있었던 토르는 그 곳에서 얕은 여울로 헤쳐나갈 수 있었고 드디어 강 맞은편 둑에 다다랐다.

"마가목이 우리 목숨을 구해주었군." 토르가 안도의 한숨을 내쉬며 말했다.

잠시 쉰 후 다시 길을 나선 두 신은 오후 늦게 가이로트의 집에 도착했다. 가이로트 자신은 집에 없었지만 그들이 도착하리라는 것을 예상하고 있었는지 거인의 하인들이 그들을 환영하며 그들이 묵게 될 잠자리를 보여주겠다고 했다.

토르와 로키는 그 제안을 기꺼이 받아들였다. 그들은 오랜 여행 끝에 지쳤으며 강에서 벌인 사투로 온통 진흙과 피투성이였다.

그런데 하인들이 두 신을 안내한 곳은 옥외의 별채에 있는 어두침침하고 고약한 냄새가 나는 염소 우리였다. 그 곳에는 산더미처럼 쌓인 썩는 짚과 단 하나의 의자밖에 없었다. 그와 같은 모욕에 토르는 털이 다 쭈뼛 섰지만 아무 말도 하지 않았다. 대신 가이로트와 맞붙을 때까지는 조용히 기다리기로 했다.

로키는 가이로트의 집 옆으로 흐르는 시냇물에 몸을 닦고 오겠다며 나갔고 토르는 의자에 앉아 있었다. 그리드의 곤봉을 꽉 움켜쥐고서 그는 하품을 했다. 극도의 피로감이 분노심보다 컸으므로 토르는 점차 꾸벅꾸벅 졸기 시작했다.

눈이 스르르 감기고 얼마 안 있어 토르는 꿈속에서 비무르 강을 다시 건너고 있었다. 몸의 중심을 잃고 피비린내 나는 급류에 휩쓸리고 있었고 물은 점점 불어나고 있었다 …… 얼핏 눈을 뜬 토르는 자신이 왜 그런 꿈을 꾸었는지 단번에 알아차렸다. 그는 정말로 다시 붕 떠다니고 있었던 것이었다! 토르는 의자에 앉은 채 염소 우리의 천장을 향해 점차 솟아올라 곧 머리부터 부딪힐 형편이었다.

토르는 그리드의 곤봉을 두 손으로 꼭 잡았다. 그리고 곤봉을 들어올려 천장에 대고 있는 힘껏 버텼다. 토르가 강하게 힘을 주었으므로 바로 밑에서 그를 천장 쪽으로 들어올리고 있는 것이 무엇이 되었든 결국 더 이상 토르에게 저항하지 못하고 무릎을 꿇고 말았다. 그 바람에 토르는 커다란 충돌음을 내며 땅바닥으로 떨어졌고 그 소리에 우리가 심하게 흔들렸다.

한편 가이로트의 두 딸, 걀프와 그라이프는 토르가 처음 의자에 앉았을 때 그 의자 아래에 숨어 있다가 그를 천장에 받히게 하여 죽이려고 했었다. 그러나 의자가 다시 바닥으로 떨어지는 바람에 토르에게 주려고 했던 운명을 자신들이 맞이하게 되었다. 토르의 육중한 무게는 그들의 뼈가 견딜 수 있는 정도가 아니었다. 결국 두 딸은 갈비뼈가 으스러지고 등뼈가 부러져 심한 고통 속에 죽어갔다.

냇가에 나갔던 로키가 돌아오고 얼마 안 되어 금세 가이로트의 하인이 우리 밖에 나타나 가이로트가 돌아와 집 안에서 토르를 기다리고 있다고 외쳤다. 집 안에 들어선 토르는 흔히 볼 수 있는 하나의 화덕이 있어야 할 자리에 홀의 길이를 따라 거대한 화로들이 길게 늘어서 있는 것을 보고 놀랐다. 지붕이 비록 높기는 했지만 후끈후끈 달아 있었고 방은 안온하다고 느끼기에는 너무 뜨거웠다.

한편 가이로트는 홀의 제일 끝 쪽에서 손님을 기다리고 있었다. 하인들이 두 손님 뒤로 문을 잽싸게 닫자마자 가이로트는 앞으로 걸어나와 손을 뻗쳤다.

그러나 그것은 토르를 환영하기 위한 것이 아니라 화젓가락을 집기 위해서였다. 가이로트는 화젓가락 사이에 시뻘겋게 달구어진 쇠공을 집더니 "어서 오시오!" 외치는 소리와 함께 토르를 향해 힘껏 집어던졌다.

쇠공이 날아오는 것을 본 토르는 곤봉을 놓고 쇠장갑을 낀 두 손을 들어올려 쇠공을 잡았다. 토르는 미동도 하지 않았다. 그의 눈은 분노로 이글이글 타올랐고 수염이 뻣뻣하게 곤두섰다. 홀 안에 있던 모든 사람들은 모두 탁자 아래로 기어 들어가기 바빴고 가이로트 자신은 재빨리 쇠로 된 홀 기둥 뒤로 숨었다.

토르는 오른손을 높이 쳐들었고 그 안에 든 쇠공은 연기를 내기 시작했다. 한 걸음 앞으로 나선 토르는 온 힘을 다해 가이로트를 향해 쇠공을 힘껏 내던졌다.

쇠공은 쇠기둥에 구멍을 뚫고 가이로트의 몸을 관통한 후 홀의 한쪽 벽에 구멍을 내고 경사진 바깥 땅에 떨어졌다.

가이로트는 뒤로 쓰러졌다. 자신의 몸 속을 채웠던 모든 독이 빠져나가는 것처럼 숨을 할딱거렸다. 그리고 갑자기 몸을 격렬하게 비틀더니 단말마를 내지르며 숨이 끊어졌다.

가이로트가 죽자 그리드의 곤봉을 집어든 토르는 사방팔방으로 마구 휘두르기 시작했다. 로키가 아무 눈에도 들기지 않고 몰래 홀을 빠져나가는 동안 토르는 가이로트와 그의 두 딸을 시중들던 얼뜨기들의 머리를 모두 박살 내 버렸다.

그것으로 모든 것이 끝이 났다. 정적만이 감도는 홀을 성큼성큼 빠져나온 토르는 바위와 돌무더기만이 주위를 에워싸고 있는 것을 바라보았다. 토르는 봄내 물씬 나는 푸른 초원과 가이로트의 매력적인 두 딸에 대해 로키가 얘기했던 것을 기억해냈다. 토르는 고개를 설레설레 흔들며 이중 인격자 로키에게 반드시 그 날의 원수를 갚아 주겠다고 맹세했다.

25장 로드파프니르의 비가(悲歌)

미드가르드에 있는 한 농가에서 몇몇의 남정네와 여인들이 어울려 긴긴 겨울밤을 한가로이 보내고 있었다. 남자들은 잡담을 나누며 주거니 받거니 술잔을 돌리고 있었고, 여인들은 길쌈을 하며 얘기꽃을 피우고 노래를 불렀다. 그런데 갑자기 한 남자가 자리에서 일어나더니 이글거리는 벽난로 앞으로 걸어나왔다.

"자, 내가 한 소리 할 시간이군." 로드파프니르라는 이름의 그 남자가 말을 이었다. "난 가만히 서서 우르드 샘을 들여다보았지. 조용히 응시하며 생각에 곰곰이 잠겼고, 모든 것이 궁금했지. 그리고 오딘의 궁전 문 앞에서, 그리고 궁전 안에서도 꽤 오랫동안 들은 얘기가 있어. 이제부터 그 얘기를 할 테니 잘 들어보게나."

"잘 듣거라, 로드파프니르! 주의해서 듣거라. 네가 늘 염두에만 둔다면 내 충고가 많은 도움이 될 것이니라. 그리고 그 충고를 잘 따르면 성공할 것이니라. 네 집을 지키거나 옥외 변소에 볼 일 보러 나갈 때 외에는 절대로 밤에 일어나지 말거라.

잘 듣거라, 로드파프니르! 주의해서 듣거라. 네가 늘 염두에만 둔다면 내 충고가 많은 도움이 될 것이니라. 그리고 그 충고를 잘 따르면 성공할 것이니라. 마녀들의 달콤한 말과 부드럽게 유혹하는 포옹에 굴복하지 말거라. 마녀는 네게 주문을 걸어 다른 남자들과 만나는 기쁨과 우정으로 맛볼 수 있는 모든 즐거움을 느끼지 못하게 할 것이다. 고기는 보기만 해도 외면하게 되고, 단 것이 전부 쓰게 느껴질 것이며 슬픔에 빠져 잠자리에 들게 될 것이니라.

잘 듣거라, 로드파프니르! 주의해서 듣거라. 네가 늘 염두에만 둔다면 내 충고가 많은 도움이 될 것이니라. 결코 남의 아내를 유혹하거나 비밀스러운 언약을 맺으려 하지 말거라.

잘 듣거라, 로드파프니르! 주의해서 듣거라. 산이나 굽이진 피요르드를 넘어야 할 때는 먹을 것을 충분히 준비하거라.

잘 듣거라, 로드파프니르! 주의해서 듣거라. 행운이 멀어졌다고 해서 결코 사악한 자를 믿지 말거라. 사악한 자들은 선을 악으로 갚는 법. 사악한 여인의 거짓된 약속에 빠져 치명상을 입은 남자를 보았느니라. 그녀의 날름거리는 혀 때문에 남자는 죽게 되었지만 그 여자가 한 말 중에 진실한 말은 단 하나도 없었지.

잘 듣거라, 로드파프니르! 주의해서 듣거라. 전적으로 신뢰할 수 있는 친구를 원한다면 친구와의 우정을 소중히 키워가거라. 사람들이 다니지 않는 길일수록 들장미나 들풀들이 잘 자라는 법이니라.

잘 듣거라, 로드파프니르! 주의해서 듣거라. 친구로는 현명한 사람을 찾아 그의 치유의 주문(呪文)에 주의를 기울이거라.

잘 듣거라, 로드파프니르! 주의해서 듣거라. 절대로 먼저 우정의 인연을 끊는 자는 되지 말거라. 다른 사람에게 네 생각을 털어놓을 수 없다면 번민이 네 심장을 갉아먹을 것이다.

잘 듣거라, 로드파프니르! 주의해서 듣거라. 어리석게 남의 흉내나 내는 인간에게 시간을 낭비하지 말거라. 사악한 인간은 자신이 얻는 만큼 남에게 주는 법이 없지만 선한 사람은 너를 칭찬함으로써 네가 사람들로부터 많은 존경을 받을 수 있게 해주느니라. 진실로 자신이 먼저 마음을 여는 것, 그것이 곧 진실한 우정이니라. 거짓말보다 더 나쁜 것은 없으며, 진실하지 않은 친구는 듣기 좋은 말만 골라 할 것이니라.

잘 듣거라, 로드파프니르! 주의해서 듣거라. 단 세 마디라도 사악한 자에게 폭언을 하면 심각한 결과를 초래할 것이니라. 못된 인간이 칼을 휘두르기 시작하면 선량한 사람이 때로 다칠 수도 있느니라.

잘 듣거라, 로드파프니르! 주의해서 듣거라. 신발과 창 자루는 오직 네가 사용할 것만 만들도록 하거라. 다른 사람을 위해 만들었다가 신발이 잘 맞지 않거나 자루가 부러지면 사람들은 너를 욕할 것이니라.

잘 듣거라, 로드파프니르! 주의해서 듣거라. 혹시 나쁜 음모를 알게 되면 그것을 모든 사람들에게 밝히고, 어떤 일이 있어도 적과는 화해하면 안 되느니라.

잘 듣거라, 로드파프니르! 주의해서 듣거라. 악을 행하면 기쁨은 오래가지 못하지만 선을 행하면 늘 기쁨에 충만할 것이니라.

잘 듣거라, 로드파프니르! 주의해서 듣거라. 싸움이 치열해지고 인간의 아들들이 격분해 날뛸 때는 절대 눈을 들지 말거라. 안 그랬다가는 전사들이 너를 싸움에 끌어들이려고 주문을 걸지도 모르기 때문이니라.

잘 듣거라, 로드파프니르! 주의해서 듣거라. 만일 여인의 사랑을 얻어 그녀의 애정을 즐기고 싶거든 공정한 약속만 하고 그것을 꼭 지키도록 하라. 자신이 얻게 될 보답을 싫어할 자는 아무도 없느니라.

잘 듣거라, 로드파프니르! 주의해서 듣거라. 네게 말하노니, 조심스럽되 비겁해지지는 말거라. 그리고 무엇보다도 술과, 다른 남자의 아내와, 도둑의 예리한 기지를 조심하거라.

잘 듣거라, 로드파프니르! 주의해서 듣거라. 절대로 손님을 조롱하거나 나그네를 홀대하지 말거라. 무릇 자신의 집에만 앉아 있는 사람은 찾아오는 손님에 대해서 자세한 내막을 모르는 법이니라. 아무런 결점이 없을 만큼 완벽한 사람도 없고, 전혀 하찮은 존재로 여겨질 만큼 사악한 사람도 없느니라.

잘 듣거라, 로드파프니르! 주의해서 듣거라. 머리가 희끗희끗한 시인을 깔보지 말거라. 때로는 노인들이 현명하기 때문이니라. 비록 그들이 살가죽은 탄력을 잃고 축 처졌고 바람에 흔들릴지언정 주름 투성이 살갗에서도 좋은 충고가 나올 수 있느니라.

잘 듣거라, 로드파프니르! 주의해서 듣거라. 손님을 모욕하거나 문간에서 내쫓지 말거라. 도움이 필요한 사람에게는 아량을 베풀거라. 그러나 모든 손님들을 들이려면 집안 단도리를 잘해야만 한다. 들보 위에 고리를 묶어 단단히 고정시켜 놓거라. 그렇지 않으면 늘 열려진 네 집이 도리어 불행한 결말을 초래할 수도 있느니라.

잘 듣거라, 로드파프니르! 주의해서 듣거라. 술을 마실 때에는 흙의 힘으로 술독을 해소하거라. 흙이 술기운을 치료하듯이 불은 병을 치료하며, 참나무는 변비를 낫게 하느니라. 마법에 대항할 때는 옥수수 알을 사용하고 탈장에는 호밀을, 증오에는 저 하늘의 달을, 상처에는 풀을, 칼에 벤 상처에는 룬 문자를 쓰도록 하라. 대지는 흐르는 물을 빨아들이느니라.

이제 천상의 드높은 신, 오딘이 자신의 궁전에서 인간의 후손들에게는 유익한 말을, 거인의 후손들에게는 저주받은 언사를 주었느니라. 듣고자 하는 자에게는 큰 소리로 알려 주거라! 이 말을 새기는 자들은 번성하리니! 듣고자 하는 자에게만 들려주거라!'"

26장 오테르의 배상금

　겨울도 점차 기세가 꺾이고 있었다. 매일 종마 아르박과 알스비드는 하늘을 가로지르는 태양의 마차를 끌기 위해 점점 더 일찍 일어났고 미드가르드 계곡과 평원에서는 눈이 소리 없이 자취를 감추고 있었다. 작은 새들이 흥겹게 지저귀는 노랫소리가 울려 퍼지자 오딘과 로키와 호니르는 아스가르드를 떠나 세상을 다시 둘러보고 싶어 몸이 근질근질했다.

　어느 날 이른 아침, 세 신은 비프뢰스트를 건넜다. 즐겁게 얘기를 나누고 웃음꽃을 피우며 미드가르드로 뛰듯이 달려갔다. 재빠른 호니르를 따라잡느라 오딘과 로키는 부지런히 다리를 움직여야 했다.

　그런데 갑자기 때늦은 눈보라가 세 나그네를 덮쳤다. 함박눈송이가 서로 엉켜 춤을 추고 빙글빙글 돌며 사방으로 흩날리는 바람에 세 신은 앞으로 제대로 나아갈 수 없었지만 갑자기 거칠게 퍼붓던 눈보라는 언제 그랬냐는 듯이 갑자기 뚝 그쳤다. 갖가지 모양의 구름 층을 뚫고 갑자기 해가 얼굴을 내밀더니 강렬한 노란빛으로 온 세상을 가득 채웠다. 그리고 얼마 후 구름마저도 모두 흩어져 버리고 끝없이 뻗어 있는 연하늘색 하늘에는 태양만이 빛나고 있었고 활짝 열린 미드가르드 끝에는 푸른 하늘과 초록빛 지면이 닿아 있었다.

세 신은 강을 따라 상류로 거슬러 올라갔다. 그리고 오후쯤 되었을 때는 폭포 아래로 지나게 되었다. 그들은 우레와 같이 떨어지며 햇빛을 받아 흩어지는 다이아몬드처럼 영롱하게 빛나는 폭포수 아래로 걸어 들어가며 아래의 거대한 소용돌이를 내려다보았다.

그때 갑자기 오딘이 자신들이 있던 곳으로부터 오십 걸음도 채 안 떨어진 울퉁불퉁한 강둑에 앉아있던 수달 한 마리를 가리켰다. 조용히 로키와 호니르에게 수달이 있는 곳을 알려 주었다. 수달의 눈은 감겨 있었다. 매우 기쁜 표정을 짓고 있는 수달은 한낮의 햇볕에 꾸벅꾸벅 졸며 조금 전에 폭포에서 잡아 올린 연어를 막 먹으려던 참이었다.

로키는 입술을 오므리더니 몸을 굽혀 주먹만한 돌멩이를 집어 올려 잘 조준한 후 수달을 향해 힘껏 날렸다. 돌멩이에 머리를 정통으로 맞은 수달은 그 자리에서 즉사했다.

"어때, 내 솜씨가?" 로키는 외치며 한쪽 팔에는 연어를 한쪽 팔에는 축 늘어진 수달을 가지고 오딘과 호니르에게 돌아갔다. "이런 걸 보고 뭐라고 하는 줄 알아? 바로 일석이조라는 거지."

세 신은 모두 기분이 똑같이 좋았다. 로키는 자신이 한 일이 자랑스러워서 흐뭇했고 오딘과 호니르는 그 날 저녁으로 좋은 식사를 할 수 있게 되어 기분이 좋았다.

그들은 폭포 옆의 가파른 강둑을 올라 점점 좁아지는 계곡을 따라 강 상류로 계속 올라갔다.

해는 이미 자취를 감추었고 어둠이 점점 깔리기 시작했을 때 그리 멀지 않은 곳에 농가가 한 채 눈에 띄었고 굴뚝에서는 연기가 피어오르고 있었다. 그들은 발걸음을 재촉하며 운이 좋은 것에 감사했다.

세 신을 대표하여 오딘이 농가의 주인인 농부 흐라이드마르(Hreidmar)에게 물었다. "오늘 하룻밤만 묵어갈 수 있게 해주겠소? 한데서 이슬 맞으며 자고 싶지는 않소."

"전부 몇 분이시오?"

"나 말고 밖에 두 사람이 더 있소. 그리고 잠자리에 대한 대가로 먹을 것을 주겠소. 오늘은 운이 좋아 먹을 것이 충분하니 말이오."

"우리 아들 파프니르(Fafnir)와 레긴(Regin)이 먹을 것도 있나요? 우리 딸 린하이드(Lyngheid)와 로픈하이드(Lofnheid)에게 줄 것도 있어요?"

"모두 먹고도 남을 만큼 충분하오." 오딘이 뻐기며 대답했다.

그러자 흐라이드마르는 썩 내키지는 않지만 고개를 끄덕였고 오딘은 문으로 가서 로키와 호니르를 불렀다.

"이게 우리 다요." 호니르가 들어오며 말했다.

"그리고 이건 우리가 먹을 저녁이오. 난 돌멩이 하나로 이 둘을 전부 잡았다오." 로키가 기분 좋게 말했다.

한편 코앞에서 축 늘어진 수달을 본 흐라이드마르는 갑자기 뻣뻣해졌다. 일순간 그의 눈이 반짝이더니 갑자기 홱 돌아서 방에서 나가 버렸다.

"저 사람 왜 저러는 거야?" 로키가 물었다.

오딘은 자신도 모르겠다는 듯 어깨를 으쓱하며 말했다. "그래도 밖에서 떨면서 밤을 나는 것보다 시큰둥하게 맞아 주더라도 집 안이 좋잖아."

"난 잘 모르겠는걸." 호니르가 대꾸했다,

"너야, 늘 그렇잖아!" 오딘이 핀잔주듯이 한 마디 했다.

한편 밖으로 나가 낮은 통로로 걸어 내려간 흐라이드마르는 벽을 두드리며 파프니르와 레긴을 찾았다. "너희들 생각은 어떠냐? 네 형 오테르가 죽은 것 같다."

"형이 죽었다구요?" 형제는 펄쩍뛰며 놀라서 외쳤다.

"그래 죽었어. 그리고 어찌하면 좋을까? 형을 살해한 놈들이 오늘 밤 우리 집에서 묵겠다고 찾아왔다."

몹시 화가 난 파프니르와 레긴은 형 오테르의 죽음에 대해 반드시 원한을 갚아 주겠다고 맹세했다.

"그 놈들도 셋이고 우리도 셋이니 불시에 그 놈들을 덮쳐야 한다. 내가 고개를 끄덕이면 각자 한 녀석씩 맡기로 하자. 한 녀석은 꽤 근사한 창을 가지고 있으니 그것은 치우는 것이 좋겠다. 한 녀석은 이상하게 생긴 신발을 신고 있으니 그 녀석도 맨발로 싸우게 하는 게 좋겠어. 마지막 세 번째 놈은 별로 위험해 보이지 않는다. 나는 마법을 써야겠다. 그 녀석들의 힘을 약화시키는 주문을 외워야겠어. 그리고 그 녀석들을 묶는 주문도 외울 거야."

파프니르와 레긴은 아버지가 시키는 대로 했다. 삼부자는 일시에 나그네를 습격했고 마법사이기도 한 농부 프레이드마르가 주문을 외워 세 신의 반항을 무력화시켜 오딘은 창 궁니르를 뺏겨 버렸고, 로키는 하늘을 나는 신발이 발에서 벗겨졌다. 두 손과 발이 꽁꽁 묶인 채 바닥에 결박당한 세 신에게 흐레이르마르가 소리쳤다. "내 아들을, 너희들은 내 아들을 죽였어. 네 녀석들을 모두 죽여서 아들의 원수를 갚아 주겠다. 네 녀석들이 내 아들을 죽였지."

"도대체 지금 무슨 말을 하는 거요?" 오딘이 영문을 모르겠다는 듯이 물었다.

"당신들이 죽인 수달 오테르가 우리 형이었소." 파프니르가 알려 주었다.

오딘, 로키, 호니르가 수달을 잡아 흐라이드마르에게 가다. 흐라이드마르는 수달의 아버지였다.
F. 폰 슈타센.

"제일 훌륭한 어부였지." 레긴이 말을 이었다.

파프니르가 다시 이어서 설명해 주었다. "형은 낮에는 수달로 변해서 하루 종일 강가에서 살지."

"그리고 그렇게 잡은 고기를 아버지에게 갖다드렸지."

"아주 싱싱한 놈으로 많이 말이야."

"우리 형이었단 말이야."

"우리는 그런 사실을 전혀 몰랐었소. 만일 알았더라면 로키가 절대로 그 수달을 죽이지 않았을 것이오." 오딘이 항변했다.

"죽은 것을 다시 되살릴 수도 없지 않소." 호니르도 옆에서 거들었다.

오딘이 다시 조리있게 반박했다. "우리는 정말 전혀 몰랐소. 당신은 우리가 그를 일부러 죽여놓고도 천연덕스럽게 그의 아버지 집으로 곧장 왔다고 생각하오? 우리를 죽이기 전에 최소한 우리가 배상금을 지불할 기회라도 줘야 하지 않소?"

흐라이드마르는 세 나그네를 내려다보더니 아무 말도 안 했다.

"내가 우리 세 사람을 대표해서 말하는데 우리는 당신이 요구하는 대로 몸값을 치르겠소."

흐라이드마르는 잠시 생각에 잠겼다. "당신들이 약속을 제대로 지킨다면 나쁠 건 없지. 약속을 지키겠다고 맹세하시오. 만일 약속을 어겼다가는 목이 달아날 줄 아시오."

그래서 세 신은 흐라이드마르가 요구하는 것은 얼마가 되었든지 다 들어주겠다고 맹세했다.

"좋소." 흐라이드마르는 파프니르와 레긴을 보며 물었다. "린하이드와 로픈하이드는 어디 있느냐? 그애들한테 오테르의 가죽을 벗기게 하여 그것을 다시 내게 가져오너라."

파프니르와 레긴이 시키는 대로 하자 흐라이드마르는 오테르의 근사한 가죽을 불 옆에 놓았다. "먼저 여기에 순금을 가득 채우고 덤으로 자루 끝을 순금 반지로 묶어야 하오. 자루 안은 꽉 채워야 하고. 이것이 죽은 내 아들에 대한 배상금이오."

"알았소, 시키는 대로 하겠소." 오딘은 대답하더니 몸을 굴려 로키에게 가까이 다가가더니 귀에다 대고 뭐라고 속삭였다.

로키는 주의해서 듣더니 흐라이드마르에게 말했다. "내가 금을 찾으러 가게 해주시오. 나를 풀어주고 이 두 사람은 인질로 잡고 있으면 되잖소."

그래서 흐라이드마르가 로키의 손발을 풀어주자 흘깃 쳐다보며 로키는 흐라이드마르와 그의 두 아들, 심지어 호니르까지 불편하게 만드는 야릇한 웃음을 지으며 문을 열고 뛰쳐나가 밤의 어둠 속으로 사라졌다.

로키는 자신의 하늘을 나는 신발을 흐라이드마르에게 맡기긴 했지만 여하튼 하나도 바쁠 것은 없었다. 그는 흐라이드마르가 오딘과 호니르를 죽여봐야 얻을 것은 하나도 없고 오로지 자신이 순금을 구해 가지고 돌아가기만을 기다려야만 소득이 있다는 것을 잘 알고 있었다. 그리고 전능한 오딘과 다리가 긴 호니르가 손과 발이 묶인 채 얼마 동안 있어야 한다는 생각을 하면 특별히 싫을 것도 없었다. 로키는 천천히 미드가르드를 건너 흐레세이 섬으로 갔다.

섬에 도착하여 로키는 자신들의 궁전에서 바다 침대에 앉아 있는 아에기르와 란을 방문했다. 그리고 란에게 숨을 죽이고 말했다. "지금, 신들이 위험에 처했어요. 오딘과 호니르가 지금 잡혀 있단 말이에요. 오직 당신의 그물만이 오딘과 호니르를 구할 수 있어요."

바다신 아에기르의 아내 란은 차갑고 창백한 눈을 커다랗게 떴다.

"어서 당신의 그물을 빌려줘요. 그물을 사용하여 인간을 잡을 것이 아니라 신들을 구하는데 쓸 테니 어서 빌려줘요."

란을 설득하여 그물을 얻어낸 로키는 란이 마음을 바꾸기 전에 파도 아래에 위치한 그 궁전을 재빨리 떠나 거무스름한 꼬마 요정들이 살고 있는 세계로 향했다.

물이 뚝뚝 떨어지는 지하도를 따라 내려간 로키는 미궁처럼 이어진 어슴푸레한 방들을 지나 마침내 커다란 동굴에 도착했다. 동굴의 천장은 나무 줄기보다도 더 두꺼운 바위 기둥이 받치고 있었고 구석은 어둡고 고요했다. 그러나 천장에 있는 수직 환기갱으로부터 동굴 중앙으로 약하나마 빛이 새어들고 있었고 로키는 그 빛으로 사물의 윤곽을 식별할 수 있었다. 동굴 안에는 어디서 솟아 나와 어디로 흘러가는지 알 수 없는 물로 가득 고인 커다란 물웅덩이가 있었다.

로키는 매우 곱게 짜여진 란의 그물을 쫙 펼쳐서 물웅덩이에 던져 넣었다. 로키가 그물을 서서히 끌어당기자 그물 안에는 커다란 참꼬치 한 마리가 잡혀 매우 심하게 몸을 뒤채며 요동을 치고 있었다.

물고기의 험한 이빨을 피하고 노란 눈을 한 험하게 생긴 모습을 쳐다보지 않으려고 애쓰며 로키는 고기를 단단히 움켜쥐었다. 로키는 고기를 무섭게 흔들어대며 외쳤다. "우선, 원래 네 모습으로 돌아와."

"모습으로 돌아와~~~." 동굴 속에서 로키의 말이 메아리쳤다.

그러자 란의 물이 뚝뚝 떨어지는 그물 속에서 참꼬치는 온데간데없이 사라지고 대신 난쟁이 안드바리가 있었다. 로키는 그물에서 그를 꺼내 주었지만 그의 뒷목을 꽉 잡은 채로 놓아주지 않았다.

"도대체 원하는 게 뭐예요?" 안드바리가 푸념하듯 물었다.

"원하는 게 뭐예요." 또 메아리가 울렸다.

"내가 원하는 것은 바로 너의 금 전부야. 나한테 금을 내놓지 않으면 네 녀석을 걸레조각처럼 비틀어줄 테다. 어서 금을 전부 내놔."

"전부 내놔." 메아리가 울렸다.

그 말에 안드바리는 벌벌 떨더니 메아리가 울리는 그 방에서 로키를 데리고 나가 구불구불한 통로를 거쳐 대장간으로 들어갔다. 대장간은 덥고 연기가 났지만 장비들이 잘 갖추어져 있었고 불빛을 받아 반짝이는 금으로 가득 차 있었다. 안드바리는 손을 쭉 펴더니 로키에게 어깨를 으쓱해 보였다.

"금을 한데 모아." 로키는 금 덩어리를 발로 걷어차며 명령했다.

안드바리는 욕을 하고 흐느끼며 금을 걷어 모았다. 이미 완성된 작품과 아직 반밖에 완성되지 않은 작품에서 금 원판, 금 조각, 작은 순금 금괴 등을 긁어모았다. 잔뜩 쌓아올린 금더미를 본 로키는 매우 만족스러웠다. "이게 다야?"

안드바리는 아무 말 없이 커다란 낡은 자루 두 개에 금을 채우기 시작했다. 곧 자루는 둘 다 가득 찼다. 그리고는 툴툴거리며 자루를 질질 끌고 와 로키 앞에 갖다 놓았다.

그러나 로키는 안드바리의 감춰진 오른쪽 손을 가리키며 날카롭게 물었다. "그 반지는 뭐지? 네 녀석이 숨기는 것을 다 보았다."

안드바리는 고개를 저었다.

"그것도 마저 자루에 넣어."

"제발 이 반지만은 그냥 놔두세요."

"어서 자루에 넣으라니까."

"제발, 제발 이 반지만은 그냥 절 주세요. 그러면 최소한 금을 다시 만들 수 있을 거예요."

"내게는 더 이상의 금은 필요 없다. 안 내놓았다가는 네 녀석 가죽을 홀랑 벗겨 놓을 테다." 한 걸음 앞으로 나선 로키는 자루 하나를 옆으로 밀치더니 안드바리의 손을 강제로 벌려 꼬인 모양의 작은 반지를 빼냈다. 놀라울 정도로 황홀하게 만들어진 반지를 자신의 새끼손가락에 끼며 로키가 중얼거렸다. "좋은 말 할 때 순순히 안 내놓으면 완력으로 뺏기게 되는 법이지."

보물을 빼앗기는 안드바리

"아무 대가 없이 거저 받는 것은 없어요." 안드바리가 항변하듯 대답했다.

자루를 어깨에 들쳐 멘 로키는 대장간 문으로 향했다.

그러자 안드바리가 소리쳤다. "그 반지 실컷 가지라구요! 그 반지와 금에 내 저주가 있으리니! 누구든 그것들을 소유하는 자는 파멸하게 될 거요!"

뒤돌아본 로키는 안드바리를 보고 말했다. "그래 저주는 강하면 강할수록 좋으니 실컷 하라구."

"내 재산을 소유하는 자는 절대로 즐거움을 맛볼 수 없을 거요." 안드바리가 다시 소리쳤다.

"그래? 그렇다면 안드바리. 이 금을 가지는 자에게 내가 네 말을 그대로 반복하면 네 저주가 나타나겠지?"

그 말과 함께 다시 몸을 돌린 로키는 귓전에 안드바리의 저주와 욕설을 들으면서 그곳을 빠져 나와 미드가르드로 향했다.

"왜 이렇게 오래 걸린 거야?" 돌아온 로키를 보고 오딘이 으르렁거렸다.

호니르는 아무 말도 없었지만 더 무서워 보였다.

"금을 제대로 구해오느라 힘이 들어 그랬죠." 로키는 순금 자루를 동료들 앞에 툭 던져놓았다. 그리고 로키는 안드바리에게서 강제로 뺏은 반지를 보여주며 속삭였다. "이 반지 어때요?"

오딘은 눈을 깜박이며 그 섬세한 아름다움에 놀랐다. "그거 나한테 줘."

바로 그때 두 아들과 두 딸을 데리고 흐라이드마르가 방에서 걸어나왔다. "결국 가져왔구만." 흐라이드마르가 고개를 끄덕이자 파프니르와 레긴이 오딘과 호니르를 풀어 주었다.

오랫동안 묶여 있어 온 몸이 뻣뻣해진 두 신은 천천히 일어났다. 긴장한 근육을 풀어주고 서로 손을 주물러주던 오딘과 호니르는 손목과 발목이 밧줄에

쓸려 살갗이 벗겨진 것을 보았다.

"자, 그럼 시작해 볼까?" 흐라이드마르가 물었다.

"당신이 직접 오테르의 가죽에 금을 채우시오. 그래야만 만족할 테니." 로키는 자루 하나에 든 금을 바닥에 쏟아 놓았고 흐라이드마르는 죽은 아들의 가죽에 금을 차곡차곡 채워 넣었다. 가죽에 금을 가득 채우자 자루는 금방이라도 터질 것처럼 머리부터 꼬리 부분까지 팽팽하게 부풀었다.

"자, 이제 우리가 마저 채우겠소." 로키는 두 번째 자루를 마루 바닥에 쏟아 놓았다. 그 동안 호니르는 오테르의 가죽을 주둥이 부분이 아래로 가도록 거꾸로 들었고 오딘과 로키는 그 주위로 금을 가득 쌓아올렸다. 그들은 말 그대로 오테르에게 금으로 된 무덤을 만들어준 셈이었다.

오딘은 일이 잘 마무리되었다는 만족감에 젖어 말했다. "자, 흐라이드마르! 직접 와 확인해 보시오. 요구한 대로 가죽을 금으로 완전히 뒤덮었소."

흐라이드마르는 금더미 주위를 빙빙 돌며 확인했다. 그리고 한 바퀴 다시 돌며 세밀하게 하나하나 살폈다. "여기! 여기 작은 틈새가 있소! 여기 역시 채워서 전부 가려야 하오. 안 그랬다가는 당신들이 약속을 어긴 것으로 간주하겠소. 그것은 바로 우리가 맺은 협정이 파기되는 것을 뜻하지."

로키는 오딘을 쳐다보았고 오딘은 로키에게서 받아 새끼손가락에 낀 반지를 바라보았다. 코방귀를 흥 뀐 오딘은 결국 반지를 빼 작은 틈새를 메우고 말했다. "자, 이제 우리는 오테르의 보상금을 전부 다 치렀소."

"좋소, 당신들은 약속을 지켰소." 흐라이드마르도 동의했다.

저린 발 때문에 아직도 불안정하게 서 있던 오딘은 비틀거리며 방을 가로질러 구석에 세워져 있던 자신의 창 궁니르가 있는 곳으로 다가갔다. 그리고 로키는 자신의 하늘을 나는 신발 위로 넘어져 잽싸게 다시 신었다. 그러자 오딘과 로키는 다시 힘이 솟아오르는 것을 느꼈다. 그들은 전혀 호의적이지 않은 표정으로 흐라이드마르 삼부자를 쳐다보았다. 그리고 로키가 마지막으로 경고했다. "내 말 잘 들으시오! 그 반지와 모든 금은 전부 난쟁이 요정 안드바리가 만든 것이오. 난 억지로 금을 뺏어내며 그의 저주도 가져왔지."

로키는 잠시 쉬더니 계속 이었다. "그리고 안드바리가 한 말을 내가 전하면 그의 저주가 그대로 살아날 거요." 그리고 로키의 음성이 갑자기 낮고 강요하는 듯한 음성으로 바뀌었다. "그 반지를 실컷 가지시오! 그 반지와 금에 내 저주가 있으리니! 누구든 그것들을 소유하는 자는 파멸하게 될 것이오!"

오딘은 로키를 쳐다보았다. 오딘의 눈은 반짝였고 로키는 심술궂게 웃었다. 호니르는 한 걸음 성큼 다가와 오딘과 로키의 옆에 섰다. 세 신은 흐라이드마르의 집에서 걸어 나와 싱그러운 봄의 향내가 진동하는 대기 속으로 사라졌다.

27장 알비스의 비가(悲歌)

　알비스는 검은 난쟁이들의 세계를 벗어나 아스가르드로 향했다. 토르의 궁전인 빌스키르니르로 급히 서둘러 간 알비스는 자신이 그토록 찾던 신을 보았지만 그가 누군지 알아보지 못했다.

　토르를 본 알비스는 퉁명스럽게 말했다. "나는 신붓감을 구하러 왔소. 여기까지 오는데 시간이 오래 걸렸소. 이제는 트루드(토르의 딸)도 자신의 새 보금자리를 꾸밀 때가 되었다고 말하지 않을 수 없구려. 사람들은 모두 내가 결혼식 날까지 기다리지 못할 거라고 말하겠지만 난 필요 이상으로 이 곳에서 어정거릴 생각은 없소."

　"자네 도대체 누구야? 아니면, 무슨 일을 하는 분이냐고 여쭤봐야 하나? 자네 코는 왜 그렇게 창백하지? 무덤에서 자며 송장들하고 어울리기라도 하는 모양이지?" 토르는 알비스를 찬찬히 살펴보았다. "자네는 꼭 괴물처럼 생겼군. 자네 같은 친구에게는 트루드를 내줄 수 없지."

난쟁이 알비스는 자신의 키가 커 보이게 하려고 몸을 쭉 폈지만 별 변화가 없었다. "나는 알비스라고 하오. 그리고 내가 모르는 것은 아무것도 없소. 난 언덕 아래에 있는 바위를 파서 만든 동굴에 살고 있소." 알비스는 손을 내저으며 성급하게 화제를 바꾸었다. "내가 그동안 만들어준 많은 작품과 무기에 대한 대가로 트루드를 달라고 요구하러 왔소. 신들이 맹세를 깨지 않았으면 좋겠소!"

"그런가? 그렇다면 내가 기꺼이 그 맹세를 깨주지." 토르는 화가 나서 대답했다. "난 그 약속에 대해 아는 것이 하나도 없으니까." 그리고 집 안에서 으스대며 걸어나와 소리쳤다. "딸이 결혼할 상대에 대한 최종적인 허락은 신부의 아버지가 하는 법이지. 그건 오로지 아버지만이 할 수 있는 고유 권한이야."

"그렇다면 당신은 대체 누구요? 그리고 당신이 내 아름다운 신부에 대해 무슨 권리가 있다는 거요? 당신은 사람들에게조차 잘 알려지지 않은 떠돌이 주제에 말이오." 알비스의 입가가 씰룩거렸다. "대체 어떤 여인이 당신을 낳기 전, 결혼반지에 팔려가야 했을까?"

그 소리에 토르가 눈을 빛내며 아주 천천히 말하자 알비스는 한풀 꺾이기 시작했다. "내가 바로 토르다. 그래 난 거친 방랑자이기도 하며 오딘의 아들이기도 하지. 내가 하려고 마음만 먹으면 너는 절대로 내 딸과 결혼할 수 없을 거다."

"아! 당신이 바로 토르셨군요." 알비스는 핏기 없는 웃음을 띠며 대답했다. "하지만, 전 당신의 호의와 허락을 꼭 얻어내겠어요. 난 백설처럼 아름다운 당신의 딸을 오랫동안 사모해왔고, 아내로 얻으려고 무척 애써왔으니까요."

"그런가, 모르는 것이 없는 불청객 양반. 만일 자네가 모든 세상에 대해 무엇이든 묻는 말에 대답할 수 있다면 내 딸에 대한 사랑을 방해할 생각이 전혀 없지. 그러니 알비스, 말해 보게! 자네가 우리 운명과 행운에 대해 모든 것을 안다니 대답해 보게. 우리 주위의 모든 세상을 둘러싸고 뻗쳐 있는 땅을 각각의 세상에서는 뭐라고 하지?"

"인간들은 그것을 대지라고 부르고, 에시르 신들은 들판, 바니르 신들은 길이라고 하지요. 거인들은 상록(常綠)이라고 부르고 꼬마 요정들은 재배자(Grower)라고 부르죠. 대부분의 신성한 신들은 그것을 진흙이라고 부르죠."

"알비스! 자네가 우리의 운명과 행운에 대해 모든 것을 안다니 말해 보게. 우리 모두 볼 수 있는 바다의 자식인 저 하늘의 이름을 각각의 세상에서는 뭐라고 부르지?"

"사람들은 그것을 천국이라 부르고, 신들은 고도(高度), 바니르 신들은 바람을 자아내는 것이라 부르죠. 거인들은 높은 집, 꼬마 요정들은 근사한 지붕, 난쟁이들은 물이 떨어지는 저택이라 부르죠."

"알비스! 자네가 우리의 운명과 행운에 대해 모든 것을 안다니 말해 보게. 우리 모두 볼 수 있는 저 달을 각각의 세상에서는 어떤 이름으로 부르는가?"

"인간들은 그것을 달이라 부르지만 신들은 가짜 해라고 부르죠. 저승에서는 빙빙 도는 바퀴라고 하죠. 거인들은 발빠른 나그네, 난쟁이들은 빛나는 존재, 꼬마 요정들은 시간을 알려 주는 것이라고 하죠."

"알비스! 자네가 우리의 운명과 행운에 대해 모든 것을 안다니 말해 보게. 우리 모두 볼 수 있는 저 해를 각각의 세상에서는 뭐라고 하는가?"

"인간들은 그것을 태양이라 부르구요. 신들은 그것을 구(球)라고 부르죠. 난쟁이들은 드발린의 기쁨이라고 부르구요. 거인들은 영원히 밝은 것이라고, 꼬마 요정들은 근사한 바퀴, 신의 아들들은 온통 빛나는 것이라고 부르지요."

"알비스! 자네가 우리의 운명과 행운에 대해 모든 것을 안다니 말해 보게. 비를 품고 있는 저 구름을 각각의 세상에서는 뭐라고 부르는가?"

"인간들은 그것을 구름이라고 부르고 신들은 비가 올 가능성, 바니르 신들은 바람 연이라 부르죠. 거인들은 비가 온다는 희망, 꼬마 요정들은 날씨의 힘, 저승에서는 비밀을 품고 있는 가면이라고 부르죠."

"알비스! 자네가 우리의 운명과 행운에 대해 모든 것을 안다니 말해 보게. 멀리까지 넓게 뻗치는 저 바람을 두고 각각의 세상에서는 뭐라고 부르지?"

"인간들은 그것을 바람이라고 부르고, 신들은 흔드는 자, 대부분의 신성한 신들은 울부짖는 자라고 부르죠. 거인들은 윙윙 우는 자, 꼬마 요정들은 포효하는 나그네, 저승에서는 거세게 몰아치는 돌풍이라고 부르죠."

"알비스! 자네가 우리의 운명과 행운에 대해 모든 것을 안다니 말해 보게. 평화를 가져오는 침묵을 각각의 세상에서는 뭐라고 하지?"

"인간들은 그것을 고요라고 하고, 신들은 정적, 바니르 신들은 바람의 침묵이라고 부르죠. 거인들은 숨막힘, 꼬마 요정들은 하루 중 일시적인 고요, 난쟁이들은 하루의 도피처라고 하죠."

"알비스! 자네가 우리의 운명과 행운에 대해 모든 것을 안다니 말해 보게. 사람들이 항해하는 저 바다는 각각의 세상에서 뭐라고 부르는가?"

"인간들은 그것을 바다라고 부르고, 신들은 부드럽게 누워 있는 것, 바니르 신들은 파도라고 부르죠. 거인들은 뱀장어의 집, 꼬마 요정들은 마실거리, 난쟁이들은 심연이라고 부르죠."

"알비스! 자네가 우리의 운명과 행운에 대해 모든 것을 안다니 말해 보게. 인간들을 뜨겁게 태워 버리는 저 불은 각각의 세상에서 뭐라고 부르지?"

"인간들은 그것을 불이라고 부르죠. 신들은 불꽃, 바니르 신들은 너울거리는 것이라고 부르고, 거인들은 굶주린 듯이 달려드는 것, 난쟁이들은 태우는 것이라고 하죠. 저승에서는 성급한 것으로 알려져 있죠."

"알비스! 자네가 우리의 운명과 행운에 대해 모든 것을 안다니 말해 보게. 인간을 위해 자라는 저 나무를 각각의 세상에서는 뭐라고 부르지?"

"인간들은 그것을 나무라 부르죠. 신들은 들판의 갈기라 부르고, 저승에서는 언덕의 해초라 부르죠. 거인들은 땔감, 꼬마 요정들은 근사한 가지가 달린 것, 바니르 신들은 막대라 부르죠."

"알비스! 자네가 우리의 운명과 행운에 대해 모든 것을 안다니 말해 보게. 나르비의 딸인 밤을 각각의 세상에서는 뭐라고 부르지?"

"인간들은 그것을 밤이라 부르죠. 신들은 암흑, 대부분의 신성한 신들은 덮개라고 부르죠. 거인들은 빛이 없는 어둠, 꼬마 요정들은 잠의 위로, 난쟁이들은 꿈의 직조자(織造者)라고 부르죠."

"알비스! 자네가 우리의 운명과 행운에 대해 모든 것을 안다니 말해 보게. 사람들이 뿌리는 씨는 각각의 세상에서 뭐라고 부르지?"

"인간들은 그것을 보리라고 부르죠. 신들은 낟알, 바니르 신들은 성장이라고 부르죠. 거인들은 먹을 수 있는 것, 꼬마 요정들은 갈아 마시는 곡식, 지옥에서는 가느다란 줄기라고 하죠."

"알비스! 자네가 우리의 운명과 행운에 대해 모든 것을 안다니 말해 보게. 사람들이 꿀꺽꿀꺽 들이키는 술은 각각의 세상에서 뭐라고 하지?"

"인간들은 그것을 술이라고 부르죠. 신들은 맥주, 바니르 신들은 거품 나는 것이라고 부르죠. 거인들은 구름 한 점 없이 쭉 들이키는 것, 저승에서는 벌꿀 술이라고 하죠. 주통의 아들들은 축제에서 마시는 것이라고 부르죠."

"나는 이제껏 오래된 지혜를 나만큼 알고 있는 사람을 보지 못했네." 토르는 알비스를 보며 오랫동안 미소짓더니 천천히 고개를 끄덕였다. "하지만 알비스, 자네는 그 입이 화근 덩어리로군. 햇빛이 이미 자네를 휘감기 시작했으니 말이네."

난쟁이 알비스는 황급히 뛰쳐나가려 했지만 이미 너무 늦었다.

그런 알비스의 모습을 고소한 듯이 바라보며 토르가 한 마디 했다. "태양 빛이 이미 자네를 휘감았으니 자네는 이제 돌로 변할 테지. 이제 내 궁전으로도 태양이 다시 비칠 테고, 후후."(난쟁이들은 태양을 보면 돌로 변하게 되어 있는 약점을 이용하여 알비스가 아침이 되는 것도 깨닫지 못하도록 토르가 밤새 쉴 새 없이 일부러 질문을 던진 것임 —역주)

28장 발더의 꿈

발더는 신음했다. 어두운 형체에서 벗어나려고 몸부림치며 뒤척였다. 숨을 헐떡이다가는 다시 신음하고는 잠에서 깨어났다. 신들 중에서 가장 미남인 발더는 꽤 오랫동안 어슴푸레한 빛 속에서 누워 있었고 그의 이마는 흰 꽃처럼 창백했다. 발더의 머리는 반짝였고 그는 다시 잠을 청해 꾸던 꿈을 마저 꾸려고 했다. 꿈의 형태를 제대로 파악한 후 그것을 깨끗이 잊어버릴 작정이었다.

그러나 그 형체는 어둠 속으로 슬그머니 사라졌고 지금은 완전히 잠이 깨었으므로 그 꿈이 정확히 어떤 것이었는지 제대로 생각해낼 수 없었다. 그리고 차차 시간이 흐를수록 발더의 두려움은 불확실하지만 불길한 예감으로 바뀌었다. 발더는 눈을 감았고 다시 꿈의 세계로 표류해 들어갔다.

다시 잠이 들자마자 유령 같은 꿈의 괴물이 다시 앞으로 슬금슬금 기어 나와 발더의 생명의 심지를 잘라버리려는 기괴한 모습으로 변했다. 발더는 꿈속에서 몸을 뒹굴며 발길질을 했다. 그리고 소리를 지르다 자신의 비명소리에 놀라 잠에서 깨어났다. 다시 한 번 발더는 두려움을 느꼈고 자신이 위험에 몸을 드러낸 채 알 수 없는 불길한 운명에 휩싸인 것을 느꼈다.

한편 발더의 꿈에 대해 전해들은 신과 여신들은 모두 걱정이 되어 그 꿈이 무엇을 뜻하는지 논의하기 위해 모여들었다. 신들은 발더가 제일 인정이 많고 상냥한데다 가장 많은 사랑을 받고 있으므로 그런 달갑지 않은 꿈을 꿀 만한 이유가 없다고 했다. 또한 발더의 궁인 브레이다블리크의 입구로는 아직까지 불결한 것이 한 번도 넘어간 적이 없다고도 했다. 하지만 무슨 말을 해도 신들은 발더의 꿈을 제대로 해몽할 수 없게 되자 더욱 불안해지기만 했다.

그러자 발더의 아버지인 신들의 왕 오딘이 나섰다. "내가 직접 가서 그 꿈의 의미를 알아오겠다." 시간만큼 오래된 마법사, 오딘은 벌떡 일어나 회의장 바깥으로 나갔다. 슬라이프니르에 올라탄 오딘은 떨리는 무지개 다리 비프뢰스트를 건너 미드가르드로부터 북쪽에 있는 음산하고 소용돌이치는 안개에 둘러싸인 니플하임에 이르는 길고 긴 길을 따라갔다.

저승을 지키고 있는 사냥개는 오딘이 오는 소리를 들었다. 사냥개 가름은 목과 가슴에 난 털을 피로 온통 물들인 채 지하 세계로 내려가는 입구인 깎아지른 절벽 동굴에서 짖어대고 있었다. 그러나 룬 문자의 대가인 오딘은 가름에 대해 전혀 신경 쓰지 않았다. 오딘이 매우 격렬하게 달렸으므로 꽁꽁 얼어붙은 대지는 슬라이프니르의 여덟 발굽 아래에서 탕탕 울리는 소리를 냈고 오딘은 저승의 다가가기 힘든 궁전에 닿을 때까지는 고삐를 늦추지 않았다.

드디어 저승의 궁전에 다다른 오딘은 말에서 내려 안을 들여다보았다. 궁전 안은 죽은 시체들과 반짝이는 황금 반지와 각종 장신구로 빼곡하게 차 있었다. 오딘은 슬라이프니르를 몰아 여자 예언자가 잠들어 묻혀 있는 곳에서 가까운 동쪽 문으로 돌아갔다. 오딘은 죽은 여자 예언자의 무덤 옆에 서서 하나밖에 없는 빛나는 눈으로 바라보았다. 오딘이 갑자기 주문을 외기 시작하자 어둠 속에서 여자 예언자의 창백한 유령이 땅에서 일어나 오딘 위로 모습을 드러냈다.

여자 예언자의 유령은 신음하듯 말했다. "감히 나를 강제로 무덤에서 일으켜 세워 고통스럽게 하는 자는 도대체 누구요? 눈은 내 위에 내려와 앉았고 비도 내 위로 심하게 쏟아졌고 이슬은 내 속으로 뚝뚝 스며들어왔지. 난 이미 오래 전에 죽은 몸인데."

오딘은 죽은 여자 예언자를 통해 누가 발더를 죽일 것인지를 알아낸다.
Lorenz Frølich, 1895년

"내 이름은 방랑자 베그탐(Vegtam)이라고 하오. 그리고 발탐(Valtam)의 아들이기도 하오. 내게 저승의 소식을 알려주오. 난 이미 다른 세상은 다 여행하고 왔소. 왜 저승 궁전에 있는 의자에는 황금 반지가 길게 뒤덮여 있고 왜 모든 곳이 황금으로 장식되어 있는 거요? 누구를 기다리고 있는 거지?"

"빛나는 벌꿀 술은 바로 발더를 위해 주조된 거예요. 방패로 커다란 솥을 덮어놓았지요. 모든 영광에도 불구하고 신들은 아마 절망감에 휩싸일 거예요. 이젠 말하고 싶지 않으니 더 이상은 얘기 않겠어요."

"아니, 잠깐. 아직 그대로 남아 있어야 하오. 남아서 내가 묻는 모든 말에 대답해 줘야만 하오. 누가 발더를 살해하여 생명의 피를 흘리게 한단 말이오?"

"맹인 호드가 치명적인 가지를 들고 올 것이요. 그가 바로 발더를 죽여 피를 흘리게 할 것이구요. 이젠 말하고 싶지 않으니 더 이상은 얘기 않겠어요."

"아니, 잠깐. 아직 그대로 남아 있어야 하오. 남아서 내가 묻는 모든 말에 대답해 줘야만 하오. 그렇다면 누가 호드에게 복수를 하지? 누가 발더를 살해한 자를 화형대에 세우지?"

"린드가 오딘과 동침한 후 서쪽에 있는 저택, 베스트르살리르(Vestrsalir)에서 아들 발리를 낳게 될 것인데 그 아이가 태어난 지 오직 하루만에 이복 형 발더의 원한을 갚을 거예요. 그 아이는 발더의 살인자를 화형대에 세우기 전에는 손을 씻지도, 머리를 빗지도 않을 거예요. 이젠 말하고 싶지 않으니 더 이상은 얘기 않겠어요."

"아니, 잠깐. 아직 그대로 남아 있어야 하오. 남아서 내가 묻는 모든 말에 대답해 줘야만 하오. 그렇다면 발더의 죽음에 통곡하여 자신들의 스카프를 하늘 높이 던질 여인들은 누구요?"

"역시 내가 생각한 대로 당신은 베그탐이 아니군요. 당신은 시간만큼 오래된 마법사, 오딘이죠."

"그리고 너 또한 여자 예언자가 아니지. 뿐만 아니라 현명하지도 않고. 넌 단지 세 괴물의 어머니일 뿐이야."

"어서 집으로 달려가시오, 오딘! 그리고 당신의 기술을 어디 뽐내보시지." 유령의 음성은 점차 높아지며 고소하다는 듯이 말했다. "로키가 자신의 족쇄에서 자유로워지고 라그나로크 전에 모든 어둠의 힘들이 모이기 전에는 아무도 다시는 날 깨우지 못하리."

유령은 창백하게 빛나며 서서히 무덤 속으로 스며들기 시작하더니 완전히 무덤 안으로 사라져 버렸다.

그러자 오딘도 돌아섰다. 그리고 무거운 마음으로 슬라이프니르에 올라 탔다.

29장 발더의 죽음

신들과 여신들은 발더를 영원히 죽음의 암흑 속으로 던지려고 위협하는 발더의 꿈 때문에 불길한 예감에 사로잡혀 모였다. 신들 중에서 발더의 생명이 위험에 처했다는 것을 의심하는 신은 하나도 없었고 그들은 어떻게 발더를 보호할 것인지 오랫동안 의논했다.

신들과 여신들은 사람이 죽을 수 있는 갖가지 방법에 대해서 생각해 보고 갑작스런 죽음을 일으킬 수 있는, 땅에서 일어날 수 있는 사고, 바다에서 일어날 수 있는 사고, 하늘에서 일어날 수 있는 사고를 각각 열거했다. 그리고 나서 발더의 어머니인 프리가가 아홉 세상을 여행하면서 모든 사물들에게 발더를 해치지 않겠다는 맹세를 얻어내고 다녔다.

불이 먼저 맹세를 했다. 물도 발더를 해치지 않겠다고 했다. 쇠와 다른 모든 종류의 금속들도 맹세하고 돌도 맹세했다. 그 어떤 것도 프리가가 아들을 구하기 위한 사명을 다하는 것을 막을 수 없었고 그녀의 상냥하지만 열의에 가득 찬 설득에 저항할 수 없었다. 대지도 발더를 해치지 않겠다고 맹세했다. 나무들도 맹세하고 모든 종류의 질병도 언약했다. 발더의 어머니 프리가는 아들을 살려야겠다는 일념에 결코 지칠 줄 몰랐고 몸을 아끼지 않았다. 모든 짐승들이 발더를 해치지 않겠다고 맹세했고 구불구불 기어가는 뱀들조차 맹세했다.

프리가가 돌아오자 신과 여신들은 다시 만났다. 프리가는 신들이 요구하는 대로 자신이 해야 할 일을 다함으로써 신들을 만족시켰고 이제 아무런 생물체도 발더를 해칠 수 있는 것은 없었다.

"하지만 직접 시험해 봐야겠어." 신들은 그렇게 결정을 하고 한 신이 돌멩이를 주워 낮고 느리게 던져 발더의 머리를 맞추었다.

작은 돌멩이가 지닌 힘이 얼마가 되었든 돌멩이는 스스로의 힘을 억제했다. 발더는 돌멩이가 자신을 맞추었는지조차 알지 못했다. "전 전혀 느끼지 못하겠는데요."

그러자 모든 신들과 여신들은 기쁨의 웃음을 터트렸다. 회의장인 글라드스하임에서 나온 신들은 햇빛이 밝게 내리쬐는 밖으로 줄줄이 나갔다. 궁전의 황금 지붕과 황금 벽은 햇빛에 반짝였고 푸른 평원 이다볼(Idavoll)은 부산하게 움직이는 신들로 북적거렸다. 신들의 하인들은 이리저리 오가느라 바빴고 밝은 꼬마 요정들은 자신들의 일을 하고 급히 서둘러 돌아갔고 아스가르드를 방문한 손님들은 놀라서 그 모습을 지켜보고 있었다. 그리고 많은 종류의 동물들은 풀을 뜯거나 꾸벅꾸벅 졸고 있었다. 그러한 존재들 모두 살아 있음에 기뻐했다.

주요한 신들은 글라드스하임에서 만났고 여신들은 빙골프(Vingolf)에 모였다. 아스가르드를 지배하던 그들은 미드가르드의 영웅적인 인간들의 무훈과 운명에 대해서 논의하곤 했다. 그리고 회의가 모두 끝나면 즐기기를 원하는 사교적인 신들과 자주 함께 모여 잡담하며 어울리기도 했다. 때로는 술을 마시기도 하고 때로는 노래를 부르기도 했고 자신들을 시험해 보거나 갖가지 종류의 놀이도 즐겼다.

그런데 발더의 꿈 사건이 있고 그리 오래 지나지 않았을 때 신들은 발더가 안전한지 다시 한 번 확인해봐야 한다고 생각했다. 그렇다고 유희를 단념할 수는 없었다. 결국 한 신이 돌멩이를 던져 발더의 광대뼈를 맞추었고 다른 신은 막대기로 발더를 겨누고 그의 가슴을 쳤다.

"전 아무것도 느낄 수가 없어요." 아무렇지도 않다는 듯 발더가 말했다.

그러자 신들은 기뻐하며 다른 시험을 시도해 봤다. 시험이 아무 사고 없이 하나씩 차례로 이어지자 곧 신들은 매우 대담해졌다. 그들은 아예 발더를 벽 앞에 과녁으로 세워놓았다. 어떤 신들은 끝이 뾰족한 다트를 던졌는데 다트는 발더를 맞히고 퉁겨 나와 그의 발 아래 떨어졌다. 어떤 신들은 돌을 가져와 세게 던지기도 했다. 나머지 신들은 도끼로 발더를 내려치기도 하고 칼로 깊이 베어내기도 했지만 그 어떤 금속도 발더를 상처 하나 내지 못했다. 심지어 발더의 살갗을 스치지도 못할 정도였다. 신들 중에서 가장 잘 생기고 예의바른 발더는 가장 지독한 공격의 대상이 되었지만 신들은 어떤 무기로도 발더에게 상처를 입히지 못했다. 그 곳에 있던 모든 신들은 이 새로운 놀이를 모두 즐겼고 아무것도 발더를 해치지 못한다는 사실에 매우 기뻐했다.

모든 신들이 즐거워했으나 단 한 명의 예외가 있었으니 바로 로키였다. 심술궂은 로키는 초조한 감정과 혐오감이 뒤섞인 감정으로 신들이 즐거워하는 것을 지켜보았다. 로키에게는 먹고 마시는 음식과 술이 전부 쓴맛에 고통뿐이었으며 발더가 모든 종류의 공격에 끄떡없이 견디는 것을 보자 점차 배가 아파 왔다. 속에서 갈수록 원한이 쌓여만 가자 로키는 점차 수척해지기 시작했다. 신들이 즐기는 놀이에 끼기를 거절했지만 그렇다고 아주 멀리 떨어져 있을 수도 없었다.

어느 날 오후, 모여서 노는 신들을 지켜보며 여느 때처럼 글라드스하임 입구를 배회하던 로키에게 갑자기 기발한 생각이 떠올랐다. 그는 거의 반쯤 눈을 감고 꼬인 입술을 핥으며 미소지었다. 다른 신들에게 들키지 않고 왁자지껄한 무리 틈에서 빠져 나온 로키는 재빨리 프리가의 궁전인 펜살리르 방향으로 걸어갔다.

가다가 로키는 잠시 멈춰 서서 조심스럽게 주위를 둘러보았다. 근처에는 아무도 없었다. 그러자 로키는 뭐라고 주문을 외웠고 그는 곧 늙은 노파로 변신했다.

로키가 바라던 대로 프리가는 자신의 궁전에 홀로 있었다. 노파로 변신한 로키는 마루 바닥을 절룩거리며 가로질러 갔다. 코를 훌쩍거리던 노파는 흘러내리는 콧물을 손등으로 닦더니 검은 누더기 옷에 쓱 문질렀다. "이 곳이 어딘가요?" 그리고 무심한 척 물었다.

일어나 노파를 맞은 프리가는 자신의 이름을 밝혔다.

"집에서 아주 멀리 떨어진 곳이로군요. 하지만 괜히 왔나 싶어."

프리가는 참을성 있게 들었다.

"내가 조금 전에 지나쳐 온 곳이 있거든. 아이고, 시끄럽기도 하지! 난 사람들이 말하는 소리를 하나도 들을 수가 없었어. 그리고 글쎄, 거기 모여 있는 사람들은 모두 한 남자에게 돌을 던지는 거야. 그 남자 가엾기도 하지! 얼굴은 하얀 것이, 머리칼도 빛났는데. 한 사람 대(對) 전부라니. 난 여태 아스가르드에서 그런 일이 있다는 것을 몰랐는데 말이야."

프리가는 희미하게 웃더니 노파가 할 말을 다할 때까지 기다리는 것이 현명하겠다는 생각을 했다.

"나는 그리 오래 머물지 않았어. 난 그렇게 돌 던지는 것이 마음에 들지 않아. 누가 그러리라고 생각이나 했겠어? 내가 올 때까지도 계속 그러고 있었어. 그 불쌍한 젊은이는 오래 버티지 못할 거야. 지금쯤은 아마 죽었을 테지. 암 그렇구 말고." 한참 지껄이면 지껄일수록 노파는 자신이 다른 사람과 함께 있다는 사실을 잊고 혼자 중얼거리는 것 같았다. 그러나 갑자기 고개를 거세게 흔들더니 프리가를 쳐다보았다. "그래 그 일에 대해 뭐 알고 있는 거라도 있수? 왜 사람들이 젊은이에게 돌을 던지고 있는지 알고 있수?"

프리가는 노파가 본 것은 돌을 던지는 것이 아니라 신과 여신들이 자신의 아들을 상대로 놀이를 즐기고 있는 것이라고 말해 주었다. 발더는 돌 한 조각에도 절대로 상처를 입지 않았으므로 누구든 그렇게 기꺼이 놀이에 참여하는 것이라고 설명해 주었다.

"그렇다면 그건 도대체 무슨 마술의 조화지?" 노파는 수염으로 만든 물건을 가지고 있었는데 그것이 불안한 듯 가늘게 떨렸다.

"발더를 해칠 것은 아무것도 없어요. 어떤 금속도, 어떤 나무도 그 아이를 해치지 못해요. 내가 모든 사물에게서 맹세를 받아냈거든요."

"전부 말이유? 예를 들면, 소금 한 웅큼도?"

프리가는 점차 집요하게 물고 늘어지는 노파가 성가시게 느껴지기 시작했다. 이제 노파를 내보내고 싶다는 의미로 어깨를 으쓱했다.

"정말로 전부 그렇단 말이유?" 노파는 코방귀를 뀌었다. "정말로 모든 사물들이 당신에게 발더를 해치지 않겠다고 맹세했단 말이유?"

프리가는 깔보듯이 거만하게 대답했다. "그래요. 모든 것이 맹세했죠. 단 하나만 빼구요. 발할라 서쪽에서 자라는 겨우살이인 작은 수풀만 빼고요. 그건 아직 너무 어려서 굳이 거기까지 가야 할 필요가 없었죠."

노파가 툴툴거리듯 말했다. "오늘 내가 당신 시간을 너무 잡아먹었구려. 암. 시간을 너무 뺏었지. 이제 그만 가봐야겠수."

프리가는 고개를 살짝 기울였다.

돌아선 노파는 힘겹게 펜살리르 입구로 걸어갔다. 그리고 노파가 가는 것을 본 프리가는 조금도 서운한 마음이 들지 않았다.

주위에 아무도 없이 혼자라는 것을 확인하자마자 노파는 다시 마법의 주문을 외웠다. 그러자 환성을 지르며 본래의 로키 모습으로 되돌아왔다.

로키는 이제 매우 쾌활하게 이다볼 평원을 가로질러 갔다. 이다볼 평원은 거의 움직임이 없어서 마치 누군가를 기다리거나 아니면 아예 움직이지도 않는 것 같은 동물들 외에는 아무것도 살지 않는 황량한 곳이었다. 대기는 점점 어두워졌고 저 멀리는 흐릿하고 푸르스름해 보였다. 벌써 거의 밤이 다 되었다.

로키는 급히 글라드스하임을 지났다. 발할라 쪽으로 급히 향한 로키는 죽은 전사들의 영혼인 에인헤르자르들이 소리치는 것을 듣자 혼자 회심의 미소를 지었다. 빛이 점점 사위어가는 서쪽으로 급히 서둘러 가던 로키는 휘파람을 불며 발 아래를 좌우로 유심히 살피더니 작은 덤불 숲으로 들어갔다. 그곳에는 땅이나 물에 뿌리를 내리지 않고 특이하게도 참나무 줄기에서 자라 나오는 것이 있었다. 로키는 자신이 원하던 것을 드디어 찾아냈다. 바로 겨우살이의 작은 가지였다.

겨우살이의 열매는 희미한 싹 다발처럼 반짝였고 잎새들은 초록색이거나 노란색이 가미된 연두색에, 줄기와 작은 가지들은 초록색이었다. 환히 트인 대낮에는 전혀 움직이지도 않아 이 세상 식물이 아닌 것처럼 보이더니 이제 빛이 반 이상 사그러든 초저녁 빛에는 더욱 기괴하게 보였다.

작은 가지를 꽉 움켜쥔 로키는 세게 비틀어 참나무 줄기에서 떼어냈다. 그리고는 그 곳에서 발길을 돌려 손에는 겨우살이 가지를 꼭 쥔 채 글라드스하임으로 통하는 길로 급히 서둘러갔다. 로키는 꺾어 온 여러 가지 중에서 자신의 팔뚝 길이만한 곧은 가지를 골라 냈다. 그리고 가지의 껍질을 벗겨 길 위로 버리며 가던 길을 재촉했다. 껍질을 다 벗겨낸 가지는 한쪽 끝을 자신의 혁대에 갈아 뾰족하게 만들었다. 만반의 준비를 끝마친 로키는 따뜻한 빛이 비치는 궁전 안으로 들어갔다.

한편 글라드스하임에 모여 놀이를 즐기던 신들은 놀이에 너무 열중해 있어 로키가 슬그머니 빠져나갔다가 다시 돌아온 사실을 전혀 눈치 채지 못했다. 로키는 주위를 둘러보다가 프리가가 다른 신들과 함께 어울리고 있는 것을 보자 음흉하게 웃었다. 한편 평상시처럼 다른 신들에게서 조금 떨어져 서 있던, 발더의 눈먼 동생 호드를 보자 로키는 입술을 오므리며 눈을 가늘게 떴다. 호드의 느릿느릿한 어설픈 동작은 보기에도 애처로웠다. 많은 신들이 이미 한참 동안 시달린 발더에게 다시 던지기 놀이를 하는 것을 본 로키는 심술이 나서 몸이 조여왔다. 잠시 동안 그의 온 몸이 마치 갑작스런 웃음이나 끔찍한 고통에 시달리기라도 하듯 경련을 일으켰다.

한 하인이 급히 달려와 로키에게 포도주를 내밀었다. 하인이 건네준 포도주를 단숨에 비운 로키는 둥그렇게 둘러선 신들과 하인들을 뒤로하고 넓은 궁전을 어슬렁거리며 가로질러 갔다. 호드에게 살금살금 다가간 로키는 그의 옆구리를 쿡 찔렀다.

"로키, 당신이죠?" 호드가 물었다.

"그럼 나말고 누가 더 있겠어."

"그래 무슨 일이죠?"

"너도 가서 함께 어울리지 그래? 왜 네 형한테 다트 던지기를 안 하지?"

"그야 형이 어디 있는지 볼 수 없으니 그렇죠."

로키는 양 볼을 쪽 빨아들였다.

"게다가, 나는 던질 만한 무기도 없는 걸요."

"저런 저런, 그러면 안 되는데. 그들은 너를 무시하다니 너한테 잘못하고 있는 거라구. 너 역시 네 형을 모른 체하면 안 되지." 로키는 짐짓 분개한 듯 말했다.

그러나 호드의 표정은 조금도 바뀌지 않았다. 이미 오래 전부터 자신의 운명을 받아들일 줄 알고 있었던 것이다. "마음에 사무칠 만한 원한은 아무것도 없는 걸요."

호드의 말은 신들이 크게 웃는 소리에 파묻혀 버렸다.

"왜들 저렇게 웃는 거죠?"

"늘 똑같지 뭐. 다트가 발더를 정확히 맞혀서 그런 거야. 하지만, 이제 네 차례야, 호드. 너도 다른 신들처럼 발더에게 네 관심을 보여줘야 해."

"저는 던질 만한 무기가 없다니까요."

"자, 그럼 이 가지로 던지렴." 로키는 겨우살이의 뾰족한 가지를 호드의 두 손에 쥐어주며 말했다. "발더가 서 있는 곳으로 내가 너를 데려다줄게. 내가 네 뒤에 서서 네 손을 이끌어 줄 테니 따라와."

로키의 눈은 이제 거세게 불타올랐다. 그의 몸 전체가 불길에 휩싸인 것처럼 뜨겁게 달아올랐다. 그의 얼굴은 굶주린 늑대처럼 탐욕스럽고 사악하게 일그러졌다.

겨우살이를 움켜쥔 호드는 오른쪽 팔을 들어올렸다. 로키에게 이끌려 그는 자신의 형인 발더를 겨누고 가지를 던졌다.

겨우살이 가지는 홀을 가로질러 발더를 정확히 맞추었다. 다른 사물들과는 달리 겨우살이 가지는 발더를 관통하여 꿰뚫고 지나갔다. 앞으로 고꾸라진 발더는 그 자리에서 죽고 말았다.

글라드스하임에서는 아무런 소리도 들리지 않았다. 오직 침묵만이 지배할 뿐 주위는 쥐죽은듯이 고요했다. 신들은 한 마디도 입 밖으로 낼 수 없었다. 그들은 가장 아름답고 현명한 발더가 생명을 잃고 쓰러진 채 빛나는 모습으로 누워 있는 것을 그저 멍하니 지켜보기만 할 뿐, 쓰러진 그를 들어올리려

로키에 속아 호드가 발더를 죽이게 된다. 18세기 아이슬란드 필사본.

맹인 호드가 던진 겨우살이에 맞아 죽은 발더, 크리스토퍼 빌헬름 에커스베르크, 1817년

자신들이 있던 곳에서 한 발자국도 움직일 수조차 없었다.

서로를 쳐다보던 신들은 고개를 돌려 일제히 호드와 로키를 노려보았다. 의심의 여지가 없었다. 신들은 누가 발더를 죽게 만든 범인인지에 대해 모두 한 마음이었지만 그렇다고 당장 원수를 갚을 수는 없었다. 글라드스하임의 땅은 신성한 곳이었으므로 아무도 그 신성한 장소에 피를 뿌릴 수는 없는 노릇이었다.

호드는 자신을 노려보는 신들의 매서운 눈초리를 볼 수 없었지만 로키는 더 이상 견디고 서 있을 재간이 없었다. 글라드스하임의 입구로 껑충껑충 뛰어가더니 로키는 어둠 속으로 슬그머니 도망쳤다.

그때서야 비로소 무서운 침묵이 깨졌다. 격렬한 슬픔에 휩싸인 한 여신이 울음을 터트린 것이다. 그리고 한 사람의 울음은 모든 이들의 눈물의 빗장을 풀었다. 신들은 말을 하려고 해도 자신의 슬픔을 뭐라고 표현할 수도 없었고 눈물에 막혀 입을 열 수조차 없었다.

그 자리에 있던 오딘은 다른 어떤 신과 여신보다도 가장 고통스러웠다. 오딘은 이번 일이야말로 신과 인간들이 겪을 수 있는 가장 사악한 일이라는 사실을 잘 알았으며 자신의 아들의 죽음으로 인하여 어떤 손실과 비애가 뒤따르게 될지 예감하고 있었다.

제일 처음으로 입을 연 것은 프리가였다. "누구, 누구 없소? 여기 있는 신들 중에서 내 모든 사랑과 호의를 받고 싶은 사람이 없나요?"

훌쩍이고 있던 신들은 프리가를 쳐다보았다.

"저승까지 먼 길을 달려가 발더를 다시 찾아올 사람 누구 없나요?"

그 소리를 들은 여신들은 손으로 얼굴을 가리고 다시 흐느끼기 시작했다.

프리가의 음성은 높아졌다. "저승의 여신 헬에게 보상금을 지불하고, 발더를 아스가르드의 집으로 데려오는 조건으로 몸값을 치르겠다고 가서 제의할 사람 없나요?"

그러자 용맹함 때문에 모든 사람들의 존경을 받던, 오딘의 아들 헤르모드가 앞으로 나섰다. "제가 가겠어요. 기꺼이 다녀오겠어요."

그러자 글라드스하임은 다시 숨을 쉬고 활기를 되찾는 것 같았다. 오딘은 하인들에게 명령을 내렸다. 하인들은 급히 홀 밖으로 뛰어나가 오딘의 말, 슬라이프니르를 데리고 금세 돌아왔다.

오딘은 슬라이프니르의 고삐를 헤르모드에게 건네 주었다. 슬라이프니르에 올라탄 헤르모드는 자신을 올려다보는 신들과 여신들의 얼굴과 쓰러진 아름다운 발더의 시신을 굽어보았다. 고삐 쥔 손을 치켜든 헤르모드는 말에 박차를 가했다. 슬라이프니르의 활기찬 말굽이 대리석 바닥에 힘차게 울리더니 헤르모드는 어둠 속으로 뛰어들어 끝없는 밤을 향해 달려나갔다.

오딘의 아내이며 결혼의 수호신 프리가. 다산의 여신이며 물레를 돌리는 모습으로 표상된다.
John Charles Dollman, 1909년

신과 신들은 아무도 잠들지 않았다. 그들은 글라드스하임에서 조용히 밤을 지새웠다. 너무 하얘서 밝게 빛나는 발더의 시신 주위에 모여 신들은 각자 걱정, 두려움, 희망 등 갖은 상념에 잠겨 있었다. 헤르모드가 과연 발더를 죽음의 세계에서 무사히 데리고 올 수 있을지, 그의 불행한 동생 호드에게는 발더의 원수를 어떻게 갚을지, 로키에게는 어떤 벌을 내려야 합당할지, 발더 한 사람의 죽음이 그들 전체에게는 어떤 의미로 다가올 것인지 그들의 상념은 끝이 없었다.

서서히 먼동이 터오기 시작했다. 동쪽에서 신비스러운 첫 여명이 떠오르더니 금세 온 세상을 사방으로 환히 비추었다.

그러자 아픈 마음으로 네 명의 신이 발더의 시신을 어깨에 메고 나머지 모든 신들은 그 뒤를 길게 따랐다. 신들은 발더의 시신을 바닷가로 옮겨 내려갔고 뱃머리가 근사하게 곡선으로 구부러진, 발더 자신의 배 링호른(Ringhorn) 가까이 시신을 내려놓았다.

신들은 발더의 화장대(火葬臺)를 배 한가운데 있는 돛대 옆에 세우고 싶어했다. 신들은 뱃머리를 잡고 배를 바다로 띄우려고 했지만 그동안 너무 슬퍼한 나머지 힘이 다 빠져 굴대 위에서 배를 들어올릴 기운조차 없었다.

그러자 신들은 급히 요툰하임으로 전령을 보내 거인족 여인 히로킨(Hyrrokin)의 도움을 요청한다는 전갈을 보냈다. 아스가르드에서 몰려나온 많은 신들은 물가에 앉아 하릴없이 요동치는 파도의 물결을 바라보고 있었다. 신들은 모두 시름에 젖고 차분히 가라앉아 있었으므로 그 누구도 자신의 감정으로부터 벗어나 마음을 추스려 다른 신들을 위로할 엄두를 내지 못했다.

잠시 후 히로킨이 도착했다. 그녀는 독사로 된 고삐를 쥐고 커다랗고 잔인한 늑대를 한 마리 타고 왔다. 히로킨이 자신의 늑대에서 뛰어내리자 오딘은 네 명의 베르세르크 가문 사람들을 불러 늑대와 독사가 다른 사람들을 해치지 못하도록 잘 감시하고 있으라고 명령했다.

동물의 가죽을 입은 네 남자를 보자 늑대는 흥분하여 눈을 이글거리며 으르렁거렸다.

베르세르크 남자들은 독사 고삐를 단단히 움켜쥐었지만 늑대를 꽉 잡고 있을 수가 없었다. 늑대는 처음에 남자들을 이리저리 질질 끌고 가더니 어찌할 수도 없게 모래로 주루룩 미끄러져 들어갔고 고삐에서 풀려나려고 발버둥쳤다. 그러자 베르세르크 남자들은 늑대만큼이나 제정신이 아닐 정도로 화가 나서 곤봉처럼 억센 주먹으로 늑대를 마구 내리쳤다. 결국 늑대는 모래사장에 사지를 뻗은 채 죽어 버렸다.

그동안 으스대며 링호른 앞으로 다가간 히로킨은 멈춰 서서 무척 크고 넓은데다 우아한 배를 마주보더니 뱃머리를 꽉 잡았다. 발뒤꿈치를 모래 바닥에 깊이 박아 넣고는 소름끼치는 비명을 지르며 히로킨은 배를 들어올렸다. 그녀가 세게 들어올리자 링호른은 굴대에서 미끄러져 내려와 물 속으로 처박혔다. 소나무 재목으로 만든 굴대는 마찰 때문에 갑자기 불이 붙었고 아홉 세상은 모두 떨었다.

"됐다!" 토르가 소리쳤다. 손가락으로는 쇠망치를 단단히 잡고 있던 토르는 예전의 힘이 다시 솟아오르는 것을 느꼈다.

히로킨은 토르를 깔보듯이 싸늘하게 쳐다보았다.

"이제 그만 됐다니까! 너한테 예의라는 것을 가르쳐 주어야겠군."

그러나 오딘과 다른 몇몇 신들이 급히 토르의 곁으로 달려가 그를 말렸다. 토르의 팔을 잡으며 그에게 상기시켜 주었다. "저 여자는 우리가 와 달라고 불러서 온 거잖아."

"저 가시나 두개골을 부수어 놓을까보다." 토르가 분하다는 듯 중얼거렸다.

"저 여자를 해치면 좋을 것이 하나도 없어. 그러니 그냥 내버려 두라구. 차라리 무시해 버려."

토르의 불 같은 성미도 천천히 누그러들었다. 모래를 발로 걷어차 모래 폭풍을 일으키더니 토르는 모래사장을 오르내렸다.

처음에 바닷가로 발더의 시체를 운구해 왔던 네 신이 다시 그의 시신을 들어 물 위에 떠서 흔들리는 링호른으로 건너갔다. 배 안의 진홍빛 천으로 덮인 높은 의자에 발더의 얼룩 하나 없는 깨끗한 시신을 내려놓았다.

발더의 아내, 난나는 그 모든 광경을 지켜보았다. 발더가 싸늘한 시신으로 그 곳에 안치되는 것을 본 순간 난나는 몸이 갑자기 떨리기 시작하더니 자신도 몸을 억제할 수 없었다. 이젠 눈물을 흘리기에는 고통이 너무나도 심해서 눈물마저도 말라버렸다. 그러자 가엾게도 난나의 가슴은 파열하고 말았다. 네프(Nep)의 딸이기도 한 난나는 그 곳에서 생을 마감하고 링호른으로 옮겨져 죽은 남편 옆에 같이 뉘어졌다.

추모행렬은 벌 떼처럼 불어났다. 두 까마귀 생각과 기억을 어깨에 앉힌 채 오딘도 그 자리에 있었다. 프리가도 오딘을 따랐고 발키리들도 따라갔다. 혼란을 일으키는 여인, 안개, 최후의 순간, 분노, 전사, 힘, 절규, 족쇄, 비명, 창을 든 여인, 방패를 든 여인, 전략의 파괴자 등 죽은 전사들을 전쟁터에서 골라 오딘에게 데려오는 아름다운 여인들인 발키리들은 전장의 신 오딘의 주위를 둥그렇게 에워쌌다.

프레이르는 난쟁이 브로크와 에이트리가 자신에게 만들어준 황금 털을 지닌 수퇘지 굴린부르스티가 이끄는 마차를 타고 당장 화장터로 달려왔다. 자신의 황금 언덕에서 헤임달도 아스가르드 밖으로 달려왔고 프레이야는 고양이들이 이끄는 자신의 마차를 타고 왔다.

꼬마 요정들도 그 곳에 모였고 난쟁이들도 참석했다. 수백 명의 서리 거인들과 바위 거인들도 모여들었으며 히로킨을 따라 요툰하임에서 온 거인들 무리도 있었다. 완전히 육지도 아니고 그렇다고 바다도 아닌 기다란 모래사장을 질질 끌며 단순한 호기심에 찬 구경꾼과 애도객이 뒤섞여 거대한 군중을 이루었다. 바닷새는 솟아올랐다가 공중을 선회한 후 다시 물 속에 머리를 처박았고 바닷물은 철썩거렸으며 그 곳에 모여 있던 모든 사람들은 링호른에서 치러지는 장례식을 지켜보았다.

발더와 그의 아내 난나의 시신 주위로 화장대가 세워졌고 바싹 마른 장작더미는 불꽃 하나면 금세 피어올라 그 아래 누워 있는 두 시신을 다 태워 버려 그들의 영혼을 자유롭게 놓아주려 하고 있었다.

링호른 안에 수많은 보물들이 함께 놓여졌다. 버클, 브로치, 반지, 걸쇠, 핀 등 보물들 뿐 아니라 칼, 물통, 가위, 물레가락, 삽과 모든 생활용구를 시신과 함께 배 위에 실었다.

　그동안 발더의 말은 물가를 따라 달려 땀투성이가 되었다. 그 때 갑자기 하인 하나가 말의 목에 짧은 단도를 찔러 넣었다. 말은 격렬한 경련을 일으키더니 아무 소리도 못 내고 배 위로 무너져 내렸다. 발더의 애마가 죽자 사람들은 그 몸뚱이를 쪼개어 링호른에 던졌다.

　물가 여울을 건너간 오딘은 배 가장자리를 잡고 배 위로 올라가 죽은 아들의 시신을 내려다보며 섰다. 잠시 동안 아무 말 없이 응시하기만 했다. 예전에 난쟁이 형제가 만들어준, 아흐레마다 여덟 개의 팔찌가 다시 생겨나는 황금 팔찌 드라우프니르를 천천히 팔에서 빼낸 오딘은 그것을 발더의 팔에 끼워주고 몸을 숙여 죽은 아들의 귓가로 입을 가져갔다. 그리고는 다시 아들을 물끄러미 응시한 후 배를 떠났다.

　오딘의 신호에 따라 하인 하나가 불붙은 횃불을 들고 앞으로 걸어나왔다. 하인에게서 건네 받은 횃불로 화장대에 불을 놓자 일시에 불이 붙었고 연기기둥은 고요한 대기 위로 끊임없이 둥그렇게 소용돌이치며 올라갔다.

　토르는 쇠망치를 내려놓고 장례식을 신성하게 할 마법의 주문을 천천히 엄숙하게 영창했다.

　그 때 앞으로 나아가는 데만 정신이 팔려 있던 리트(Lit)라는 난쟁이가 해변을 따라 달려왔다. 난쟁이가 영창을 하던 토르 앞으로 달려가자 화가 머리 끝까지 치민 토르는 한쪽 발을 앞으로 내밀어 난쟁이를 걸어 넘어뜨렸다. 리트가 몸을 추스려 일어나기도 전에 토르가 무서운 힘으로 그를 걷어찼다. 결국 난쟁이 리트는 공기를 가르며 날아가 날름거리는 불꽃 속에서 서서히 타들어가던 화장대 위로 떨어졌다. 이런 사연으로 리트는 발더 곁에서 같이 타 죽게 되었던 것이었다.

　배를 매었던 밧줄이 풀어지자 밧줄과 함께 애도객들의 북받친 감정도 같이 흘러갔다. 점차 물 위로 떠밀려 이리저리 흔들리며 배가 바다로 나아가자, 지켜보던 사람들은 모두 울었다. 그들은 훌쩍이며 가장 잘 생기고 친절하며 현명했던 신 발더에 대해 얘기했다.

링호른은 점차 바다 멀리 나아갔다. 바닷바람이 휘감자 배는 심하게 흔들렸다. 일순간 거세게 타오르는 불길이 보이는가 하면 잠시 후에는 다시 배의 모습이 보이기도 했다. 배는 떨리는 모습으로 수평선 저 너머로 작별을 고하며 화장대에서 피어오르는 커다란 연기 아래로 천천히 사라져갔다.

한편 발더를 살리기 위해 저승길에 나섰던 헤르모드는 9일 밤 동안 너무도 깊숙하고 어두운 골짜기 사이로 달렸으므로 아무것도 제대로 볼 수 없었다. 땅 위를 뒤로 한 채 지하로 접어들자 지하 세계의 싸늘한 냉기가 그를 향해 다가왔다. 헤르모드는 수많은 강을 건넜다. 그 강들은 모두 끓어오르는 흐베르 젤미르에서 솟아나는 강들이었다. 서늘한 스볼, 반항적인 군트라, 표름, 부글부글 끓어오르는 핌불툴, 무시무시한 슬리드, 활기차게 흐르는 흐리드, 슬리그, 일그, 드넓은 비드, 번개처럼 빠르게 질주하는 레입트 등을 차례로 건넜다. 그리고 마지막으로 헤르모드는 휘몰아치는 격류, 얼음처럼 차가운 골 강에 다다랐다. 슬라이프니르에게는 박차를 가할 필요도 없었다. 금 조각으로 길다랗게 이어진 다리를 슬라이프니르는 힘차게 달려 건넜다.

강 건너편에 닿자 헤르모드는 다리를 지키던 처녀 모드구드(Modgud)의 저지를 받았다. 모드구드가 창백한 한 쪽 팔을 들자 섬뜩할 정도로 하얗게 빛났다. "앞으로 더 가기 전에 나한테 당신의 이름과 혈통을 밝히세요."

헤르모드는 침묵을 지켰다.

"어제 죽은 사람 다섯 무리가 이 곳을 지나갔어요. 그들은 모두 이 다리를 건너갔죠. 하지만 당신은 그들을 모두 합쳐놓은 것보다도 더 시끄러운 소리를 내는군요."

여전히 헤르모드는 침묵이었다.

"내가 보기에 당신은 죽은 사람 같지는 않군요. 당신은 대체 누군가요?"

"난 오딘의 아들인 헤르모드요. 난 죽은 형 발더를 찾아 저승의 여왕 헬에게 가야만 하오. 어제 우리 형이 이 곳으로 지나가는 것을 보았소?"

"그래요. 그도 이 다리를 지나 강을 건너갔죠. 하지만 헬에게 가는 길은 그렇게 간단하지 않답니다. 당신이 이미 온 길도 꽤 먼 거리였지만 앞으로도 북쪽으로, 지하로 한참 더 가야 한답니다."

모드구드가 한 옆으로 비켜나자 헤르모드는 그녀에게 감사했다. 슬라이프니르는 앞에 펼쳐진 길을 보았다. 말과 말 위에 올라탄 헤르모드는 하나가 되어 앞으로 달려갔다. 마침내 헤르모드는 헬이 자신의 궁전인 엘류드니르 앞에 세운 육중한 대문과 치솟은 담 앞에 도착했다.

그 앞에서 멈춘 슬라이프니르는 나지막히 울었다.

헤르모드는 말에서 내려 희미한 빛에 둘러싸인 주위를 둘러보았다. 대문은 잠겨 있어 시체들의 땅인 무시무시한 나스트론드(Nastrond) 너머로 넘어갈 수 있도록 운명지어진 죽은 자 외에는 전혀 지나갈 수 없는 것처럼 보였다. 헤르모드는 등자를 꽉 조이고 안장에서 엉덩이를 힘차게 구른 뒤 슬라이프니르에게 맹렬하게 박차를 가했다.

오딘의 준마 슬라이프니르는 대문을 향해 전속력으로 달려들었다. 잠시 주춤하는 것 같았으나 뒷다리로 힘껏 일어선 슬라이프니르는 철 대문을 가뿐히 뛰어넘었다.

헤르모드는 대담하게 엘류드니르의 입구로 슬라이프니르를 곧장 몰고 갔다. 입구에 이르러서야 다시 말에서 내린 헤르모드는 동굴처럼 움푹한 홀 안으로 들어갔다. 수를 셀 수 없을 만큼 많은 얼굴들이 그에게 향했다. 죽은 지

얼마 되지 않는 얼굴, 푸르뎅뎅하게 썩어 들어가는 얼굴, 살은 거의 문드러지고 뼈만 남다시피한 얼굴, 하나같이 비참하고 대답 없고 체념한 듯하면서도 상을 찡그리고 노려보거나 흘금흘금 곁눈질하거나 불신에 찬 눈초리로 살기를 띤 수많은 얼굴들이 모두 고통에 사로잡힌 채 오로지 헤르모드를 쳐다보고 있었다.

그러나 헤르모드는 높은 의자에 앉아 있는 유일하게 깨끗한 얼굴인 자신의 형 발더만을 쳐다보았다.

의연한 헤르모드는 발더와 모든 신들을 위하여 밤새 내내 홀에 머물렀다. 문가에 앉아 아무에게도 자신의 생각을 털어놓지 않은 채 헤르모드가 먼저 말을 걸기 전에는 말을 할 수 없는 수많은 죽은 자들 틈에 끼여 조용히 밤을 보냈다. 그는 헬이 병의 침상에서 일어나 침대의 커튼, 가물거리는 불행을 걷고 나오기를 기다렸다.

헬의 얼굴과 몸뚱이는 산 여인의 것과 똑같았다. 그러나 그녀의 허벅지와 다리는 시체의 그것처럼 얼룩덜룩하게 썩어 들어가고 있었다. 헬은 침울하고 냉혹하게 헤르모드를 쳐다보며 그를 향해 기어왔다.

헤르모드는 헬에게 인사를 하고 신들의 슬픔을 전했다. 온 아스가르드가 눈물의 홍수와 격심한 비애에 빠져 있다고 했다. 조심스럽고 애정 어린 자세로 이야기를 이어간 헤르모드는 자신이 발더를 데리고 집으로 돌아갈 수 있도록 허락해 달라고 요청했다.

헬은 표정 하나 바꾸지 않고 잠시 동안 생각에 잠겼다. 그러더니 마침내 말문을 열었다. "글쎄, 난 발더가 많은 사람들로부터 그렇게 사랑을 받고 있다고 확신할 수는 없는데."

헬은 헤르모드가 대답하기를 기다렸지만 헤르모드는 아무 말도 없었다.

"하지만, 확인해 보면 알 수 있겠지." 그녀는 자신의 나이든 하인들 강글

헬로 달려가는 헤르모드. 창살 안에 발더가 갇혀 있다. 18세기 아이슬란드 필사본.

헬 앞에서 헤르모드가 발더를 보내달라고 탄원하고 있다, John Charles Dollman, 1909년

라티와 강글로트가 움직이는 것처럼 매우 느릿느릿 말을 이었다. 너무 느려서 그녀의 말은 마치 침묵 사이의 구두점 같았다. "만일 아홉 세상에 있는 모든 것들이, 살아 있는 것이나 죽은 것이나 발더를 위해 운다면 그를 아스가르드로 돌려보내지. 그러나 만일 이의를 제기하는 것이 있거나 단 한 사람이라도 울지 않는다면 발더는 니플하임에 그대로 남아 있어야만 하지." 이 말과 함께 헬은 천천히 헤르모드에게서 등을 돌렸다.

그 때 발더가 자리에서 일어섰고, 난나도 어둠 속에서 일어나 남편 곁에 섰다. 두 사람은 기다란 홀을 따라 걸어 내려왔다. 시체들이 누워 있는 긴 의자 사이를 지나는 발더의 얼굴은 대조적으로 하얗게 빛났다. 발더와 난나는 헤르모드에게 다가와 인사를 하고는 그를 엘류드니르 밖으로 데리고 나갔다. 그리고 자신이 죽어 링호른에 누워 있을 때 아버지 오딘이 자신의 팔에 채워 주었던 팔찌 드라우프니르를 빼서 헤르모드의 손에 쥐어주며 말했다. "아버지에게 나를 기억하는 의미로 이것을 전해드려라." 그리고 난나 역시 헤르모드에게 머리에 쓰는 천과 다른 선물을 주며 말했다. "이것들은 프리가에게 드릴 것이고 이것은 풀라에게 주세요." 그리고는 프리가의 하녀인 풀라를 위해 황금 반지를 주었다.

헤르모드는 발더와 난나에게 작별을 고하고 슬라이프니르에 올라탔다. 그리고 잠시도 쉬지 않고 달려 아스가르드로 되돌아갔다. 글라드스하임에 모인 모든 신들과 여신들 앞에서 헤르모드는 그동안 자신이 보고 들었던 모든 것을 얘기해 주었다.

헤르모드가 전해준 얘기에 따라 에시르 신들은 아홉 세상의 모든 구석까지 하나도 빠뜨리지 않고 전령을 보냈다. 그들이 원한 것은 오로지 발더를 헬에게서 데려오기 위해 울어 달라는 것이었다. 모든 사물들은 이미 전에 발더를 해치지 않겠노라고 맹세한 적이 있었으므로 이번에도 모두 발더를 위해 울어 주었다. 불도 울었고, 쇠와 모든 금속들도 울었고, 돌도 울었고, 땅도 울었고, 나무들도 울었고, 모든 종류의 질병들도 울었으며, 모든 짐승들도 울었고, 새들도 울었으며, 모든 종류의 독성 있는 식물들도 울었고, 기어다니는 뱀들도 모두 발더를 위해 울어 주었다. 서리로 덮여 있던 모든 사물들이 울자 서리가 다시 녹아 내리기 시작했다.

임무를 마치고 아스가르드로 돌아오던 전령들은 자신들이 빠뜨리고 그냥 지나친 것은 아무것도 없다고 느꼈다. 바로 그 때 전령들은 동굴 속에 앉아 있던 어떤 거인족 여인과 마주쳤다.

"당신 이름은 뭐요?" 전령 중 한 사람이 물었다.

"토크요."

그러자 전령들은 자신들의 임무를 설명하고 모든 사물들이 발더를 저승에서 데려오기 위해 울었던 것처럼 토크도 울어 달라고 부탁했다.

그러나 토크는 얼굴을 찌푸리며 전령들을 노려보더니 심술궂게 대답했다. "나, 토크는 발더의 장례식에서도 눈물 한 방울 흘리지 않아. 난 늙은 오딘의 아들에게는 아무런 관심이 없어. 죽든 살든 내 상관할 바가 아니지. 헬이 그대로 붙잡고 있게 놔 두라지."

전령들의 계속된 간청과 탄원에도 불구하고 토크는 다른 대답을 하길 거절했다. 결코 자기 말을 철회하지도, 울지도 않았다.

그러자 전령들은 하는 수 없이 토크 곁을 떠났다. 그들은 울면서 비프뢰스트를 건넜다. 그리고 그들이 오는 모습을 보자 그들이 가져온 소식이 어떤 것인지 듣지 않아도 뻔했다.

신과 여신들은 고통스러웠다. 그들은 자신들이 늙는 것을 느꼈고 당황스럽고 무기력하게 느껴졌으며 갑자기 온 몸에서 진이 다 빠지는 것 같았다. 그리고 동굴 속에 앉아 있던 거인족 여인 토크가 바로 로키였다는 것을 모르는 신은 아무도 없었다.

30장 로키의 악담

　발더가 죽고 어느 정도 시간이 흐른 뒤 비록 불길한 예감이 들긴 했지만 발더에 대해 차분하게 생각하고 얘기할 수 있게 되었을 무렵, 많은 신들이 잔치를 하기 위해 흐레세이 섬으로 갔다.

　바다의 신 아에기르는 넘실대는 파도 아래에 있는 자신의 빛나는 궁전에서 신들을 맞이했다. 그리고 토르와 티르가 히미르의 거대한 독을 자신에게 마련해 준 이후로 아에기르는 자신의 약속을 지킬 수밖에 없었으므로 많은 술을 빚어 손님들을 대접했다.

　토르는 요툰하임으로 멀리 원정을 떠나고 없었고 오딘과 프리가가 일행을 이끌었다. 토르의 아내 지프와 브라기와 이둔 부부도 함께 갔다. 티르는 한 손을 늑대 펜리르에게 물려 잃었지만 용감하게도 아버지 히미르에게서 깊이

가 20리나 되는 커다란 독을 강제로 얻어내는데 중요한 역할을 했으므로 신들은 다시 한 번 그에게 감사했다. 뇨르드와 그의 아내 스카디도 일행 중에 끼여 있었고 프레이르와 프레이야, 프레이르의 두 하인 비그비르(Byggvir)와 베일라(Belya), 오딘의 아들 비다르도 함께 갔고 로키도 끼여 있었다.

그들뿐만이 아니었다. 다른 많은 신들과 꼬마 요정들도 빛나는 금으로 밝혀진 궁전에 함께 모여 있었다. 손님들은 모두 기다란 의자에 앉았고 아에기르의 두 하인, 손놀림이 재빠른 피마펭(Fimafeng)과 불의 남자 엘디르(Eldir)가 손님들 사이로 분주하게 오가며 시중을 들었다. 잔은 술로 가득 찼고 궁전 안은 정겹게 주고받는 담소로 화기애애했다.

한편 신들이 아에기르의 두 하인이 바지런하다고 연신 칭찬을 해주자 로키는 그들을 얕잡아 보기 시작했다. 연회장에 넘쳐나는 기쁨과 선(善)은 심술궂은 로키에게는 부담스럽게 느껴질 정도로 지나쳤다. 이제 로키의 마음속에서는 끓는 물처럼 화가 부글부글 끓어올랐다. 그러자 로키는 갑자기 벌떡 일어나더니 자신의 칼로 피마펭을 푹 찔러 그 자리에서 죽여 버렸다.

의자에 앉아 있던 신들 사이에서 일대 소란이 일어났다. 벌떡 일어난 신들은 방패를 흔들며 로키에게 소리를 질렀다. 그들은 로키를 궁전에서 내쫓았고 로키는 흐레세이 섬의 어두운 숲 속으로 도망쳤다. 그러자 아에기르와 그의 아내 란과 신들은 자리로 되돌아가 다시 술을 마시며 여흥을 즐기기 시작했다.

그러나 얼마 지나지 않아 로키는 어두운 숲 속에서 잔치가 벌어지고 있던 궁전으로 다시 돌아왔다. 그는 아에기르의 살아남은 나머지 하인을 문 바깥에 숨어서 기다렸다. "꼼짝마라, 엘디르. 내가 묻는 말에 대답하기 전에는 한 발짝도 움직이지 말아라. 저 와자지껄한 소리는 다 뭐지? 언제부터 흥청거리며 술을 마시지 않고 있는 거지? 그리고 지금 신들은 무슨 얘기들을 하고 있는 거냐?"

"신들은 지금 자신들의 무기와 전투에서 세운 공훈들을 서로 자랑하고 있는 거랍니다. 당신이 그 곳에 가면 곱게 말을 걸어올 신은 하나도 없을 겁니다. 심지어 꼬마 요정들조차 모른 척할 걸요."

로키의 입은 소름끼치는 웃음으로 비뚤어졌다. "네가 그것까지 신경 쓸 필요 없다. 난 다시 안으로 들어갈 테니까. 이 모처럼만의 축제를 놓칠 수는 없지. 난 그들의 마음을 증오와 탄식으로 가득 차게 해주고 그들이 마신 술의 독기와 실컷 섞이게 해줄 테다."

"그런다고 신들이 가만있기만 하겠어요? 같이 응수하려 들걸요."

"너 나랑 욕지거리 주고받기 전에 조심하는 게 좋을걸, 엘디르. 네가 어떤 말을 생각해 내더라도 난 그 두 배로 갚아 줄 테니까." 로키는 깔보듯이 엘디르를 팔꿈치로 확 밀치고 연회장 안으로 들어갔다. 한편 여흥을 즐기고 있던 신들은 로키가 들어서자 일시에 음주와 대화를 멈추었다.

로키는 침묵의 장벽에 맞서 연회장 중앙으로 성큼성큼 나아갔다. 그리고는 큰 소리로 냉담하게 떠들었다. "여기 하늘을 나는 자, 로키가 나타나셨도다. 그런데 목이 좀 마른데? 아에기르의 궁전까지 오는 길이 꽤 멀군. 누구 빛나는 맥주 한 잔 나한테 가져다줄 사람이 하나도 없나?" 로키는 꼼짝도 않고 그대로 서 있었다. 자신을 에워싼 신들을 살펴보며 로키는 재빨리 머리를 굴렸다. "이 재수 없는 신들아, 왜 전부 꿀 먹은 벙어리처럼 조용한 거지? 한 마디도 할 말이 없단 말이야? 나한테 자리를 내주든가 아니면 내가 달갑지 않다고 말을 하든가 해야 하는 거 아냐?"

그 정도에 당황하여 말을 못할 브라기가 아니었으므로 로키에게 소리쳤다. "신들은 더 이상 자리를 만들어 자네에게 내주지는 않을걸세. 자네는 우리들이 함께 어울리고 싶어하는 그런 위인이 못되거든."

그러나 로키는 브라기를 철저히 무시하고 오딘에게 말을 걸었다. "오딘, 기억하오? 아주 오래 전에 우리가 의형제의 표시로 피를 한데 섞었던 것을? 그 때 당신은 맹세했었지. 우리 둘 앞에 내온 술잔이라야 술을 마시겠다고."

그러자 오딘은 아들 비다르를 돌아보며 말했다. "비다르, 조금만 옆으로 가거라. 늑대의 아비에게도 자리를 마련해 주거라. 아에기르의 궁전에서 로키가 더 이상 말썽을 피우는 것을 원치 않는다."

비다르는 아버지의 말에 따라 일어서더니 잔에 맥주를 한 가득 부어서 그것을 로키에게 건네 주었다. 잔을 받아든 로키는 주위를 둘러보았고 로키 가까이 앉아 있던 사람은 누구나 악의에 찬 그의 표정을 볼 수 있었다. "건배, 신들을 위해! 여신들에게 건배! 여기 모인 거룩한 신들을 위하여 건배! 단 하나 브라기만 빼고. 브라기, 넌 저 의자에 떨어져 앉아."

브라기는 고개를 흔들었다. "자네가 화를 참고 역시 신들의 화를 돋구지 않겠다고 약속한다면 내 보물 창고에서 말 한 마리를 꺼내 주겠네. 그리고 칼도 주고 덤으로 반지도 하나 주지."

"흥, 이 허풍쟁이야! 제 이름으로는 말 한 마리, 반지 하나도 가지고 있지 못한 주제에. 네 꼬락서니로는 앞으로도 영원히 가지기는 글렀을걸. 여기 모인 신들과 꼬마 요정 중에서 네가 제일 겁쟁이인 주제에 말은 잘한다. 화살이 날아오기만 하면, 넌 방패 뒤에 숨어서 감히 내다볼 용기도 없을걸!"

브라기는 조금도 흔들리지 않고 대꾸했다. "지금 여기 아에기르의 궁전에 앉아 있지 않고 밖에만 있었더라도 네 녀석의 목을 몸뚱어리에서 비틀어 떼어냈을 텐데. 너처럼 거짓말을 일삼는 녀석에게는 그 정도의 벌이라야 마땅하지."

로키도 지지 않고 응수했다. "네 큰 입만큼이나 행동이 따라주면 오죽하련만. 새색시만큼이나 달콤하고 부드럽게 의자에 앉아 있는 브라기 꼴 좀 보시구랴. 네가 그렇게 화가 치밀면 왜 일어나 싸우지 않는 거지? 원래 영웅들은 이리저리 재느라 말을 낭비하는 법이 없다구."

그 때 이둔이 남편을 보며 타일렀다. "브라기, 제발. 우리와 우리 아이들과 모든 신들을 생각해서 참아요. 로키를 그냥 내버려 둬요. 여기 아에기르의 궁전에서 더 이상 욕설을 주고받지 말아요."

그러자 이번엔 로키가 이둔에게 소리쳤다. "닥쳐, 이둔! 난 여태까지 너 같은 화냥년은 본 적이 없어. 네 욕망은 끝이 없지! 넌 그 하얀 팔을 심지어 네 오빠의 살인자에게까지 둘렀으니 두말하면 잔소리지."

로키의 공격적인 악담에도 불구하고 이둔은 침착함을 잃지 않았다. "난 이곳 아에기르의 궁전에서 로키와 욕설을 주고받지 않겠어요. 브라기가 술이 올라 말이 좀 많아져서 제가 남편에게 참으라고 일렀어요."

그 때 여신 게프욘이 끼어들었다. "왜 이 두 사람이 서로 욕을 주고받게 놔 두는 거지요? 로키는 비열하게도 비아냥거리는 것을 무척 즐기는 데다 아스가르드에 있는 신들을 모두 증오한다는 것을 누구나 익히 알고 있으면서요."

"입 닥치지 못해, 게프욘! 너에 대해서도 한두 가지 비밀을 알고 있지. 심지어 누가 너를 유혹했는지조차 알고있어. 그 소년이 반짝이는 목걸이를 주자 넌 그 소년 위로 걸터앉았지."

그러자 오딘이 나섰다. "로키, 게프욘을 모욕하다니 지금 제 정신이냐? 완전히 이성을 잃었구만. 게프욘은 나만큼이나 앞으로 다가올 미래를 분명히 예감(豫感)할 수 있다구."

"됐어, 오딘! 당신은 결코 공평해질 수 없어. 자네는 자주 나약한 인간들이 전투에서 승리를 가로채게 만들었잖아."

"그래 난 나약한 인간들이 전투에서 승리를 가로채도록 했는지도 모르지. 하지만 그러는 너는 젖 짜는 여자의 모습으로 변장하고 8년 동안이나 땅 속에서 살았잖아. 그것도 모자라 아이들을 낳아 젖을 물렸지. 철두철미하게 여자로 말이야."

로키도 질세라 오딘에게 응수했다. "듣기로는 너도 언젠가 삼세이(Samsey)에서 마녀처럼 주문을 외우고 마법을 걸었다지. 사람들 틈에 끼여서 마녀의 모습을 하고 다녔다지. 그건 철두철미하게 여자 아닌가?"

그러자 오딘의 아내, 프리가가 나서서 중재를 하려고 노력했다. "이 일은 당신들 둘이서 해결짓는 것이 좋겠어요. 이미 예전에 까마득히 잊혀진 일을 가지고 새삼스레 들추어내서 얻을 거라고는 아무것도 없잖아요."

"프리가, 그만 하시지. 당신은 표르긴의 딸이지만 천성이 음탕한 여자지. 넌 오딘의 아내일지 모르지만 덤으로 남편의 형제인 빌리와 베와도 잠자리를 함께 했지."

"뭐라고, 로키! 만일 내게 아들이 있었다면, 발더 같은 아들이 지금 아에기르의 궁전, 여기 내 옆에 앉아 있었다면 넌 결코 싸우지 않고는 이 곳에서 나갈 수 없을 거야."

로키는 냉혹하게 쏘아붙였다. "아하, 프리가! 난 네가 내 기술에 대해서 좀 더 알고 싶어한다는 것을 알 수 있지. 발더를 다시 집으로 영원히 돌아올 수 없게 만든 것은 바로 나라구."

그 소리를 들은 프레이야가 눈을 불태우며 불쑥 나서서 로키를 비난했다. "로키, 끔찍한 범죄를 저지른 것을 자기 입으로 자랑하다니 미쳤군요. 프리가가 모르는 사실은 하나도 없다구요. 그런데도 불구하고 그녀는 침묵을 지키고 있는 거라구요."

"프레이야, 입 닥쳐! 내가 너에 대해 속속들이 알고 있는 바로는 넌 결코 순결하지 않지. 넌 이 곳에 모인 모든 독신 남자들과 꼬마 요정들 중 안 자 본 사람이 없지."

"로키, 당신은 입만 열었다하면 거짓말만 일삼는군요. 이젠 스스로 화를 자초하고 있고요. 당신은 차라리 이 곳에 오지 말았더라면 하고 후회하며 이 곳을 떠나게 될 거예요."

"조용히 못해, 프레이야! 넌 네 이름에 걸맞게 사악한 일만 일삼는 천한 마녀야. 빛나는 신들 나리께서 너를 네 오빠와 함께 잠자리에 끌어들였지. 그리고 나서 프레이야, 너는 방귀를 뀌었지."

그러자 뇨르드가 로키에 맞서서 자신의 딸인 프레이야를 보호하려고 나섰다.

"여인이 남편이나 애인과 함께 자는 건 당연한 거 아닌가. 그게 그렇게 중요한 일인가? 아이나 낳은 이 여인 같은 신에게 눈길을 주는 것이 훨씬 나쁜 일 아니오?"

"조용히 해, 뇨르드! 자네는 인질로 동쪽에서 온 주제에 웬 참견이야? 언젠가 히미르의 딸들이 네 위에 쪼그리고 앉아 네 입에다 대고 바로 오줌을 누었지."

"아스가르드까지 오는 것은 긴 여정이었지만 신들에게 볼모로 주어지는 것도 커다란 영광이었다네. 게다가 나는 높은 신들 중에서도 가장 사랑 받는 아들을 낳았지."

"주둥이 닥치라니까, 뇨르드! 너의 그 말도 안 되는 자랑을 틀어막고 네 비밀을 말해볼까? 너는 너의 그 잘난 아들을 네 여동생에게서 봤지. 그러니 어쨌든 네가 뭘 좀 안다해도 뭘 기대할 수 있겠어!"

그러자 티르가 뇨르드의 아들 프레이르를 변호하기 위해 나섰다. "프레이르는 용감한 모든 신들 중에서도 가장 고귀한 신일세. 그는 결코 처녀를 희롱하거나 다른 남자의 아내를 유혹하는 법이 없지. 그리고 족쇄에 묶인 인간들을 자유롭게 풀어준다네."

"입 닥쳐, 티르! 넌 결코 양측을 화해시키는 중재자는 될 수 없어." 그리고 로키는 사악하게 웃으며 말을 이었다. "펜리르가 잡아채었을 때 네가 오른손을 어떻게 잃었는지 굳이 상기시켜 줄 필요가 있을까?"

"난 한쪽 손을 잃었지. 하지만 대신 너는 힘이 엄청나게 센 늑대 흐로드비트니르(펜리르의 다른 이름)를 잃었잖아. 우린 둘 다 운이 나빴을 뿐이지. 그러니 이제 펜리르는 여전히 족쇄에 매여 악이 오를 테지만 세상이 끝날 때까지 기다리는 수밖에 더 있겠어."

"그만 하라니까, 티르! 네 마누라는 운 좋게도 내 아들의 어미가 되었지. 그런데 이 가엾은 멍청아, 내가 네 마누라에게 씨를 뿌려준 대가로 네가 나한테 한 푼이라도 지불했었던가?"

그러자 프레이르가 나서서 소리쳤다. "네 아들 늑대는 신들과 최후의 결전에서 맞붙는 그 날까지 강 입구에서 사슬에 묶인 채 그렇게 누워 있어야만 할 걸. 그리고 너도 그 주둥이를 그만 놀리지 않으면 곧 사슬에 묶일 줄 알아라, 이 순 거짓말쟁이 사기꾼아."

"넌 기미르의 딸을 금으로 산 위인 아닌가? 그리고 그 대가로 네 칼을 팔았지. 이 가엾은 멍청아, 무스펠의 아들들이 미르크우드(Mirkwood)를 통과하여 달려올 때 넌 빈손으로 그들을 기다려야만 할걸."

그러자 프레이르의 하인 비그비르는 로키가 자신의 주인을 헐뜯자 화가 치솟았다. "만일 제가 프레이르님처럼 고귀하게 태어나 저렇게 높은 자리에 앉아 있었다면 이 송장처럼 기분 나쁜 까마귀 녀석 정도는 뼈를 박살내 주었을 텐데."

"오호, 신들에게 비굴하게 아첨하며 갑자기 나서서 시끄럽게 재잘대는 건 또 누구신가? 네가 하는 일이라야 허구한 날 프레이르의 귀에 알랑거리는 말만 속삭이거나 말 재롱 부리는 것 말고 또 있냐?"

"나는 발레이(Barley) 비그비르요. 나는 신과 인간들이 허락한 대로 내가 원하는 것은 금세 얻을 수 있소. 오딘의 아들들과 모든 신들이 이렇게 함께 모여 술을 드는 것을 보는 것이 내게는 기쁨이오."

"입 닥치라니까, 비그비르! 넌 인간들에게 합당한 몫의 고기를 절대로 줄 수 없어. 그리고 영웅들이 싸울 준비를 마치고 나면 결코 너를 찾아낼 수 없지. 너는 마룻바닥 위의 짚단 밑에 숨어 있을 테니까."

이번엔 보다 못해 헤임달이 나섰다. "넌 취했어, 로키! 자네의 조롱과 악담은 도를 지나칠 정도로 몰상식하구만. 로키, 이제 그만 떠나는 게 어떤가? 계속해서 술잔을 들이켜봐야 주사가 더욱 심해질 텐데."

"닥치라니까, 헤임달!! 이미 오래 전에 네 인생은 시시하도록 예정되었지. 넌 결코 잠을 자거나 앉을 수도 없으니까. 그저 밤이나 낮이나 신들의 파수꾼으로 깬 채 서 있어야 할 팔자지."

"로키, 당신은 그들이 잡으러 오면 재빨리 도망칠 테지만 꼬리를 빙빙 돌리며 오랫동안 도망치지는 못할 거예요. 신들이 당신의 얼음처럼 싸늘한 아들에게서 빼낸 창자로 당신을 커다란 돌에 묶어놓게 될 거예요."

"비록 신들이 내 아들에게서 찢어낸 창자로 나를 묶어놓게 된다 할지라도 우리가 네 아버지, 티아지를 잡아서 죽였을 때는 내가 제일 앞장섰지."

"신들이 우리 아버지 티아지를 사로잡아 죽였을 때 만일 당신이 제일 앞장섰다면 내 저택과 궁전들은 언제나 당신의 이름에 저주가 울리게 할 거예요."

로키의 입은 일그러지며 눈은 오렌지 빛과 초록색으로 불타올랐다. "넌 라우페이의 아들인 나를 네 침대로 끌어들일 때는 훨씬 달콤하게 속삭였었지. 이 말은 꼭 해줄 필요가 있지. 이제 우린 서로의 약점을 까발린 것이 되지?"

그 때 자리에서 일어난 토르의 아내 지프가 앉아 있던 의자에서 내려와 로키 쪽으로 걸어갔다. 로키의 오른손에 꽉 쥐어진 잔을 부드럽게 뺏은 지프는 잔에 맥주를 다시 가득 채웠다. 그리고는 분명하고 달콤한 음성으로 속삭였다. "로키를 위하여 건배! 이 근사한 맥주로 가득 찬 수정 잔을 받으세요. 적어도 우리들 중에서 저 혼자만 완전히 깨끗하다는 것을 알 수 있겠죠."

로키는 잔을 받아들고 높이 치켜들더니 단숨에 비워 버렸다. "넌 대부분의 남자에게 정숙하게 굴었으니까 남자들 전부에게 정숙했다면 분명히 이 곳에 혼자 서 있을 수 있을 테지. 하지만 난 네 남편의 품에서 너를 꾀어내어 네 열정에 불을 지른 유일한 사내가 누구인지 알고 있지. 그 사내의 이름은 바로 영리한 로키라 이 말씀이야."

그러자 프레이르의 하녀 베일라가 아에기르의 궁전에 울릴 정도로 음성을 높였다. "산들이 진동하고 있어요. 그건 오직 한 가지 이유 때문이죠. 토르가 빌스키르니르로부터 이 곳으로 오고 있다는 뜻이에요. 토르라면 신들과 인간들을 상대로 중상모략과 험담을 일삼는 로키의 입을 다물게 할 수 있겠죠."

"집어치워, 베일라! 넌 비그비르의 마누라구만. 넌 철저히 독살스러운 여편네지. 네가 신들을 네 배설물에 빠뜨려 실컷 휘젓다니 대단한 수치로군."

로키는 쉴 새 없이 지껄이느라 정신이 팔려 있어 토르가 아에기르의 궁전으로 걸어 들어온 것도 모르고 있었다. 토르는 로키가 다 지껄일 때까지 기다렸다가 로키가 말을 마치자 앞으로 걸어나와 탁자를 주먹으로 쾅 내리쳤다. 그 바람에 수정으로 된 잔들이 허공으로 튀어 올랐다. "이 쓰레기 같은 놈아, 입 닥쳐! 안 그러면 내 망치 묠니르로 네 녀석의 입을 다물게 해주겠다! 네 녀석 어깨를 쳐 목에서 떼어내면 네 녀석은 그 길로 황천행이야."

그러자 로키는 뻔뻔스럽게 외쳤다. "여러분들 여기 보시오! 여기 대지의 아들이 나타나셨구만! 토르, 너는 고함만 치는 불한당이야. 하지만 네가 펜리르와 맞붙고 그가 네 아버지, 승리의 신 오딘을 통째로 삼키는 것을 볼 때도 그렇게 사나울 수 있을까?"

〈악담을 퍼붓고 떠나는 로키〉, Lorenz Frölich, 1895년

"이 쓰레기 같은 놈아, 입 닥쳐! 안 그러면 내 망치 묠니르로 네 녀석의 입을 다물게 해주겠다! 네 녀석을 들어올려 저 멀리 동쪽으로 날려보내 다시는 누구도 네 녀석을 볼 수 없도록 해주겠다."

"만일 내가 너라면, 너의 그 동쪽 여행에 대해서 그렇게 떠벌리지 않을 텐데. 고귀하신 신인 자네가 거인의 장갑 엄지손가락으로 기어들어 갔었지! 넌 아마 자신의 이름이 토르라는 것조차 잊어버렸을 걸."

"이 쓰레기 같은 놈아, 입 닥쳐! 안 그러면 내 망치 묠니르로 네 녀석의 입을 다물게 해주겠다! 내 오른손을 들어 흐룽그니르를 때려 눕혔던 것처럼 네 녀석의 뼈를 바스러트릴 테다."

"네 그 알량한 망치 가지고 아무리 협박해도 난 아직은 살 날이 창창하다는 것을 알지. 넌 물론 거인 스크리미르의 자루와 그 끈을 아무리 열려고 해도 못 열었던 것을 잘 기억하고 있겠지? 넌 먹을 것도 제대로 꺼내지 못해 굶주림에 거의 기절할 뻔했었지?"

"이 쓰레기 같은 놈아, 입 닥쳐! 안 그러면 내 망치 묠니르로 네 녀석의 입을 다물게 해주겠다! 흐룽그니르를 때려 눕혔던 힘으로 네 녀석을 죽은 자들이 사는 저승의 입구 바로 아래로 보내주겠다." 토르는 위협하듯이 묠니르를 단단히 쥐었다.

로키는 한 쪽 손을 들더니 고개를 가로저었다. "난 이미 신과 그들의 아들들에게 내 생각이 어떤지 극명하게 보여주었지. 하지만 토르 네가 나타났으니 난 이제 그만 떠나야 할 것 같군. 네 힘이 얼마나 센지 충분히 알고 있으니 말이야."

로키는 잠시 쉬었다가 주위를 도전적으로 둘러보더니 궁전의 주인인 아에기르에게 마지막 말을 남겼다. "아주 훌륭한 술을 빚었구만, 아에기르. 하지만 다시는 이런 잔치를 열지 못할 거야. 날름거리는 불꽃이 이 궁전을 완전히 불태워 버리고 자네가 가진 모든 것을 파괴해 버릴 것이거든. 자네 몸뚱이도 불꽃 속으로 사라질 거고 말이야."

로키는 돌아서서 그대로 가버렸지만 그의 끔찍한 말은 아직도 벽에 메아리쳐 울리고 있었다. 한참 동안 멍하니 술잔만 들여다보던 신들과 여신들과 꼬마 요정들은 로키의 말에 충격을 받은 듯 몹시 가슴아파했다. 그들은 모두 침묵 속에 앉아 있다가 침묵 속에 일어나 아에기르의 궁전을 떠나갔다.

31장 족쇄에 묶인 로키

로키는 아스가르드에서의 자신의 시절도 끝났다는 것을 알고 있었다. 발더를 잃은 신들의 고통이 걷잡을 수 없이 분노로 변하여 자신이 발더를 죽게 하고 저승에 붙잡아두게 한 대가로 보복을 하리라는 것을 잘 알고 있었다.

그래서 로키는 도망쳤다. 로키는 미드가르드의 멀리 외떨어진 황량한 곳, 험준한 한쪽 벼랑이 꼭대기부터 곧장 바다로 떨어지는 산 속으로 향했다. 프라낭(Franang) 폭포 근처에 움푹 파인 분지를 발견한 로키는 바위와 돌멩이를 주위에 쌓아올려 사람들이 쪼그리고 걸어 들어와 살피기 전에는 쉽사리 발견할 수 없는 낮은 집을 하나 지었다. 집에는 문이 사방으로 네 개나 나 있었으므로 로키는 사방을 다 감시할 수 있었다.

그러나 그렇게 철통같이 해놓았어도 로키는 안전하다고 생각되지 않았다. 갈매기가 주위를 선회하며 소리를 내거나, 산비탈에 돌멩이가 굴러 떨어지거나, 바람이 집의 벽을 스치며 지나가기만 해도 소스라치게 놀라 일어나 누가 자신을 쫓고 있지 않나 불안해했다. 며칠 동안 아직 한 사람도 찾아오지 않은 것은 하나도 중요하지 않았다. 로키의 걱정은 날이 갈수록 커졌고 그는 마음속의 괴로움으로부터 벗어날 수 없었다.

결국 궁리 끝에 로키는 다른 동물로 변신하여 집 밖에 나가 있는 것이 더 안전할 것으로 판단했다. 그래서 새벽 무렵이면 로키는 자주 연어로 변하여 프라낭 폭포의 물방울이 거침없이 쏟아져 내리는 바닥으로 깊숙이 뛰어들어 갔다. 갈라져 흐르는 분류는 주위에서 소용돌이를 이루었고 쏟아져 내리는 물소리는 머리 위에서 천둥처럼 요란스러웠다. 그래도 연어로 변한 로키는 여전히 불안했다.

로키도 자신이 신들에게 잡히리라는 것은 이미 알고 있었다. 다만 궁금한 것은 신들이 언제 자신을 잡으러 올 것인가였다. 두려웠지만 어쨌든 먹을 음식은 사냥을 했다. 숨어 다닐수록 신들의 보복이 점점 두려워졌으므로 자신의 꾀로 오래 끌 수 있는 한 계속 잡히지 않은 채 도망치겠다고 맹세했다.

그러던 어느 날 초저녁에, 그 날도 로키는 고기를 잡을 그물을 만들려고 불 옆에 앉아서 기다랗게 꼰 아마 실을 가지고 만지작거리기 시작했다. 실을 가지런히 계속 늘어놓은 후 서로 엇갈린 다음 단단히 묶어 고운 그물을 만들었다. 그물은 망 사이가 어찌나 촘촘하든지 어떤 작은 고기라도 일단 그물에 걸리면 그 사이로 빠져나갈 희망을 품을 수조차 없었다. 로키는 한참 동안 자신이 만든 근사한 물건을 쳐다보았다.

그 때 갑자기 골짜기 아래쪽에서 음성이 들려왔다. 로키는 몇몇 신들의 무리가 자신 쪽으로 다가오고 있는 것을 보았다. 당장 일어나 그물을 불 속에 던져 넣은 로키는 프라낭 폭포를 내려다보며 문 밖으로 급히 나섰다. 급히 산비탈을 타고 내려가며 다시 한 번 연어로 변신한 로키는 부글거리는 차가운 물 속으로 미끄러져 들어갔다.

한편 용상 흐리드스칼프에 앉아 있는 오딘의 눈을 피해갈 수 있는 것은 아무것도 없었다. 오딘은 아홉 세상의 모든 생물들이 오가는 것을 전부 볼 수 있었다. 자신의 운명에서 달아나려고 갖은 애를 다 쓰는 로키를 본 오딘은 그를 잡아오도록 몇 명의 신들을 아스가르드에서 로키가 있는 곳으로 보냈다. 로키가 숨어 지내던 은신처의 문턱을 제일 먼저 타고 넘어간 신은 일행 중에서 제일 현명한 신, 크바시르였다. 어스름한 빛에 크바시르는 아무 말도 없이 주위를 자세히 살폈다. 조잡스러운 탁자와 의자, 닳아빠진 벽과 거의 꺼져 가는 불을 차례로 훑어보았다. 크바시르는 몸을 굽히고 불 속에서 희미하게 반짝이고 있는 하얀 재의 모양을 자세히 들여다보았다. 조심스럽게 이리저리 살피고 나서야 크바시르는 자신이 본 것이 무엇인지 알았다. 크바시르는 동료들을 돌아보며 말했다. "이것은 고기를 잡기 위한 그물이야. 자, 그럼 우리도 고기나 낚아볼까."

신들은 로키의 집에 앉아 그 날 밤의 나머지 시간을, 프라낭 폭포의 바닥과 골짜기에서 바다로 흘러 들어가는 급류까지 완전히 훑을 수 있는 넓은 그물을 만드는데 보냈다. 그들은 크바시르가 재 속에서 발견한 섬세한 모양을 흉내 내어 그물을 만들었다. 잠들기 전에 신들은 작업을 마쳤고 만들어진 그물은 아주 만족스러웠다.

새벽이 되자 신들은 프라낭 폭포 아래로 걸어 내려갔다. 아래 고인 물의 수면 위로 부딪쳐 흘러내리는 폭포수의 굉음에 귀가 멍멍했다. 폭포수가 흘러내리며 흩뿌리는 물줄기에 대기는 안개로 가득 찼다. 신들이 주위를 둘러보자 주위 세상은 온통 진주 빛과 상아색과 회색 빛으로 보였다. 다른 신들에게는 서 있던 자리에 그대로 있으라고 손짓하고 토르는 그물의 한쪽 끝을 잡고 강을 건너갔다. 그래서 신들이 그물로 강바닥을 훑기 시작하자 연어들이 신들 앞에서 헤엄쳐 하류로 몰려갔다.

잠시 후, 연어 떼 틈에 섞여 있던 꾀 많은 로키는 두 개의 진흙투성이 돌멩이 사이로 물이 분류하는 안전한 지점을 발견하고 잡히지 않도록 그 곳으로 깊숙이 파고 들어갔다. 다행이 그물은 등만 살짝 스치고 지나갔을 뿐이었다. 한편 신들이 그물을 들어올리자 아무것도 없었다. 그러나 신들은 모두 물 속에 뭔가 살아 있는 것이 있다는 것을 분명히 느낄 수 있었다. 그들은 다시 한 번 시도하기로 결정했다. 이번에는 그물 아래로 아무것도 헤엄쳐 나가지 못하도록 그물 바닥에 돌을 매달아 깊게 늘어지도록 했다.

이제 신들은 프라낭 폭포의 바닥을 향해 다시 되돌아왔다. 토르가 한쪽 끝을 잡고 나머지 신들이 다른 한쪽 끝을 잡은 후 물 속으로 그물을 던져 넣었다. 신들이 그물로 바닥을 훑는 동안 로키는 다시 한 번 그들보다 앞서서 헤엄쳐갔으나 애석하게도 이번에는 강바닥에 안전한 곳이 없었다. 로키는 급히 강 하류로 서둘러 헤엄쳐 가는 수밖에 없었다. 그러나 신들이 바다를 향해 열려 있는 여울 쪽으로 거세게 흐르는 강을 그물로 훑을 작정인 것을 알아챈 로키는 방향을 돌려 그물을 마주했다. 등을 구부린 후 온 힘을 다해 로키는 공중으로 뛰어올라 그물을 넘어갔다.

신들은 햇빛을 받아 반짝이는 연어를 소리치며 가리켰다. 다시 프라낭 폭포로 급히 되돌아간 그들은 그 연어를 어떻게 잡을 것인지 의견이 분분했다. 신들은 각자 생각이 달랐지만 결국엔 크바시르의 의견을 따르기로 했다. 크바시르는 두 편으로 나누어 각각 강 한쪽 둑을 막고 토르만이 바로 그물 뒤에서 강 중류를 건너자고 했다.

이제 양쪽으로 늘어선 신들은 세 번째로 강바닥을 훑었다. 전처럼 로키는 신들보다 조금 앞서서 하류로 헤엄쳐 내려갔다. 로키는 자신에게 오로지 두 가지 선택밖에는 없다는 것을 알았다. 바다로 떨어지는 길게 펼쳐져 있는 얕은 여울을 한참 동안 꿈틀거리며 헤엄쳐 가든가 방향을 바꾸어 다시 그물을 뛰어 넘든가 두 가지 방법밖에 없었다. 로키는 자신이 바다의 깊은 물에 안전하게 도착하기 전에 신들에게 잡힐지 모른다고 생각했기 때문에 아까처럼 그물을 넘는 방법을 선택했다. 그래서 이번에도 방향을 바꾸어 등을 무지개처럼 구부려 허공으로 솟구쳐 올랐다. 연어는 햇빛에 반짝이며 그물 위로 껑충 뛰어올랐다.

바로 그 때 손으로 뒤쫓던 토르가 움켜쥐자 연어는 꼼짝없이 토르의 손 안으로 미끄러져 들어갔다. 토르는 연어를 놓치지 않도록 꼬리를 단단히 움켜쥐었다. 로키는 아무리 몸부림치고 비틀어보았지만 도망칠 수 없었다. 결국 로키는 신들에게 잡혔고 로키도 그렇게 되리라는 것을 이미 알고 있었다.

발더의 죽음 이후에 어떤 신도 감히 로키의 피를 뿌림으로써 글라드스하임을 더럽힐 수는 없었다. 그러나 미드가르드의 메마른 땅에는 성스러운 곳이 없었으므로 신들은 이제 기꺼이 발더의 원수를 갚고 싶어했다.

토르와 한 무리의 신들이 박쥐만 들끓고 종유석에서 똑똑 떨어지는 물소리만 들리는 어두침침하고 음산한 동굴로 로키를 끌고 갈 동안, 나머지 한 무리의 신들은 로키의 두 아들 발리와 나르비를 찾으러 나섰다. 로키의 두 아들을 찾아낸 신들은 발리를 늑대로 변하게 만들었다. 그러자 늑대로 변한 발리는 당장 자신의 동생에게 달려들어 목에 날카로운 이빨을 박아 넣었다. 나르비의 몸을 갈가리 찢은 후에 발리는 울부짖으며 요툰하임 쪽으로 달려갔다.

발리가 남겨 두고 떠난 자리는 신들이 떠맡았다. 그들은 나르비의 창자를

〈묶인 로키〉, D. Penrose, 1870년경

꺼내어 동굴로 갔다. 로키의 충실한 아내 지긴도 두 아들과 남편의 운명을 슬퍼하며 함께 끌려왔다.

로키는 땅바닥에 내팽개쳐졌다. 그는 쥐죽은듯이 누워서 아무도 쳐다보지 않았으며 아무 말도 하지 않았다. 석판 세 개를 구해온 신들은 그것을 밟고 서서 한쪽 끝에 각각 구멍을 뚫었다. 그런 다음 로키를 그 위에 눕힌 후 나르비의 창자를 풀어 이전에는 그 누구도 그렇게 묶이지 않았을, 자신의 아들의 창자로 칭칭 동여매었다. 신들은 로키의 어깨를 석판 하나에 고정시켜 묶고, 창자로 어깨 아래 부분의 몸통을 칭칭 감았다. 그리고 허리 부분을 두 번째 석판에 묶고 다시 창자로 엉덩이 주위를 칭칭 감았다. 그리고 슬개골(膝蓋骨)을 세 번째 석판에 묶고 다리 부분을 창자로 칭칭 동여매었다. 로키가 그렇게 묶이자 아들의 창자는 철로 만든 쇠사슬만큼이나 질겨졌다.

그 때 스카디가 맹 독사를 동굴 안으로 데리고 들어왔다. 그녀는 어둠 속에서 높이 매달린 종유석에 독사를 매어놓아 뱀의 독이 곧바로 로키의 얼굴로 떨어지게 했다. 모든 꾀와 간계에도 불구하고 이제 로키가 할 수 있는 일은 아무것도 없었다. 그저 죽은 듯이 누워 아무도 보지 않은 채 침묵을 지키고 있었다. 그러자 신들은 로키를 그 곳에 내버려 두고 떠났다. 더 이상 의기양양한 마음도 사라지고 무거운 마음과 슬픔에 잠겨 그들은 로키를 충실한 아내 지긴과 로키 자신의 운명에 내맡긴 채 동굴을 떠나갔다.

지긴과 로키는 희미하고 축축한 동굴에서 독이 떨어지는 섬뜩한 울림과 침묵 속에서 유일하게 들리는 자신들의 숨소리를 들으며 막연히 기다리고 있었다. 지긴은 나무 그릇을 로키의 얼굴 위에 대고 있었고 그릇 안은 천천히 뱀의 독으로 차 올랐다. 그릇에 독이 찰랑찰랑 차면 지긴은 그릇을 가지고 나가 독이 끓어오르는 바위 웅덩이에 버렸다.

〈로키에게 떨어지는 독을 받아내는 로키의 아내 지긴〉, Marten Eskil Winge, 1890년

로키는 지긴이 그릇을 비우는 동안에는 무방비 상태로 있어야 했다. 그는 눈을 찡그렸다. 그러나 뱀은 기다려 주지 않았다. 뱀의 독은 여지없이 로키의 얼굴로 떨어졌고 그 격렬한 고통에 로키는 벌벌 떨며 몸을 뒤틀었다. 그는 결코 그 형벌에서 벗어날 수 없었고 대지 전체가 전율했다.

로키는 그렇게 묶인 채로 있었다. 라그나로크가 시작될 때까지는 그렇게 기다릴 수밖에 없는 운명이었다.

32장 라그나로크

도끼의 시대, 칼의 시대에는 방패에 깊은 흠집이 날 것이다. 그리고 세상이 완전히 파멸하기 전에 온 세상을 휘감는 바람의 시대와 늑대와 같은 야성의 시대가 도래할 것이다.

우선 다른 어느 곳보다도 미드가르드가 제일 먼저 삼 년 동안의 전쟁에 온통 유린당할 것이다. 아버지가 아들을 죽이고 형제들끼리 살육을 저지르고 여인들은 남편을 버리고 아들들을 유혹하게 될 것이고 남자들은 친누이들과 근친상간을 저지르게 될 것이다.

그리고 나면 겨울 중의 가장 혹독한 겨울인 핌불베트르(Fimbulbetr)가 온 미드가르드를 휩쓸 것이다. 미친 듯이 날리는 눈구름은 동서남북 사방으로부터 모여들 것이다. 매서운 서리, 살을 에는 강풍 앞에서는 빛나는 태양조차 아무런 소용이 없게 될 것이다. 여름은 전혀 존재하지 않는 매서운 혹한의 겨울이 삼 년간 지속될 것이다.

그렇게 하여 종말은 시작될 것이다. 철의 숲의 늙은 거인 여인의 아이들은 무대 전면에 나서게 된다. 늑대 스퀼은 자신의 턱으로 태양을 물어 꿀꺽 집어삼킬 것이고 아스가르드에 태양의 핏덩어리를 흩뿌리게 될 것이다. 그리

라그나로크의 시작(부분), P. N. 아르보, 1872년

고 스퀼의 동생 하티 역시 달을 잡아 난도질하게 될 것이다. 별들 역시 하늘에서 사라지고 말 것이다.

그러면 그 때부터 대지도 흔들리기 시작할 것이다. 거대한 나무들이 넘어질 듯 요동치고 산들은 온통 떨리고 바위들은 와르르 무너져 내려 모든 속박과 족쇄가 풀릴 것이다. 그 때 펜리르도 비로소 자유의 몸이 될 것이다.

거인들의 수문장인 에그테르(Eggther)는 자신의 무덤에 올라앉아 잔인하게 웃으며 하프를 뜯을 것이다. 붉은 수탉 퍄라르(Fjalar)에게서 벗어날 수 있는 것은 아무것도 없다. 퍄라르는 새들의 숲에서 거인들을 향해 결전의 날이 왔음을 알려주려 울 것이다. 동시에 발할라에서 매일 전사들을 깨우는 수탉인 황금 볏의 굴린캄비(Gullinkambi) 역시 신들에게 결전의 시간이 되었음을 일깨우려 울 것이다. 녹슨 붉은 색인 세 번째 수탉도 저승의 죽은 자들을 깨어 일으킬 것이다. 바다에서는 미드가르드의 뱀인 요르문간드가 육지로 나오기 위해 몸을 뒤틀고 흔들면 바닷물이 부풀어오르고 파도는 연신 해안을 때릴 것이다.

그리고 그 높은 바닷물에 죽은 자들의 손톱으로 만들어진 배 나글파르(Naglfar)는 닻을 풀고 바다로 나갈 것이다. 배의 앞머리와 중간 부분, 선미에 이르기까지 배 안은 거인들로 가득 찰 것이고 흐림(Hrym)이 그 모든 거인들을 지휘하면서 비그리드 평원으로 나아갈 것이다. 로키 역시 자신의 족쇄에서 풀려나 바닷가로 달려갈 것이다. 그리고 북쪽에서 비그리드 평원으로 향하는 배에 돛을 올릴 것이다. 로키의 무거운 체중은 저승에서 온 유령들을 다 합친 것만큼 나갈 것이다.

그리고 펜리르와 요르문간드 형제도 나란히 앞으로 전진할 것이다. 게걸스럽게 군침을 흘리는 펜리르의 입은 아주 넓게 벌어질 것이다. 어찌나 넓게 벌어지던지 아래턱은 대지를 긁어대고 위턱으로는 하늘을 내리누르게 될 것이다. 펜리르의 눈에서는 불꽃이 이글거리고 코에서도 불을 뿜을 것이고 그 사이 요르문간드는 한 번 숨을 내쉴 때마다 독을 토해낼 것이다. 온 대지와 하늘이 요르문간드가 내뿜는 독으로 더럽혀지고 얼룩질 것이다.

세상은 온갖 혼란에 휩싸일 것이고 대기는 쿵쿵 울리는 함성과 고함과 그 울림으로 전율하게 될 것이다. 무스펠의 아들들은 남쪽으로부터 진격해오며 비그리드 평원에 가까워졌을 무렵엔 하늘을 갈가리 찢어놓을 것이다. 그 중에서도 주르트가 제일 앞장서서 그들을 인도하며 태양 그 자체와 같은 자신의 불칼로 온 세상을 휘두를 것이다. 그리고 그들이 비프뢰스트를 건너면 다리는 그들 뒤에서 소리를 내며 무너져 내릴 것이다. 그렇게 하여 모든 거인들과 저승에서 일어난 사자(死者)들, 펜리르와 요르문간드, 주르트와 무스펠의 불타는 아들들은 일제히 비그리드 평원에 모이게 될 것이다. 그들은 사방으로 1450리나 뻗어 있는 그 평원을 가득 메울 것이다.

그러나 그동안 신들이라고 손놓고 가만히 앉아 있지는 않을 것이다. 자신의 궁인 히민뵤르그를 떠난 헤임달은 거대한 나팔 걀(Gjall)을 입에 대고 아홉 세상에 전부 울려 퍼질 정도로 강한 경적소리를 낼 것이다. 그 소리를 들은 모든 신들은 일어나 즉각 회의를 열 것이다. 그리고 오딘은 슬라이프니르에 올라타고 죽은 현인 미미르의 샘으로 달려가 그곳에서 미미르로부터 조언을 듣게 될 것이다.

존재하는 모든 것들 위로 가지를 뻗은 물푸레나무 이그드라실도 신음하며 울부짖을 것이다. 두 인간이 나무 속으로 깊숙이 숨어 들어가는 동안 나무 잎새들은 떨고, 가지들은 전율하게 될 것이다. 하늘과 땅과 저승에 있는 모든 것들이 모두 떨게 될 것이다.

발할라에 있는 모든 에시르 신들과 에인헤르자르들은 모두 무장하게 될 것이다. 머리에는 투구를 쓰고 몸에는 쇠미늘 갑옷을 걸치고 칼과 창과 방패를 잡을 것이다. 발할라 궁전의 오백사십 개의 문을 통해 각각 팔백 명의 전사가 걸어나올 것이다. 그 거대한 군사는 비그리드를 향해 전진하게 될 것이고, 황금 투구를 쓰고 빛나는 갑옷을 걸친 채 궁니르를 휘두르는 오딘이 그들을 이끌게 될 것이다.

오딘은 늑대 펜리르를 향해 돌진할 것이고 바로 옆에 있던 토르는 요르문간드가 당장 공격해 들어오므로 오딘을 도와줄 수 없게 된다. 프레이르는 불의 거인 주르트와 대적하게 될 것이다. 주르트가 불타는 칼날을 휘두르는 동안 프레이르는 기미르의 딸 게르드를 얻기 위하여 자신의 훌륭한 보검을 하인 스키르니르에게 주어버린 것을 가슴을 치며 후회할 것이다. 칼은 없지만 그래도 프레이르는 용감하게 꽤 오랜 시간동안 대적하다 쓰러지고 말 것이다. 그니파헬리르(Gnipahellir)에서 온 사냥개 가름은 외팔이 신 티르의 목으로 달려들어 둘은 서로를 죽이게 될 것이다. 오랜 숙적 로키와 헤임달은 다시 한 번 만나 교전을 벌이고 결국은 서로를 죽이게 될 것이다.

대지의 아들 토르와 아가리를 벌린 요르문간드는 전에도 한 번 만난 적이 있었고 그 때는 막상막하였다. 비그리드 평원에서 다시 한 번 요르문간드를 상대하게 된 토르는 뱀을 죽이고 말지만 요르문간드가 자신에게 내뿜었던 독이 퍼져 아홉 발자국도 옮기기 전에 쓰러져 죽게 될 것이다.

오딘과 펜리르가 제일 먼저 싸움을 시작하게 될 것이고 그들의 싸움은 무시무시하게 치열할 것이다. 그러나 결국엔 늑대 펜리르가 신 중의 신 오딘을 턱 사이에 물고 통째로 삼켜 버릴 것이다. 그것이 바로 오딘의 최후가 될 것이다.

아버지가 당한 것을 본 오딘의 아들 비다르는 당장 앞으로 달려나와 한쪽 발로 펜리르의 아래턱을 밟은 후 손으로는 위턱을 잡고 늑대를 갈가리 찢어 죽임으로써 아버지의 원수를 갚게 될 것이다. 이 때를 위하여 비다르가 신게 될 신발은 오랫동안 준비하여 만든 것이었다. 애초에 시간이 시작된 이후 새로 만들어진 모든 신발에서 뒤꿈치 부분과 앞부분을 조금씩 잘라낸 조각들과, 신들을 위해 선물로 바치고 남은 모든 찌꺼기를 모아 만든 신발이므로 펜리르의 강한 이빨에도 끄떡없을 터였다.

그리고 주르트는 온 사방으로 불을 지르게 될 것이다. 아스가르드와 미드가르드와 요툰하임과 니플하임은 말 그대로 이글거리는 용광로로 변하게 될 것이다. 불타는 화염과 치솟는 연기가 휩쓸고 간 자리에는 오로지 재밖에 남는 것이 없을 것이다. 아홉 세상은 모두 불에 타고 신들은 죽게 될 것이다. 죽은 전사들의 영혼인 에인헤르자르들도 죽게 될 것이고 미드가르드의 모든 남자와 여자와 아이들도 죽게 될 것이다. 꼬마 요정들과 난쟁이들과 거인들도 죽을 것이고, 괴물들과 지하 세계에 살던 모든 생물들도 죽을 것이고, 새들과 짐승들도 모두 종말을 맞이할 것이다. 갈가리 찢겨진 태양은 어두워지고 하늘에는 별이 하나도 남아 있지 않을 것이다. 대지는 그대로 바다 속으로 가라앉게 될 것이다.

종말이 온 세상을 휩쓸고 지나간 후 오랜 세월이 흐르면 대지는 바다 속에서 다시 솟아오를 것이고 생명이 있는 비옥하고 푸른 땅으로 바뀔 것이다. 거대한 폭포 위로 독수리가 나타나 선회하다가 폭포 속으로 덮쳐 들어가 바위 사이에 숨어 있던 물고기를 낚아챌 것이다. 한 번도 씨를 뿌리지 않았던 들판엔 옥수수가 황금빛으로 여물 것이다.

그 끔찍한 종말을 견디고 비다르와 발리는 살아남을 것이다. 그들은 화염과 홍수 속에서도 살아남아 예전에 궁전들이 서 있었던 빛나는 평원 이다볼로 되돌아갈 것이다. 토르의 아들들인 모디와 마그니 역시 그 곳에서 만나게 될 것이고 아버지의 쇠망치 묠니르를 되찾게 될 것이다. 그리고 발더와 호드는 저승에서 다시 돌아오게 될 것이다. 머잖아 그들도 이다볼 평원의 새롭게 돋아나는 푸른 초원을 밟게 될 것이다. 호니르 역시 그 곳으로 돌아올 것이며 그는 지팡이를 지니고 다니며 어떤 일이 일어날지 미래를 예측하게 될 것이다. 빌리와 베의 아들들도 살아남아 바람의 안식처인 하늘에 모인 새로운 신들의 무리에 합류할 것이다.

살아남은 신들은 햇빛을 쏘이며 앉아서 얘기를 시작할 것이다. 그들은 하나씩 차례로 자신들만이 알고 있는 그런 추억을 하나하나 회상할 것이다. 과거에 일어났던 많은 일들과 요르문간드와 늑대 펜리르의 사악함에 대해 얘기를 나눌 것이다. 그러다 갑자기 물결치는 풀 사이로 그 오랜 옛날 에시르 신들이 소유했던 황금 체스 판을 발견하고는 경이로움에 사로잡혀 바라보게 될 것이다.

많은 궁전들이 다시 솟아날 것이며 일부는 선한 사람들이 살고 일부는 사악한 주인이 살게 될 것이다. 그 중에서도 가장 좋은 궁전은 하늘에 있는 김리(Gimli)로 천장은 금으로 입힌, 태양보다도 아름다운 건물이 될 것이다. 그 곳은 평온하고 다른 이들과도 평화스럽게 지내는 지배자들이 살게 될 것이다. 또한 발 아래의 대지는 항상 따뜻한 곳인 오콜니르(Okolnir) 위에 브리미르(Brimir)도 세워질 것이다. 그 곳에서는 마실 것이 풍족하게 넘쳐흘러 맛보고자 하는 사람은 누구나 양껏 마실 수 있을 것이다. 어두운 니다플(Nidafjoll) 산맥에는 전체가 순금으로 만들어진 근사한 궁전 신드리(Sindri)가 들어설 것이다. 이 곳에는 선량한 사람들만이 살게 될 것이다.

그러나 죽은 자들이 사는 연안인 나스트론드에도 역시 다른 저택이 들어서게 될 것이다. 지하세계에 존재하는 그 곳은 광활한 만큼 사악함으로 들끓게 될 것이며 그 곳의 모든 문들은 북쪽을 향하게 될 것이다. 저택의 담과 지

붉은 뱀들을 엮어 만들어질 것이고, 고개를 안으로 향한 뱀들이 내뿜는 많은 독은 강이 되어 집 안으로 흘러내릴 것이다. 맹세를 저버린 자들과 살인자들과 여인을 희롱하는 자들이 바로 그 죽음의 강을 건너게 될 것이다. 니드호그 역시 불과 홍수를 견디고 살아남아 이그드라실 아래에서 죽은 자들의 피를 빨아먹게 될 것이다.

한편 이그드라실(혹은 호드미미르의 숲이라고 하는 이도 있다) 안으로 깊숙이 몸을 숨긴 두 인간 리프와 리프트라시르는 주르트의 불꽃에서도 살아남을 것이다. 주르트는 그들을 아예 건드릴 수조차 없을 것이고 그들은 나무 속에서 아침 이슬로 연명해 나갈 것이다. 한참이 지난 후 그들은 가지 사이로, 잎새 사이로 쏟아져 들어오는 햇빛을 보게 될 것이다. 태양이 다시 모습을 드러낼 수 있게 된 까닭은 늑대 스쾰에게 잡혀 먹히기 전에 어미 태양이 자신만큼 아름다운 딸을 낳았고 그 딸이 어미의 뒤를 이어 똑같은 하늘 길을 따라가며 세상을 비추게 되었기 때문이다.

리프와 리프트라시르 역시 아이들을 낳게 될 것이다. 그리고 그 아이들이 또 아이들을 낳게 될 것이다. 그렇게 하여 땅 위에도 새로운 생명들이 생겨나게 될 것이다. 모든 것이 종말이었다. 그리고 다시 새롭게 시작될 것이다.

━ 용어집 ━

ㄱ

가그라드(Gagnrad) 오딘이 변장하고 거인 바프트루드니르를 찾아갔을 때 쓴 이름(15장).

가름(Garm) 니플하임의 입구에 있는 동굴인 그니파헬리르에 묶여있는 사냥개. 라그나로크가 되면 묶여 있던 끈에서 풀려 나와 전쟁의 신 티르와 서로 죽이고 죽는다.

가이로트(Geirrod) 고트족의 왕. 오딘의 총애를 받았으나 나중에 오딘인지 몰라보고 고문하여 자신의 칼 위로 넘어져 죽는다(12장).

가이로트(Geirrod) 토르를 죽이려고 한 거인(24장).

갈라르(Galar) 난쟁이. 형제인 랴르와 함께 현인 크바시르를 죽인 후 그 피로 신주를 만들었다(6장).

강글라티(Ganglati, Tardy) 괴물 헬의 하인.

강글로트(Ganglot, Tardy) 괴물 헬의 하녀.

걀(Gjall, Ringing Horn) 아홉 세상 전체에 들릴 수 있는 헤임달의 나팔.

걀프(Gjalp, Howler) 거인 가이로트의 딸로, 처음엔 자신의 월경 피로 불어난 급류 속에 익사시키려 했고, 나중에는 지붕 서까래에 받히게 해 토르를 죽이려 했다(24장).

게르드(Gerd, Field) 프레이르가 한눈에 반한 서리 거인족 여인. 결국 프레이르와 맺어진다(11장).

게프욘(Gefion, Giver) 풍요의 여신. 스웨덴의 왕을 속여 그의 왕국에서 현대의 셸란(Zealand)에 해당하는 땅을 쟁기질로 떼어냈다(21장).

군로드(Gunnlod) 거인 주퉁의 딸로서 신주를 감시했다. 그러나 오딘의 유혹에 넘어가 신주를 내주었다(6장).

굴린부르스티(Gullinbursti, Golden-bristled) 로키가 프레이르에게 주도록 두 난쟁이가 만들어준 황금 수돼지.

굴린캄비(Gullinkambi, Golden Comb) 라그나로크가 임박했을 때 발할라에 있는 전사 에인헤르자르들을 깨우고 신들에게 경고하기 위해 운 수탉.

굴베이그(Gullveig) 에시르 신들에 의해 세 번이나 불태워진 바니르 신 중의 하나(헤이드라고 불리기도 한다). 아마도 여신 프레이야인 것 같다.

굴팍시(Gullfaxi, Golden Mane) 오딘에게 대항해 경주를 벌였다가 오딘의 발이 여덟 개인 준마 슬라이프니르에게 진 거인 흐룽그니르의 말(19장).

궁니르(Gungnir) 오딘의 마법의 창으로서, 이발디의 아들들이라 불린 난쟁이들이 만들어 주었다.

그니파헬리르(Gnipahellir, Cliff Cave) 니플하임으로 가는 입구 앞에 있는 동굴로 사냥개 가름이 묶여 있다.

그라이프(Greip, Grasper) 거인 가이로트의 딸로 걀프의 자매.

그로아(Groa) 토르의 머리에 박힌 숫돌 조각을 빼내주려고 한 여자 예언자(19장). 아우르반딜의 아내이며 스비프다그의 어머니.

그리드(Grid) 오딘의 정부인 거인족 여인으로 토르가 거인 가이로트로부터 자신을 방어할 수 있도록 마법의 장갑과 허리띠와 곤봉을 빌려주었다(24장).

그림니르(Grimnir, The Hooded One) 자신의 양아들인 고트 족의 왕 가이로트의 궁전을 찾아갔을 때 변장한 오딘이 사용한 이름(12장).

글라드스하임(Gladsheim, Place of Joy) 이다 평원에 있는 신전으로 오딘을 비롯한 주요 신들이 높은 자리에 앉았다.

글라이프니르(Gleipnir) 신들이 늑대 펜리르를 묶을 수 있도록 난쟁이들이 만들어준 마법의 족쇄.

글리트니르(Glitnir) 발더의 아들인 포르세티의 아스가르드에 있는 궁전. 은과 금으로 만들어졌다.

기미르(Gymir) 서리 거인. 프레이르와 결혼한 거인족 여인 게르드의 아버지.

기눙가가프(Ginnungagap, Seeming Emptiness) 천지창조 이전에 무스펠과 니플하임 사이에 존재하던 틈새.

길링(Gilling) 아내와 함께 난쟁이 퍄라르와 갈라르에게 죽임을 당한다. 그러나 아들 주퉁이 원수를 갚는다(6장).

길피(Gylfi) 여신 게프욘에게 속아넘어간 스웨덴의 왕(21장).

김리(Gimli) 라그나로크 이후에 세상을 지배하는 신들이 살게 될 궁전.

ㄴ

나글파르(Naglfar) 라그나로크에 최후의 전투에서 거인들을 실어 나르는, 죽은 자들의 손톱으로 만들어진 배.

나르비(Narvi) 거인. 밤의 아버지.

나르비(Narvi) 지긴에게서 난 로키의 아들. 자신의 친형제인 발리에게서 살해당한 후 그 창자로 아버지 로키가 묶이게 된다(31장). 나리(Nari)로도 알려져 있다.

나스트론드(Nastrond, Shore of Corpses) 저승 헬에서도 악인들을 따로 가두어 놓은 곳으로 용 니드호그가 시체들을 갉아먹는다.

난나(Nanna) 발더의 아내. 네프(Nep)의 딸.

낮(Day) 밤과 델링의 아들. 말 스킨팍시를 타고 세상을 돈다.

노르네(Norns) 운명을 주관하는 세 여신, 우르드(운명), 스쿨드(존재), 베르단디(필연).

노아툰(Noatun, Shipyard or Harbour) 아스가르드에 있는 뇨르드의 궁전.

뇨르드(Njord) 바니르 신으로 풍요의 신. 프레이르와 프레이야의 아버지. 스카디와 결혼했고 바람과 바다를 좋아한다.

니드호그(Nidhogg, Corpse Tearer) 니플하임에서 이그드라실의 뿌리를 갉아먹으며 시체들을 먹는 용.

니플하임(Niflheim) 이그드라실의 한 갈래 뿌리 아래에 있는 얼어 있는 안개와 암흑의 땅. 헬도 이 안에 있다.

ㄷ

대지(Earth) 밤과 안나르의 딸.

대지(Earth) 여신. 오딘의 아들 토르를 낳음(표르긴(Fjorgyn)이라고 하기도 한다).

두린(Durin) 난쟁이들의 부수장(副首長).

드라우프니르(Draupnir, Dropper) 아흐레 째마다 똑같은 무게의 팔찌가 여덟 개씩 생겨나는 오딘의 황금 팔찌.

드발린(Dvalin) 태양에 의해 돌로 변한 난쟁이. 난쟁이들은 얄궂게도 태양을 '드발린의 빛'이라고 부른다.

ㄹ

라그나로크(Ragnarok, Destruction of the Powers) 모든 생물들이 연루된, 신들과 거인들 사이에 벌어진, 세계 종말을 초래하는 최후의 결전. 사실상 모든 생명들이 죽고 아홉 세상은 바다 속으로 가라앉는다.

라에라드(Laerad) 온 세상에 뻗쳐 있는 이그드라실의 다른 이름.

라우페이(Laufey) 거인족 여인. 로키의 어머니.

라타토스크(Ratatosk, Swift Teeth) 이그드라실 가지 끝에 살고 있는 독수리와 뿌리에 살고 있는 용 니드호그 사이를 오가며 욕을 전해주는 다람쥐.

란(Ran) 바다의 신 아에기르의 아내. 물에 빠져 죽은 사람들을 그물로 끌어당긴다.

레긴(Regin) 마법사 농부인 흐라이드마르의 아들로 오테르와 파프니르의 형제.

로기(Logi, Flames) 우트가르드 로키의 저택에서 벌어진 먹기 시합에서 로키를 이긴 거인. 사실은 거인으로 변장한 불길이었다(16장).

로드파프니르(Loddfafnir) 우르드 샘과 오딘의 저택으로 가는 길을 발견하여 그 곳에서 신들의 지혜를 배워온 인간(25장).

로스크바(Roskva) 농부의 딸로 토르의 하인이 된 티알피의 누이. 토르가 우트가르드로 대 원정을 떠났을 때 함께 동행했다(16장).

로키(Loki) 매력적이면서도 두 얼굴을 가진, 못된 짓을 일삼는 신(두 거인의 아들). 교활한 자, 꾀보, 변신의 명수, 하늘을 나는 자 등으로도 불린다. 날이 갈수록 사악해져 발더를 죽게 만들고 결국 세상의 종말인 라그나로크까지 묶여 있게 된다.

로픈(Lofn) 부정의 결합에 웃음짓는 여신.

리그(Rig, King) 헤임달이 세 인간 종족을 창조할 때 썼던 이름.

리르(Lyr, heat-holding) 요툰하임에 있는 멘글라드의 저택.

리트(Lit) 발더와 난나와 함께 화장된 난쟁이.

리퍄베르그(Lyfjaberg, Hill of Healing) 요툰하임에 있는 멘글라드의 저택 가까이 있는 산.

리프(Lif, Life) 이그드라실에 숨어 있다가 라그나로크 동안에 살아남은 남자. 세상에 다시 사람을 퍼뜨리게 된다.

리프트라시르(Eager for Life) 이그드라실에 리프와 함께 숨어 있다가 라그나로크 동안에 살아남은 여인. 자식을 낳아 세상에 다시 사람을 퍼뜨린다.

린드(Rind) 여신. 오딘의 정부. 아들로 발리가 있다.

링비(Lyngvi) 늑대 펜리르가 묶여 있는, 암스바르트니르 호수에 있는 섬.

링호른(Ringhorn) 발더와 아내 난나가 화장된 발더의 배.

ㅁ

마그니(Magni, Might) 토르와 거인족 여인 야른삭사(쇠단검)와의 사이에 태어난 아들. 형제인 모디와 함께 라그나로크 이후에 아버지의 쇠망치 묠니르를 되찾는다.

멘글라드(Menglad, Necklace Glad) 여자 예언자 그로아의 아들 스비프다그가 찾아가 사랑을 얻어낸 여인(23장). 많은 점에서 프레이야와 비슷하다.

모드구드(Modgud) 요툰하임에 있는 골 강의 다리 위를 지키는 여인.

모드소그니르(Modsognir) 난쟁이들의 대장.

모디(Modi, Wrath) 토르의 아들. 형제 마그니와 함께 라그나로크 이후에 아버지의 쇠망치 묠니르를 되찾는다.

모티르(Mothir, Mother) 귀족들의 조상.

묠니르(Mjolnir) 난쟁이 브로크와 에이트리가 토르에게 만들어준 쇠망치. 파괴와 다산과 부활의 상징.

무닌(Muninn, Memory) 오딘의 두 마리 까마귀 중의 하나. 다른 하나는 후긴이다.

무스펠(Muspell) 거인 주르트가 지키는 남쪽에 있는 불의 영토. 이 곳의 열기와 니플하임의 얼음이 결합하여 창조로 이어졌다.

무스펠(Muspell) 라그나로크에 거인 주르트 아래서 신들에 대항해 싸우는 불의 거인들의 아들들.

문(Moon/Mani) 문딜파리의 아들. 정해진 길에 따라 달을 몰고 다니며 달이 차고 기우는 것을 결정한다.

문딜파리(Mundilfari, Turner) 문과 선의 아버지인 인간.

미드가르드(Midgard, Middle World) 인간들이 사는 세상.

미미르(Mimir) 휴전 협정을 조인하기 위하여 에시르 신들이 바니르 신들에게 보냈다가 바니르 신들에게 살해당한 현명한 신. 오딘이 머리를 보관하였다가 미미르의 샘가에 놓았다(2장).

미미르의 샘(Mimir's Well) 요툰하임의 이그드라실 뿌리 아래에 있는 지혜의 샘으로 죽은 미미르의 머리가 지키고 있다.

미스트 칼프(Mist Calf/Mokkurkalfi) 진흙으로 만들어진, 키가 100리가 넘는 거인. 토르와 대결을 벌인 거인 흐룽그니르의 아무짝에도 쓸모 없는 무력한 동반자(19장).

ㅂ

바나하임(Vanaheim) 풍요의 신, 바니르 신들이 사는 아스가르드의 영토.

바니르(Vanir) 나중에 에시르 신들과 통합된 풍요의 신 종족.

바르(Var, Oath) 결혼 서약을 듣고, 그 서약을 지키지 않는 사람들을 벌주는 여신.

바우기(Baugi) 거인, 주퉁의 동생. 신주를 찾으러 볼베르크라는 거인으로 변장하고 요툰하임에 나타난 오딘을 고용한다(6장).

바프트루드니르(Vafthrudnir, Mighty in Riddles) 오딘과 누가 더 현명한지 내기 시합에서 오딘에게 속아넘어가 목숨을 잃은 박식한 거인(15장).

발더(Balder) 오딘과 프리가 사이에서 태어난 아들. 잘 생기고 현명하고 상냥했다. 호드에 의해 죽임을 당했다가 라그나로크 이후에 저승에서 돌아온다.

발라스칼프(Valaskjalf, Shelf of the Slain) 아스가르드에 있는 오딘의 궁전.

발리(Vali) 로키와 그의 아내 지긴 사이에서 태어난 아들. 신들이 늑대로 변하게 만들어 친형제인 나르비(혹은 나리)를 죽이게 만들었다(31장).

발리(Vali) 오딘과 정부인 거인족 여인 린드 사이에서 태어난 아들. 이복형 발더의 죽음에 복수하도록 오딘이 의도적으로 잉태시킨 아들.

발키리(Valkyries, Choosers of the Slain) 전투에서 싸우다 죽게 될 운명인 인간들을 선택하여 발할라로 데려오는 아름다운 젊은 여인들.

발할라(Valhalla, Hall of the Slain) 오딘이 주재하는 거대한 궁전. 죽은 전사들인 에인헤르자르들이 싸우고 연회를 즐기며 최후의 결전인 라그나로크를 기다리는 곳.

밤(Night) 나르비의 딸. 낮의 어머니. 자신의 말 흐림팍시를 타고 세상을 돈다.

베(Ve) 보르의 아들로, 오딘과 빌리의 형제.

베르단디(Verdandi, Present) 인간의 운명을 결정하는 운명의 세 여신 노르네 중의 하나.

베르세르크(Berserks, Bear shirts) 전투 전에 격분해 날뛰다 동물의 가죽을 입고 싸우는 인간 전사들. 오딘이 특별히 보호해 주었다고 알려졌다.

베르젤미르(Bergelmir) 죽은 이미르의 피에서 범람한 홍수에서 살아난 유일한 거인(1장).

베스틀라(Bestla) 거인족 여인. 보르의 아내로 오딘, 빌리, 베를 낳음.

베일라(Beyla) 프레이르의 하녀. 비그비르의 아내.

보든(Bodn, Vessel) 크바시르의 피로 증류한 신주를 담은 단지 중의 하나.

보르(Bor) 부리의 아들. 오딘, 빌리, 베 형제의 아버지.

보르(Vor) 아무것도 감출 수 없는 여신.

본(Von, Expetation) 늑대 펜리르의 침이 흘러 이루어진 강.

볼베르크(Bolverk, Evil-Doer) 신주를 찾으러 요툰하임으로 간 오딘이 가명으로 사용한 이름(6장).

부리(Buri) 암소 아우둠라가 핥은 얼음에서 흘러내려 생긴 신들의 조상.

브라기(Bragi) 오딘의 아들. 시와 웅변의 신이며 이둔의 남편.

브레이다블리크(Breidablik, Broad Splendour) 아스가르드에 있는 발더의 궁전.

브로크(Brokk) 형제인 에이트리와 신들을 위해 훌륭한 선물 세 개를 만들어 로키와 내기에서 이긴 난쟁이(10장).

비그리드(Vigrid, Battle Shaker) 사방으로 1450리나 뻗어 있다고 묘사될 정도로 광활한, 아스가르드에 있는 평원. 신들과 인간들과 거인들과 괴물들 사이의 최후의 결전인 라그나로크가 벌어지는 장소.

비그비르(Byggvir) 프레이르의 하인. 베일라의 남편.

비다르(Vidar) 오딘과 거인족 여인 그리드 사이에서 태어난 아들로 죽은 오딘의 원한을 갚고 라그나로크에도 살아남는다.

비무르(Vimur) 거인족 여인 걀프의 월경 피로 급속히 불어난 급류.

비프뢰스트(Bifrost) 아스가르드와 미드가르드 사이에 있는 불타는 세 가닥 무지개 다리.

빌리(Vili) 보르의 아들로, 오딘과 베의 형제.

빌링의 딸(Billing's Daughter) 오딘의 구애를 거절하며 야멸차게 오딘의 기를 꺾은 여인(20장).

빌스키르니르(Bilskirnir) 아스가르드에 있는 토르의 궁전.

빙골프(Vingolf) 여신들이 모이는, 아스가르드에 있는 큰 회의장.

빛나는 목걸이(Brisings' Necklace) 프레이야가 네 명의 난쟁이에게서 얻은 비길 데 없을 정도로 아름다운 목걸이. 혹은 허리띠(13장).

ㅅ

사가(Saga) 아스가르드에 있는 자신의 궁전 소크바베크에서 오딘과 매일 술을 마시는 여신.

선(Sun/Sol) 문딜파리의 딸. 정해진 항로에 따라 태양을 몰고 간다.

세스룸니르(Sessrumnir, Rich in Seats) 아스가르드에 있는 프레이야의 궁전.

소크바베크(Sokkvabekk, Sinking Floor) 아스가르드에 있는 사가의 궁전.

손(Son, Blood) 크바시르의 피로 만든 신주가 담긴 단지 중의 하나.

쇼픈(Sjofn) 인간의 열정을 불러일으키는 여신.

스뇌르(Snör) 농민 종족의 여자 조상.

스바딜파리(Svadilfari) 석공 거인이 아스가르드의 성벽을 건설하는 것을 도와
준 종마(3장). 오딘의 발이 여덟 개인 종마 슬라이프니르의 아비.

스바르탈프하임(Svartalfheim) 검은 꼬마 요정들의 땅.

스비프다그(Svipdag, Swift Day) 여자 예언자 그로아의 인간 아들. 오랫동안
찾아 헤맨 끝에 멘글라드의 사랑을 얻는다(23장).

스카디(Skadi) 거인 티아지의 딸. 얼마 후 바니르 신인 뇨르드와 결혼했다. 스
키와 사냥을 즐긴다.

스퀼(Skoll) 태양을 뒤쫓으며 라그나로크가 일어나기 전에 결국은 집어삼키
고 마는 늑대.

스쿨드(Skuld, Future) 인간의 운명을 결정하는 세 명의 여신 노르네 중의 한 명.

스크리미르(Skrymir, Big Bloke) 토르와 일행이 우트가르드로 여행하던 중 우
연히 마주친 엄청나게 큰 거인(사실은 우트가르드의 로키가 변장한 것이었다).

스키드블라드니르(Skidbladnir, Wooden-bladed) 접을 수 있는 배. 난쟁이 이
발디의 아들들이 신들을 위해 만든 세 개의 선물 중 프레이르를 위해 만들
어 준 보물.

스키르니르(Skirnir, Shining) 거인족 여인 게르드의 사랑을 얻으려고 프레이
르가 보낸 전령(11장).

스킨팍시(Skinfaxi, Shining-maned) 낮의 말.

슬라이프니르(Sleipnir) 오딘의 발이 여덟 개인 준마. 종마 스바딜파리가 낳은 새끼를 로키가 데려와 오딘에게 주었다.

신(Syn) 여신. 재판에서 피고인들이 기원하는 대상.

신드리(Sindri) 라그나로크 이후에 나타날 순금 지붕의 궁전.

ㅇ

아그나르(Agnar) 고트 족 왕인 가이로트의 아들. 아버지에 의해 왕위에 오르지 못한 삼촌의 이름을 따서 지은 것임. 오딘에게 마실 것을 주었다(12장).

아그나르(Agnar) 고트(Goth) 족 왕인 흐라우둥(Hraudung)의 큰 아들. 프리가의 총애를 받았지만 동생인 가이로트에 의해 왕위 계승권을 빼앗긴다(12장).

아르박(Arvak, Early Waker) 정해진 항로에 따라 태양을 이끄는 말 중의 한 마리.

아스가르드(Asgard) 신들의 세상.

아스크(Ask, Ash Tree) 떨어진 나뭇가지로 보르의 아들들이 창조해 낸 최초의 인간(1장).

아에기르(Aegir) 바다의 신. 아내는 란이며 이 부부의 궁전은 흐레세이 섬 근처의 바다 물결 아래에 있다.

아우둠라(Audumla) 틈새 기눙가가프에서 얼음으로 생겨난 암소. 최초의 존재인 이미르에게 젖을 주고, 자신은 얼음을 핥아, 신들의 조상인 부리를 만들어낸다(1장).

아우르반딜(Aurvandil) 여자 예언자 그로아의 남편. 토르가 그의 언 발가락을 하늘에 던져 별로 만들었다(19장).

아우르젤미르(Aurgelmir) 최초의 서리 거인인 이미르의 다른 이름.

아이(Ai, Great Grandfather) 농노 종족의 조상.

아피(Afi, Grandfather) 농민 종족의 조상.

안드바리(Andvari) 죽은 오테르의 배상금으로 로키에게 소유하고 있던 보물을 모두 강탈당할 때 보물에 저주를 내린 난쟁이(26장).

알그론(Algron, All Green) 하르바르드(오딘의 별명)가 5년 동안 머무른 섬(22장).

알비스(Alvis, All Knowing) 토르의 꾀에 속아넘어가 돌로 변한 박식한 난쟁이(27장).

알스비드(Alsvid, All Swift) 정해진 항로에 따라 태양을 이끄는 말 중의 한 마리.

알프하임(Alfheim, Elf World) 아스가르드에서 밝은 꼬마 요정들이 사는 지역.

암마(Amma, Grandmother) 농민 종족의 조상.

앙그르보다(Angrboda, Distress-bringer) 로키의 정부인 거인족 여인. 펜리르와 요르문간드와 헬의 어머니.

야른삭사(Jarnsaxa, Iron Cutl ass) 토르의 정부인 거인족 여인으로 마그니의 어머니.

얄(Jarl, Earl or Nobly-Born) 헤임달이 자신의 아들이라 주장하고 룬 문자와 그 의미를 가르쳐 준 인간(5장).

에다(Edda, Great Grandmother) 농노 종족의 조상.

에시르(Aesir) 아스가르드에 사는 신들의 종족. 원래는 오딘이 이끄는 전사(戰士) 신들의 무리이다.

에이르(Eir) 치유의 여신. 혹은 멘글라드의 시녀 중의 하나일 수도 있다.

에이트리(Eitri) 난쟁이. 브로크의 형제. 신들을 위해 세 개의 근사한 선물을 만든 대장기술의 대가(10장).

에인헤르자르(Einherjar, Heroes) 발할라에서 세상의 종말인 라그나로크를 기다리며 낮에는 싸우고 밤에는 연회를 즐기는 죽은 인간 전사들.

엘디르(Eldir, Man of Fire) 아에기르의 하인들 중 하나.

엘류드니르(Eljudnir) 니플하임에 있는 헬의 궁전.

엘리(Elli, Old Age) 우트가르드의 로키의 저택에서 토르와 격투를 벌였던 노파(16장).

엘리바가르(Elivagar, Stormy Waves) 니플하임에 있는 흐베르젤미르 샘에서 흘러나오는 열 한 개의 강.

엠블라(Embla, Elm Tree) 보르의 아들들이 떨어진 나뭇가지로 창조한 최초의 여인(1장).

오드(Od) 프레이야의 사라진 남편. 프레이야가 그를 위하여 끝없이 울지만 영원히 돌아오지 않는다.

오드로리르(Odrorir, Heart Stirrer) 현인 크바시르의 피로 만들어 낸 신주를 담은 큰 그릇.

오딘(Odin) 토르의 아버지로, 에시르 신 중에서 제일 뛰어난 신. 시와 전투와 죽음의 신. 모든 이의 아버지. 무시무시한 자, 애꾸눈, 전투의 아버지 등 이름이 다양하다.

오콜니르(Okolnir, Not Cold) 라그나로크 이후에 대지가 항상 따뜻하게 될 곳. 궁전 브리미르가 들어선다.

오타르(Ottar) 프레이야의 인간 애인. 수퇘지 힐디스비니로 변장한다(18장). 조상 중의 한 사람이 독일의 유명한 영웅 지구르트이다.

오테르(Otter) 마법사 농부인 흐라이드마르의 아들. 로키와 오딘과 호니르에게 살해당한 후 로키가 그의 몸값으로 아버지에게 순금을 주었다.

요르문간드(Jormungand) 로키와 앙그르보다 사이에 태어난 뱀. 미드가르드를 한 바퀴 칭칭 감고 자신의 꼬리를 물고 있다. '미드가르의 뱀'이라고 불리기도 한다.

요툰하임(Jotunheim) 거인들이 사는 영토.

우르드(Urd, Fate) 세 여신 노르네 중에서 운명을 주관하는 여신. 이들이 지키는 우르드 샘은 아스가르드에 있는 이그드라실 뿌리 아래에 있다. 신들은 매일 그 곳에 모여 회의를 한다.

우트가르드 로키(Utgard-Loki) 환상으로 토르와 그의 일행들을 능가한 우트가르드의 지배자(16장).

우트가르드(Utgard) 거인들의 왕 우트가르드 로키가 지배하는 요툰하임에 있는 성채.

울(Ull, Glory or Brilliance) 신. 특별히 궁술과 스키에 뛰어나다.

이그드라실(Yggdrasill, The Terrible One's Horse) 모든 세상에 뻗어 있으면서 세상을 보호해 주는 물푸레나무.

이다볼(Idavoll, Field of Deeds) 아스가르드 한가운데에 있는 평원으로 글라드스하임과, 주요 신들과 여신들이 만나 회의를 하는 궁전인 빙골프가 있는 곳.

이달리르(Ydalir, Yew Dales) 아스가르드에 있는 울의 궁전.

이둔(Idun) 시의 신 브라기와 결혼한 여신. 청춘의 황금 사과를 간직하고 있다.

이미르(Ymir) 불과 얼음에서 생겨난 최초의 거인. 그의 몸으로 세상이 형태를 갖추었다.

이발디(Ivaldi) 신들을 위해 세 개의 훌륭한 선물을 만든 '이발디의 아들들'이라 불린 두 난쟁이.

이빙(Iving) 아스가르드와 요툰하임을 가로지르는 강. 절대로 얼지 않는다.

ㅈ

주르트(Surt, Black) 천지창조 이전부터 불의 영토인 무스펠을 지키고 있는 거인. 라그나로크가 되면 온 세상에 불을 지른다.

주퉁(Suttung) 거인. 길링의 아들. 한동안 신주를 보관한다.

지긴(Sigyn) 로키의 충실한 아내.

지프(Sif) 토르의 아내. 로키가 장난으로 금발 머리칼을 잘랐지만 난쟁이들이 금으로 머리카락을 다시 만들어주었다.

ㅋ

카를(Karl, Churl) 농민 종족의 조상.

콘(Kon, King) 헤임달이 자신의 아들이라고 주장한 얄의 아들. 룬 문자를 배웠으며 새들이 말하는 것을 이해할 수 있었다.

크바시르(Kvasir) 바니르 신 중의 한 신으로 표현되기도 하고 신들의 침으로 빚어낸 현인으로 나타나기도 하는 애매한 인물(6장). 두 난쟁이에게 살해당해(6장) 그의 피로 신주가 만들어졌다.

ㅌ

탕그노스트(Tanngnost, Tooth Grinder) 토르의 마차를 끄는 염소 중 한 마리. 다른 한 마리는 탕그리스니이다.

탕그리스니(Tanngrisni, Gat-Tooth) 토르의 마차를 끄는 염소 중 한 마리. 다른 한 마리는 탕그노스트이다.

토르(Thor) 오딘과 대지(표르긴) 사이에서 태어난 아들. 지프의 남편. 신들의 서열상 오딘 다음인 두번째이며 신들의 수호자. 하늘과 천둥의 신이며 풍요의 신이기도 하지만 그와 동시에 미드가르드에서 법과 질서를 지키는 일도 맡고 있다. 여러 가지 이름 중에서 가장 보편적으로 쓰이는 것은 천둥의 신과 마차를 모는 신이다.

토크(Thokk) 발더가 저승에서 돌아오지 못하게 한 거인족 여인. 로키가 변장했다(29장).

트랄(Thrall) 인간. 아이와 에다의 아들. 티르의 남편.

트루드(Thrud, Might) 토르의 딸. 신들이 난쟁이 알비스에게 주겠다고 약속했었다(27장).

트루드하임(Thrudheim, Place of Might) 아스가르드에 있는 토르의 영토. 때로 트루드방(Thrudvang)이라고 불리기도 한다. 토르의 궁전 빌스키르니르가 위치해 있다.

트림(Thrym) 거인. 서리 거인들의 왕으로 묘사된다. 토르의 쇠망치를 훔쳤다가 그 대가로 목숨을 잃는다(14장).

트림하임(Thrymheim, Place of Din) 거인 티아지의 산 속에 있는 성채. 딸 스카디가 물려받았지만 스카디의 남편 뇨르드는 그 곳에서 살기를 거절한다(9장).

티르(Thir, Drudge) 인간 종족 트랄의 아내.

티르(Tyr) 전쟁의 신. 오딘의 아들(혹은 거인 히미르의 아들). 늑대 펜리르를 묶기 위하여 자신의 한 손을 희생할 만큼 신들 중에서 가장 용감하다(7장).

티아지(Thiazi) 여신 이둔과 이둔이 간직하던 청춘의 황금 사과를 훔쳐낸 거인. 그러나 로키가 다시 이둔과 사과를 되찾아가자 추격하다 신들에게 죽임을 당한다(8장).

티알피(Thialfi) 토르의 하인이 된, 농부의 아들. 무척 빠른 발을 가졌지만 우트가르드 로키의 궁정에서 벌어진 달리기 시합에서 생각인 후기에게 졌다(16장).

ㅍ

파르바우티(Farbauti, Cruel Striker) 로키의 아버지인 거인.

파티르(Fathir, Father) 귀족들의 조상.

파프니르(Fafnir) 마법사 농부 흐라이드마르의 아들로 오테르의 형제(26장).

퍄라르(Fjalar) 난쟁이. 형제인 갈라르와 함께 현인 크바시르를 죽여 그 피로 신주를 만들었다(6장).

퍄라르(Fjalar) 세상의 종말인 라그나로크가 임박했을 때 거인들에게 알려주려고 운 수탉.

펜리르(Fenrir) 늑대. 로키의 아들. 신들에 의해 묶인 채 세상의 종말인 라그나로크까지 기다린다.

펜살리르(Fensalir, Water Halls) 아스가르드에 있는 프리가의 궁전.

포르세티(Forseti) 발더와 난나의 아들. 정의의 신.

폴크방(Folkvang, Field of Folk) 아스가르드에서 프레이야의 궁전이 위치한 지역.

표르긴(Fjorgyn) 오딘의 아들 토르의 어머니로 대지의 여신으로 추정된다

폴스비드(Fjolsvid) 오딘과 비슷한 점이 많은 거인. 요툰하임의 멘글라드가 사는 저택을 지키는 파수꾼.

풀라(Fulla) 여신. 프리가의 하녀.

프라낭의 폭포(Franang's Fall) 로키가 연어로 변신해 있다가 신들에게 잡힌, 미드가르드에 있는 폭포(31장).

프레이르(Freyr) 뇨르드의 아들. 바니르의 풍요의 신들 중에서 최고신.

프레이야(Freyja) 뇨르드의 딸. 바니르 여신들 중에서 최고이며 풍요의 여신.

프리가(Frigga) 오딘의 아내이며 여신 중에서 최고신. 발더의 어머니.

피마펭(Fimafeng, Swift Handler) 아에기르의 하인 중 한 사람.

핌불베트르(Fimbulvetr) 라그나로크에 앞서서 3년 동안 지속되는 끔찍한 겨울.

ㅎ

하르바르드(Harbard, Grey-beard) 토르와 언쟁을 벌인 뱃사공. 사실은 변장한 오딘이었다(22장).

하티(Hati) 달을 쫓다가 결국 라그나로크 전에 집어삼키고 마는 늑대. 스노리는 하티 흐로드비트니손(Hati Hrodvitnisson)이라고 불렀다.

헤르모드(Hermod) 오딘의 아들로서, 자신의 형인 발더를 되찾아오려고 저승인 헬로 달려간다(29장).

헤이드(Heid) 굴베이그 참조.

헤이드룬(Heidrun) 발할라에서 전사들 에인헤르자르를 위해 끊임없이 벌꿀 술을 제공하는 염소.

헤임달(Heimdall) 아홉 어머니의 아들. 나팔 걀의 소유자이며 신들의 파수꾼. 세 인간 종족을 창조한 리그와 동일인물로 자주 간주된다(5장).

헬(Hel) 니플하임에 있는 죽은 자들이 사는 영토. 괴물 헬이 다스린다.

헬(Hel) 로키의 딸. 역시 헬이라 불리는, 죽은 자들의 영토를 다스리는 상체는 살아 있고 하체는 죽은 괴물.

호니르(Honir) 휴전을 조인하기 위해 에시르 신들이 바니르 신들에게 보낸, 다리가 긴 신으로 우유부단하기로 유명하다(2장). 라그나로크에도 살아남는다.

호드(Hod) 자기도 모르게 형 발더를 죽인 맹인 신(29장). 라그나로크 이후에 저승에서 다시 돌아온다.

호드미미르의 숲(Hoddmimir's Wood/Hoddmimisholt) 전 세상에 뻗쳐 있는 나무 이그드라실의 다른 이름.

후기(Hugi, Thought) 토르의 하인이었던 티알피와 달리기 경주에서 이겼던 젊은 거인. 사실은 우트가르드 로키의 생각의 화신이었다(16장).

후긴(Huggin, Thought) 오딘의 까마귀 중의 하나. 다른 하나는 무닌이다.

흐닛뵤르그(Hnitbjorg) 거인 주퉁이 신주를 숨겨놓은, 산으로 된 성채(6장).

흐라에스벨그(Hraesvelg, Corpse Eater) 독수리로 변장한 바람을 일으키는 거인.

흐레세이(Hlesey, Island of Hler) 흐레르(아에기르)와 란이 바다 아래에 살고 있는 궁전 가까이 있는 섬. 현대의 카테가트(Kattegat)에 있는 라소(Laso)로 여겨진다.

흐라이드마르(Hreidmar) 농부이며 마법사. 오테르, 파프니르, 레긴의 아버지로, 오딘과 호니르와 로키에게서 죽은 아들 오테르의 몸값으로 난쟁이 안드바리의 저주가 담긴 황금을 받아냈다(26장).

흐로드비트니르(Hrodvitnir) 늑대 펜리르의 다른 이름.

흐룽그니르(Hrungnir) 거인 중에서 가장 힘이 센 자. 오딘과의 경주에서 지고 그 후에 토르와의 대결에서 죽임을 당한다(19장).

흐리드스칼프(Hlidskjalf, Hill-opening or Rock-opening) 아홉 세상에서 벌어지는 모든 일을 다 내려다볼 수 있는 발라스칼프에 있는 오딘의 용상.

흐림팍시(Hrimfaxi, Frost-maned) 밤의 말.

흐베르겔미르(Hvergelmir) 이그드라실의 뿌리 아래에 있는 니플하임에서 솟아나는 샘. 거기서 흘러나오는 열한 개의 강을 엘리바가르라고 부른다.

히로킨(Hyrrokin) 발더를 화장시키는 배 링호른을 바다로 끌어낸 거인족 여인(29장).

히미르(Hymir) 거인. 신들을 위해 맥주를 주조하는데 필요한 커다란 독을 가지고 있었으나 토르에게 강제로 빼앗기고 나중에는 죽임을 당한다(17장).

히민뵤르그(Himinbjorg, Rocks of Heaven) 아스가르드에 있는 헤임달의 궁전.

히민흐료트(Himinhrjot, Heaven Bellower or Heaven Springer) 거인 히미르가 소유했던 황소. 머리를 토르가 낚시 미끼로 사용했다(17장).

힌들라(Hyndla, She-dog) 프레이야의 인간 애인 오타르의 혈통을 밝혀준 거인족 여인(18장).

힐디스비니(Hildisvini, Battle-Boar) 프레이야의 애인인 인간 오타르가 거인 힌들라에게서 자신의 혈통을 알아내려고 변장한 수퇘지(13장).

현대지성 클래식 살펴보기